时 习 文 库

传习录

〔明〕王阳明 著

张宏敏 译注

齐鲁书社

· 济南 ·

图书在版编目（CIP）数据

传习录 / (明) 王阳明著 ; 张宏敏译注. -- 济南：
齐鲁书社, 2025. 5. -- ISBN 978-7-5333-5146-5

Ⅰ. B248.2

中国国家版本馆CIP数据核字第202574CS96号

出品人：王　路
项目统筹：张　丽
责任编辑：许允龙
装帧设计：亓旭欣

传习录
CHUANXI LU

〔明〕王阳明　著　张宏敏　译注

主管单位	山东出版传媒股份有限公司
出版发行	齐鲁书社
社　　址	济南市市中区舜耕路517号
邮　　编	250003
网　　址	www.qlss.cn
电子邮箱	qilupress@126.com
营销中心	（0531）82098521　82098519　82098517
印　　刷	山东临沂新华印刷物流集团有限责任公司
开　　本	710mm×1000mm　1/16
印　　张	37
插　　页	2
字　　数	481千
版　　次	2025年5月第1版
印　　次	2025年5月第1次印刷
标准书号	ISBN 978-7-5333-5146-5
定　　价	109.00元

《时习文库》
专家委员会

出版说明

　　文化乃国本所系，国运所依；文化兴盛则国家昌盛，民族强大。在源远流长的中华文化长河中，经典古籍宛如熠熠星辰，承载着先辈们的智慧、思想与情感，是中华民族精神内核的深厚积淀。

　　2017 年以来，中共中央办公厅、国务院办公厅相继出台《关于实施中华优秀传统文化传承发展工程的意见》及《关于推进新时代古籍工作的意见》等重要文件，有力推动了大众对中华优秀传统文化的关注与重视，古籍事业亦借此良好契机，迎来了前所未有的跨越发展，步入了一个崭新的黄金时代。齐鲁书社作为文化传承的重要阵地，始终秉持对中华优秀传统文化的敬畏之心，肩负守正创新之使命，积建社四十余年之精华，汇国内学界群贤之伟力，隆重推出中华经典名著普及丛书——《时习文库》。

　　"学而时习之，不亦说乎？"文库之名，正是源自《论语》的这句经典语录。"时习"不仅是对知识的反复学习与实践，更是一种对中华优秀传统文化持续探索、深入理解的态度。文库共分为文化类和文学类两大辑，囊括了经史子集、诗词歌赋、戏曲小说等诸多经典，旨在为读者搭建一座通往中国古代文化瑰宝的坚实桥梁。文库的编纂宗旨在于，引导读者在阅读经典著作的过程中，将学习与思考深度融合，不断从古人的智慧海洋中汲取营养，从而得到心灵的润泽与智慧的启迪。通过对经史子集、诗词歌赋、戏曲小说等多元内容的系统整理与精良审校，让中华古籍真正成为可亲、可读、可传的"活的文化"。

为了确保文库的品质，我们除升级广受好评的原有经典版本作为开发基础外，亦精选其他优质底本，以确保版本选择的卓越性；文库会聚文史学界权威，如高亨、陆侃如、王仲荦、来新夏等学界大家，群贤毕至，各方咸集；文库延聘名家成立专家委员会，严格把控丛书质量，确保学术水准；文库针对不同层次读者，精心设计文化类与文学类品种：前者左原文右译文下注释，后者文中加简注评析，实用性强；文库采用纸面布脊精装，正文小四号字，双色印刷，装帧精美，版面舒朗，典雅大方，方便易读。

在习近平文化思想指导下，《时习文库》的出版是对中华优秀传统文化"两创""两个结合"的一次重要尝试。我们希望通过这套文库，让更多的人了解和喜爱中国古代典籍，让中华优秀传统文化在新时代焕发出新的生机与活力。同时，我们也期待广大读者在阅读文库的过程中，能够与古圣先贤进行跨越时空的对话，汲取智慧，启迪心灵，不断提升自我的文化素养和精神境界。让我们一起在经典的海洋中遨游，感受中华文化的博大精深，共同书写中华优秀传统文化传承与发展的新篇章。

齐鲁书社

2025 年 3 月

前　言

　　王阳明（1472—1529），名守仁，字伯安，是中国明朝伟大的哲学家、思想家、政治家、军事家，也是杰出的教育家和书法家。他生于浙江余姚，卒于江西南安，葬于浙江山阴洪溪乡（今绍兴市柯桥区兰亭街道花街村鲜虾山）。生前获封新建伯，官至南京兵部尚书兼都察院左都御史，后遭人诬陷，被削夺伯爵。卒后三十八年即明朝隆庆元年（1567），被追赠为新建侯，谥"文成"。明朝万历十二年（1584）获准从祀孔庙。王阳明曾修道于会稽山阳明洞天，自号阳明子、阳明山人，故学者尊称他为阳明先生。

　　由于王阳明是中国历史上公认的立德、立功、立言的"真三不朽"者，有明一代即"门徒遍天下，流传逾百年"，进而形成"阳明学派"，以至于"嘉、隆而后，笃信程朱，不迁异说者，无复几人矣"（《明史·儒林传》）；其思想不仅在明代中后期的学术界占据核心地位，而且在后世更是"风行天下，传遍中国，走向世界"（杜维明语），故而王阳明的生平事功与学术思想，一向受到学术界的重视与研究。

一、王阳明的传奇人生

　　王阳明一生笃信孔孟圣学，终身精进不已，实现并成就了传统儒家"知行合一，内圣外王"的理想人格，气象万千、光耀千古。他 11 岁时立志以"读书学为圣贤"为人生第一等事；而后，初溺于任侠之习，再溺于骑射之习，三溺于辞章之习，四溺于神仙之习，五溺于佛氏之习。在正德元年（1506）35 岁时归正于儒家圣贤之学。^① 一生三次悟道证道，37 岁时在贵州龙场悟道并提出"心即理""知行合一"，49 岁时在江西赣州悟道而有"致良知"之教，56 岁时在绍兴天泉证道而有"四句教"，最终形成了以"知行合一致良知，明德亲民止至善"为学术宗旨的良知心学思想体系。这一切皆是建立在他波澜壮阔的传奇人生基础上的，他的一生也与余姚秘图山王氏家族、明王朝的命运紧紧相连、息息相关。

（一）瑞云降世与志学圣贤

明宪宗成化八年九月三十日（1472 年 10 月 31 日）亥时，王阳明诞生在浙江余姚的一个书香门第。他的母亲郑氏怀孕十四个月才分娩，在他诞生前，祖母岑氏梦见神女衣绯玉，云中鼓吹，从天而降，送一孩儿。祖父王伦遂为他取名"云"，因乡人传其梦，遂指王阳明出生之楼曰"瑞云楼"。

王阳明自出生至 5 岁时，尚不能开口说话，有一高僧过其家，摸着他的头说："好个孩儿，可惜叫破。"^② 祖父王伦遂为其改名"守仁"，盖取《论语》"知及之，仁不能守之，虽得之，必失之"之意。王阳明自幼聪明绝伦，一天突然诵出王伦所读《礼记》中的

---

① 〔明〕王守仁撰，吴光等编校：《王阳明全集》（简体版），上海古籍出版社 2015 年版，第 1149 页。

② 〔明〕钱德洪编述，王畿补辑，罗洪先删正；向辉、彭启彬点校：《阳明先生年谱》（天真书院本），北京燕山出版社 2022 年版，第 11 页。

文字；王伦惊讶，问之，阳明答曰："闻公读时已默记矣。"① 王伦授以他书，王阳明也是过目成诵。

10 岁那年，父亲王华高中成化辛丑科状元，授翰林院修撰。同年②，王阳明随同祖父王伦一起赴京生活，船过江苏镇江金山寺时，王伦与客人饮酒赋诗，一时尚未成篇，王阳明却已赋诗一首，诗云："金山一点大如拳，打破维扬水底天。醉倚妙高台上月，玉箫吹彻洞龙眠。"③ 在场者大为惊异，又叫王阳明应景以"蔽月山房"赋诗，后者出口成章，诗惊四座。

入京之后，王华为王阳明请私塾老师，教其读书。他经常捧书沉思，思考人生真谛。有一天，他突然问老师："何为（人生）第一等事？"老师回答说："惟读书登第（做官）耳。"王阳明疑惑地说："登第恐未为一等事，读书学为圣贤耳。"④ 这个"读书学为圣贤"的心愿，表达了少年阳明要学做圣贤的远大志向。王阳明的人生目标，大概就是在这个时候确定的。

成化十九年（1483）秋，时任南京吏部郎中诸让（字养和，余姚人）来京主考顺天府乡试，登门造访乡友王伦、王华父子，识见阳明，知其聪慧伶俐，即以小女许配于 12 岁的少年阳明。13 岁那年，王阳明生母郑氏卒，居丧期间，哭泣甚哀，返乡葬母于余姚城东穴湖山；翌年王华续弦纳赵氏，并娶杨氏为侧室。

---

① 《阳明先生年谱》（天真书院本），第 11 页。
② 王阳明《送绍兴佟太守序》云："成化辛丑（十七年，1481），予来京师，居长安西街。"少年王阳明第一次至京师年份，《阳明先生年谱》《阳明先生行状》《阳明先生图谱》系于成化十八年（1482），即王阳明 11 岁时；兹从阳明自述时间，即成化十七年 10 岁时。
③ 《阳明先生年谱》（天真书院本），第 11 页。
④ 《阳明先生年谱》（天真书院本），第 12 页。

（二）庭院格竹与会魁登第

成化二十二年（1486），15 岁的王阳明开始修习弓马骑射之术，研读《六韬》《三略》等兵书；出游居庸三关，慨然有经略四方之志，经月始返。梦谒马伏波（马援）将军庙，题词赋诗，成《梦中绝句》："卷甲归来马伏波，早年兵法鬓毛皤。云埋铜柱雷轰折，六字题文尚不磨。"① 这是王阳明军事思想的萌芽。是年，洪水泛滥，旱灾频发，边关告急，盗贼趁机作乱，王阳明屡欲为疏献于朝。王华斥之为狂，乃止。

于是，王阳明按照父亲教导，遍读《四书章句集注》等朱熹理学著作。这时，十五六岁的王阳明还经历了一场"庭院格竹"事件。② 少年阳明相信朱熹讲的"人心之灵，莫不有知，而天下之物莫不有理"的格物理论，既然万物有理、人心有知，那么通过与外在事物的接触，通过"心"的认知能力，就可以认识事物之"理"。于是，他与一位钱姓朋友一起做起了"格竹"的实验，面对父亲京师官邸庭院中的竹林，去尝试把握竹中之"理"，结果"格"了七天七夜，不但没有成功，反而导致旧疾复发，以失败告终。这件事给阳明沉重打击，是他思想上的一次严重挫折，外在世界的"一草一木"之理，怎么与我们的内心世界打成一片呢？对此，阳明始终不能释然，心与理、心与物如何化解对立以实现统一，成为他的一个心结。但从正面看，阳明内心已隐伏了对朱子学的怀疑，成为他日后"龙场悟道""知行合一"开创"致良知"心学的一个契机。

---

① 《阳明先生年谱》（天真书院本），第 12~13 页。
② 束景南、查明昊辑编：《王阳明全集补编》（增补本：简体版），上海古籍出版社 2024 年版，第 405 页。

格竹求"理"失败后，王阳明感叹圣贤难做，便浸淫于佛老之学。以至于18岁（弘治二年，1489）的王阳明竟然在新婚之夜跑到南昌铁柱宫道观，与道士大谈养生之学。同年底，祖父王伦疾革，再加上诸让父亲诸浩病卒，阳明同岳父诸让、新婚妻子诸氏从南昌乘舟返乡余姚；行至广信府，阳明拜谒大儒娄谅，娄谅语以宋儒"格物"之学，谓"圣人必可学而至"①。

回余姚后，在父亲王华的督导下，弘治五年（1492）21岁的王阳明参加浙江乡试，以第七十名中举。翌年春参加会试落第后，留在北京国子监，继续研习举业、辞章之学。弘治九年（1496），第二次参加会试不中，同舍有以不第为耻者，王阳明慰之，曰："世以不得第为耻，吾以不得第动心为耻。"② 而后，王阳明归余姚龙泉山结诗社，驰骋于辞章，还曾前去府城绍兴游历兰亭、会稽山、秦望山、云门山等。弘治十一年（1498），偶闻道士谈养生之术，遂有遗世入山之意。③

弘治十二年（1499）春，28岁的王阳明第三次参加会试，成为"己未科第二名"，还是礼经房"会魁"；参加殿试，赐二甲进士出身第六人。

（三）观政工部与刑部主事

王阳明正式进入仕途后的第一个职务是观政工部营缮清吏司。

这年（弘治十二年）夏天，他奉檄出使关外，察边戍军屯。时有星变，朝廷下诏求言，及闻虏寇猖獗，王阳明上生平第一份奏疏——《陈言边务疏》，内陈蓄材以备急、舍短以用长、简师以省

---

① 《阳明先生年谱》（天真书院本），第14页。
② 《阳明先生年谱》（天真书院本），第15页。
③ 《阳明先生年谱》（天真书院本），第16页。

费、屯田以足食、行法以振威、敷恩以激怒、捐小以全大、严守以乘弊之"边务八策"①，言极剀切。施邦曜的《阳明先生集要》"批注"认为，王阳明的"边务八策"胜过《孙子兵法》十三篇。②

七月，王阳明被派至北直隶大名府浚县（今属河南鹤壁市），钦差督造威宁伯王越坟。在浚县，阳明驭役夫以什伍法，休食以时，暇即驱演"八阵图"。王阳明的军事才华，初露峥嵘。九月四日，王越墓及神道修毕，窆于大伾山西麓。在浚县期间，王阳明常游大伾山，作《游大伾山诗》，成《大伾山赋》。十一月，返回京师复命。

弘治十三年（1500）二月，观政期满后，王阳明被授以刑部云南清吏司主事。③七月，重修京师刑部提牢厅；九月，司狱司成；十月，王阳明主提牢厅事务，连作《提牢厅壁题名记》《重修提牢厅司狱司记》文。④在刑部任职期间，王阳明日事案牍，夜归府邸，必燃灯攻读五经及先秦、两汉典籍，为文字益工。父亲王华恐阳明过劳成疾，禁家人于书室置灯。等王华就寝，阳明复燃灯读书，必至夜分而罢，因得呕血之疾。

弘治十四年（1501）八月，王阳明奉命到南直隶淮安府、凤阳府、庐州府、池州府等，会同巡抚、御史审决积案重囚，录囚多所平反。暮秋，在池州府，王阳明初游佛道名山——九华山，在山上出入佛寺道观，宿无相、化城诸寺，赋诗《化城寺（六首）》《地藏塔》《李白祠》《双峰》《莲花峰》《列仙峰》《云门峰》等。在

---

① 《王阳明全集》（简体版），第239~244页。

② 〔明〕王守仁著，〔明〕施邦曜辑评，张山梁点校：《阳明先生集要》（崇祯闽刻本），黑龙江人民出版社2023年版，第294页。

③ 《王阳明全集》（简体版），第251页。

④ 《王阳明全集》（简体版），第874~876页。

九华山期间，寺僧好事者，争持纸向阳明索诗；阳明有《实庵和尚像赞》。与道士蔡蓬头谈仙，寻访地藏洞异人。岁末，王阳明审囚江北事竣。

　　弘治十五年（1502）正月，王阳明在池州府贵池县游齐山，作《游齐山赋》。嗣后，再至青阳县，在九华山脚，结识秀才柯崧林并投宿其家，赋诗《九华山下柯秀才家》《书梅竹小画》；又作《游九华赋》，赋诗《无相寺》《夜宿无相寺》《芙蓉阁》《题四老围棋图》等。九华山游毕，王阳明经太平府、应天府，至镇江府，与丹阳汤礼敬偕登茅山。三四月间，王阳明因旧疾（肺痨）发作，滞留于扬州养病。五月，回京复命，京中旧游俱以才名相驰骋，学古诗文。阳明叹曰："吾焉能以有限精神为无用之虚文也！"[1] 八月，王阳明拜《乞养病疏》，告病还乡。

（四）返乡养病与山东乡试

　　返乡之后，王阳明先是在杭州作短暂停留，又至余姚探望祖母岑氏。而后筑室于绍兴会稽山阳明洞中，究极仙经秘旨，静坐行导引术，修炼"静入窈冥，静观内照"的长生久视之道，久能预知。其友许璋、王文辕等四人欲访阳明，方出五云门，阳明即命仆人迎于道路，仆人告以原委，四人惊以为神。而王阳明则认为，这是"簸弄精神，非道也"[2]。

　　弘治十六年（1503）年春，王阳明移疾杭州西湖，往来于南屏（净慈寺）、虎跑、圣水、胜果、宝界、灵隐诸佛刹，赋诗《圣水寺》《胜果寺》《春日宿宝界禅房赋》等，渐悟仙、释二氏之非，

---

[1] 《王阳明全集》（简体版），第1004页。
[2] 《阳明先生年谱》（天真书院本），第17页。

复思用世。在虎跑寺，王阳明用"爱亲本性"点化闭关坐禅三年的寺僧，使之返乡侍母。秋，绍兴连续数月不雨，应时任绍兴太守佟珍之请，由杭州至会稽山南镇庙祈雨；八月十五日，大雨浃旬，禾苗复颖。九月，佟珍在绍兴倡建预备仓以度粮荒，王阳明作文《新建预备仓记》。十月，王华以礼部右侍郎身份奉命祭告江淮诸神，便道归省至余姚，与母岑太夫人相聚；王阳明与王华相会，一同前往余姚展墓。经时任浙江提学副使赵宽（王华同年）介绍，17岁的余姚县庠生徐爱娶王华之女（王阳明七妹）为妻。赵宽、王华、王阳明在场证婚观礼，阳明也因此与徐爱结识。是年冬，王阳明自会稽上天目山，至湖州；又至苏州，东观于震泽，会同年都穆，同游玄墓山、天平山、虎丘等苏州名胜。

弘治十七年（1504），王阳明回绍兴。四月一日，友人来访会稽山阳明洞，王阳明书扇面《别友诗》赠之；四月十五日，在若耶溪畔为内兄诸用冕赴南都参加秋试送行，赋《若耶溪送内兄诸用冕赴南都（并序）》。

七月，王阳明病痊，北上赴任兵部武选职方清吏司主事①；路经徐州彭城，拜会时任工部都水司主事朱朝章，作《黄楼夜涛赋》。八月，应时任山东巡按监察御史陆偁礼聘，主考山东乡试。八月九日，山东乡试始，十七日毕，取75名中式举人，有陈鼎、路迎、翟銮、殷云霄等，解元系穆孔晖。八月二十七日，王阳明编《弘治十七年山东乡试录》，并作"序""后序"。主考山东乡试毕，阳明还赋诗《文衡堂试事毕书壁》《白发谩书一绝》。九月九日，王阳明在时任山东提学副使陈镐、佥事李宗泗陪同下，拜谒曲阜孔庙、周公庙。九月十六日，王阳明一行登泰山，赋诗《登泰山（五

---

① 《王阳明全集》（简体版），第251页。

首）》《泰山高次王内翰司献韵》《游泰山》《题御帐坪》等，曰
"山东诗"。

（五）兵部主事与忤旨贬谪

弘治十七年（1504）九月下旬，王阳明从济南至京师，正式就
任兵部主事，时任兵部尚书为刘大夏。

弘治十八年（1505）春试，状元顾鼎臣、榜眼董玘、探花谢
丕、崔铣、严嵩、湛若水、倪宗正、胡琏、魏校、翟銮、闻渊、蔡
潮、胡东皋、徐祯卿、刘寓生、万镗、郑一初、穆孔晖、顾应祥、
陈鼎、方献夫、张翀、郑善夫、张邦奇、戴德孺、殷云霄、陆深、
胡铎、许完、刘节等中进士。同年五月，弘治帝朱祐樘驾崩，朱厚
照即帝位，以明年为正德元年。大学士李东阳、刘健、谢迁，入乾
清宫，共同领受顾命。

此次在京师兵部任职期间，王阳明与李梦阳、何景明、边贡、
顾璘、杭淮等文友又多有诗歌唱和。以穆孔晖等为代表的门人始
进，王阳明也专志授徒，讲明身心之学，教人先立必为圣人之志；
同时与时任翰林院庶吉士湛若水定交，以昌明儒家圣学（"心性之
学"）为事。

武宗正德元年（1506）十月，因宦官刘瑾专权跋扈，结党营
私，排斥异己，南京户科给事中戴铣、四川道监察御史薄彦徽、兵
科给事中牧相等18人以谏忤旨，逮系诏狱。十一月，为戴铣、薄
彦徽、牧相等求情，王阳明上《乞宥言官去权奸以彰圣德疏》，因
而开罪正德皇帝及刘瑾，下锦衣狱，廷杖四十，既绝，复苏。在狱
中，王阳明读《易》，与狱友林富、刘菲等讲学不辍。十二月二十
一日，王阳明由兵部主事降为贵州龙场驿驿丞；出狱后，赋楚体辞
《卻言》："正德丙寅冬十一月，守仁以罪下锦衣狱。省愆内讼，时

有所述。既出，而录之"①；作诗《别友狱中》《赠刘秋佩（二首）》②。王华闻讯，与人曰："吾子得为忠臣，垂名青史，吾愿足矣。"稍后，王华也被刘瑾矫旨赶出京师，任南京吏部尚书，再致仕家居。

（六）龙场悟道与贵阳讲学

正德二年（1507）闰正月，王阳明赴谪南下。离京之时，与湛若水、汪俊、汪伟、陆深、倪宗正、杭淮、崔铣、储瓘、乔宇等友人道别，并互有诗歌唱和。三月，王阳明至杭州，徐爱以其父亲徐玺之命，正式向阳明行弟子礼。继弘治十六年（1503）之后，阳明再次归隐于杭州西湖周边的净慈寺、胜（一作"圣"）果寺等地。八月中下旬，王阳明佯狂避世，托言投江南遁、游海入山，实则沿钱塘江、富春江、桐江、东阳江、新安江南下，潜入福建武夷山中，赋诗《托昪人言诗》《泛海》《武夷次壁间韵》等。九月，自武夷山返回，至南昌，间道鄱阳湖沿长江水道至南京省父王华③。还有一种可能，王阳明在正德二年并未至南都省父，也没有逃遁至武夷山，而是在杭州等待从南都致仕归来的王华。是年底或稍后，王华从南都致仕后，即从余姚迁居越城之光相坊。

正德三年（1508）正月，王阳明与家仆乘舟经杭州府（富阳）、严州府（桐庐、建德）、金华府（兰溪）、衢州府（龙游、西安、常山草萍驿），十五日至江西广信府（玉山、上饶、弋阳、贵溪），转饶州府、南昌府（新建、丰城）、临江府（清江、新喻），进入袁州府（分宜、宜春、萍乡）。二月，进入湖广长沙府（醴

---

① 《王阳明全集》（简体版），第557页。
② 《王阳明全集补编》（增补本：简体版），第20页。
③ 《阳明先生年谱》（天真书院本），第20页。

陵、湘潭、长沙、湘阴），沿洞庭湖，进入常德府（武陵、桃源），再至辰州府（沅陵、辰溪、罗旧、沅州、晃州），进入贵州。经平溪卫、镇远卫、偏桥卫、兴隆卫、清平卫、平越卫、新添卫、龙里卫，至贵阳。三月初，王阳明至龙场驿。

贬谪龙场期间，王阳明经历了"百折千难"，不仅瘴疠虫毒伤人致病的恶劣自然环境损害了他的健康，使他落下了病根；还因是贬官而受到地方官的刁难凌辱，但他并未被种种天灾人祸所击垮，而是坚强自持，从容应对。面对种种困境，他常常思考"圣人处此，更有何道"的问题。在一个风雨交加的深夜，在玩易窝中，他突然大彻大悟《大学》"格物致知"之旨，不禁欢呼雀跃，"始知圣人之道，吾性自足，无俟外求，向之求理于事物者误也"[1]。这便是后人所说的"龙场悟道"，其关键在于扬弃了朱熹"格物穷理"、领悟了"圣人之道，吾性自足"的道理，其逻辑的结论是必须求理于心，而非求理于物。这标志着王阳明道德主体意识的觉醒。

通过"龙场悟道"，王阳明扬弃了朱熹"性即是理""即物穷理""向外求理"的思路，明确提出"心即是理"这一核心意蕴，"心即理"也成为阳明心学的起点。"心即理"在本体论上用"心体论"取代了"性体论"，这成为程朱理学向陆王心学转变的关键。王阳明的"心体论"包括"心理合一""心外无物""心外无理""心即是理"等内涵。"心即理"是阳明心学的本体论，为进一步建立"致良知"的心学思想体系奠定了理论基础。

正德四年（1509），即王阳明贬谪龙场驿驿丞的第二年，贵州提学副使席书仰慕王阳明的学问与人格，特来请教。阳明告以自得

---

[1] 《阳明先生年谱》（天真书院本），第22页。

自悟之道，与之讨论"知行合一"之旨，席书大获教益，遂礼聘王阳明至贵阳文明书院讲学，自己身率贵阳诸生，以所事师礼事之①。

从正德三年（1508）春初抵龙场，到正德五年（1510）春晋升江西庐陵知县，王阳明前后实际经历了约两年时间的贬谪生活。

（七）治理庐陵与京师传习

正德五年三月十八日，王阳明至江西庐陵就任知县。他以民为本，推行了多项德政，特别是冒着被罢官处分的风险蠲免了困扰境内百姓的苛捐杂税，深得民众拥护。同时，他敦励风俗，推行孝道，以儒家道德人文精神教化民众，使民风归于醇厚。总之，在庐陵县执政的七个月期间，王阳明颁布了施政九纲领、告示十六条，取得良好的治理效果。几十年后，庐陵仍遵照执行。钱德洪《阳明先生年谱》记，王阳明"为政不事威刑，惟以开谕人心为本……绝镇守之横征，杜神会之借办，立保甲以弭盗，清驿递以延宾旅。至今行之数十年，士民思其遗泽"②。可知其治理庐陵成效之卓越。

阳明任职庐陵七个月，便奉命入京朝觐，于同年也就是正德五年十月升任南京刑部四川清吏司主事。实际并未赴任，而是正德六年（1511）正月调任吏部验封清吏司主事，十月又升为吏部文选清吏司员外郎；正德七年（1512）三月升任吏部考功清吏司郎中③。

在京师吏部任职期间，王阳明馆于大兴隆寺，结交时任后军都督府都事黄绾，并引见于湛若水，三人结盟，终日共倡圣人之学。正德六年（1511）二月，礼部会试天下贡士，王阳明、穆孔晖等为

---

① 《阳明先生年谱》（天真书院本），第23页。
② 《阳明先生年谱》（天真书院本），第24~25页。
③ 《王阳明全集》（简体版），第251页。

会试同考试官，取中式举人邹守益等三百五十名。据徐爱《同志考》，是年左右，穆孔晖、顾应祥、郑一初、方献科（方献夫）、王道、梁谷、万潮、陈鼎、唐鹏、路迎、孙瑚、魏廷霖、萧鸣凤、林达、陈洸、余本、黄绾、应良等先后受业于阳明。正德七年春，湛若水、应良离开京城；同年暮秋，黄绾托病还乡；十二月初八，王阳明升任南京太仆寺卿，与升任南京兵部车驾清吏司主事的徐爱同舟南下。

　　值得关注的是，正德七年六月，时任祁州知州徐爱因考绩入京，并逗留至年底。王阳明与徐爱、黄绾、顾应祥、郑一初等论学，言及"心即理""心外无理""心外无物""心外无事""良知""知行合一"等阳明心学基本命题。此时，徐爱辑阳明讲学语录，是为《王文成公全书》本《传习录·上》"徐爱录"的主体内容。

（八）滁州讲学与南都论辩

　　正德八年（1513）春，王阳明、徐爱二人便道归省至越，本欲同游天台、雁荡，寻访黄绾等同好，因宗族亲友牵绊未能成行。六月中旬，王阳明与徐爱、蔡宗兖、朱节，道友许璋、王琥（王世瑞），动身前往台州，寻访黄绾。阳明一行先是在永乐寺集结，从上虞入四明山，至白水宫殿观白水冲瀑布，至梁弄汪巷村，徐爱同年汪克章加入；再至上虞陈溪观"石笋双峰"，又至上虞虹溪村、余姚隐地龙潭村等王阳明祖居地，寻妲溪之源，王阳明改"妲溪"为"龙溪"。因酷暑或伤足，许璋、朱节、王琥、蔡宗兖先后退出。王阳明、徐爱、汪克章三人则登杖锡，寻"四明山心"，又至徐凫岩，观隐潭；至雪窦山，上千丈岩，登妙高峰，访玉泉庵，望天姥山、天台山华顶。欲从奉化取道至台州，适久旱，山田尽龟裂，惨然不乐，王阳明、徐爱的天台之行中止。下山后，王阳明至奉化大埠，买舟泛江，于七月二日归余姚。对此，徐爱有《游雪窦因得龙溪诸山记》①。游四明山期间，王阳明与徐爱等人多有赋诗唱酬，曰"归越诗"。

八月，徐爱赴南都兵部车驾清吏司任职，王阳明至天台寻访黄绾事不果后，有《与黄宗贤书》，告以实情。十月初，王阳明离开越地，赴滁州上任南京太仆寺卿，督马政。滁州山水佳胜，地僻官闲，王阳明每天与门人遨游于琅琊、瀼泉间。月夕则环龙潭而坐者数百人，歌声震山谷。滁州诸生孟源、孟津、姚瑛、戚贤、孙存、朱勋、萧惠、刘韶等随地请正，踊跃歌舞。旧学之士如朱节、蔡宗兖、冀元亨、刘观时、王嘉秀、萧琦等，纷纷前来游学。钱德洪《阳明先生年谱》以为，"从游之众自滁始也"②，足以说明至滁州师从王阳明的弟子门人之多。在滁州讲学期间，王阳明多教门人静坐以入道。王阳明主张的"静坐"，乃是秉承孔子"学者为己"和孟子"求其放心"的教诲而进行的自我修养，旨在摆脱纷繁世务而涤除私心杂念的一种道德实践功夫，是王阳明确立良知学过程中的一个重要阶段。

正德九年（1514）二月，湛若水奉使安南复归，奉母北上入京，沿长江水路，转道滁州与王阳明相会，二人之间有儒佛之辩。四月，王阳明升任南京鸿胪寺卿，陆澄、薛侃等落榜举人至南都侍从王阳明，朝夕问学，并留意收集记载王阳明的讲学语录，是为《王文成公全书》本《传习录·上》"陆澄录""薛侃录"。正德十二年（1517）左右，薛侃又至赣州师从阳明，继续编辑阳明在赣州

---

① 钱明编校：《徐爱集·钱德洪集》（重编本），上海古籍出版社 2024 年版，第 85~89 页。

② 《阳明先生年谱》（天真书院本），第 34 页。

与门人的讲学语录。

在南京，王阳明居静观楼，并为题词"放一毫过去非静，收万物回来是观"①，多教门人省察克己，去人欲、存天理之功。徐爱、蔡宗兖、陆澄、薛侃、黄宗明、马明衡、季本、许相卿、王激、诸偁、林达、张寰、唐愈贤、饶文璧、刘观时、郑骝、周积、郭庆、栾惠、刘晓、何鳌、陈杰、杨祔、白说、白谊、彭一之、朱簶、路迎等二三十人同聚阳明门下，日夕渍砺不懈。

正德十年（1515）正月，湛若水母陈氏卒于京城，湛若水护送灵柩回乡增城；二月，王阳明逆吊湛母于南京龙江关。同时，湛若水、王阳明在南京龙江关就"格物"之旨进行辩论。此时，陈九川初见阳明于龙江关，并亲闻湛、王二人之间的辩论；是为通行本《传习录·下》"陈九川录"之第一条。湛若水在南归途中，尚有《与阳明鸿胪》《与王阳明先生鸿胪》《寄阳明王先生》等书函，继续论学。在南都讲学期间，王阳明与魏校、邵锐等朱子学者以及自己的弟子王道之间有学术论辩，颇似当年的"朱陆之辩"，一主心学，一宗理学。为此，王阳明编辑《朱子晚年定论》，并于正德十年十一月作"序"，讲述自己的对朱子学的态度及自己的心学立场。远在黄岩的黄绾也加入这场学术论辩中，声援王阳明。

正德十一年（1516）八月十八日，王阳明升任都察院左佥都御史，巡抚南赣汀漳等八府一州（江西赣州、南安，福建汀州、漳州，广东南雄、韶州、潮州、惠州，湖广郴州）。当时，汀、漳各郡皆有巨寇，时任兵部尚书王琼特荐阳明前去平乱。九月底王阳明离开南都，便道至越地归省。

---

① 《王阳明全集补编》（增补本：简体版），第106页。

（九）南赣靖乱与平定宁藩

正德十一年（1516）十二月初三，在朝廷严命之下，王阳明从越地启程，正德十二年（1517）正月十六日到达赣州①，从此开始了一介儒生缉盗平叛的军旅生涯。

当时，江西、福建、广东、湖南四省交界的山区地带，盗贼蜂拥四起。谢志山、蓝天凤、钟景占领横水、左溪、桶冈，池仲容占领浰头，各自称王，与大庾的陈曰能、乐昌的高快马、郴州的龚福全等，遥相呼应，攻占、剽掠各处府县。而福建大帽山的盗贼詹师富等又起兵。谢志山联合乐昌的盗贼夺取大庾，进攻南康、赣州，赣县主簿战死。前任巡抚文森托病去职。王阳明到任后，知道官府中有盗贼的耳目，于是责问年老而狡黠的仆役，仆役不敢隐瞒，如实坦白。王阳明赦免了他们的罪过，让他们侦探叛军的情报，也因此掌握了盗贼的动静。

王阳明活学活用早年所学的《武经七书》中的兵法谋略，尤其善于决策，以赣州为中心，制定了东征漳州（大帽山）、西平南安（横水、左溪、桶冈）、南定粤北（三浰）的平乱方略。正德十二年（1517）二月至四月，王阳明亲自率部进军汀、漳，驻节上杭，在漳州山区连破四十余寨，斩杀、俘获七千多人。而后上疏奏设平和县，归福建漳州府管辖。他还向朝廷上疏，称权力太小，无法命令将士。王琼上奏，给了王阳明旗牌，同时改授提督南、赣、汀、漳等处军务，可便宜从事。七月，进兵大庾；十月，克横水、左溪；十一月，攻桶冈，破巢八十四，斩杀、俘获六千多人。战毕，在横水设置崇义县，归江西赣州府管辖。正德十三年（1518）正月

---

① 《王阳明全集》（简体版），第250页。

至三月，出征至广东，分兵九路，围剿九连山上、中、下三浰三十八寨的盗贼池仲容，斩杀两千多人。自正德十二年正月到十三年三月，王阳明仅用一年多时间，率领书生和偏裨，荡平为患数十年的盗贼，赢得朝野与江西军民的称赞。

正德十四年（1519）六月十四日，宁王朱宸濠在南昌起兵叛乱。当时，阳明正奉命赴福建平乱，途经丰城县境，仓促闻变，立即回军吉安，募集义兵，发出檄文，出兵征讨。从六月十五日至七月二十八日，在王阳明的精心调度与策划进击之下，以少胜多，竟能"以万余乌合之兵，而破强寇（宁王）十万之众"，这在古代军事史上堪称奇迹。十一月，王阳明奉敕兼任江西巡抚。然而，平叛大功却没有得到明武宗的认可。武宗身边的佞臣张忠、许泰，平时与宁王交往密切，心态极端复杂。张忠、许泰这些佞臣希望王阳明将已被活捉的朱宸濠放到鄱阳湖，然后再让御驾南征的武宗亲自"擒获"朱宸濠，以满足武宗的虚荣心。面对这样复杂的情势，王阳明急流勇退。他押送反贼朱宸濠至杭州交给当时尚属正直的太监张永，然后称病西湖净慈寺，以避免卷入更多的政治事端中。所以，终武宗一朝，王阳明平叛之功没有得到朝廷的封赏。直到明世宗嘉靖帝即位后，王阳明才加官晋爵，升任南京兵部尚书，封新建伯。这一封赏，总算澄清了王阳明蒙受的种种不白之冤，给了他比较公正的评价。

"破山中贼易，破心中贼难。"从正德十二年到正德十六年，王阳明大多时间在江西赣州和南昌，他一边处理军政事务，一边从事讲学活动。正德十三年六月，王阳明门人袁庆麟刻《朱子晚年定论》于雩都；七月，王阳明作"序"刻《大学古本傍释》于赣州；八月，薛侃在赣州刻《传习录》三卷。王阳明在赣州郁孤台下修濂溪书院，薛侃、欧阳德、梁焯、何廷仁、黄弘纲、薛俊、杨骥、郭治、周仲、周冲、周魁、郭持平、刘道、袁庆麟、王舜鹏、王学益、余光、王槐密、黄莹、吴伦、陈稷、刘鲁、扶敝、吴鹤、薛侨、薛宗铨、欧阳昱等四方学者云集于此，日与发明古本《大学》本旨，指示入道之方。

"宁王之乱"，尤其是"忠泰之变"的考验，使得王阳明经历了自贬谪龙场以来人生最艰难险恶的时期，但也就在这种种苦难的磨砺中，王阳明的心学思想升华到一个新高度，并于正德十五年（1520）秋在赣州通天岩讲学期间正式提出了"致良知"的哲学命题，正德十六年在南昌宣讲"致良知"之学，从而完成了阳明良知心学的哲学建构。陈九川、夏良胜、万潮、欧阳德、魏良弼、魏良政、魏良器、魏良贵、李遂、舒芬、裘衍、王臣、钟文奎、吴子金等门人，在南昌日侍讲席，与闻"致良知之教"。金溪黄直（字以方）至南昌师从王阳明，得闻"致良知之教"与"知行合一"说，其问学语录详见《王文成公全书》本《传习录·下》"黄直录""黄以方录"。

《阳明先生年谱》"正德十六年辛巳"条载："自经宸濠、忠泰之变，益信良知真足以忘患难、出生死，斡旋化机，整齐民物，所谓考三王、建天地、质鬼神、俟后圣，无弗同者。乃遗书守益曰：'近来信得"致良知"三字，真圣门正法眼藏。往年尚疑良知恐有未尽，今自多事以来，只此良知，无不具足。'"① 可见，王阳明良知心学的核心思想，是在平定宁藩叛乱并历经"忠泰之变"的严峻考验以后，以提出"致良知"三字为标志而形成的。正如王阳明自己总结的："某于此良知之说，从百死千难中得来"②"我此'良

①　《阳明先生年谱》（天真书院本），第107页。
②　《王阳明全集》（简体版），第1050页。

知'二字，实千古圣圣相传一点滴骨血"①。阳明良知教的成形，不仅使其思想境界升华到新的阶段，也使其精神境界升华到新的高度，使他在复杂险恶的政治斗争中立定脚跟、宠辱不惊，从而化解了一个个政治危机，立于不败之地。

（十）丁忧家居与越地讲学

正德十六年（1521）三月，明武宗朱厚照驾崩，四月，明世宗朱厚熜即位，是为嘉靖帝。由藩王入继大统的世宗，在对王阳明有过短暂的赏识之后，便对这位非常能干的臣子采取了冷漠的态度。在世宗即位之际，王阳明也因父老请归，世宗说王阳明有擒贼平乱之功，正要论功行赏，不许他辞官。同年七、八月，先升其为南京兵部尚书参赞机务，不许他推辞，稍后又特许他顺路回去探视父亲。九月，王阳明归余姚，省祖茔。日与宗族亲友宴游，随地指示良知。余姚学子钱德洪、钱德周、钱大经、钱应扬、郑寅、俞大本、王正心、王正思、夏淳、范引年、孙昇、吴仁、柴凤、诸阳、徐珊、管州、谷钟秀、黄文涣、周于德、杨珂等七十余人从学。闻人闰、闻人诠、闻人言兄弟亦正式师从王阳明。

十一月九日，朝廷下诏《册新建伯王守仁制》，追论江西平宸濠功：因剿平江西反贼功，封王阳明新建伯，奉天翊卫推诚宣力守正文臣，特进光禄大夫柱国，还兼南京兵部尚书，照旧参赞机务。三代并妻一体追封，给予诰券，子孙世袭。但王阳明不愿将江西军功据为己有，连上《辞封爵普恩赏以彰国典疏》《再辞封爵普恩赏以彰国典疏》，言同事诸臣斥谪之枉。

不幸的是，其父王华于嘉靖元年（1522）二月病逝，阳明遵

---

① 《阳明先生年谱》（天真书院本），第108页。

制，在绍兴新居丁父忧三年，同时休养身心。到嘉靖三年（1524），丁忧期满，阳明门人弟子日益增多，四方负笈来学之士盛况空前。萧璆、杨汝荣、杨绍芳（时任上虞知县）、杨继芳等来自湖广，杨仕鸣、薛宗铠、黄梦星等来自广东，王艮、孟源、周冲、朱得之等来自南直隶，何秦、黄弘纲等来自南赣，刘邦采、刘文敏等来自安福，魏良政、魏良器等来自新建，曾忭来自泰和。宫刹卑隘，至不能容，环坐而听者达三百余人。正月，王阳明在越地建阳明书院；二月，绍兴郡守南大吉以座主称门生，重修稽山书院，聚八邑彦士，邀王阳明讲学其中，南大吉身率讲习以督之。阳明临讲会，只发《大学》"万物同体"之旨，使人各求本性，致极良知以至于至善，功夫有得，则因方设教，故人人悦其易从。南中学子黄省曾至越地师从王阳明，今《王文成公全书》本《传习录·下》"黄省曾录"中，辑录阳明讲学语录十余条。

嘉靖三年（1524）十月，南大吉取"阳明先生论学书"若干篇，命弟南逢吉校对后，续刻《传习录》二册五卷于越，上册三卷即正德十三年的初刻《传习录》（赣州刊本，"徐爱录""陆澄录""薛侃录"各一卷），下册两卷即"论学书"。《王文成公全书》本《传习录·中》卷首载钱德洪"序"，其中有云："昔南元善刻《传习录》于越，凡二册。下册摘录先师手书，凡八篇。"根据钱德洪的描述，"仍元善所录之旧"的"论学书"八篇分别为：《答徐成之》二书、《答周道通书》、《答陆清伯》、《答人论学书》、《答罗整庵少宰书》、《答欧阳崇一书》、《答聂文蔚》第一书。其实，钱德洪所看到的所谓"绍兴刻本"《传习录》并非嘉靖三年南大吉的原刻版，而是增刻版。今人以为，南大吉续刻《传习录》下册四卷：卷一为《答徐成之书》（两通，后有南逢吉长跋）、《答罗整庵少宰书》，下卷二为《答人论学书》，下卷三为

《答周道通书》、《答陆原静书》（二篇），下卷四为《示弟立志说》《训蒙大意示教读刘伯颂等》《教约》三篇①。也就是说，嘉靖三年十月南大吉绍兴刻本《传习录》中并未收录王阳明与欧阳德、聂豹二人的书信。

嘉靖四年（1525）九月，王阳明归余姚省祖墓，与余姚诸生定期会讲于龙泉山之中天阁，每月以朔、望、初八、廿三为期。离开余姚时，王阳明书壁以勉诸生，即《书中天阁勉诸生》。嘉靖六年（1527）四月，钱德洪编次、王阳明本人标注年月的《阳明先生文录》四册，由邹守益刊刻于南直隶广德州，是为"广德版"《阳明先生文录》。

嘉靖六年五月，广西田州岑猛为乱，朝廷数剿无效，遂命王阳明兼都察院左都御史，总制军务，督同都御史姚镆勘处思恩、田州事宜。七月，敕谕再下，特命阳明提督两广及江西、湖广等处地方军务，星驰思恩、田州，进剿"乱贼"。八月，王阳明将入广，作《客坐私祝》教诲子弟门人；还应钱德洪之请，作《大学问》，以指示圣学之全功，使后学知良知学从入之路。在朝廷的一再敦促之下，阳明遂于九月初八日启程前往广西。

就在出征前一天晚上，也就是九月初七日夜，王阳明与晚年最著名的两大弟子钱德洪、王畿，在新建伯府邸天泉桥上进行了一场著名的思想论辩，史称"天泉证道"。"天泉证道"是阳明学史上的重大事件，讨论的中心问题是阳明"四句教"："无善无恶心之体，有善有恶意之动，知善知恶是良知，为善去恶是格物。"钱德洪、王畿对师门教法存有分歧，钱德洪主"四有说"，王畿主"四

---

① 邹建锋：《〈传习录〉形成过程再研究》，《贵阳学院学报（社会科学版）》2023年第2期。

无说"。钱德洪在《阳明先生年谱》、通行本《传习录·下》"钱德洪录"中记有关于"四句教"的论述。王畿在《天泉证道记》一文中也有记载,但与钱德洪的记载略有差异。没有直接参与这次谈话的邹守益在《青原赠处》文中也有类似的记载,但其中"无善无恶心之体"一句却记为"至善无恶者心"。而钱德洪在《复杨斛山》的一封书信中,又用"无善无恶"与"至善至恶"来描述"人之心体"①。实则,无论阳明在世,还是阳明去世后,"四句教"一直是聚讼不已的"学术公案"。万历年间,周汝登、许孚远在南京有《九谛》《九解》之辩。明末东林学者顾宪成也反对王阳明的"无善无恶心之体"说,刘宗周、黄宗羲师徒更是否定"四句教"系阳明所说,而是钱德洪、王畿的记载,还指出"四句教"文本存在叙事逻辑之矛盾。王夫之则批评王阳明"天泉付法,止依北秀(指神秀)、南能(指惠能)一转语作葫芦样",阳明的说法是模仿禅宗。清初学者颜元、张烈也是批评"四句教"的。总之,阳明后学各派关于良知学说的种种歧见,都围绕着"心体"善恶问题与本体工夫问题展开,这与阳明解说"四句教"时所谓的"汝中(王畿)之见是我这里接利根人的,(钱)德洪之见是我这里为其次立法的"不无关系。

(十一) 征抚广西与落星南安

嘉靖六年(1527),广西思恩、田州的少数民族首领卢苏、王受造反。总督姚镆不能平定,于是朝廷下诏让王阳明以原先的官职兼左都御史,总制两广、江西、湖广军务,征思、田;后又兼两广巡抚。王阳明弟子黄绾借此机会上疏争辩王阳明的江西功绩,请赐

---

① 《徐爱集·钱德洪集》(重编本),第251页。

给他铁券和岁禄，并叙录平定宁王叛乱功臣。嘉靖帝均答应。王阳明不得已拖着病体，启程奔赴两广。

嘉靖七年（1528）正月，王阳明抵达广西以后，对思恩、田州地区以瑶族为主的少数民族武装反抗采取了安抚为主、罢兵息战的政策。不到一个月，即促使其首领卢苏、王受率数万之众竭诚投降，使得迁延数年、屡剿无效的思田之乱，兵不血刃地宣告平息。接着，王阳明采用"以夷制夷"的策略，主要利用新招降的土司头目卢苏、王受的目兵，采取突袭制胜的战术镇压了断藤峡、八寨等地的瑶民之乱。

王阳明赋诗《破断藤峡》《平八寨》，后者诗句为："见说韩公破此蛮，貔貅十万骑连山。而今止用三千卒，遂尔收功一月间。岂是人谋能妙算？偶逢天助及师还。穷搜极讨非长计，须有恩威化梗顽。"① 七月，官军进剿八寨、断藤峡军事行动完全结束，王阳明上《八寨断藤峡捷音疏》《处置八寨断藤峡以图永安疏》，请经略思、田及八寨、断藤峡。

广西平乱的战事，前后经历一年多。这一年多来，王阳明以衰病之躯，奔走于炎热潮湿、瘴疠遍布的崇山峻岭，可谓呕心沥血、鞠躬尽瘁。到战事全胜之际，已是他病入膏肓之时了。嘉靖七年（1528）十月初十日，王阳明在广州向朝廷上了平生最后一道奏疏《乞恩暂容回籍就医养病疏》，说明自己"炎毒益甚。今又加以遍身肿毒，喘嗽昼夜不息，心恶饮食，每日强吞稀粥数匙，稍多辄又呕吐"的严重病况②，请求朝廷允许他回浙江原籍养病；其词悲切，但朝廷没有回文，而是留中不报。十月，在广州，王阳明还有

---

① 《王阳明全集》（简体版），第 658~659 页。
② 《王阳明全集》（简体版），第 444 页。

《答聂文蔚书（二）》（载通行本《传习录·中》）；十一月，离开广州北上之时，王阳明有"舟次伏枕草草，不尽所怀"的临终"绝笔"书——《与黄宗贤五（戊子）》，希望黄绾利用在京师任职之便，促成自己班师回朝及告病还乡诸事①。实则，此时的黄绾、张璁与杨一清、桂萼之间矛盾重重，为避免冲突加剧，黄绾由詹事府詹事兼翰林院侍讲学士升任南京礼部右侍郎，离开京师。在《与黄宗贤五（戊子）》之前，阳明有书函《答何廷仁（戊子）》②，告以近况。

　　嘉靖六年九月至嘉靖七年十一月，王阳明在两广期间所作"问书、纪别、答问、祭告、题咏数章"，由弟子舒柏辑录成《阳明寓广遗稿》。舒柏《阳明寓广遗稿·序》言："嘉靖戊子（七年），（阳明）先生以新建伯奉上命，提四省重兵，经略思田，虽鞠瘁弗遑，而问书、纪别、答问、祭告、题咏数章，率皆载道之文也。石龙（黄绾）一书，其绝笔焉。（舒）柏日侍门下，习而录，录而珍，恐久而或逸，梓之以贻同志，庶领略之余，得先生之所以为先生者。岂敢阿所好，亦岂敢以言论观先生耶？"③ 在广州讲学，阳明阐良知之旨；招诤友黄佐前来相会，又有《与黄才伯书》，告以"明德只是良知，所谓灯是火耳"④。

　　十一月二十日左右，在上疏屡不获答复、疾痛难忍之际，王阳明从广州班师；经韶州、南雄，二十五日，逾梅岭，至江西南安府。一说，二十六日，王阳明至南安府城外东山道源书院，抱病为

---

　　① 《王阳明全集》（简体版），第687页。

　　② 《王阳明全集》（简体版），第189~190页。

　　③ 《阳明寓广遗稿》，佚而不存；舒柏"序"文，载黄佐纂《广东通志》卷四十二《艺文》，明嘉靖三十九年刻本。

　　④ 《王阳明全集补编》（增补本：简体版），第196页。

南安士人做最后一次讲学。

十一月二十九日午时（公元 1529 年 1 月 9 日 12 时许），一代儒学宗师王阳明，病逝于江西南安府小溪驿（位于大余县与赣州市南康区交界处），一说王阳明病逝地系大余县青龙铺码头官船中。钱德洪《讣告同门》引驿吏言："十一月二十九日午时，（阳明先生）终于江西之南安。"[1] 家童问何所嘱，王阳明曰："他无所念，平生学问方才见得数分，未能与吾党共成之，为可恨耳！"[2] 门人周积问遗言，曰："此心光明，亦复何言？"[3] "此心光明，亦复何言"，这八个字是阳明先生的遗言，可以说是对自己一生的概括，也是他对世人最后的教诲。这位明朝文武双全的大臣，这位被后人誉为"真三不朽"的圣贤，这位当代人们赞不绝口的中国历史上伟大的哲学家、思想家、教育家、军事家、政治家，就这样长逝于军旅途中。虽然令人无比惋惜，但更令人无限敬佩，其必将永垂不朽！

嘉靖八年十一月十一日（1529 年 12 月 11 日），千余人会葬王阳明于绍兴城外洪溪（今绍兴市柯桥区兰亭街道花街村鲜虾山）。嘉靖十三年（1534），黄绾所撰的《阳明先生行状》终于定稿，湛若水据此撰写了《阳明先生墓志铭》。嘉靖四十二年（1563），钱德洪编撰、罗洪先考订的《阳明先生年谱》七卷，刊刻于杭州天真书院，是为"天真书院本《阳明先生年谱》"。嘉靖四十三年（1564），毛汝麒、周相在江西刊刻《阳明先生年谱》，是为"毛汝麒本《阳明先生年谱》"。隆庆六年（1572），再予修改的《阳明先生年谱》收录于《王文成公全书》，是为"《王文成公全书》本《阳明先生年谱》"。

黄绾的《阳明先生行状》、钱德洪的《阳明先生年谱》，是我

---

[1] 《徐爱集·钱德洪集》（重编本），第 373 页。

[2] 〔明〕黄绾撰，张宏敏编校：《黄绾集》，上海古籍出版社 2014 年版，第 481 页。

[3] 《阳明先生年谱》（天真书院本），第 208 页。

们了解王阳明其人其事其学的基本文献，值得重视。

二、《传习录》的成书与版本源流

明代理学的根本精神在阳明心学，阳明心学的根本精神在"致良知"。而集中体现王阳明良知心学真精神的著作则是《传习录》。因此，要想了解王阳明与阳明心学，首先必读《传习录》，以领悟其思想精华；其次是读《阳明先生年谱》以及《王文成公全书》，以把握其生平事功及思想发展的脉络。

从徐爱在正德七年（1512）最早辑录的《传习录》，再到隆庆六年（1572）收录于《王文成公全书》前三卷的所谓的"通行本"《传习录》，其编刊成书过程漫长而繁琐。这里，有必要对上中下三卷"通行本"《传习录》的成书与版本源流情况略加陈述。

（一）徐爱在京师初编《传习录》

徐爱是王阳明早年最得意的弟子，是《传习录》最早的辑录者，也为《传习录》撰写了"序""题辞""跋"。正德七年（1512）春，时任祁州知州徐爱考绩入京；时在京师吏部供职的王阳明与徐爱、黄绾、顾应祥、郑一初等论学，此时起，徐爱始辑王阳明的论学语录，是为《传习录》之滥觞；同年十二月，王阳明升任南京太仆寺少卿，徐爱以祁州知州考满而升任南京兵部车驾清吏司员外郎。岁末，师徒二人同舟南下，共论《大学》宗旨，徐爱继续编辑《传习录》。正德九年（1514）四月，王阳明又至南京任鸿胪寺卿，徐爱继续侍从；直至正德十一年（1516）秋，王阳明因巡抚南赣至江西，与徐爱在越地道别。通行本《传习录·上》也就是《王文成公全书》卷一"语录一"，保存有徐爱辑录的阳明语录 14

条。这是对王阳明龙场悟道后在贵阳、辰州、常德尤其是在京师、南京讲学场景的再现。其中言及"新民""心即理""心外无理""心外无物""心外无事""良知""知行合一"等阳明心学基本命题，以及王阳明对古本《大学》、六经的理解。今人束景南不认可钱德洪《阳明先生年谱》中所载徐爱与王阳明"同舟归越，论《大学》宗旨……今之《传习录》首卷是也"云云，以为徐爱编《传习录》主要是正德七年六月至十一月传习所闻的记录，并非记录归越舟中所闻论《大学》宗旨；徐爱编本《传习录》于正德七年十一月已经定稿并刊刻，还寄送王华等人①。

（二）薛侃在赣州初刻《传习录》

正德十三年（1518）八月，薛侃在赣州刊刻《传习录》三卷。这就是通行本《传习录·上》，其中包括三部分内容：（1）徐爱在正德七年所记录的阳明"语录"。（2）陆澄在正德九年、十年于南都师从王阳明之时所整理的阳明"语录"，系对正德九年、十年间王阳明在南京讲学场景的再现。其中言及"立志""事上磨""知行合一""去人欲、存天理""心外无理，心外无物""省察克治""亲民"等阳明心学命题，反映了王阳明对《论语》《孟子》《中庸》《周易》等儒家经典的理解，对儒佛道三教关系的评论，对二程、朱熹、陆九渊等宋儒的看法。（3）薛侃于正德九年四月至正德十一年九月在南都、正德十二年夏至十三年七月在赣州，侍从王阳明之时，辑录下来的阳明"语录"，其中言及"立志""去私意、存天理""无善无恶""真己""诚意工夫""居敬穷理"等传统儒学命题，还反映了王阳明对《论语》《孟子》《周易》等儒家经典

---

① 束景南：《王阳明年谱长编》，第686~687页。

的理解，对二程、朱熹等先儒的看法以及儒佛道三教关系的评述。薛侃辑录的阳明语录，也成为王阳明在正德十五年（1520）左右正式提出的"致良知"之教的前奏与铺陈。

　　徐爱、陆澄、薛侃，是王阳明颇为心仪的弟子。徐爱英年早逝后，王阳明对陆澄期望甚高，曾有"自曰仁（徐爱）没后，吾道益孤，致望（陆）原静者亦不浅"①的感慨。薛侃于正德十三年在赣州刊刻的《传习录》，辑徐爱所录14条（徐爱原录条数，不止这14条，佚失甚多），陆澄所录80条，薛侃本人所录36条。因徐爱生前已经把所录王阳明与自己之间的师生问答语命名为《传习录》，故薛侃不做改动，沿用其名。薛侃在赣州刊刻《传习录》时也说："曰仁（徐爱）所纪凡三卷，侃近得此数条并两小序，其余俟求其家附录之。正德戊寅春，薛侃识。"②

（三）南大吉在绍兴续刻《传习录》

　　嘉靖三年（1524）十月，绍兴知府南大吉取"阳明先生论学书"八篇，命弟南逢吉校对后，续刻《传习录》二册五卷（亦有"七卷""八卷"说③）于越，上册三卷即正德十三年的初刻《传习录》（薛侃赣州刊本，"徐爱录""陆澄录""薛侃录"各一卷），下册两卷即"论学书"八篇。《王文成公全书》本《传习录·中》卷首载钱德洪"序"，其中有云："昔南元善刻《传习录》于越，凡二册。下册摘录先师手书，凡八篇。"根据钱德洪在《传习录》

　　①　《王阳明全集》（简体版），第143页。
　　②　〔明〕王阳明撰，邓艾民注：《传习录注疏》，上海古籍出版社2015年版，第24页。
　　③　王学伟：《王阳明〈传习录〉明朝嘉靖年间刊刻考述》，《贵阳学院学报（社会科学版）》2024年第5期。

卷中"序"文的描述，"阳明先生论学书"八篇似乎为：《答徐成之》二书、《答周道通书》、《答陆清伯》、《答人论学书》、《答罗整庵少宰书》、《答欧阳崇一书》、《答聂文蔚（一）》。

毫无疑问，钱德洪所云"论学书"八篇系钱德洪、王畿等在隆庆六年所编《王文成公全书》卷二，即《传习录·中》的书信（除去《答徐成之书（二首）》），并非嘉靖三年南大吉编本《传习录》的"论学书"八篇。今人束景南以为，南大吉编本《传习录》"论学书"八篇应为：《答徐成之》二书、《启问道通书》、《答陆原静》二书、《答罗整庵少宰书》、《训蒙大意示教读刘伯颂》、《教约》①。今人黎业明认为，南大吉续刻《传习录》下册收录的阳明书信、文章为：《答徐成之》二书、《答罗整庵少宰书》、《答人论学书》（《答顾东桥书》）、《答周道通书》、《答陆原静》二书、《示弟立志说》、《训蒙大意示教读刘伯颂等》、《教约》②。今人邹建锋以为南大吉续刻《传习录》下册四卷：卷一为《答徐成之书》（两通，后有南逢吉跋）、《答罗整庵少宰书》，下卷二为《答人论学书》，下卷三为《答周道通书》、《答陆原静书》（二篇），下卷四为《示弟立志说》《训蒙大意示教读刘伯颂等》《教约》三篇③。也就是说，嘉靖三年十月南大吉绍兴刻本《传习录》中并未收录王阳明与欧阳德、聂豹二人的书信。

据日本学者永富青地《王守仁著作の文献学的研究》载，上海图书馆藏"明嘉靖三年南大吉刻本《传习录》"，北京大学图书馆藏明嘉靖三年南大吉序《传习录》三卷《续录》二卷重刻本④。今

① 束景南：《王阳明："心"的救赎之路》，复旦大学出版社 2021 年版，第 448 页。
② 〔明〕王守仁撰，黎业明译注：《传习录译注》，上海古籍出版社 2021 年版，第 16 页。
③ 邹建锋：《〈传习录〉形成过程再研究》，《贵阳学院学报（社会科学版）》2023 年第 2 期。
④ （日）永富青地：《王守仁著作の文献学的研究》，日本汲古书院 2007 年版，第 544 页。

人王学伟指出，上海图书馆所藏《传习录》，虽然题录为嘉靖三年，但从其刊刻字体来看，应属于万历年间的复刻本。嘉兴市图书馆也藏有题录为"嘉靖三年"的《传习录》残本，上卷一为"徐爱录"，上卷二为"陆澄录"，无"薛侃录"；下卷无卷一、二，下卷三为《答周道通书》《答陆原静书》，下卷四为《示弟立志说》《训蒙大意示教读刘伯颂等》《教约》。卷首有南大吉序、徐爱序，与南大吉序文所署时间较为吻合，但卷末没有跋文，有关该本的刊刻信息甚少，难以遽定刊刻年月。今台湾地区的图书馆藏有《传习录》残本，无上卷，下卷一为《答徐成之书》《又》《答罗整庵少宰书》，下卷二为《答人论学书》，下卷三为《答周道通书》《答陆原静书》，下卷四为《示弟立志说》《训蒙大意示教读刘伯颂等》《教约》。遗憾的是，该藏本也没有序跋，刊刻年月难以判定。①

嘉靖三年（1524）十月十八日，南大吉所撰《重刻传习录序》云："是《录》也，门弟子录阳明先生问答之辞、讨论之书，而刻以示诸天下者也。……故命逢吉弟校续而重刻之，以传诸天下。天下之于是《录》也，但勿以闻见梏之，而平心以观其意；勿以门户隔之，而易气以玩其辞。勿以《录》求《录》也，而以我求《录》也，则吾心之本体自见。而凡斯《录》之言，皆其心之所固有，而无复可疑者矣。则夫大道之明于天下，而天下之所以平者，将亦可俟也已。嘉靖三年冬十月十有八日，赐进士出身中顺大夫绍兴府知府、门人渭北南大吉谨序。"② 薛侃也就是《传习录》赣州初刻本执事，在看到嘉靖三年绍兴刻本《传习录》后，赞叹道："阳明先

---

① 王学伟：《王阳明〈传习录〉明朝嘉靖年间刊刻考述》，《贵阳学院学报（社会科学版）》2024年第5期。

② 〔明〕南大吉著，李似珍点校整理：《南大吉集》，西北大学出版社2015年版，第63~64页。

生《传习录》后一本更好。盖先生自庚辰、辛巳后造益深矣。"①
这里的"庚辰""辛巳"为正德十五、十六年,是王阳明正式提出
"致良知"说的年份,南大吉刻本《传习录》中的《答人论学书》
《答周道通书》《答陆原静书》则是对"致良知"说的充分阐释。

(四) 钱德洪等编刊《传习续录》

通行本《传习录·下》,辑录有由王阳明弟子陈九川、黄直
(黄以方)、黄修易、黄省曾、钱德洪、王畿等 6 人记录下来的王阳
明语录,统称为《传习续录》,并由钱德洪最终编审。

《传习续录》收录陈九川于正德十年至正德十六年间(1515—
1521)在南都、在南昌、在赣州侍从阳明期间,听闻阳明讲学而辑
录的阳明语录 21 条。其中言及"致良知""亲民""事上磨炼"等
阳明学命题,反映了王阳明提出、宣讲"致良知"之教的全过程。

黄直(字以方,号卓峰)于正德十五年至十六年间(1520—
1521)至南昌,侍从王阳明并得闻"致良知"之教与"知行合一"
说,以及"儒佛之辨""为善去恶""格物"等阳明学命题以及朱
子学与阳明学的分疏。钱德洪编辑的《传习续录》中既有署名为
"黄直录"的语录 15 条,也有署名为"黄以方录"的语录 27 条
(实际上,"黄以方录"仅 10 条)。"黄直,字以方",毫无疑问,
"黄直"就是"黄以方",也就是说《传习续录》中"黄直(黄以
方)录"的阳明语录为 25 条。

通行本《传习录·下》载有黄修易(字勉叔,因为浙江人的
口音中"黄""王"不分,"黄修易"则是"号西山"的浙江衢州

---

① 〔明〕王守仁:《传习录》,明嘉靖二十三年(1544)德安府重刊本,日本九州大
学图书馆藏。

江山人"王修易")在嘉靖三年（1524）至越地侍从阳明期间，记录下来的阳明语录11条，内容涉及"为善去恶""致良知"以及王阳明对《论语》《孟子》《周易》中具体文本的解读。

通行本《传习录·下》载有署名"黄省曾录"阳明语录69条，实则"何廷仁、黄正之、李侯璧、汝中、德洪侍坐"条，明显是钱德洪、王畿（字汝中）辑录；有一种可能，这条语录之后直至下文的"黄以方录"，皆为钱德洪、王畿所录。实际"黄省曾录"仅有12条，另外56条由"钱德洪、王畿录"。另外，署名"黄以方录"的27条阳明语录中有2条系"黄省曾录"。故而，《传习续录》中"黄省曾录"的语录为14条。

再有，署名"黄以方录"的27条阳明语录中，有15条系"钱德洪录"，故而通行本《传习录·下》"钱德洪录"的语录有72条（也包括"王畿增葺"），记录了嘉靖元年至嘉靖六年间（1521—1527）钱德洪、王畿在越地聆听的阳明教诲，内容涉及"立志""致良知""万物同体""四句教""本体工夫"等阳明学核心命题及其阳明晚年在越地讲学的场景。

嘉靖七年（1528）冬，钱德洪、王畿赴京廷试途中闻阳明病故，奔丧江西，并扶枢归越。同时讣告同门，征集先师遗言、遗著，是为《传习续录》也就是通行本《传习录·下》的成书缘起。而后，钱德洪编刊有《阳明先生文录》《阳明先生年谱》等，也是隆庆本《王文成公全书》的"执行主编"。

钱德洪审定的《传习续录》的成书过程，也是繁琐的。

嘉靖三十二年（1553）秋，钱德洪与何迁、刘起宗（四川巴县，今重庆市巴南区人）相会于南京，相与商订旧学，谓"师门之教，使学者趋专归一，莫善于《传习录》"。刘起宗、钱德洪遂有续刻《传习录》之意。

嘉靖三十三年（1554）六月，钱德洪为宁国知府刘起宗、泾县县尹丘时庸捐俸刊刻于泾县水西精舍的《续刻传习录》撰"序"："（嘉靖十四年），（钱德）洪在吴时，为先师哀刻《文录》。《传习录》所载下卷，皆先师书也。既以次入《文录》书类矣，乃摘录中问答语，仍书南大吉所录，以补下卷。复采陈惟濬诸同志所录，得二卷焉，附为《续录》，以合成书。适遭内艰，不克终事。去年（嘉靖三十二年）秋，会同志于南畿，吉阳何子迁、初泉刘子起宗，相与商订旧学，谓师门之教，使学者趋专归一，莫善于《传习录》。于是刘子归宁国，谋诸泾尹丘时庸，相与捐俸，刻诸水西精舍，使学者各得所入，庶不疑其所行云。时嘉靖甲寅夏六月，门人钱德洪序。"① 是为"水西精舍本《传习续录》（《续刻传习录》）"。

嘉靖三十四年（1555），曾才汉在钱德洪辑录"阳明语录"["嘉靖戊子冬，德洪与王汝中奔师丧至广信，讣告同门，约三年收录遗言。继后同门各以所记见遗。（钱德）洪择其切于问正者，合所私录，得若干条"②]手抄本基础上，再加采辑，编成上下两卷本的《阳明先生遗言录》，上卷署名"门人金溪黄直纂辑，门人泰和曾才汉校辑"，下卷署名"门人余姚钱德洪纂辑，门人泰和曾才汉校辑"③，并刊刻于荆州。同年，钱德洪得曾才汉所刻《阳明先生遗言录》，读后，感觉自己当时采择的同门语录未精，乃删其重复，削去芜蔓，存其三分之一，名曰《传习续录》，复刻于宁国府水西精舍（今北京大学图书馆有藏本）。通行本《传习录·下》附

---

① 《传习录注疏》，第 182 页。

② 《传习录注疏》，第 292 页。

③ 《王阳明全集补编》（增补本：简体版），第 398~405 页。《阳明先生遗言录》收录于"明嘉靖三十四年间东序刊本"《阳明先生文录》之"附录"，今台湾"中研院"史语所傅斯年图书馆有藏。

钱德洪作于"嘉靖三十五年丙辰夏四月"的"跋"文："去年（嘉靖三十四年），同门曾子才汉得洪手抄，复傍为采辑，名曰《遗言》，以刻行于荆。洪读之，觉当时采录未精，乃为删其重复，削去芜蔓，存其三之一，名曰《传习续录》，复刻于宁国之水西精舍。"① 根据钱德洪在"嘉靖甲寅（三十三年）夏六月"为水西精舍《续刻传习录》所撰"序"，以及通行本《传习录·下》卷末于"嘉靖三十五年丙辰夏四月"所撰"跋"文，水西精舍本《传习录》貌似有两个文本，一个是嘉靖三十三年本，一个是嘉靖三十四年本。一点思考，先在此存疑。

　　嘉靖三十五年（1556）四月，钱德洪游学至蕲州崇正书院，在时任湖广兵备佥事沈宠劝说下，在嘉靖三十四年宁国水西精舍刊刻《传习续录》文本基础上，再次编辑《传习续录》；并由时任黄梅知县张九一增刻。今通行本《传习录·下》卷末附钱德洪"跋"文："今年（嘉靖三十五年）夏，（钱德）洪来游蕲，沈君思畏曰：'师门之教久行于四方，而独未及于蕲。蕲之士得读《遗言》，若亲炙夫子之教；指见良知，若重睹日月之光。惟恐传习之不博，而未以重复之为繁也。请哀其所逸者增刻之，若何？'……（钱德洪）乃复取逸稿，采其语之不背者，得一卷。其余影响不真，与《文录》既载者，皆削之，并易'中卷'为问答语，以付黄梅尹张君增刻之。庶几读者不以知解承，而惟以实体得，则无疑于是录矣！嘉靖丙辰夏四月，门人钱德洪拜书于蕲之崇正书院。"② 据学者考证，这里的"黄梅尹张君"是河南新蔡人张九一。阳明门人邹守益在一篇"记"文中写道，张九一"嘉靖间令梅三载，善政累累，擢吏部主事。邑

　　① 《传习录注疏》，第 292 页。
　　② 《传习录注疏》，第 292~293 页。

人感之，条其事勒石，曰隆学校，曰抚疲民，曰慎催科，曰谨拘摄，曰严干谒，曰乐咨访，曰清囹圄，曰锄豪强，曰息盗贼"①。

另外，嘉靖三年至嘉靖六年（1524—1527），朱得之来绍兴师从王阳明，效仿徐爱、陆澄、薛侃辑录《传习录》，把自己听闻到的阳明语录整理成《稽山承语》，落款为"虚生子朱得之述"②。后收录为嘉靖三十四年闫东序刊本《阳明先生文录》之"附录"。

（五）其他不同版本的《传习录》

嘉靖七年（1528），巡按福建道监察御史聂豹，同谪戍镇海卫的陈九川，联合编刊《传习录》于福建福州养正书院。聂豹《重刻传习录序》有云："《传习录》者，门人录阳明先生之所传者而习之，盖取孔门'传不习乎'之义也。……是录也，答述异时，杂记于门人之手，故亦有屡见而复出者。间尝与陈友惟濬（陈九川），重加校正，删复纂要，总为六卷，刻之于闽，以广先生之觉焉。"③先是，聂豹在嘉靖五年（1526）夏，至绍兴拜会王阳明，并获赠嘉靖三年南大吉刊本《传习录》；鉴于《传习录》"答述异时，杂记于门人之手，故亦有屡见而复出者"，再就是嘉靖七年聂豹、陈九川是在福建福州这一朱子学"大本营"刊刻《传习录》，故而对嘉靖三年南大吉刊刻的《传习录》采取了"重加校正，删复纂要，总为六卷"策略，尤其是删除了《答徐成之书（二首）》《答周道通书》《答陆原静书（二首）》。嘉靖七年聂豹、陈九川在福州刊刻的六卷本《传习录》目录如下：卷一"徐爱录"，卷二"陆澄

---

① 转引自王学伟：《王阳明〈传习录〉明朝嘉靖年间刊刻考述》，《贵阳学院学报（社会科学版）》2024年第5期。

② 《王阳明全集补编》（增补本：简体版），第405~412页。

③ 吴可为编校整理：《聂豹集》，凤凰出版社2007年版，第45~46页。

录"，卷三"薛侃录"，卷四《示弟立志说》《训蒙大意示教读刘伯颂等》《教约》，卷五《答罗整庵少宰书》，卷六《答人论学书》。

嘉靖二十三年（1544）二月，湖广德安府重刊"南大吉绍兴府刊本"《传习录》，分上下两卷，落款为"嘉靖二十三年二月德安府重刊"。今日本东京都立日比谷图书馆、东京都立中央图书馆河田文库有藏本。这是目前能看到的可以确定刊刻年代、最早的且卷次最完整的《传习录》刻本①。卷首有南大吉序、徐爱序。主体内容为"徐爱录""陆澄录""薛侃录"，《答徐成之书（二首）》《答罗整庵少宰书》《答人论学书》《答周道通书》《答陆原静书（二首）》《答欧阳崇一书》《答聂文蔚书（二首）》《答储柴墟书（二首）》《答何子元书》《示弟立志说》《训蒙大意示教读刘伯颂》《教约》。

嘉靖二十九年（1550）八月，巡按陕西监察御史、内江后学闾东重刻《阳明先生文录》二十八卷于陕西巩昌府天水（今属甘肃），并撰"序"。是为"明嘉靖三十四年闾东序刊本《阳明先生文录》"，其中收录《传习录》三卷。

嘉靖二十九年（1550）十月十五日，王畿为时任绍兴府州判萧彦在绍兴捐资重刊的《传习录》（嘉靖三年南大吉刊本）撰"序"（《重刻传习录序》），其中有言："（《传习录》）传且久，滤阙至不可读，学者病之。畿乃谋诸郡悴萧子奇士，命江生涌检勒，得其滤且阙者若干篇，付工补刻，而二册复完。……尚有续录数卷，未及尽刻，盖有俟也。"萧彦于是年八月撰有《传习录跋》，其中有言："是录之刻，迄今廿有七年矣。彦备员兹郡，访之龙溪王先生，欲求数十部以遗同志。而旧梓之漫毁而缺失者几半矣，谨捐俸

---

① 王学伟：《王阳明〈传习录〉明朝嘉靖年间刊刻考述》，《贵阳学院学报（社会科学版）》2024 年第 5 期。

鸠工而补刻之。"今人据此判定，该刻本是由萧彦提议，王畿主编，生员江涌具体负责，最后由萧彦捐资刊刻的。① 是为"嘉靖二十九年王畿、萧彦重刻《传习录》"，共八卷。今北京国家图书馆有藏。卷首有南大吉《刻传习录序》、王畿《重刻传习录序》，但无徐爱《传习录序》。卷目为："徐爱录""陆澄录""薛侃录"，《答徐成之书（二首）》《答罗整庵少宰书》《答人论学书》《答周道通书》《答陆原静书（二首）》《答欧阳崇一书》《答聂文蔚书（一）》《示弟立志说》《训蒙大意示教读刘伯颂》《教约》。

嘉靖三十年（1551）五月，孙应奎携嘉靖四年王阳明手授《传习录》（嘉靖三年南大吉绍兴府刊本）至湖南，令衡州知府蔡汝楠刊刻《传习录》（七卷本）于石鼓书院。是谓"嘉靖三十年石鼓书院本《传习录》"，或"孙应奎本《传习录》"。今日本京都大学附属图书馆有藏。卷首有孙应奎《刻阳明先生传习录序》、南大吉序、徐爱序。每卷卷次后有"同邑门人孙应奎重刊"九字，上卷三卷卷终均有"蔡汝楠校"四字，下卷四卷卷终均有"门人蔡汝楠校"六字。孙应奎撰《刻阳明先生传习录序》，云："应奎不敏，弱冠始知有所谓圣贤之学。时先生倡道东南，因获师事焉。忆是时先生独引之天泉楼。……及再见，又手授二书。其一《传习录》。……兹应奎较艺衡水，涉洞庭，登祝融，访石鼓……同志蔡子子木守衡，则已群多士，而摩之以性命之学，亦浸浸乎有兴矣。应奎因乐与成之，乃出（阳明）先生旧所手授《传习录》，俾刻置石鼓书院。……嘉靖三十年夏五月壬寅，同邑门人孙应奎谨序。"蔡汝楠撰《叙传习录后》："《传习录》者，阳明先生之门人录师传

① 王学伟：《王阳明〈传习录〉明朝嘉靖年间刊刻考述》，《贵阳学院学报（社会科学版）》2024年第5期。

之指，图相与习之者也。先生曾以是录手授今文宗蒙泉孙公，公按部至衡，令汝楠刻置石鼓书院，而公为之序……时嘉靖辛亥夏日，门下后学德清蔡汝楠谨书。"今人以为，蔡汝楠的这个刻本，很可能是最接近嘉靖三年南大吉刻本原貌的重刻本，蔡刻本没有收录在时间上晚于嘉靖三年的《答欧阳崇一书》《答聂文蔚书（二首）》。①

　　嘉靖三十年（1551）九月，巡按福建监察御史沈宠重刻《传习录》于福建，福建提学宪副朱衡撰《重刻传习录序》文，曰："侍御古林沈君，学（阳明）先生之学者也。按闽之暇，取《传习录》《大学问》《朱子晚年定论》，手订付梓，播诸学宫弟子员。"沈宠《重刻传习录序》文曰："视提学宪副朱君维平（朱衡）臭味相同，授是录（《传习录》）而谋以锓梓，君亦出其所藏《大学问》《朱子晚年定论》以附于后。"据此，有学者考证，该《传习录》是沈宠提供《传习录》、朱衡提供《大学问》《朱子晚年定论》，与曾珮、沈宠共同捐资刊刻，由沈宠手订付梓，卷数不详。该《传习录》刻本不见存世，上海图书馆藏有依据该刻本的翻刻本。②

　　嘉靖三十三年（1554）二月，江阴知县钱錞重刊《传习录》八卷于江阴，卷前有"嘉靖甲寅春二月吉旦，后学江阴薛甲"所撰"序"，有言："《传习录》者，我阳明先生偕门弟子问答语也。……若我鹤洲钱侯錞之尹吾邑也，一于先生乎取法焉，尝即是录（《传习录》）以语学者，且谋梓而行之，以广其传，而属序于甲。"卷后有"门人管州拜识"之《刻传习录后序》："鹤洲钱先生之为江阴也……一日谓予曰：'今之刻诗文闲书，以饰吏治者，

　　① 王学伟：《王阳明〈传习录〉明朝嘉靖年间刊刻考述》，《贵阳学院学报（社会科学版）》2024年第5期。
　　② 王学伟：《王阳明〈传习录〉明朝嘉靖年间刊刻考述》，《贵阳学院学报（社会科学版）》2024年第5期。

吾或不暇，孰若刻《传习录》以公之人，将使其玩辞有得者，因而知所入门，其次者以资发义理、取科第，不亦可乎?"今温州市图书馆有藏，目录如下：卷一"徐爱录"，卷二"陆澄录"，卷三"薛侃录"，卷四《答徐成之书（二首）》《答罗整庵少宰书》，卷五《答人论学书》，卷六《答周道通书》《答陆原静书（二首）》《修道说》《亲民说》，卷七《示弟立志说》《训蒙大意示教读刘伯颂等》《教约》，卷八《答欧阳崇一书》《答聂文蔚书（一）》①。

嘉靖三十七年（1558）正月，由钱德洪编次，唐尧臣（江西南昌人，时任杭州府同知）、桂轼（江西贵溪人，时任富阳教谕）校订、胡宗宪捐俸的《传习录》于杭州天真书院刊刻。是为《王文成公全书》本《传习录》之祖本，今复旦大学图书馆、日本国士馆大学有藏。卷前有徐爱撰《传习录序》、钱德洪于嘉靖三十三年撰《续刻传习录叙》、王畿《重刻传习录序》、唐尧臣于嘉靖三十七年正月初七日撰《读传习录有言》，末署"嘉靖三十有七年戊午人日，门人南昌唐尧臣顿首百拜，谨书于天真书院之云泉楼"②。卷目为："后学新安胡宗宪重刻，门人钱德洪、王畿编次，唐尧臣、桂轼校正"的《传习录》上卷一、二、三，即"徐爱录""陆澄录""薛侃录"；"后学新安胡宗宪重刻，门人钱德洪、王畿编次，唐尧臣、桂轼校正"的《传习录》中卷一、二、三、四、五，篇目依次为卷一《答人论学书》、卷二《答周道通书》《答陆原静书》《又》、卷三《答欧阳崇一》《答罗整庵少宰书》、卷四《答聂文蔚书》《又》、卷五《示弟立志说》《训蒙大意示教读刘伯颂等》《教约》，"后学新安胡宗宪重刻，门人钱德洪、王畿编次，唐尧臣、桂

---

① 邹建锋：《王阳明文献的刊刻研究》，上海古籍出版社 2024 年版，第 93 页。
② 《王守仁著作の文献学的研究》，第 668 页。

轼校正"的《传习录》下卷一《续录》、卷二、卷三《续录》，也就是"陈九川录""黄直录""黄修易录""黄省曾录""黄以方录"。

万历二十一年（1593）十月，漳平后学陈九叙重刊《传习录》，撰《重刻传习录引》，末署"万历癸巳阳月既望漳平后学陈九叙撰"。是年，由徐秉正、陈效重刊于贵阳的《阳明先生文录》中收录《传习录》三卷《传习续录》二卷。

万历三十年（1602）夏，时任北直隶真定府冀州县知县杨嘉猷（湖广荆山人，师从泰州学派的阳明学者杨起元）于冀州校刊《传习录》三卷、附《咏学诗》一卷、附刻《示徐曰仁应试》《谕俗四条》《客座私祝》，共四册，今日本静嘉堂文库、东京都立日比谷图书馆有藏。杨嘉猷邀请焦竑撰《刻传习录序》（落款"万历壬寅春闰二月，后学琅琊焦竑题"），杨嘉猷亲撰《重刻传习录小引》（落款"后学荆山杨嘉猷谨识"）；协助杨嘉猷"重校《传习录》姓氏"为"冀州儒学学正彭天魁、训导杜邦泰、王华民、张元亨，举人郭盘石，选贡张可大，生员白源深、许有声、李初芳"；杨嘉猷冀州门生张可大、白源深、许有声撰《重刻传习录跋》，三人的落款分别为"治下选贡张可大顿首跋""万历壬寅仲夏，门生白源深顿首谨跋""真定府儒学生员许有声谨跋"①。杨嘉猷本《传习录》传至日本，日本庆安三年（1650）和刻本《传习录》的底本即为明万历三十年杨嘉猷刊刻的《传习录》；进而也成为江户时期三轮执斋《标注传习录》、佐藤一斋《传习录栏外书》的底本。

崇祯三年（1630），由"后学、沙阳正希金声点""勾章沃心钱启忠校"的"白鹿洞本《传习录》（三卷）"刊刻。先是，金声

---

① （日）永富青地：《王守仁著作の文献学的研究》，日本汲古书院2007年版，第39~44、669~671页。

（字正希）手订《传习录》，交付时任江西学政陈懋德刊刻于白鹿洞书院。正月初一，陈懋德撰《刻传习录序》，落款"崇祯庚午元旦，奉敕提督学政江西按察司副使吴郡后学陈懋德谨撰"[1]。正月十五日，钱启忠撰《重刻传习录后叙》，云："金正希所手订者请之学宪云怡陈公付诸梓，以公同志，而赞数语于末简。崇祯三年上元日明山后学钱启忠识于问天阁。"前年即崇祯二年十二月，熊德阳还应钱启忠之请，为"白鹿洞书院本《传习录》"撰《重刻王文成公传习录序》，云："钱侯以名进士初第时，慨然请复（白鹿洞）书院。嗣授我郡司理，欣然就道……暇乃集诸英，携较执，因梓金太史公所批点《传习录》，以广其传。"落款"崇祯己巳岁嘉平月之吉，后学熊德阳书于惕庵"[2]。今日本九州大学文学部藏"白鹿洞藏版本"《传习录》，据永富青地《王守仁著作の文献学的研究》介绍，"白鹿洞本《传习录》"卷首为《刻传习录序》（崇祯三年，陈懋德）、《重刻王文成公传习录序》（崇祯二年，熊德阳）、《传习录序》（王宗沐）、《传习录序》（徐爱）；然后是《传习录》卷上、卷中、卷下[3]。

三、本书体例

众所周知，通行本也就是《王文成公全书》本《传习录》是王阳明的问答语录和论学书信集。《传习录》上中下三卷，卷上、卷下为"语录"，系由王阳明弟子徐爱、陆澄、薛侃、陈九川、黄直（黄以方）、黄修易、黄省曾、钱德洪、王畿 9 人记录下来的王

---

① 《王守仁著作の文献学的研究》，第 673 页。
② 《王守仁著作の文献学的研究》，第 674 页。
③ 《王守仁著作の文献学的研究》，第 53 页。

阳明语录。这些由王阳明众多弟子记录下来的语录，一方面反映了王阳明在京师、南都、赣州、南昌、绍兴集中讲学的生动场景，另一方面也基本体现了王阳明学术思想的演变逻辑，即从"立志""心即理""知行合一""诚意"到"良知即天理""明德亲民""致良知""天地万物一体之仁"等体现阳明学丰富内涵的学术范畴，在这些"语录"中有详细的记录。

通行本《传习录·中》的体例不是"语录"，实际上为"文录"，系王阳明写给友人及弟子的 8 封书信以及《训蒙大意示教读刘伯颂等》《教约》2 篇短文。其中的 8 封书信，以《答罗整庵少宰书》成文最早，写于正德十五年（1520），这篇文稿集中体现了王阳明《大学古本傍释》《朱子晚年定论》的编刊缘由以及对朱子学的回应，也是"致良知"说正式提出的一个学术诱因。《答顾东桥书》成文于嘉靖二年（1523）左右，很可能是嘉靖三年（1524）夏或秋，在这篇气势磅礴的宏文中，王阳明基于自己的"诚意""心即理""知行合一""致良知""圣凡平等""天地万物一体之仁"等诸说，详细回答了恪守朱子学的友人对良知心学的诸多质疑，并提出了著名的"拔本塞源论"。《答周道通书》《答陆原静书》《又答陆原静书》成文于嘉靖三年（1524），是王阳明对"致良知"之具体教法的阐释。嘉靖三年十月，南大吉刊刻《传习录》（《续刻传习录》）于绍兴，欧阳德拜读其中收录的《答顾东桥书》《答周道通书》后，对"致良知"的路径也有困惑，便于嘉靖五年（1526）春致函阳明；同年四月阳明复函《答欧阳崇一》，其中言及"良知即是天理""良知之在人心，亘万古，塞宇宙，而无不同""良知常觉、常照""良知不自欺，良知自信、自觉""良知自知、自在"等良知心学的丰富内涵。《答聂文蔚书（一）》成文于嘉靖五年夏，阳明的这封书信可与《答顾东桥书》等量齐观，集中体现了阳明晚年在越地讲学期间所倡导的"万物同体"也就是"天地万物一体之仁"的思想。《答聂文蔚书（二）》成文于嘉靖七年（1528）十月，距离阳明去世只有一月，可谓是阳明"论学书"之绝笔，代表了王阳明的晚年定论。也应该指出，《答欧阳崇一》《答聂文蔚书（一、二）》并不见于嘉靖三年南大吉在绍兴刊刻的《传习录》（《续刻传习录》）中。

《训蒙大意示教读刘伯颂等》《教约》系正德十五年（1520）秋王阳明在赣州揭"致良知"之教后，对如何在童蒙教育中开展"致良知"之教的新思考。南大吉、钱德洪等《传习录》的葺录、编次者，把《训蒙大意示教读刘伯颂等》《教约》收录保留其中，也有深度的考量。

本书以"（篇名）解题+原文+译文+注释+说明"的形式，对隆庆六年在杭州刊刻的"郭朝宾本"《王文成公全书》之《传习录》这一阳明学基本文献予以导读性质的注译，所采用的底本是编校质量上乘的《王文成公全书汇校》（王强、彭启彬汇校，广陵书社 2022 年版），同时参以国内其他优良整理本，对原底本中存在的明显错讹之处，酌情予以订正。也应指出，"郭朝宾本"《王文成公全书》之《传习录》卷一、卷二、卷三对应本书的卷上、卷中、卷下。其中，卷上编校者的落款是"门人余姚徐爱传习，揭阳薛侃葺录，余姚钱德洪编次，山阴王畿增葺，南昌唐尧臣校阅"，卷中的署名为"门人余姚钱德洪编次，渭南南大吉葺录，安成邹守益校正，山阴王畿增葺，余姚孙应奎校阅"，卷下的落款为"门人余姚钱德洪续录，临川陈九川葺录，泰和欧阳德校正，山阴王畿增葺，余姚严中校阅"。

由于《传习录》的文本成于王阳明及其弟子众人之手，文中所用术语难免前后不一，比如"功夫""工夫"二者混用频繁，本书不作统一，在"译文""注释""说明"中根据《传习录》"原文"酌情使用；为方便读者对《传习录》所涉历史人物、经典文本尤其是阳明弟子的了解，本书的"解题""注释"较为详细；"译文"对《传习录》本身所征引的儒家经典及其他文献之词汇、语句，均不作直译，而"注释"则对引文出处及其大意予以解读。

本书在编写过程中，参考了阳明学界前辈陈荣捷、邓艾民、吴震、王晓昕、黎业明先生关于《传习录》注疏解读的研究成果，其中《传习录》"译文"主要在友人张山梁先生的协助下完成；同时也得到了《王文成公全书汇校》主编王强先生，以及上海古籍出版社、浙江古籍出版社本《王阳明全集》主编、当代著名阳明学者吴光先生的有益指导。友人王学伟、邹建锋提供了《传习录》版本的若干信息，临海文史学者杨新安先生审读了书稿。齐鲁书社一编室主任许允龙先生为此书顺利出版，付出了辛勤努力！在此，谨致谢忱！当然，本书的"解题""原文""译文""注释""说明"，或有疏漏与不妥，敬请读者朋友赐教。

本书完稿于 2025 年 1 月 9 日（农历腊月初十），这一天恰逢王阳明先生辞世 496 周年纪念日；本书初校于 2025 年 2 月 4 日（农历正月初七），这一天恰系时任杭州府同知唐尧臣于杭州天真书院之云泉楼校定《传习录》467 周年纪念日。因缘殊胜，完成《传习录》的注释，也了却了自己的夙愿。

最后，谨以此书致敬王阳明这位"立德、立功、立言""真三不朽"的"浙学"大先生！

张宏敏

2025 年 1 月 9 日午后、2 月 4 日清晨

记于杭州古新河下游

传习录序

门人　徐爱　撰

解题

《传习录》书名，源于《论语·学而》中曾子语"吾日三省吾身：为人谋而不忠乎？与朋友交而不信乎？传不习乎？"浙江余姚马堰（今属宁波慈溪市）人徐爱（1487—1517），字曰仁，号横山，是王阳明早年最得意的弟子，也是《传习录》最早的辑录者。同时，徐爱本人又为《传习录》撰写了2篇序文以及1篇跋文。

【原文】

门人有私录阳明先生之言者。先生闻之，谓之曰："圣贤教人，如医用药，皆因病立方，酌其虚实、温凉、阴阳、内外，而时时加减之，要在去病，初无定说。若拘执一方，鲜不杀人矣。今某与诸君，不过各就偏蔽，箴切砥砺，但能改化，即吾言已为赘疣①。若遂守为成训，他日误己误人，

【译文】

有门人私下记录阳明先生的讲学言论。先生听说后，就对他说："圣贤教人，就像医生用药，因人而异，辨证施治，酌情综合考虑病人的虚实、温凉、阴阳、内外情况，来时时加减药方和药量，关键在于去病，原本并没有确定的药方。如果拘执于一个方子，那就可能成为庸医而去杀人。如今我与诸君，不过各就你们的偏颇遮蔽之处略加规谏、磨砺，只要能够有所改变，则我的言论已是多余。如果因此而保守成为不变的教条，他日误

某之罪过，可复追赎乎？"爱既备录先生之教，同门之友有以是相规者。爱因谓之曰："如子之言，即又拘执一方，复失先生之意矣。孔子谓子贡尝曰'予欲无言'②，他日则曰'吾与回言终日'③，又何言之不一邪？盖子贡专求圣人于言语之间，故孔子以'无言'警之，使之实体诸心，以求自得。颜子于孔子之言，默识心通，无不在己，故与之'言终日'，若决江河而之海也。故孔子于子贡之无言不为少，于颜子之终日言不为多，各当其可而已。今备录先生之语，固非先生之所欲，使吾侪④常在先生之门，亦何事于此？惟或有时而去侧，同门之友又皆离群索居，当是之时，仪刑既远，而规切无闻。如爱之驽劣⑤，非得先生之言，时时对越⑥警发之，其不摧堕靡废者几希矣。吾侪于先生之言，苟徒入耳出口，不体诸身，则爱之录此，实先生之罪

己误人，我的罪过还可以追悔救赎吗？"我既详备记录了先生的教诲，同学中也有拿先生的话来规劝的。我于是对他说："你这样想，又是拘泥于一个方子，失了先生的本意。孔子对子贡说：'予欲无言。'改天却又说：'吾与回言终日。'孔子的言行为什么前后不一致呢？因为子贡老想通过孔子的话语来理解孔子的教诲，所以孔子就用'无言'来教导他，让他自己切实体认于心，进而寻求自得。而颜回对于孔子的教诲，默识心通，没有不是自己去体会的，所以孔子和他'言终日'，就像江河奔流大海一样。所以孔子对子贡什么都不说也不算少，对颜回整天说个没完也不为多，各当其可而已。今天我详细记录整理先生的言论，固然并非先生所希望看到的，假若我们能一直在先生身边聆听教诲，又何必做这件事呢？但有时候，我们会离开先生身边，同学们又住在不同的地方，到那时候，离先生远了，听不到先生的教诲。像我这样才能低下的，如果得不到先生言语的时时警醒与启发，而又不会感到颓废堕落，那应该是很少有的了。我们对于先生的言论，如果只是耳朵进、嘴巴出，权作口耳之学，而不是身体力行地予以实践，那我还记录这些言论，也确实是先生的罪人了。但是，如果我们能通过这些语录，领会先生的本意，然

人矣。使能得之言意之表，而诚诸践履之实，则斯录也，固先生'终日言之'之心也，可少乎哉？"录成，因复识此于首篇⑦，以告同志。

门人徐爱序。

后再去认真笃行，那我的这些文字记录，正是先生'终日言之'的用心，这些文字记录难道还可以缺少吗？"记录整理完成了，再附上这篇序言以告同志。

弟子徐爱序。

注 释

① 赘疣（zhuìyóu）：指附生于体外的肉瘤，比喻多余而无用的东西。　**②** "予欲无言"：语出《论语·阳货》："子曰：'予欲无言。'子贡曰：'子如不言，则小子何述焉？'子曰：'天何言哉？四时行焉，百物生焉，天何言哉？'"这里，孔子用无言来启发弟子向更广阔、更深层的领域去思考。　**③** "吾与回言终日"：语出《论语·为政》："子曰：吾与回言终日，不违如愚。退而省其私，亦足以发。回也不愚。"　**④** 吾侪（chái）：我辈；我们这类人。　**⑤** 驽劣：低劣的才能，用以形容才能低劣。　**⑥** 对越：即对扬，答谢颂扬。这里是教诲、教导的意思。　**⑦** "首篇"：其他版本的《传习录》有作"篇首"。

说 明

徐爱之于王阳明，犹如颜回之于孔子，《明儒学案》卷十一《浙中王门学案一》"徐爱学案"称，"阳明之学，（徐爱）先生为得其真"。徐爱的这篇序文当作于王阳明在南都讲学期间，主要讲述了《传习录》编纂的缘起。同时特别强调阳明心学作为一种道德实践之修身哲学，应"实体诸心，以求自得"，当"体诸身"并予实地践履。故而我们对于《传习录》的读法，亦应"得之言意之表，而诚诸践履之实"。

目 录
C O N T E N T S

传习录卷上

门人

余姚　　徐爱　　传习

揭阳　　薛侃　　茸录

余姚　　钱德洪　编次

山阴　　王畿　　增茸

南昌　　唐尧臣　校阅

徐爱录

解题

　　明弘治十六年（1503）十月，17岁的徐爱娶王华之女（王阳明七妹）为妻，这年或前一年（弘治十五年）在越地养病的王阳明与徐爱结识。正德二年（1507）春，徐爱以其父徐玺之命，正式向赴谪贵州龙场途经杭州的王阳明行弟子礼。徐爱《同志考序》云："自尊师阳明先生闻道后几年，某于丁卯（正德二年）春，始得以家君命执弟子礼焉。于时门下亦莫有予先者也。继而是秋，山阴蔡希颜、朱守中来学，乡之兴起者始多，而先生且赴谪所矣。"正德三年（1508）春，徐爱中进士，授祁州知州。正德七年（1512）春，时任祁州知州徐爱因考绩入京。时在京师供职的王阳明与徐爱、黄绾、顾应祥、郑一初等共同论学，此时起，徐爱始辑阳明讲学语录，是为《传习录》之滥觞。是年十二月，王阳明升任南京太仆寺少卿；徐爱以祁州知州考满，升任南京兵部车驾清吏司员外郎。岁末，师徒二人同舟南下，与论《大学》宗旨，徐爱继续编辑《传习录》。正德九年（1514），王阳明又至南京任鸿胪寺卿，徐爱继续侍从，直至正德十一年（1516）秋，王阳明因巡抚南赣至江西，顺道归省并与徐爱在越地道别。通行本也就是《王文成公全书》卷一《传习录·上》之卷首，有徐爱所撰"序言"性质的短文1篇，然后是徐爱辑录的阳明语录14条，系对王阳明早年贵州龙场悟道后在贵阳、辰州、常德讲学以及在京师、南京讲学场景的再现。其中言及"新民""心即理""心外无理""心外无物""心外无事""良知""知行合一"等阳明学命题，以及王阳明对古本《大学》、六经的理解，这也是阳明学的入门常识。

【原文】

［传习录序］①

先生于《大学》②"格物"③诸说，悉以旧本为正④，盖先儒所谓"误本"者也。爱始闻而骇，既而疑，已而殚精竭思、参互错纵，以质于先生。然后知先生之说，若水之寒，若火之热，断断乎"百世以俟圣人而不惑者"⑤也。

先生明睿天授，然和乐坦易，不事边幅。人见其少时豪迈不羁，又尝泛滥于词章，出入二氏之学⑥，骤闻是说，皆目以为立异好奇，漫不省究。不知先生居夷三载⑦，处困养静，精一⑧之功，固已超入圣域，粹然大中至正⑨之归矣。爱朝夕炙门下，但见先生之道，即之若易，而仰之愈高；见之若粗，而探之愈精；就之若近，而造之愈益无穷。十余年来，竟未能窥其藩篱⑩。世之君子，或与先生仅交一面，或犹未闻其謦欬⑪，或先怀忽易愤激之

【译文】

先生对于《大学》"格物"等说法，都以旧本为蓝本，也就是二程、朱熹等前贤所认为的"误本"。刚听到这一说法，我感到很吃惊，继而产生怀疑，后来，我竭力思考，深入分析，互相对照，并详细询问先生。最后终于明白，先生的主张，如水的冰冷、火的炙热一般明辨，确实是"百世以俟圣人而不惑者"的了。

先生天资聪睿，但性情和蔼，待人坦诚，不修边幅。早年，性格豪迈洒脱，曾热衷于赋诗作文，广泛涉猎佛家、道家的典籍，因此，当人们刚一听到他的学说时，都认为是标新立异之谈，不予理睬、探究。但是他们却不知道，在贬居贵州龙场的三年里，先生于艰困的逆境之中，涵养情操，"惟精惟一"的功夫，已进入圣贤之行列，完全达到大中至正的境界了。我终日接受先生的教诲，觉得他的学说，刚一接触似乎很容易，深入探究就觉得愈发崇高；看起来好像很粗疏，越仔细钻研就觉得越精细；刚亲近时，仿佛很浅显，越深入探求就觉得越无穷无尽。十几年来，我竟然无法真正入门。然而，如今的不少学者，有的与先生仅有一面之缘，有的甚至只闻其名不见其人，有的怀着蔑

心，而遽欲于立谈之间、传闻之说，臆断悬度^⑫，如之何其可得也？从游之士，闻先生之教，往往得一而遗二，见其牝牡骊黄^⑬，而弃其所谓千里者。故爱备录平日之所闻，私以示夫同志，相与考而正之，庶无负先生之教云。

门人徐爱书。

视、恼怒的心情，就想在立谈之间，依据传闻胡猜乱想，如此这般，怎能真正了解先生的学说呢？跟随先生学习的门生，时常得一而遗二，如同相马时只关注马匹的性别与颜色，而忽略了能否驰骋千里的特质。所以，我把平时所听到的全部记录下来，呈奉各位同好，以便考订校正，以期不负先生的教育之恩。

弟子徐爱作。

注 释

❶［传习录序］四字不见于《王文成公全书》本《传习录》，系本书编者添加。　❷《大学》：原本是《礼记》四十九篇中的第四十二篇，相传为曾子所作，实为秦汉时的儒家作品。《大学》提出的"三纲领"（明明德、亲民、止于至善）和"八条目"（格物、致知、诚意、正心、修身、齐家、治国、平天下），概括总结了先秦儒家道德修养理论以及关于道德修养的基本原则和方法，对儒家政治哲学也有系统的论述，对做人、处世、治国等有深刻的启迪性。《礼记·大学》是阳明学入门的基本文献。　❸"格物"：语出《大学》："致知在格物，物格而后知至。"　❹以旧本为正：北宋程颢、程颐尊崇《大学》并有改本，南宋朱熹以为《礼记·大学》（"旧本"）"颇有错简"，遂分经文一章、传文十章，作《大学章句》。同时，朱熹认为《大学》传文部分没有解释经文"格物致知"的内容，因而断定这部分内容已亡，便以己意增补了《大学》传文第五章"格物致知补传"。后世以朱熹的《大学章句》为"新本"《大学》，王阳明坚持认为，《礼记》第四十二篇的"旧本"《大学》无须改动，也无须"补传"，从而要求维护古本《大学》的权威性。　❺"百世以俟圣人而不惑者"：语出《中庸》。这句话强调了君子之道的正确性和普遍性，表明君子的智慧和行为不仅在当时能得到认可，在未来也会被圣人所理解和接受。　❻少时豪迈不羁，

又尝泛滥于词章，出入二氏之学：这是王阳明早年"为学三变"的学术经历，王阳明晚年弟子钱德洪《刻文录叙说》云："先生之学凡三变，其为教也亦三变：少之时，驰骋于辞章；已而出入二氏；继乃居夷处困，豁然有得于圣贤之旨：是三变而至道也。居贵阳时，首与学者为'知行合一'之说；自滁阳后，多教学者静坐；江右以来，始单提'致良知'三字，直指本体，令学者言下有悟：是教亦三变也。"而徐爱则是王阳明"为学三变"乃至"为教"前"二变"的重要见证者。　❼ 居夷三载：正德二年至正德四年（1507—1509），王阳明被贬至贵州龙场驿任驿丞，而后有"圣人之道，吾性自足"的"龙场悟道"的经历并提出"知行合一"的学术新命题。　❽ 精一：用功精深，用心专一。语出《尚书·大禹谟》："人心惟危，道心惟微，惟精惟一，允执厥中"，这是传统儒学的十六字心传。　❾ 大中至正：极为公正，不偏不倚。　❿ 藩篱：用竹木编成的篱笆。这里用以比喻王阳明的学问境界、学术精髓。　⓫ 謦欬（qǐngkài）：咳嗽声，引申为言笑。　⓬ 臆断：凭臆测而下的决断。悬度：谓无根据地揣测、估计。　⓭ 牝牡骊黄（pìnmǔlíhuáng）：语出《列子·说符》《淮南子·道应训》。牝牡，雌雄。骊，黑色。牝牡骊黄，指相骏马不必拘泥于外貌及性别，喻指不是反映事物本质的表面现象。

说明

这篇置于《传习录》正文前的"徐爱序"与前文所录的置于《王文成公全书》卷首的"徐爱序"，一以贯之，相互补充，有助于我们了解徐爱之于《传习录》的编辑缘起以及王阳明"少时豪迈不羁，又尝泛滥于词章，出入二氏之学"以及"居夷三载""龙场悟道"的为学、证道经历。"处困养静，精一之功"，则是阳明心学的功夫论，"超入圣域""大中至正"则是阳明心学的境界论。另外，这篇"序"文也指出，阳明心学的产生则是对程朱理学的质疑、批判与解构。维护儒家经典《礼记》文本的完整性，坚持古本《大学》《中庸》的权威性，则是理解与开启阳明心学的一把密钥。"四书五经"乃至"十三经"等传统儒家经典中的基本命题与核心理念，《二程遗书》《四书章句集注》《四书或问》以及程朱理学包括陆九渊心学的学术谱系，则是我们进入《传习录》的文本世界进而把握王阳明良知心学的知识储备与理论渊源。易言之，阳明良知心学就是对二程、朱熹、陆九渊等宋儒"仁者以天地万物为一体""性即理""心即理"之学的延续，并以儒家基本经典为文本依据，向孔子"仁者，人也"，孟子"亲亲而仁民、仁民而爱物""尽心、知性、知天，存心、养性、事天"等先秦古典儒学的回归。王阳明的名字"守仁"，即"守仁之学"，一语道破了阳明学的本义。

【原　文】

爱问："'在亲民'，朱子谓当作'新民'，后章'作新民'之文似亦有据。①先生以为宜从旧本作'亲民'，亦有所据否？"

先生曰："'作新民'之'新'，是自新之民，与'在新民'之'新'不同，此岂足为据？'作'字却与'亲'字相对，然非'新'②字义。下面'治国平天下'处，皆于'新'字无发明。如云'君子贤其贤而亲其亲，小人乐其乐而利其利''如保赤子''民之所好好之，民之所恶恶之，此之谓民之父母'③之类，皆是'亲'字意。'亲民'，犹《孟子》'亲亲仁民'④之谓，亲之即仁之也。百姓不亲，舜使契为司徒，'敬敷五教'⑤，所以亲之也。《尧典》'克

【译　文】

徐爱问："《大学》中的'在亲民'，朱子认为应作'新民'，后面章节的'作新民'的文句，好像可作为凭证。先生认为应按旧本作'亲民'，也有什么根据吗？"

先生说："'作新民'的'新'，是自新之民的意思，与'在新民'的'新'不同，'作新民'怎可作为'在新民'的凭证呢？'作'与'亲'相对，但非作'新'解。后面所说的'治国平天下'，都没有对'新'字的阐发。比如'君子贤其贤而亲其亲，小人乐其乐而利其利''如保赤子''民之所好好之，民之所恶恶之，此之谓民之父母'这些话，都含有'亲'的意思。'亲民'，犹如《孟子》中的'亲亲仁民'，亲近就是仁爱。当百姓不能彼此亲近，虞舜就任命契作司徒，'敬敷五教'，借此以加深他们的感

明峻德'，便是'明明德'；'以亲九族'至'平章''协和'⑥，便是'亲民'，便是'明明德于天下'。又如孔子言'修己以安百姓'⑦，'修己'便是'明明德'，'安百姓'便是'亲民'。说'亲民'便兼教养意，说'新民'便觉偏了。"

情。《尧典》中的'克明峻德'，即是'明明德'；'以亲九族'到'平章''协和'，即是'亲民'，也就是'明明德于天下'。再如孔子所说的'修己以安百姓'，'修己'即是'明明德'，'安百姓'就是'亲民'。说'亲民'，就包含了教化养育等意思，说'新民'就觉得有偏差了。"

注　释

❶《礼记·大学》篇首句云："大学之道，在明明德，在亲民，在止于至善。"朱熹《大学章句》注称："此三者，大学之纲领也。"程颐认为，"'亲'当作'新'"，因为《大学》下文引《康诰》曰："作新民。"朱熹传承程颐之学，以此证"'亲'当作'新'"，并有"大学之道，在明明德，在新民"云云。　❷"新"：底本即《王文成公全书》本《传习录》作"亲"，兹据嘉靖二十九年萧彦本《传习录》、嘉靖三十年孙应奎本《传习录》等，并据上下文意改为"新"。　❸"君子贤其贤而亲其亲，小人乐其乐而利其利""如保赤子""民之所好好之，民之所恶恶之，此之谓民之父母"：语出《大学》。　❹"亲亲仁民"：语出《孟子·尽心上》："亲亲而仁民，仁民而爱物"。在儒家文化中，"亲亲"指的是对亲属的关爱和尊敬，强调家庭内部的和谐与孝道；"仁民"则扩展到对普通民众的仁爱之心，主张以仁德治理国家，关注民生福祉。总的来说，"亲亲而仁民"表达了儒家对于个体在不同社会关系中应承担的责任和道德准则的深刻理解。　❺"敬敷五教"：指舜让契作司徒之官，恭敬地向百姓传布施行父义、母慈、兄友、弟恭、子孝五种伦理道德的教育。《尚书·舜典》："帝曰：'契，百姓不亲，五品不逊，汝作司徒，敬敷五教，在宽。'"《左传·文公十八年》："举八元，使布五教于四方，父义、母慈、兄友、弟共、子孝。"《孟子·滕文公上》："圣人有忧之，使契为司徒，教以人伦：父子有亲，君臣有义，

夫妇有别，长幼有序，朋友有信。"　❻"克明峻德""以亲九族""平章""协和"：语出《尚书·尧典》："克明俊德，以亲九族。九族既睦，平章百姓。百姓昭明，协和万邦。"在尧舜时代，鉴于当时"天下万邦"的社会现实，尧认为，一个人如果具备了高尚的道德情操和优秀的品格，不仅能够对自己的家族产生积极的影响，还能够影响其他家族，使得整个家族和睦团结。这样一来，整个社会就会变得更加和谐。　❼"修己以安百姓"：语出《论语·宪问》："子路问君子，子曰：'修己以敬。'曰：'如斯而已乎？'曰：'修己以安人。'曰：'如斯而已乎？'曰：'修己以安百姓。修己以安百姓，尧、舜其犹病诸！'"

说　明

王阳明对《大学》"亲民"的理解以古本《大学》为依据，反对程颐、朱熹"'亲'当作'新'"的理解，这也构成了王阳明"明德亲民"的政治哲学以及晚年提出的"万物同体""天地万物一体之仁"的天下观的文本依据。当然，王阳明的"亲民"思想也是对孔子"修己以安百姓"、孟子"亲亲而仁民，仁民而爱物"的传承；"万物同体""天地万物一体之仁"的天下观是对《尚书·尧典》所述"克明俊德，以亲九族。九族既睦，平章百姓。百姓昭明，协和万邦，黎民于变时雍"的回应。一"新"一"亲"，基于对《大学》经典的不同阐释，也构成了朱熹的道德哲学与王阳明政治哲学的分水岭。总之，王阳明所坚持的古本《大学》的"明德亲民"观，构成了王阳明修身工夫与"治国平天下"的政治哲学的起点。

【原　文】

爱问："'知止而后有定'，朱子以为'事事物物皆有定理'，似与先生之说相戾？"①

先生曰："于事事物物上

【译　文】

徐爱问："《大学》中的'知止而后有定'，朱子认为是指'事事物物皆有定理'，似乎与您的说法不同。"

先生说："到具体事物中去寻求至善，这样就把义看成是外在的了。'至求至善，却是义外②也。'至善'是心之本体③，只是'明明德'到至精至一处便是。然亦未尝离却事物，本注所谓'尽夫天理之极，而无一毫人欲之私'④者得之。"

善'是心的本体，只要通过'明明德'的举措而达成惟精惟一的境界就是'至善'。当然，'至善'也未与具体事物相脱离，朱子《大学章句》中所说的'尽夫天理之极，而无一毫人欲之私'，表达的就是这个意思。"

注 释

❶《大学》中有"知止而后有定"句，朱熹《大学或问》的理解是"能知所止，则方寸之间，事事物物皆有定理矣"。在徐爱看来，王阳明对"知止而后有定"的解读与朱熹的解读有偏差。 ❷ 义外：语出《孟子·告子上》："告子曰：'食、色，性也；仁，内也，非外也。义，外也，非内也。'"告子主张，义是外在的而不是发自内心的内在的东西，孟子反对告子"义在心外"的观点，认为仁和义都在人心之中。 ❸ 心之本体：简称为"心体"。宋明理学语境下的"本体"，并不是现代汉语中理解的事物的本质，而是事物的本然状态或本来的样子，也有"形而上之谓道"的哲学意蕴。 ❹"尽夫天理之极，而无一毫人欲之私"：语出朱熹《大学章句》。前文的"本注"即是指朱熹的《大学章句》文本。

说 明

在"存天理、灭人欲"这一宋明理学的基本命题上，阳明心学与程朱理学之间并没有根本的区别。这条阳明心学语录的核心是"'至善'是心之本体"，是说《大学》"止于至善"的"至善"是心的本然状态，只有"明明德"的道德修养工夫实践达到"至精至一"的理想主义境界，就是"心体"的本来样式。尽管如此，至善之"心"并不是一种悬置，而是与"事物""事理"相依相存，这就涉及阳明心学对"心即理"的理解。

【原 文】

爱问："至善只求诸心，恐于天下事理有不能尽？"

先生曰："心即理①也。天下又有心外之事、心外之理乎？"

爱曰："如事父之孝、事君之忠、交友之信、治民之仁，其间有许多理在，恐亦不可不察？"

先生叹曰："此说之蔽久矣，岂一语所能悟？今姑就所问者言之。且如事父，不成②去父上求个孝的理？事君，不成去君上求个忠的理？交友治民，不成去友上、民上求个信与仁的理？都只在此心，心即理也。此心无私欲之蔽，即是天理，不须外面添一分。以此纯乎天理之心，发之事父便是孝，发之事君便是忠，发之交友、治民便是信与仁。只在此心'去人欲、存天理'③上用功便是。"

爱曰："闻先生如此说，爱已觉有省悟处。但旧说④缠于胸

【译 文】

徐爱问："如果至善只从心中寻求，恐怕无法穷尽天底下所有的事理吧？"

先生说："心即是理。天下难道还有心外之事、心外之理吗？"

徐爱说："就像事父的孝、事君的忠、交友的信、治理百姓的仁，这些具体事里存有许多道理，恐怕也不能不去考察细究吧？"

先生叹道："世人被这种说法蒙蔽很久了，哪能是一两句话就可让人们明白的？现就你所提的问题来讨论一下。比如侍奉父亲，难道要从父亲那里寻求尽孝的道理？辅佐君王，难道要从君王那里寻求尽忠的道理？结交朋友、治理百姓，难道要从朋友、百姓那里寻求信和仁的道理？孝、忠、信、仁这些道理都在自己的心中，心即是理。没有被私欲迷惑的心就是天理，不用到心外添加一点一滴。把这个纯粹是天理的心，表现在侍奉父亲上就是孝，表现在辅佐君王上就是忠，表现在结交朋友、治理百姓上就是信和仁。只要在自己的心中'去人欲、存天理'上用功就可以了。"

徐爱说："听您这么一说，我觉得有所省悟。但以前的那些观点依

中，尚有未脱然者。如事父一事，其间温清定省⑤之类，有许多节目，不知亦须讲求否？"

先生曰："如何不讲求？只是有个头脑，只是就此心'去人欲、存天理'上讲求。就如讲求冬温，也只是要尽此心之孝，恐怕有一毫人欲间杂；讲求夏清，也只是要尽此心之孝，恐怕有一毫人欲间杂。只是讲求得此心。此心若无人欲，纯是天理，是个诚于孝亲的心，冬时自然思量父母的寒，便自要去求个温的道理；夏时自然思量父母的热，便自要去求个清的道理。这都是那诚孝的心发出来的条件，却是须有这诚孝的心，然后有这条件发出来。譬之树木，这诚孝的心便是根，许多条件便是枝叶。须先有根，然后有枝叶，不是先寻了枝叶，然后去种根。《礼记》言：'孝子之有深爱者，必有和气；有和气者，必有愉色；有愉色者，必有婉容。'⑥须是有个深爱做根，便自然如此。"

然缠绕在内心，还不能完全摆脱。就拿侍奉父亲一事来说，那些嘘寒问暖、早晚请安等的细节，不也还须讲求的吗？"

先生说："怎能不讲求呢？但应分清主次，只要在此心'去人欲、存天理'上讲求就可以了。比如寒冬保暖，也只是要尽自己的孝心，不要夹杂丝毫的私欲在其中；炎夏避暑，也只是要尽自己的孝心，不要夹杂丝毫的私欲在其中。讲求的只是自己的心。如果自己内心没有私欲，纯粹是天理，是一颗诚恳孝敬父母的心，冬天自然会想到为父母防寒，便会主动去掌握保暖的方法；夏天自然会想到为父母消暑，便会主动去掌握消暑的方法。这些都是那颗诚恳孝敬父母的心所催发出来的具体表现，只是必须有这颗诚恳孝敬父母的心，然而才有这些具体的事情催发出来。用树木来作个比方，树根就是那颗诚恳孝敬的心，枝叶就是那些尽孝的具体表现。树必须先有根，然后才有枝叶，而不是先寻找枝叶，然后再考虑去种根。《礼记》上说：'孝子之有深爱者，必有和气；有和气者，必有愉色；有愉色者，必有婉容。'必须有一颗深爱的心作为根本，自然而然就能这样了。"

注　释

❶心即理：作为阳明心学的重要命题，并不是王阳明的发明，也不是陆九渊最早提出，而是始见于唐代大照法师的《大乘开心显性顿悟真宗论》："心是道，心是理，则是心。心外无理，理外无心。"而后陆九渊有"四端者，即此心也；天之所以与我者，即此心也。人皆有是心，心皆具是理，心即理也"的表述。❷不成：表示推测或反问的语气，与"难道、莫非"等词义相通。　❸"去人欲、存天理"：是宋明理学家的主要话题。最早是《礼记·乐记》将"天理""人欲"对举而论："夫物之感人无穷，而人之好恶无节，则是物至而人化物也。人化物也者，灭天理而穷人欲者也。于是有悖逆诈伪之心，有淫泆作乱之事。"为了维护封建纲常、仁义礼智信等"天理之件数"，进而遏制过度、过分的"人欲"，"去人欲、存天理"或曰"存天理、灭人欲"的命题，在宋明时期就被理学家们一再提及，包括王阳明本人。　❹旧说：指程朱一系理学家"格物穷理"的传统说法。　❺温清定省（wēnqìngdìngxǐng）："冬温夏清、昏定晨省"的省称，语本《礼记·曲礼上》："凡为人子之礼，冬温而夏清，昏定而晨省。"谓冬天温被，夏天扇席，晚上侍候睡定，早晨前往请安，用于表示子女侍奉父母无微不至。　❻"孝子之有深爱者，必有和气；有和气者，必有愉色；有愉色者，必有婉容"：出自《礼记·祭义》。大意是说，孝子对父母有着深沉的爱，心中必然表现出和悦之色；有和悦之气，必然就有愉悦的神色；有了愉悦的神色，必然就会有温顺的仪容。

说　明

这两条阳明语录，涉及阳明心学也是陆王心学的两个核心范畴——"心即理"与"去人欲、存天理"。道德生命个体如何通过日常伦理生活实践，涵养"至善"的"心体"，则是此"心"时时刻刻、事事处处所要面对的"去人欲、存天理"的工夫。关于陆王心学语境下的"心"，是指道德判断之本心；其所谓"理"，是指应当遵循之道德准则。"心即理"，便是指能知是知非的道德本心，其本身就是道德准则的来源与依据，也就是主体的道德自觉。而"人心"求得"天理"，则需要"去人欲、存天理"的涵养修身工夫。"天理"就是仁、义、礼、智、信;"人欲"就是人的过分欲望。二程说:"人心私欲,故危殆。道心天理,故精微,灭私欲则天理明矣。"朱熹也说:"圣贤千言万语,只是教人明天理、灭人欲。"阳明亦说,"此心无私欲之蔽,即是天理,不须外面添一分","学者学圣人,不过是去人欲而存天理耳","吾辈用功,只求日减,不求日增。减得一分人欲,便是复得一分天理"。总之,一个人若不为物欲、私欲所昏,便是浑然天理,其行为必然合乎传统儒家的纲常伦理准则,是为道德实践意义上的"知行合一"。

【原文】

郑朝朔①问:"至善亦须有从事物上求者?"

先生曰:"至善只是此心纯乎天理之极便是,更于事物上怎生求?且试说几件看。"

朝朔曰:"且如事亲,'如何而为温清之节,如何而为奉养之宜'②,须求个是当,方是至善,所以有学问思辩③之功。"

先生曰:"若只是'温清之节''奉养之宜',可一日二日讲之而尽,用得甚学问思辩?惟于温清时,也只要此心纯乎天理之极;奉养时,也只要此心纯乎天理之极。此则非有学问思辩之功,将不免于毫厘千里之缪④,所以虽在圣人,犹加'精一'之

【译文】

郑朝朔问:"至善也要从具体事物上去求取吗?"

先生说:"至善只是使自己的心达到纯为天理的境界,怎么要从具体事物上求取呢?你不妨举几个例子看看。"

郑朝朔说:"比如侍奉父母,'如何而为温清之节,如何而为奉养之宜',就应该探究一个恰到好处的礼节,这才是至善,也因此就有了学问思辨的功夫。"

先生说:"假如侍奉父母只是'温清之节''奉养之宜',只需一两天就可以讲明白了,哪用的学问思辨的功夫?在保暖避暑、侍奉父母双亲时,只要自己的内心没有一丝一毫私欲,合乎纯粹的天理就可以。要达成这样标准,如果没有学问思辨的功夫,就会有差之毫厘而失之千里的谬误,因此,即便是圣

训。若只是那些仪节求得是当，便谓至善，即如今扮戏子，扮得许多温清奉养的仪节是当，亦可谓之至善矣。"

爱于是日又有省。

贤，仍然要持守"惟精惟一"的训示。倘若认为只需讲求那些恰到好处的礼节，就是至善的话，那如今演戏的戏子，表演许多恰到好处的侍奉父母的情节，也可以称之为至善了。"

这天，徐爱又有所省悟。

注　释

❶郑朝朔：郑一初（1476—1513），字朝朔，号紫坡，广东揭阳人。弘治十八年（1505）中进士，以病归乡；后赴京出任云南道监察御史。正德六年（1511）冬，因同乡陈洸（字世杰，广东潮阳人）介绍，师从王阳明。正德七年（1512）六月，祁州知州徐爱因考绩入京，结识郑一初、陈洸。正德八年（1513）三月，郑一初、陈洸至绍兴寻访王阳明、徐爱，徐爱赋诗《别郑朝朔诸友》《赠陈世杰》。郑朝朔因病于是年七月卒于杭州，陈世杰扶榇南归。由于钱塘江大风，再加上当时王阳明祖母岑太夫人亦染疾，致使王阳明未能至杭州与郑一初诀别。翌年（正德九年）七月，在郑朝朔去世周年之际，王阳明特作《祭郑朝朔文》。湛若水撰《紫坡子传》，薛侃作《郑紫坡传》。　❷"如何而为温清之节，如何而为奉养之宜"：语出《二程遗书》卷一八："如欲为孝，则当知所以为孝之道，如何而为奉养之宜，如何而为温清之节，莫不穷究，然后能之，非独守夫'孝'之一字而可得也。"　❸学问思辩（亦作"辨"）：语出《礼记·中庸》："博学之，审问之，慎思之，明辨之，笃行之。"作为古代儒家的为学修养方法，是指做学问必须广泛地学习、反复地推敲、缜密地思考、明晰地分辨、坚定地践行。　❹毫厘千里之缪（亦作"谬"）：语出《礼记·经解》："《易》曰：君子慎始。差若毫厘，缪以千里。"大意是说，开始时的差距很微小，结果会造成很大的错误。这句话常指小错误会酿成大错误。

说 明

　　正德七年（1512）六月，祁州知州徐爱因考绩入京，结识已经师从王阳明的郑朝朔。郑朝朔就如何寻求"至善"之"理"求教于王阳明，阳明告以"此心纯乎天理之极"之"理"，具体包括"学问思辨"的为学之道与"惟精惟一"的修身功夫。徐爱当时亦在场，进而把王阳明、郑朝朔师生之间的问答记录了下来。

【原 文】

　　爱因未会先生"知行合一"①之训，与宗贤②、惟贤③往复辩论，未能决，以问于先生。

　　先生曰："试举看。"

　　爱曰："如今人尽有知得父当孝，兄当弟者，却不能孝，不能弟，便是知与行分明是两件。"

　　先生曰："此已被私欲隔断，不是知行的本体④了。未有知而不行者，知而不行，只是未知。圣贤教人知行，正是要复那本体，不是着你只恁⑤的便罢。故《大学》指个真知行与人看，说'如好好色，如恶恶臭'⑥。见好色属知，好好色属行，只见那好色时已自好了，

【译 文】

　　徐爱由于未能理解先生"知行合一"的主张，与黄宗贤、顾惟贤反复讨论争辩，依然没能明白、理解，于是向先生请教。

　　先生说："不妨举个例子来看看。"

　　徐爱说："现在的人都明白应该孝顺父母、尊敬兄长的道理，但往往做不到孝顺父母、尊敬兄长，可见，知与行分明是两码事。"

　　先生说："这是因为内心被私欲所遮蔽迷惑，已不再是知与行的本来状态了。没有知而不行的事，知而不行，就是还没有真正明白。圣贤教诲人们认知、践行，正是要恢复知与行的本来状态，并非只是简单告诉你怎样去知、去做就可以了。所以，《大学》就用'如好好色，如恶恶臭'的例子来启发人们，什么是真正的知与行。看到美色是知，喜欢美色是

不是见了后又立个心去好。闻恶臭属知，恶恶臭属行，只闻那恶臭时已自恶了，不是闻了后别立个心去恶。如鼻塞人，虽见恶臭在前，鼻中不曾闻得，便亦不甚恶，亦只是不曾知臭。就如称某人知孝，某人知弟，必是其人已曾行孝行弟，方可称他知孝知弟。不成只是晓得说些孝弟的话，便可称为知孝弟？又如知痛，必已自痛了方知痛；知寒，必已自寒了；知饥，必已自饥了。知行如何分得开？此便是知行的本体，不曾有私意隔断的。圣人教人，必要是如此，方可谓之知。不然，只是不曾知。此却是何等紧切着实的工夫！如今苦苦定要说知行做两个，是甚么意？某要说做一个，是甚么意？若不知立言宗旨⑦，只管说一个两个，亦有甚用？"

爱曰："古人说知行做两个，亦是要人见个分晓，一行做知的功夫，一行做行的功夫，即功夫始有下落。"

行，人们在看到美色的那一刻便自然而然地喜欢了美色，而不是在看了美色之后才起个念头去喜欢美色。闻到恶臭是知，讨厌恶臭是行，人们在闻到恶臭的那一刻便自然而然地讨厌了恶臭，而不是在闻了恶臭之后才起个念头去讨厌恶臭。鼻塞的人，即便发现恶臭在面前，也就不会特别讨厌，是因为他鼻子没有闻到，而不是因为不知道恶臭。比如，称赞某个人知道孝顺父母、尊敬兄长，肯定是因为那个人已经做到了孝顺父母、尊敬兄长，才称赞他知孝晓悌。难道只是因为他说了一些孝悌之类的话，就称赞他知孝晓悌了？又比如知痛，肯定是自己已经痛了，才知道痛苦；知寒，肯定是自己身体冷了，才知道寒冷；知饥，肯定是自己肚子饿了，才知道饥饿。知与行怎能分得开？这才是知与行的本来状态，没有被人的私欲所遮蔽迷惑。圣贤教诲人们，一定是这样才可称之为知。否则，就是未曾明白真正的知。这是多么紧切着实的工夫啊！今天，人们硬是要把知与行说成是两码事，是为了什么？我要把知行说成是一码事，又是为了什么？倘若不懂得我的立言宗旨，只探讨知与行是一码事还是两码事，又有什么用呢？

徐爱说："古人之所以把知与行说成是两码事，也是要让人们有所区先生曰："此却失了古人宗旨也。某尝说知是行的主意，行是知的功夫，知是行之始，行是知之成。若会得时，只说一个知，已自有行在；只说一个行，已自有知在。古人所以既说一个知，又说一个行者，只为世间有一种人，懵懵懂懂⑧的任意去做，全不解思惟省察，也只是个冥行妄作⑨，所以必说个知，方才行得是。又有一种人，茫茫荡荡，悬空去思索，全不肯着实躬行，也只是个揣摸影响，所以必说一个行，方才知得真。此是古人不得已补偏救弊的说话。若见得这个意时，即一言而足。今人却就将知行分作两件去做，以为必先知了，然后能行⑩，我如今且去讲习讨论，做知的工夫，待知得真了，方去做行的工夫，故遂终身不行，亦遂终身不知。此不是小病痛，其来已非一日矣。某今说个'知行合一'，正是对病的药，又不是某凿空杜撰。知行本体，原是如此。今

分明白，一方面做知的功夫，另一方面做行的功夫，如此，功夫才有着落。"

先生说："这样的理解就背离了古人的宗旨了。我曾经说过，知是行的主意，行是知的功夫，知是行之始，行是知之成。如果能够领会知行合一的道理，只说一个知，行便包含在其中了；只说一个行，知也便包含在其中了。古人之所以既说一个知，又说一个行，是因为世间有一些人，只顾稀里糊涂地随意去干，根本不思考琢磨，完全肆意妄为，因此必须说一个知，才能让他们行得端正。还有一些人，凭空想象，漫无边际地思考，根本不愿切实力行，只是无端空想，因此必须说一个行，才能让他们知得真切。这正是古人为了救弊补偏，不得已而为之的办法。假如明白这一点，一句话就足够了。现如今的人们，非要把知与行分成两码事去做，认为要先有个认知，然后才能践行。如今，我如果只是先去讲习讨论如何去做认知的工夫，等到知得真切之后，再去做践行的工夫，那将导致终身不得行，也终身不得知。这可不是小问题、小毛病，而是由来已久的错误认识。现在，我提出'知行合一'的主张，正是对症下药，并非凭空捏造。知与行的本来状态，就是这样。如果懂得我的立言宗旨，即使把

若知得宗旨时，即说两个亦不妨，亦只是一个。若不会宗旨，便说一个，亦济得甚事？只是闲说话。"

知与行分开说也无关紧要，本质上还是一体的。如果不懂得我的立言宗旨，即使说知行合一，又有什么作用呢？也只是说些闲话而已。"

注 释

❶"知行合一"：是王阳明的"立言宗旨"，也是阳明心学的标志性范畴。《阳明先生年谱》以为，正德四年（1509）贬谪贵州龙场的王阳明与时任贵州提学副使席书讲论"知行合一"的道理。今人束景南教授以"心具众理，知行合一"的心学本体工夫论，为正德三年（1508）王阳明"龙场悟道"的核心要义（束景南：《阳明大传："心"的救赎之路》，复旦大学出版社 2020 年版，第 429 页）。其实，"知行合一"作为一个儒家哲学范畴，并不是王阳明的发明，宋元之际浙江籍理学家金履祥在其所著的《论语集注考证》中就有"知行合一"的提法："圣贤先觉之人，知而能之，知行合一，后觉所以效之。"　❷宗贤：即黄绾（1480—1554），字宗贤，号石龙，又号久庵，浙江台州黄岩人。正德五年（1510）冬，王阳明在京师结识黄绾、湛甘泉，先为朋友关系；正德十六年（1521）秋，王阳明从江西返乡绍兴，黄绾从台州到绍兴师从之。阳明死后，黄绾多次上疏为阳明争取"名分"，撰有《阳明先生行状》，辑刊《阳明先生存稿》，还嫁女于阳明哲嗣王正亿并抚养其长大成人。黄绾与徐爱相识是正德六年（1511）春，徐爱因他事进京，二人在王阳明的介绍下成为好友。　❸惟贤：即顾应祥（1483—1565），字惟贤，号苕溪，浙江湖州长兴人。正德六年（1511）左右，因黄绾介绍而师从阳明，进而结识徐爱。王阳明在南赣平乱乃至平定宁王之乱时，时在广东、南昌任职的顾应祥全力支持王阳明。王阳明病殁后，顾应祥见钱德洪、王畿等阳明门人辑录的《传习续录》，以为其中"门人问答多有未当于心者"，故而作《〈传习录〉疑》，一方面对王畿所发挥的良知说予以批判，另一方面依照"知善知恶是良知，为善去恶是格物"为准的，对王阳明的"良知"说、"知行合一"论予以修正。　❹本体：本来状态。　❺只恁（nèn）：就这样；只是这样。　❻"如好好色，如恶恶臭"：语出《大学》："所

谓诚其意者，毋自欺也。如恶恶臭，如好好色，此之谓自谦。”大意是说，所谓心要诚实，就是说自己不要欺骗自己。要像厌恶臭气和喜欢美丽的颜色一样，这样才能说自己意念诚实，心安理得。　❼ 立言宗旨：王阳明经常使用的术语，指阳明心学的核心命题、基本精神，包括“心即理”“知行合一”“致良知”“万物同体”等。　❽ 懵懵懂懂：糊里糊涂，什么也不知道。　❾ 冥行妄作：“冥行”指的是在黑暗中行走，比喻没有明确的方向和目标；“妄作”则是指胡乱地行动，没有理性的指导。用来形容那些做事没有思考和判断、盲目行动的人。　❿ 今人却就将知行分作两件去做，以为必先知了，然后能行：王阳明这里指说的是朱熹“论先后，知为先”即“知先行后”的知行观。

说 明

这条语录集中阐释了王阳明对“知行合一”理解。正德三年（1508），王阳明在贵州龙场悟道的理论结晶之一就是“知行合一”，并在翌年应时任贵州提学副使席书之请，在贵阳文明书院主讲“知行合一”，正德六年至正德七年在京师之时又向门人弟子讲述“知行合一”的意蕴。此后，在滁州、南京、赣州、南昌、广西，王阳明一直向师友宣讲自己的“知行合一”观。阳明心学语境中的“知行合一”与我们今天宣讲的“理论与实践的统一”并不完全一致，因为王阳明的“知”是道德修养层面上的“德性之知”，也就是以“五伦”为内涵的“仁义礼智信”“忠孝节义”“礼义廉耻”之类的道德之“良知”，不是普通知识属性的“闻见之知”。

而在中国哲学史上，“知”与“行”的关系问题，既属于认识论的范畴，也属于工夫论即道德修养、实践哲学的范畴。关于知行关系的表述，主要有“知易行难”（《尚书》）、“知难行易”（《孙文学说》），“论先后，当以致知为先；论轻重，当以力行为重”（《朱子语类》），以及“辩证唯物论的知行统一观”（《实践论》）等。从历史上来，“知行合一”也不是王阳明的首创，是宋元之际浙江籍学者金履祥在其所著的《论语集注考证》中提出：“圣贤先觉之人，知而能之，知行合一，后觉所以效之。”而王阳明则针对朱熹“论先后，当以致知为先”的看法，提出了“知行合一”的新命题：“知是行的主意，行是知的功夫，知是行之始，行是知之成。若会得时，只说一个知，已自有行在；只说一个行，已自有知在。""知者行之始，行者知之成。圣学只一个功夫，知行不可分作两事。""知之真切笃实处即是行，行之明觉精察处即是知，知行工夫本不可离……真知即所以为行，不行不足谓之知。"在王阳明看来，道德认识论意义上的"知"与"行"同步发生，道德认知与道德实践的过程就是"即知即行"的无间断的连续发生体；作为道德修养工夫论意义上的"知""行"，也是阳明心学核心命题"致良知"的拆分、合并与组合，"知"就是"良知"，"行"则是"致"。易言之，"知"即"吾心良知之天理"（"良知即天理"）的本体，其所谓"行"即"致吾心良知之天理于事事物物"的道德修养工夫。简言之，"知"即道德良知，"行"即道德实践，"知"与"行"的关系就是道德修养工夫论层面的认识与实践相统一、相一致。

【原文】

爱问："昨闻先生'止至善'之教，已觉功夫有用力处。但与朱子'格物'之训①，思之终不能合。"

先生曰："'格物'是'止至善'之功。既知'至善'，即知'格物'矣。"

爱曰："昨以先生之教推之'格物'之说，似亦见得大略。但朱子之训，其于《书》之'精一'②，《论语》之'博约'③，《孟子》之'尽心知性'④，皆有所证据，以是未能释然。"

先生曰："'子夏笃信圣人，

【译文】

徐爱问："昨天听了先生'止至善'的教导，感到功夫有了着力之处。然而，我总是觉得您的见解与朱熹对'格物'的阐述，始终不能契合。"

先生说："'格物'是'止至善'的功夫。既然明白'至善'，也就明白了'格物'。"

徐爱问："昨天将先生的教导深入到'格物'的解说，似乎明白了大概。然而，朱子的解释，都可在《尚书》的'精一'、《论语》的'博约'、《孟子》的'尽心知性'中找到依据，所以我还是不能弄明白。"

先生说："朱子曾说'子夏笃信圣人，曾子反求诸己'，虽然笃信圣曾子反求诸己'⑤，笃信固亦是，然不如反求之切。今既不得于心，安可狃⑥于旧闻，不求是当？就如朱子亦尊信程子，至其不得于心处，亦何尝苟从？'精一''博约''尽心'，本自与吾说吻合，但未之思耳。朱子'格物'之训，未免牵合附会，非其本旨。'精'是'一'之功，'博'是'约'之功。曰仁既明'知行合一'之说，此可一言而喻。'尽心、知性、知天'，是'生知安行'事；'存心、养性、事天'，是'学知利行'事；'夭寿不贰、修身以俟'，是'困知勉行'⑦事。朱子错训'格物'，只为倒看了此意，以'尽心知性'为'物格知至'，要初学便去做'生知安行'事⑧，如何做得？"

爱问："'尽心知性'，何以为'生知安行'？"

先生曰："性是心之体，天是性之原，尽心即是尽性。'惟天下至诚，为能尽其性，知天地之化育。'⑨'存心'者，心

贤是正确，却不如反躬自省来得真实。你现在既然还没能弄明白，怎么可以承袭旧说，而不去探求正确的答案呢？譬如朱子虽然尊重、相信程子，但一旦遇到不明之处，又何曾轻信、盲从呢？'精一''博约''尽心'等这些观点，跟我的见解本来是相吻合的，只是你没有细究深思而已。朱子对'格物'的阐释，不免有些牵强附会，并非《大学》的本义。'精'为'一'的功夫，'博'为'约'的功夫。你既然明白了'知行合一'的主张，这些话我只需一说，应该就明白了。'尽心、知性、知天'，是'生知安行'的人能够做得到的事情；'存心、养性、事天'，是'学知利行'的人能够做得到的事情；'夭寿不贰、修身以俟'，是'困知勉行'的人能够做得到的事情。朱熹对'格物'的错误理解，是因为他将这个意思颠倒了，认为'尽心知性'就是'物格知至'，要求初学者去做'生知安行'的人才能做到的事情，他们怎么可能做得到呢？"

徐爱问："为什么说'尽心知性'，是'生知安行'的人才能做得到的事情呢？"

先生说："人的本性是心的主体，天理是本性的根源，扩充善心便是发挥本性。《中庸》说：'惟天下至诚，为能尽其性，知天地之化育。''存

有未尽也。'知天'，如知州、知县之'知'，是自己分上事，已与天为一；'事天'，如子之事父、臣之事君，须是恭敬奉承，然后能无失，尚与天为二。此便是圣贤之别。至于'夭寿不贰'⑩其心，乃是教学者一心为善，不可以穷通夭寿之故，便把为善的心变动了。只去'修身以俟命'⑪，见得穷通寿夭有个命在，我亦不必以此动心。'事天'，虽与天为二，已自见得个天在面前；'俟命'，便是未曾见面，在此等候相似。此便是初学立心之始，有个困勉的意在。今却倒做了，所以使学者无下手处。"

爱曰："昨闻先生之教，亦影影⑫见得功夫须是如此。今闻此说，益无可疑。爱昨晚思'格物'的'物'字，即是'事'字，皆从心上说。"

先生曰："然。身之主宰便是心，心之所发便是意，意之本体便是知，意之所在便是物。如意在于事亲，即事亲便是一

心'，就是没有尽心。'知天'的'知'，如同知州、知县的'知'，是自己分内该做的，已同天理合二为一；'事天'，如同子女侍奉父母、臣子辅佐君王一样，务必毕恭毕敬地侍奉、辅佐，方可没有闪失，此时，还是与天理相对为二。这就是圣人与贤者的区别所在。至于'夭寿不贰'其心，是教导学者一心向善，不能因环境优劣或寿命长短之故，动摇行善的心。而是要'修身以俟命'，虽然认识到人的困厄通达、长寿短命是命中注定的，也不会因此而动心，改变主意。'事天'，虽与天相对为二，但已看见天正在眼前；'俟命'，就是还未曾见面，与在此等候别人相似。这就是初学的人树立志向的开端，有一迎难而上、勉力自强的精神。而朱子所说的，与之则是相反，因而让初学者无从着手。"

徐爱说："昨天听了先生的教诲，我隐约也觉得理应如此用功了。今日又听先生的具体阐述，再也没有什么疑虑了。我昨天晚上是这样想，'格物'的'物'，就是'事'字，都是依本心而说的。"

先生说："说得好。主宰身体的就是本心，心的触动发挥就是意，意的本源就是知，意所作用的对象就是物。比如，意在侍奉父母上，那么侍奉父母就是一物；意在辅助君王上，

物；意在于事君，即事君便是一物；意在于仁民爱物，即仁民爱物便是一物；意在于视听言动，即视听言动便是一物。所以某说无心外之理，无心外之物。《中庸》言'不诚无物'[13]，《大学》'明明德'之功，只是个'诚意'[14]。'诚意'之功，只是个'格物'。"

先生又曰："'格物'，如《孟子》'大人格君心'[15]之'格'，是去其心之不正，以全其本体之正。但意念所在，即要去其不正，以全其正，即无时无处不是存天理，即是穷理。天理即是'明德'，穷理即是'明明德'。"

又曰："知是心之本体，心自然会知。见父自然知孝，见兄自然知弟[16]，见孺子入井自然知恻隐[17]，此便是良知[18]，不假外求。若良知之发，更无私意障碍，即所谓'充其恻隐之心，而仁不可胜用矣'[19]。然在常人，不能无私意障碍，所以须用'致知''格物'之功，胜私复

那么辅助君王就是一物；意在治理百姓、爱护万物上，那么治理百姓、爱护万物就是一物；意在视、听、言、动上，那么视、听、言、动就是一物。因此，我认为不存在心外之理，也不存在心外之物。《中庸》所说的'不诚无物'，《大学》所指的'明明德'的功夫，都只是一个'诚意'。'诚意'的功夫，就是'格物'。"

先生接着说："'格物'的'格'如同《孟子》中所谓的'大人格君心'的'格'，是指去除人心中不正的念头，使心的本体全部归于纯正。只要人的意念所在之处，都能去除不正的念头，就可归于纯正，这样就是时时处处都在存天理，也就是穷理。天理就是'明德'，穷理也就是'明明德'。"

先生又说："知是心的本来状态，心自然能知。看见父母自然知道孝顺，看见兄长自然知道恭敬，看见小孩落井自然产生同情不忍之心，这就是良知，无须向外去求取。如果良知的彰显表露，没有受到私欲的遮蔽迷惑，也就是《孟子》所说的'充其恻隐之心，而仁不可胜用矣'。然而，对于一般人而言，难免不被私欲所遮蔽迷惑，所以必须用'致知''格物'的功夫，摒弃私欲，恢复天理。这样，人心的良知就再也不被遮蔽迷

理⑳。即心之良知更无障碍，得以充塞流行，便是致其知㉑。知致则意诚㉒。"

惑，能够彻底彰显表露，这就是致其良知。良知一致得以恢复，那么意念也得以诚敬了。"

注 释

❶ 朱子"格物"之训：指朱子《大学章句》对"格物""致知在格物"的注解："致，推极也；知，犹识也。推极吾之知识，欲其所知无不尽也。格，至也；物，犹事也。穷至事物之理，欲其极处无不到也。""格物者，格，尽也，须是穷尽事物之理，若是穷得三两分，便未是格物，须是穷尽得到十分，方是格物。""所谓致知在格物者，言欲致吾之知，在即物而穷其理也。盖人心之灵莫不有知，而天下之物莫不有理，惟于理有未穷，故其知有不尽也。是以《大学》始教，必使学者即凡天下之物，莫不因其已知之理而益穷之，以求至乎其极。至于用力之久，而一旦豁然贯通焉，则众物之表里精粗无不到，而吾心之全体大用无不明矣。此谓物格，此谓知之至也。"在朱子这里，"格物"纯粹是一个认识论、知识论命题，就是穷究事物的原理，通过研究事物原理而获得知识。　❷《书》之"精一"：语出《尚书·大禹谟》："人心惟危，道心惟微；惟精惟一，允执厥中。"　❸《论语》之"博约"：语出《论语·雍也》："君子博学于文，约之以礼，亦可以弗畔矣夫。"　❹《孟子》之"尽心知性"：语出《孟子·尽心上》："尽其心者，知其性也。知其性，则知天矣。存其心，养其性，所以事天也。夭寿不贰，修身以俟之，所以立命也。"大意是说，充分发挥人的善良的本心，就是知晓了人的本性。知晓人的本性，就知晓天命了。保持人的本心，养护人的本性，这是侍奉上天的办法。　❺ "子夏笃信圣人，曾子反求诸己"：语出朱子《孟子集注》。　❻ 狃：拘泥，因袭；习惯了不愿改变。　❼ "生知安行""学知利行""困知勉行"：语出《中庸》。　❽ 朱子错训"格物"，只为倒看了此意，以"尽心知性"为"物格知至"，要初学便去做"生知安行"事：语见朱子《孟子集注》对《尽心上》"尽其心者，知其性也。知其性，则知天矣"的注解。　❾ "惟天下至诚，为能尽其性，知天地之化育"：语出《中庸》："唯天下至诚，为能尽其性。能尽其性，则能尽人之性。能尽人之性，则

能尽物之性。能尽物之性，则可以赞天地之化育。可以赞天地之化育，则可以与天地参矣。"大意是说，只有天下至诚的圣人，才能尽量发挥自己天赋的本性；能尽量发挥自己天赋的本性，就能尽量发挥天下人的本性；能尽量发挥天下人的本性，就能尽量发挥万物的本性；能尽量发挥万物的本性，就可以帮助天地对万事万物进行演化和发展；能帮助天地对万事万物进行演化和发展，人就可以与天地并立为三了。　⑩ 夭寿不贰：出自《孟子·尽心上》，是指不论寿命长短，都不要改变对待天命的态度。　⑪ 修身以俟命：出自《孟子·尽心上》："修身以俟之，所以立命也。"意思是说，只是修身养性等待天命，这就是确立正常命运的方法。　⑫ 影影：犹隐隐，模糊不清貌。　⑬ "不诚无物"：出自《中庸》："诚者，物之终始，不诚无物。"是说，一切事物的存在都依赖于"诚"。孟子继承了《中庸》，说"诚者天之道也，思诚者人之道也"。　⑭ 诚意：使心志真诚，语出《礼记·大学》："欲正其心者，先诚其意。""诚意"也是阳明学功夫论的核心命题之一。　⑮ "大人格君心"：出自《孟子》："人不足与适也，政不足与间也。唯大人为能格君心之非。君仁，莫不仁；君义，莫不义；君正，莫不正。一正君而国定矣。"是说道德修养境界地位崇高的人，能够也要勇于去纠正君王的错误。　⑯ 见父自然知孝，见兄自然知弟：语本《孟子·尽心上》："孩提之童，无不知爱其亲者；及其长也，无不知敬其兄也。"⑰ 见孺子入井自然知恻隐：语本《孟子·公孙丑上》："今人乍见孺子将入于井，皆有怵惕恻隐之心。"　⑱ "良知"：语出《孟子·尽心上》："人之所不学而能者，其良能也。所不虑而知者，其良知也。"在孟子这里，"良知"是一种先验的道德判断力，也就是一种先验的认识方式，它的存在价值是引导我们的认识与行动。　⑲ "充其恻隐之心，而仁不可胜用矣"：语出《孟子·公孙丑上》："充其恻隐之心，而仁不可胜用也。"孟子认为每个人都有恻隐之心，也就是对别人的苦难感到同情和怜悯的心。如果一个人能够充分地发挥这种恻隐之心，那么他的仁爱就会变得无比强大，无法被衡量或限制。总之，仁爱、良心、良知，是人类最高的道德境界，是实现社会和谐与个人完善的基石。　⑳ 胜私复理：克除私欲对良知的蒙蔽，以恢复内心之天理，这也是王阳明"致良知"之教的功夫论。　㉑ 致其知：徐爱所记王阳明的这句话，其中已经有阳明心学核心命题"致良知"的意蕴。　㉒ 知致则意诚：出自《礼记·大学》："物格而后知至，知至而后意诚，意诚而后心正。"

说明

这几条语录涉及王阳明对《大学》"格物、致知、诚意、正心"的理解以及对"心""意""知""物"关系的阐释；同时涉及对《孟子》"良知"概念在本体意义上的阐释。

阳明心学语境下的"物"并不是我们通常所理解的"客观存在之物"，而是在认识论意义上主、客体之间所发生的认识机制中而产生的"心之物"，简言之，即是人心意识（即感知）所指向的活动事件。徐爱通过阳明的讲述，一方面，明白了"格物"的"物"字即是"事"字；另一方面，也得出了"物"也好、"事"也罢，都是从"心"上来说的，因为"事"的发生离不开"人"的参与，所以也就离不开"心"的参与。"事""物"作为认识客体，正是因为与认识主体"人"（通过"心"）发生关联，而得以彰显其存在的价值与意义；也就是王阳明、徐爱所说的"事"从"心"上说，这也就导出了"心外无事""心外无物""心外无理"的结论。

此外，阳明心学所指涉的"理"也不仅仅是"事物存在的所以然之故"，还有"人伦行为的所当然之则"的含义。进而言之，阳明心学语境中的"理"主要是指"伦理"之"理"。在王阳明看来，人所参与、从事的每一项活动都是有意识、有目的的活动，而人的意识总是指向具体的事物、活动事件的，所以便有"意之所在便是物"的说法。如意在于"事亲"，则"事亲"便是具体的事物；意在于"事君"，则"事君"便是具体的事物；意在于"仁民""爱物"，则"仁民""爱物"便是具体的事物；意在于"视""听""言""动"，则"视""听""言""动"便是具体的事物。如果结合《大学》所言的"格物、致知、诚意、正心、修身"，则其中"身""心""意""知""物"的关系就是：心是身体的主宰，本心的发动就是意念，意念的本源就是感知，意念所指向的东西就是事物。易言之，"身""心""意""知""物"，"其实只是一物"；而"格""致""诚""正""修"，"其实只有一事"。

再说"良知"。王阳明接续孟子对"良知"的理解，坚定地认为，"良知"是一种先验的道德意识，是内在的道德判断力，同时也是道德主体的自觉性，"良知自知"。据王阳明的说法，在贵州龙场悟道之后，"良知"二字已经成为自己心学"理论大厦"的根基："吾良知二字，自龙场已后，便已不出此意。只是点此二字不出。于学者言，费却多少辞说。"（见钱德洪《刻文录叙说》） 正德七年（1512）乃至正德八年（1513），在徐爱的追问下，王阳明借用孟子的"良知"概念，提出"知是心之本体""知致则意诚"等本体工夫论命题，其中就有"良知"为"心之本体"的意蕴；"知致则意诚"则贯彻着王阳明对古本《大学》理解的升华，因为在正德十三年（1518）七月的《大学古本》原序中，王阳明是把"诚意"作为道德修养的第一义（"《大学》之要，诚意而已矣"），而在正德十六年（1521）的《大学古本》定序中则把"致知"的位置提上。王阳明在嘉靖元年（1522）所写《寄薛尚谦》中言："致知二字，是千古圣学之秘，向在虔时终日论此，同志中尚多有未彻。近于《古本》序中改数语，颇发此意，然见者往往亦不能察。今寄一纸，幸熟味！"也正是经过不断的学术积累与人生体验，王阳明在正德十五、十六年间（1520—1521）正式提出了"致良知"的观念，作为自己心学体系的核心命题。同时，为了构建自己的良知学体系，王阳明对"心即理"的命题进行改造，提出了"良知即天理"的观念，作为自己良知学的本体论依据。

总之，无论是"心即理""知行合一"，还是"致良知""良知即天理"，都是阳明心学的核心命题，龙场悟道之后的王阳明的心学思想体系，是一以贯之、一贯到底的。

【原文】

爱问："先生以'博文'为'约礼'①功夫②，深思之未能得，略请开示。"

先生曰："'礼'字即是'理'字。'理'之发见可见者，谓之'文'；'文'之隐微不可见者，谓之理，只是一物。'约礼'，只是要此心纯是一个

【译文】

徐爱问："先生说'博文'是'约礼'的功夫，我经过再三思虑，仍然不能完全理解，请您再开导指教。"

先生说："'礼'即是'理'。'理'显示出来让人可见识的，称之为'文'；'文'隐蔽而不可见识的内涵，称之为'理'，两者原是同一物。'约礼'是要让自己的本心完全是一个纯粹天理。要让自己本心纯为天

天理。要此心纯是天理，须就'理'之发见处用功。如发见于事亲时，就在事亲上学存此天理；发见于事君时，就在事君上学存此天理；发见于处富贵贫贱时，就在处富贵贫贱上学存此天理；发见于处患难夷狄③时，就在处患难夷狄上学存此天理。至于作止语默，无处不然，随他发见处，即就那上面学个存天理。这便是'博学之于文'，便是'约礼'的功夫。'博文'即是'惟精'，'约礼'即是'惟一'。"

理，就务必在'理'的显示之处用功夫。比如，理表现在侍奉父母上，心就在侍奉父母上存此天理；理表现在辅助君王上，心就在辅助君王上存此天理；理表现在身临富贵贫贱时，心就在身临富贵贫贱上存此天理；理表现在身处患难之时、荒凉之地上，心就在身处患难之时、荒凉之地上存此天理。无论是有所作为还是无所事事，无论是高谈阔论还是沉默不语，无不如此，只要天理显现在具体事物上，就在那个具体的事物上存养天理。这就是'博学之于文'，也就是'约之于礼'的功夫。'博学于文'就是为了求得至精的境界，'约之于礼'就是为了求得天理的纯粹。"

注 释

❶"博文""约礼"：出自《论语·雍也》《论语·子罕》。 ❷功夫：亦作"工夫"，是传统儒家修身和践行的方式、法则，诸如"博学、审问、慎思、明辨、笃行""克己""主敬""诚意""慎独"等。 ❸富贵贫贱、患难夷狄：出自《中庸》："君子素其位而行，不愿乎其外。素富贵，行乎富贵；素贫贱，行乎贫贱；素夷狄，行乎夷狄；素患难，行乎患难。君子无入而不自得焉！""素"，就是现在，君子在他当下的地位去做事。这段话的大意是说，处于富贵的地位，就做富贵人应做的事；处于贫贱的状况，就做贫贱人应做的事；处于边远地区，就做在边远地区应做的事；处于患难之中，就做在患难之中应做的事。

说 明

　　"博文""约礼"出自《论语·雍也》:"君子博学于文,约之以礼,亦可以弗畔矣夫!"知识深广谓之"博文",遵守礼仪谓之"约礼"。《论语·子罕》:"颜渊喟然叹曰:'……夫子循循然善诱人,博我以文,约我以礼,欲罢不能。'"这是颜回对自己为学功夫次第的总结。总之,"博文""约礼"是圣学切实下手处,圣人之学无非就是"博文""约礼"。在儒学传播发展过程中,"博文""约礼"关系的探讨,一再被后世儒者谈及。稍晚于王阳明的明代昆山籍学者归有光在《君子尊德性而道问学》一文中就说:"孔之教曰,博文约礼,精以归一,义以全礼,博以致约,千圣相传之秘,其在兹乎!""存天理"抑或"此心纯是天理",是宋明理学家们也是王阳明的修身哲学的终极追求之一。只要"天理"显现在具体事物上,就在那个具体的事物上"存天理",这就是"博文"的功夫实践,而"约礼"则是道德实践的导向与目标。同理,"惟精"就是"惟一"的功夫。

【原 文】

　　爱问:"'道心常为一身之主,而人心每听命'①,以先生'精一'之训推之,此语似有弊?"

　　先生曰:"然。心一也,未杂于人谓之道心,杂以人伪谓之人心。人心之得其正者即道心,道心之失其正者即人心,初非有二心也。程子谓'人心即人欲,道心即天理'②,语若分析而意实得之。今曰'道心

【译 文】

　　徐爱问:"朱子说'道心常为一身之主,而人心每听命',而以先生您对'精一'的解释来看,这句话好像有不妥之处。"

　　先生说:"是这样的。心就是一个心,没有夹杂人的私欲杂念时称之为道心,夹杂人的私欲杂念时称之为人心。人心若能达到守正不偏就是道心,道心若是偏失不能守正就是人心,起初并非有两个心。程子认为'人心即私欲,道心即天理',这句话好像将道心与人心分开,但意思正确。而朱子说'道心为主,而人心听

为主，而人心听命'，是二心也。天理人欲不并立，安有天理为主，人欲又从而听命者？"

命'，硬是把一心分为二了。天理与私欲从来就是不能共存的，怎么会有以天理为主，而私欲又听从于天理的情况呢？"

注释

❶"道心常为一身之主，而人心每听命"：语出朱熹《中庸章句·序》："必使道心常为一身之主，而人心每听命焉，则危者安，微者著，而动静云为，自无过、不及之差矣。" ❷"人心即人欲，道心即天理"：语出《二程遗书》："'人心惟危'，人欲也；'道心惟微'，天理也。"（程颢语）"人心，私欲也；道心，正心也。"（程颐语）

说明

在"道心""人心"二者关系问题上，王阳明以"道心""人心"为一个"心"立论，进而反对朱熹的"人心"依附于"道心"的提法，因为"人心"之得其正者为"道心"，"道心"之失其正者为"人心"。同理，"天理""人欲"也是一个"心"，一"心"具有"理、欲"两个面向，"心"与"理"合的是"天理"（"道心"），"心"与"理"不合的是"人欲"（"人心"）。从这个意义上说，"天理"与"私欲"从来就是不能共存的。这也是阳明心学意义上的"存天理""去人欲"。

【原文】

爱问文中子①、韩退之②。
先生曰："退之，文人之雄耳；文中子，贤儒也。后人徒

【译文】

徐爱请问先生，如何比较评价王通、韩愈二人。
先生说："韩愈，是文人中的雄

以文词之故推尊退之，其实，退之去文中子远甚。"

爱问："何以有拟经③之失？"

先生曰："拟经，恐未可尽非。且说后世儒者著述之意，与拟经如何？"

爱曰："世儒著述，近名之意不无，然期以明道，拟经纯若为名。"

先生曰："著述以明道，亦何所效法？"

曰："孔子删述六经④以明道也。"

先生曰："然则，拟经独非效法孔子乎？"

爱曰："著述即于道有所发明，拟经似徒拟其迹，恐于道无补。"

先生曰："子以明道者，使其反朴还淳而见诸行事之实乎？抑将美其言辞而徒以诶诶⑤于世也？天下之大乱，由虚文胜而实行衰也。使道明于天下，则六经不必述。删述六经，孔子不得已也。自伏羲画卦，至于

才；而王通，是一位贤能大儒。后世之人只是凭借文章、诗词而尊崇韩愈，其实，韩愈比王通差多了。"

徐爱问："王通为什么会犯仿作经书的错误呢？"

先生说："仿作经书，是非对错不能一概而论。你说说看，后世儒者著述的目的，与仿作经书有什么区别？"

徐爱说："后世儒者的著述，并不是没有求名之意，但更多的是为了阐明圣贤之道，而仿作经书却完全只是为了求名。"

先生说："以著述的方式来阐明圣贤之道，效仿的又是谁的方法呢？"

徐爱说："效仿孔子删述六经的方法来阐明圣贤之道。"

先生说："既然如此，王通模拟仿作经书不也是仿效孔子吗？"

徐爱说："著述是对圣贤之道进行阐释，而仿作经书只是仿照经书的形式，对于圣贤之道没有补正的意义。"

先生说："你认为阐明圣贤之道，是为了返璞归真，使圣贤之道落实到日常生活中？还是以华而不实的辞藻来哗众取宠呢？天下纷乱，究其原因，是重虚文而轻实行。如果圣贤之道彰显天下，也就无所谓删述六经了。孔子删述六经，是万般无奈之下而为之的。自从伏羲画卦，到文王、周公，其间论述《易》的著述纷繁如

文王、周公，其间言《易》，如《连山》《归藏》⑥之属，纷纷籍籍，不知其几，《易》道大乱。孔子以天下好文之风日盛，知其说之将无纪极⑦，于是取文王、周公之说而赞之，以为惟此为得其宗。于是纷纷之说尽废，而天下之言《易》者始一。《书》《诗》《礼》《乐》《春秋》，皆然。《书》自《典》《谟》⑧以后，《诗》自二《南》⑨以降，如《九丘》《八索》⑩，一切淫哇逸荡⑪之词，盖不知其几千百篇。《礼》《乐》之名物度数，至是亦不可胜穷。孔子皆删削而述正之，然后其说始废。如《书》《诗》《礼》《乐》中，孔子何尝加一语？今之《礼记》诸说，皆后儒附会而成，已非孔子之旧。至于《春秋》，虽称孔子作之⑫，其实皆鲁史旧文。所谓'笔'者，笔其旧；所谓'削'者，削其繁⑬，是有减无增。孔子述六经，惧繁文之乱天下，惟简之而不得，使天下务去其

麻，如《连山》《归藏》等，数不胜数，使得《易》的经道变得混乱。孔子察觉到天下文饰之风日益盛行的现象，认为如果任由发展下去，将会目无纲纪，于是拿文王、周公的学说来对《易》道加以阐明，以为只有这样才能把握《易》学的宗旨。于是，纷纭众多的观点被废弃，天下论述《易》的言论才归于一统。《书》《诗》《礼》《乐》《春秋》，无一不是这样的。《尚书》自《典》《谟》之后，《诗经》自《周南》《召南》之后，如《九丘》《八索》等之类的淫邪妖冶之词句，有成百上千篇之多。《礼》《乐》中的名物度数，沿至此时也无法穷尽。孔子都作了删削、阐述与改正，自此以后那些奇谈怪论才得以终止。在《书》《诗》《礼》《乐》等典籍里，孔子何曾增一言、添半语？如今关于《礼记》的解释之词，大多是后世儒生附会而成，已不是孔子所删订的原本了。至于《春秋》，虽称是孔子之作，但其实是鲁国史书的旧文。所谓'笔'，就是照抄原文；所谓'削'，就是删减繁杂，这样只少不多。孔子之所以删述六经，是担忧繁文扰乱天下，由于不能将六经再加删减，他只好让天下人致力于去除虚文而追求实行，而不是以虚文来教人。春秋以后，繁文更加日盛，天下随之更加混乱。秦始

文以求其实，非以文教之也。春秋以后，繁文益盛，天下益乱。始皇焚书得罪，是出于私意，又不合焚六经。若当时志在明道，其诸反经叛理之说，悉取而焚之，亦正暗合删述之意。自秦汉以降，文又日盛，若欲尽去之，断不能去。只宜取法孔子，录其近是者而表章之，则其诸怪悖之说，亦宜渐渐自废。不知文中子当时拟经之意如何，某切深有取于其事，以为圣人复起，不能易也。天下所以不治，只因文盛实衰，人出己见，新奇相高，以眩俗取誉。徒以乱天下之聪明，涂天下之耳目，使天下靡然争务修饰文词，以求知于世，而不复知有敦本尚实、反朴还淳之行，是皆著述者有以启之。"

爱曰："著述亦有不可缺者。如《春秋》一经，若无《左传》[14]，恐亦难晓。"

先生曰："《春秋》必待传而后明，是歇后谜语矣。圣人何苦为此艰深隐晦之词？《左传》多

皇因焚书而得罪天下，是出于自私之心，也的确不该焚毁六经。如果当时秦始皇焚书的目的是彰显圣贤之道，将那些背经叛道的书统统烧掉，也正合孔子删述的用意。从秦汉以来，著述之风日益盛行，要想彻底废止也是不可能了。只得效仿孔子的做法，对那些和经书道理接近的加以彰显，那些荒诞之论、异端邪说就慢慢消失了。我不明白王通当初仿作经书是出于什么用意，但对这件事还是赞同的。我认为，圣人即便再复出，也不会否认这种观点的。天下之所以混乱不堪，是因为写文章的多，实干的少，人们各抒己见，争奇斗艳，喧嚣于世。这只会混淆彼此视听，蒙蔽人们耳目，使得大家只顾争相修饰文辞，追逐声名，而忘却了还有崇尚事实、返朴归真的行为，这些都是著述的人所导致的。"

徐爱说："著述有时还是不能缺少的。如《春秋》这部经书，如果没有《左传》作解，人们恐怕很难理解。"

先生说："如果《春秋》必须有《左传》才能明白，那么《春秋》不就成为歇后谜语了。圣人何苦要写这样一部艰深隐晦的辞章呢？《左传》大多是鲁史中的原文，如果《春秋》要参考《左传》才能读懂，那么，孔子又何必删削它呢？"

是鲁史旧文，若《春秋》须此而后明，孔子何必削之？"

爱曰："伊川亦云'传是案，经是断'⑮，如书'弑某君''伐某国'⑯，若不明其事，恐亦难断。"

先生曰："伊川此言，恐亦是相沿世儒之说，未得圣人作经之意。如书'弑君'，即弑君便是罪，何必更问其弑君之详？征伐当自天子出，书'伐国'，即伐国便是罪，何必更问其伐国之详？圣人述六经，只是要正人心，只是要存天理，去人欲。于存天理、去人欲之事，则尝言之。或因人请问，各随分量而说，亦不肯多道，恐人专求之言语，故曰'予欲无言'⑰。若是一切纵人欲、灭天理的事，又安肯详以示人？是长乱导奸也！故孟子云'仲尼之门，无道桓、文之事者，是以后世无传焉'⑱，此便是孔门家法。世儒只讲得一个伯者的学问，所以要知得许多阴谋诡计，纯是一片功利的心，与圣

徐爱说："程颐也认为'传是案，经是断'，如《春秋》上记载着'弑某君''伐某国'，如果不清楚这些事情的来龙去脉，恐怕很难作出正确的判断。"

先生说："程颐这句话，恐怕也是承袭世俗儒生的说法，未必真正理解圣人写这些经书的本意。如记载了'弑君'，弑杀国君就是罪过，为什么还要追问弑杀国君的详细经过呢？讨伐的命令应当由天子发布，记载了'伐国'，征伐某国就是罪过，为什么还要追问征伐别国的详细经过呢？圣人阐述六经，只是要端正人心，只是要存养天理、去除人欲。对于存养天理、去除人欲这些事，孔子也曾说过。人们提出问题时，孔子往往会依据各自的程度与性质作不同的解答，有时也不肯多讲，主要是担心人们专注在言辞上的表述，所以说'予欲无言'。如果是些纵人欲、灭天理的事，又怎能详细描述呢？详细描述过程就等于教唆人去作奸犯科呀！因此孟子说'仲尼之门，无道桓、文之事者，是以后世无传焉'，这就是孔门家法。世俗的儒者只讲霸道的学问，因而要去学习许多阴谋诡计，这完全是出于功利之心，与圣人作经的本意南辕北辙，怎么能想明白呢？"因此先生感叹地说："如果不是通达天德的人，还真不容易与他谈论这些事情。"

人作经的意思正相反，如何思量得通？"因叹曰："此非达天德者，未易与言此也。"⑲

又曰："孔子云'吾犹及史之阙文也'⑳，孟子云'尽信《书》，不如无《书》。吾于《武成》，取二三策而已'㉑。孔子删书，于唐、虞、夏四五百年间，不过数篇，岂更无一事？而所述止此，圣人之意可知矣。圣人只是要删去繁文，后儒却只要添上。"

爱曰："圣人作经，只是要去人欲，存天理。如五伯㉒以下事，圣人不欲详以示人，则诚然矣。至如尧、舜以前事，如何略不少见？"

先生曰："羲、黄之世，其事阔疏，传之者鲜矣。此亦可以想见，其时全是淳庞㉓朴素、略无文采的气象。此便是太古之治，非后世可及。"

爱曰："如《三坟》㉔之类，亦有传者，孔子何以删之？"

先生曰："纵有传者，亦于世变渐非所宜。风气益开，文

先生又说："孔子曾经说过'吾犹及史之阙文也'，孟子也说'尽信《书》，不如无《书》。吾于《武成》，取二三策而已'。孔子删述《尚书》，对唐尧、虞舜、夏禹这四五百年间的历史，也仅存数篇而已。难道除此之外就没有值得称道的事吗？虽传述的仅有几篇，但圣人的意图再明了不过了。圣人只是剔除繁文，后儒则又要把繁文再添上去。"

徐爱说："圣人作经，只是为了去除人欲，存养天理。比如春秋五霸以后的事，圣人就不愿意将详情告诉人们，确实如此。但尧舜以前的事，为什么也如此简略而不稍微给人看看？"

先生说："伏羲、黄帝时代，历史久远而不详尽，流传下来的自然很少。这也是可以想象的，其时民风淳朴，不存在注重文辞修饰的现象。这就是上古社会的良治，不是后世所能做到的。"

徐爱说："《三坟》之类的书，也有流传下来的，孔子为何要删掉呢？"

先生说："即使有流传下来的，也因时世的变化而跟不上时代的步伐。风气更加开化，文采日益讲究，到了周朝后期，想再恢复夏、商时代的习俗，已是不可能，何况是唐尧、虞舜时代的习俗？又何况是更早的伏

采日胜，至于周末，虽欲变以夏、商之俗，已不可挽，况唐、虞乎？又况羲、黄之世乎？然其治不同，其道则一。孔子于尧、舜则祖述之，于文、武则宪章之㉕，文、武之法，即是尧、舜之道。但因时致治，其设施政令，已自不同。即夏、商事业，施之于周，已有不合。故'周公思兼三王，其有不合，仰而思之，夜以继日'㉖。况太古之治，岂复能行？斯固圣人之所可略也。"

又曰："专事无为，不能如三王之因时致治，而必欲行以太古之俗，即是佛、老的学术；因时致治，不能如三王之一本于道，而以功利之心行之，即是伯者以下事业。后世儒者许多讲来讲去，只是讲得个伯术。"

又曰："唐、虞以上之治，后世不可复也，略之可也；三代以下之治，后世不可法也，削之可也。惟三代之治可行，然而世之论三代者，不明其本而徒事其末，则亦不可复矣。"

羲、黄帝时代的习俗？虽然其治法不同，但遵循的道都是一样的。孔子遵循尧帝、舜帝，效法文王、武王，文王、武王的治世方法正是尧帝、舜帝的治世之道。只是因为时代不同，社会治理也有所不同，所推行的政令制度自然也不尽相同。即便是夏、商时代的政令制度，在周代推行，恐怕也不合时宜。所以，'周公思兼三王，其有不合，仰而思之，夜以继日'。更何况远古的治世方法，又怎能重新施行？这正是圣人删略的原因。"

先生接着说："只采取无为而治的措施，不能像禹、汤、文王那样随时代变化的具体情况而调整施政举措，一味要推行上古的政令制度，这是佛家、道家的主张；能够因时制宜地进行社会治理，却不能像禹、汤、文王那样以道为本，而是根据功利行事，这正是五霸以后治世的情况。后世许多儒者翻来覆去地讨论，只是讲了一个霸术而已。"

先生又说："唐尧、虞舜以前的治世经略，后世不可能照抄照搬，可以将它删略；夏、商、周三代以后的治世经略，后世也不可效仿，也可以将它削除。只有三代的治世经略还可以推行，然而现在那些讨论三代治世的人，却不了解三代治理天下的根本，仅注意到一些细枝末节，所以，三代治世经略也就无法恢复了。"

注 释

❶ 文中子：王通（584—617），字仲淹，号文中子，隋朝河东郡龙门县（今山西万荣，一说山西河津）人，著名教育家、思想家，传统儒学发展史上承前启后的人物。王通死后，众弟子为纪念他，弘扬他在儒学发展中所作的贡献，仿孔子门徒作《论语》而编《中说》，又称《文中子中说》《文中子》等。　❷ 韩退之：韩愈（768—824），字退之，河南河阳（今河南孟州南）人，祖籍昌黎，世称韩昌黎。因官吏部侍郎，又称韩吏部。他是唐代古文运动的倡导者，被后人尊为"唐宋八大家"之首，与柳宗元并称"韩柳"，有"文章巨公"和"百代文宗"之名。后人将其与柳宗元、欧阳修和苏轼合称"千古文章四大家"。他提出的"文道合一""气盛言宜""务去陈言""文从字顺"等文论，对后世很有指导意义。有《韩昌黎集》传世。　❸ 拟经：汉儒扬雄仿《易》作《太玄》，仿《论语》作《法言》，后人谓之"拟经"。王通历时九年，模仿孔子所作《六经》的体裁，写成《续六经》（《续诗》《续书》《礼论》《乐经》《赞易》《元经》），也被认为是"拟经"。　❹ 孔子删述六经：六经就是《诗》《书》《礼》《乐》《易》《春秋》六部儒家经典，相传由孔子对这些儒家经典进行了删减和编纂，即删《诗》《书》，定《礼》《乐》，赞《周易》，修《春秋》，整理保存了古代典籍，对儒家文化的传播发展作出了重要贡献。　❺ 詅詅（náonáo）：争辩；论辩。引申为喧闹嘈杂、卖弄炫耀。　❻ 伏羲画卦，至于文王、周公，其间言《易》，如《连山》《归藏》：伏羲画八卦，周文王作卦辞，周公作爻辞；《易经》只是一种统称，夏代的《连山》、商代的《归藏》、周代的《周易》，并称为"三代之《易》"。《周礼·春官》曰："大卜……掌三《易》之法，一曰《连山》，二曰《归藏》，三曰《周易》。"《连山》《归藏》在魏晋之后，下落不明，现在我们阅读到的《易经》是《周易》。　❼ 纪极：终极；限度。引申为穷尽。　❽《典》《谟》：《尚书》中《尧典》《舜典》和《大禹谟》《皋陶谟》等篇的并称。　❾ 二《南》：指《诗经》中的《周南》《召南》。　❿《九丘》《八索》：古书名，出自孔安国《尚书序》："八卦之说，谓之八索，求其义也。九州之志，谓之九丘；丘，聚也。"　⓫ 淫哇逸荡：淫邪之声，放浪不羁，逸荡而歌。　⓬《春秋》，虽称孔子作之：《春秋》作为周朝时期鲁国的国史，虽称孔子作之，但《春秋》不是孔子所作，而是由孔子整理、修订而成。

⓭ "笔"者，笔其旧；所谓"削"者，削其繁：出自《史记·孔子世家》："至于为《春秋》，笔则笔，削则削，子夏之徒不能赞一辞。""笔"，书写记录；"削"，删改时，用刀削刮简牍。　⓮《左传》：原名为《左氏春秋》，汉代改称《春秋左氏传》，简称《左传》。旧时相传是春秋末年左丘明为解释孔子的《春秋》而作。《左传》实质上是一部独立撰写的史书。它起自鲁隐公元年（前722），迄于鲁哀公二十七年（前468），以《春秋》为本，通过记述春秋时期的具体史实来说明《春秋》的纲目，也是儒家重要经典之一。　⓯"传是案，经是断"：语出《河南程氏遗书》。《左传》讲的是案件；《经》就是《春秋》，讲的是对这个事件的结论、定语，叫"断"。　⓰"弑某君""伐某国"：语出《史记·太史公自序》："《春秋》之中，弑君三十六，亡国五十二，诸侯奔走不得保其社稷者不可胜数。"弑君，即指臣子或下属杀死君主；伐国，征伐别国。　⓱"予欲无言"：出自《论语·阳货》："子曰：'予欲无言。'子贡曰：'子如不言，则小子何述焉？'子曰：'天何言哉？四时行焉，百物生焉，天何言哉？'"　⓲"仲尼之门，无道桓、文之事者，是以后世无传焉"：语出《孟子·梁惠王上》，是说在孔子的弟子中没有讲述有关齐桓公、晋文公事情的人，因此后世没有流传。　⓳"此非达天德者，未易与言此也"：语出《中庸》："苟不固聪明圣知达天德者，其孰能知之？"是说，如果不是真正的聪明智慧、通达天德的人，又有谁能明白这些呢？　⓴"吾犹及史之阙文也"：语出《论语·卫灵公》，是说，我（孔子）还能够看到史书存疑的地方。　㉑"尽信《书》，不如无《书》。吾于《武成》，取二三策而已"：语出《孟子·尽心下》。　㉒五伯：指春秋时期的五个霸主，齐桓、晋文、宋襄、楚庄、秦穆。　㉓淳庞：淳厚。　㉔《三坟》：据说是中国最早的一本书，是上古时期伏羲、神农、黄帝之书，孔安国《尚书传序》："伏牺、神农、黄帝之书，谓之《三坟》，言大道也。少昊、颛顼、高辛（喾）、唐（尧）、虞（舜）之书，谓之《五典》，言常道也。"　㉕孔子于尧、舜则祖述之，于文、武则宪章之：语本《中庸》："仲尼祖述尧舜，宪章文武。"大意是说孔子遵循尧舜之道，效法周文王、周武王之制。　㉖"周公思兼三王，其有不合，仰而思之，夜以继日"：语本《孟子·离娄下》："周公思兼三王，以施四事；其有不合者，仰而思之，夜以继日；幸而得之，坐以待旦。"大意是说，周公想要兼学夏、商、周三代的君王，来继承禹、汤、文王、武王的事业；如果有不合于当时情况的，便会抬着头思考，白天没想好，夜里接着想；要是

想到了解决问题的办法，便会坐等天亮，以便尽快付诸实施。

说　明

这几段话是王阳明对儒家经典具体而微的阐释，集中体现了王阳明早期的经学观，那就是"圣人述六经，只是要正人心，只是要存天理、去人欲"。"圣人只是要删去繁文，后儒却只要添上"，这也是王阳明的著述观。王阳明的历史观，在这几段话中也有清楚的呈现。

【原　文】

爱曰："先儒论《六经》①，以《春秋》②为史。史专记事，恐与《五经》③事体终或稍异。"

先生曰："以事言，谓之史；以道言，谓之经。事即道，道即事。《春秋》亦经，《五经》亦史。《易》是包牺氏④之史，《书》是尧舜以下史，《诗》《礼》《乐》是三代史。其事同，其道同，安有所谓异？"

又曰："《五经》亦只是史。史以明善恶，示训戒。善可为训者，时存其迹以示法；恶可为戒者，存其戒而削其事

【译　文】

徐爱说："先儒讨论《六经》，认为《春秋》是史书。而史书只是记载历史事件，恐怕与《五经》的体例和宗旨有所不同。"

先生说："从记事来讲叫史；从论道而言，叫经。事即是道，道即是事。《春秋》也是经书，《五经》也为史书。《易》是伏羲的历史，《尚书》是尧舜以后的历史，《诗》《礼》《乐》是夏商周三代的历史。它们的事是相同的，所讲的道也相同，什么地方有不同呢？"

先生接着说："《五经》也只是史书。史书是用来辨明善恶之分，向后人昭示经验教训的。善可用来教化，时常保存一些为善的事迹，可为后人仿效；恶能够让人引以为戒，所以保存一些戒

以杜奸。"

爱曰："存其迹以示法，亦是存天理之本然。削其事以杜奸，亦是遏人欲于将萌否？"

先生曰："圣人作经，固无非是此意，然又不必泥着文句。"

爱又问："恶可为戒者，存其戒而削其事以杜奸。何独于《诗》而不删《郑》《卫》？先儒谓'恶者可以惩创人之逸志'⑤，然否？"

先生曰："《诗》非孔门之旧本矣。孔子云'放郑声，郑声淫'⑥，又曰'恶郑声之乱雅乐也'⑦，'郑卫之音，亡国之音也'⑧，此是孔门家法。孔子所定三百篇，皆所谓雅乐，皆可奏之郊庙，奏之乡党，皆所以宣畅和平，涵泳德性，移风易俗，安得有此？是长淫导奸矣！此必秦火之后，世儒附会，以足三百篇之数。盖淫泆之词，世俗多所喜传，如今闾巷皆然。'恶者可以惩创人之逸志'，是求其说而不得，从

条而删去事情经过，可杜绝奸邪。"

徐爱问："保存善的事迹作为榜样，是保存天理的原本面目。删去作恶的经过以杜绝奸邪，也是为了将私欲遏制在萌芽的状态吗？"

先生答道："圣人作经，确实有这个意图，但也不必拘泥执着于具体的文句。"

徐爱又问："恶可引以为戒，保留戒条而删去事情经过以杜绝奸邪。为什么不将《诗经》中的《郑风》《卫风》删掉呢？朱熹认为是'恶者可以惩创人之逸志'，这种理解对吗？"

先生说："现存的《诗经》已不是孔子所修订的版本了。孔子说：'放郑声，郑声淫。'又说：'恶郑声之乱雅乐也'，'郑卫之音，亡国之音也。'这就是孔门家法。孔子修订的《诗经》三百篇，都是雅乐，不仅可以在拜祭天地和祖先时演奏，还可以在乡村社庙中演奏，并有助于陶冶性情，涵养德操，移风易俗，怎么会有《郑风》《卫风》之类的诗呢？这种诗是助淫导奸啊！《郑风》《卫风》是秦始皇焚书之后，世俗儒生为凑齐三百篇的数目而硬套上去的。而淫邪之词，民间有许多人喜欢传播，现在街头巷尾并不少见。朱熹所谓'恶者可以惩创人之逸志'，正是想解释却又

而为之辞⑨。"

解释不了，反而替恶而辩解。"

注 释

❶《六经》：就是下文的《春秋》，再加上《五经》。 ❷《春秋》：又称《麟经》（《麟史》），记载了从鲁隐公元年（前722）到鲁哀公十四年（前481）的历史，据传是由孔子修订的。 ❸《五经》：通常以《诗》《书》《易》《礼》《春秋》为五经。这里特指《春秋》《易》《书》《礼》《乐》。 ❹包牺氏：即伏羲氏，《周易·系辞传》云："古者包牺氏之王天下也，仰则观象于天，俯则观法于地，观鸟兽之文与地之宜，近取诸身，远取诸物，于是始作八卦，以通神明之德，以类万物之情。" ❺先儒谓"恶者可以惩创人之逸志"："先儒"指朱熹；"恶者可以惩创人之逸志"语出《论语集注·为政》："凡《诗》之言，善者可以感发人之善心，恶者可以惩创人之逸志，其用归于使人得其情性之正而已。" ❻"放郑声，郑声淫"：语出《论语·卫灵公》："放郑声，远佞人；郑声淫，佞人殆。"大意是说，要禁绝郑地的音乐，要远离奸佞小人，因为郑音淫秽，奸佞小人危险。 ❼"恶郑声之乱雅乐也"：语出《论语·阳货》："子曰：'恶紫之夺朱也，恶郑声之乱雅乐也，恶利口之覆邦家者。'"是说，郑国靡乱的音乐扰乱了优雅的音乐。 ❽"郑卫之音，亡国之音也"：语出《礼记·乐记》："郑卫之音，乱世之音也，比于慢矣。""桑间、濮上之音，亡国之音也，其政散，其民流，诬上行私而不可止也。" ❾从而为之辞：语本《孟子·公孙丑下》："古之君子，过则改之；今之君子，过则顺之。古之君子，其过也，如日月之食，民皆见之；及其更也，民皆仰之。今之君子，岂徒顺之，又从为之辞。"是说，现在的君子，岂止是白白地放任不管，并且还为这些过错寻找开脱的理由。

说 明

徐爱辑录的《传习录》中的"先生曰"云云，尽管只存留下来了14条，但阳明学的要义已经囊括在内了，包括王阳明的经学观。这几条语录涉及王阳明对经史关系的论述。徐爱在与王阳明探讨《六经》的体例、性质之时，曾对先儒"以《春秋》为史"之说提出质疑，认为史属于记事，恐与《五经》的体例或有不同。对此，王阳明回答是：以记事言之则称作史，以道理言之则称作经。事即是道，《春秋》亦是经，《五经》亦是史。《易》是讲包牺氏的史，《书》是讲尧舜以下的史，《诗》《礼》《乐》是讲夏商周三代的史。其事同，其道也同，哪有什么不同呢？这里，王阳明提出了"五经皆史"的观点，广而言之，言事的《春秋》也就是言道的"经"，言道的《易》《书》《礼》《乐》也就是言事的"史"。或许是受了王阳明"五经皆史"论的影响，清代浙江学者章学诚在其代表作《文史通义》一书中提出了"六经皆史"的观点。

［徐爱跋］①

【原文】

爱因旧说②汩没，始闻先生之教，实是骇愕不定，无入头处。其后闻之既久，渐知反身实践，然后始信先生之学为孔门嫡传，舍是皆傍蹊小径、断港绝河矣。如说"格物"是"诚意"的工夫，"明善"是"诚身"③的工夫，"穷理"是"尽性"的工夫，"道问学"是"尊德性"的工夫，"博文"是"约礼"的工夫，"惟精"是"惟一"的工夫。诸如此类，始皆落落难合，

【译文】

我因为之前一直信奉程朱理学，刚一听到先生的教诲，着实感到十分诧异，觉得无从下手。后来听闻一段时间，渐渐知道躬身践行，然后才相信先生的学问确是孔门真传，除此之外都是歪门邪道、异端邪说。比如先生主张的："格物"是"诚意"的工夫，"明善"是"诚身"的工夫，"穷理"是"尽性"的工夫，"道问学"是"尊德性"的工夫，"博文"是"约礼"的工夫，"惟精"是"惟一"的工夫。诸如此类，一开始觉得很难理解，经过一段时间的琢磨思考后，

其后思之既久，不觉手舞足蹈。

右曰仁所录

不知不觉就心领神会而手舞足蹈。

以上由徐爱记录

注释

❶［徐爱跋］三字不见于《王文成公全书》本《传习录》，系本书编者所加。
❷旧说：这里指程朱理学。　❸"明善""诚身"：语出《中庸》："诚身有道：
不明乎善，不诚乎身矣。"

说明

徐爱在这段"跋"文中回顾了自己师从王阳明之后的种种经历，经过长时间的"反身实践"，终于领悟到阳明心学确为"孔门嫡传"；"思之既久，不觉手舞足蹈"，这种场景类似于王阳明"龙场悟道"后的内心体验。当然，孔孟圣人之道，四书、五经之学，则是王阳明及其心学的理论来源；而其学术批判的对象，毫无疑问是程朱理学及后世儒者的解经方式。

［薛侃跋］①

【原文】

曰仁所纪凡三卷，侃近得此数条并两小序，其余俟求其家附录之。正德戊寅②春，薛侃识。

【译文】

徐爱记录下来的《传习录》共三卷，我薛侃近来所得到的就是上述数十条，还有两篇"序"文，其余的语录得等我到他家去寻访。正德十三年（1518）春，薛侃识。

注 释

❶ [薛侃跋] 三字系本书编者所加。薛侃此"跋"不见《王文成公全书》，兹据萧彦本《传习录》、德安府本《传习录》、水西精舍本《传习录》、胡宗宪本《传习录》转录。　❷ 正德戊寅：正德十三年（1518）。

说 明

根据薛侃此跋文，我们可以推测：徐爱《传习录》共三卷，正德七年（1512）在京师以及从京师与王阳明同舟归越途中所记有一卷；正德九年至正德十一年（1514—1516）在南都所记有两卷。而在南都所录的两卷阳明语录，为徐爱所保存；正德十三年（1518），薛侃在赣州刊刻《传习录》之时，手上只有徐爱正德七年、正德八年所录阳明语录一卷，以及徐爱为《传习录》所撰的两篇"序"文。而真实反映王阳明正德八年至正德十一年在南京讲学，以及正德十二年至正德十三年在赣州讲学的"语录"，则由陆澄、薛侃予以辑录。详见下文"陆澄录""薛侃录"。

陆澄录

解 题

陆澄（1485—1563），字原（元）静，又字清伯，浙江湖州归安（今湖州市吴兴区）人。正德九年（1514），王阳明从滁州至南京任鸿胪寺卿，并开展讲学活动，其间多重视"去人欲、存天理"的省察克治工夫。陆澄在是年春会试不中后，遂至南京拜阳明为师；为方便及时聆听师训，就住宿在鸿胪寺的仓库中。正德十年（1515），陆澄因归省返乡，王阳明有《赠陆清伯归省序》。正德十一年（1516）秋，王阳明因至南赣平乱，离开南都。正德十二年（1517）春，陆澄与薛侃、蔡宗兖、季本、聂豹、马明衡等同中进士；嘉靖初年，陆澄任南京刑部主事，后改授礼部主事、高州通判等职。通行本也就是《王文成公全书》卷一《传习录·上》，共有"陆澄录"的阳明语录81条，系正德九年、十年间王阳明在南京讲学场景的再现。其中言及"立志""事上磨""知行合一""去人欲、存天理""心外无理，心外无物""省察克治""亲民"等阳明学命题，反映了王阳明对《论语》《孟子》《中庸》《周易》等儒家经典的理解，对儒佛道三教关系的评论，对二程、朱熹、陆九渊等宋儒的看法。

【原文】

　　陆澄问："'主一'①之功，如读书则一心在读书上，接客则一心在接客上，可以为'主一'乎？"

　　先生曰："好色则一心在好色上，好货则一心在好货上，可以为'主一'乎？是所谓逐物，非'主一'也。'主一'，是专主一个天理。"

【译文】

　　陆澄问："关于'主一'的功夫，如读书就一心在读书上用功，接客就一心在接待客人上用功，这样是否可称为'主一'呢？"

　　先生说："喜欢美色就一心一意在美色上用功，贪爱财物就一心一意在财物上用功，这能称为'主一'吗？这只叫逐物，不叫'主一'。'主一'，就是一心一意只专注一个天理。"

注释

　❶"主一"：专一、专心。《二程粹言》卷上："或问敬。子曰：'主一之谓敬。''何谓一？'子曰：'无适之谓一。'"《朱子语类》卷一一九："于无事之时，这心却只是主一。""主一无适"，是专心于一件事，一点也不向别处分心。

"主一"是儒家功夫论命题，在阳明心学看来，"主一"就是"专主一个天理"，因为"心即理"。

【原　文】

问"立志"①。

先生曰："只念念要存天理，即是立志。能不忘乎此，久则自然心中凝聚，犹道家所谓'结圣胎'②也。此天理之念常存，驯至于美、大、圣、神③，亦只从此一念存养扩充去耳。"

【译　文】

问"怎样才能立志"。

先生说："立志，就是心念念不忘存养天理。若能时刻不忘存养天理，久而久之，天理自然会在内心上凝聚，这就像道家所说的'结圣胎'。心中常存天理的念头，就能逐渐达到孟子所讲的美、大、圣、神境界，也只能从这一念头上去加以存养、扩充、延伸。"

注　释

❶ 立志：是指立下志愿，树定志向。《左传·襄公二十七年》："志以发言，言以出信，信以立志，参以定之。"　❷ "结圣胎"：道教修炼内丹用语。　❸ 美、大、圣、神：语出《孟子》："可欲之谓善，有诸己之谓信，充实之谓美，充实而有光辉之谓大，大而化之之谓圣，圣而不可知之之谓神。"

说　明

"立志"是传统儒家修养工夫的一个重要学术用语，孔子有"吾十有五而志于学"的提法。王阳明在少年时代就以"读书学为圣贤"为人生第一等事，最终他也是不负所望，历经读书格物求理而思劳成疾，身在官场遭受苦难和挫折，平叛宁藩叛乱却饱受猜忌，最终感悟出"致良知"的圣学路径，也成为"立德""立功""立言"的"真三不朽"伟人。也应该指出，立志成为一个儒家式圣人，就要执着于"念念要存天理"的精神修炼。

【原文】

"日间工夫，觉纷扰则静坐^①，觉懒看书则且看书，是亦因病而药。"

【译文】

（先生说:）"如果白天做工夫，觉得烦躁不安，那就静坐；如果懒得看书，那就去看书，这也是对症下药的方法。"

注释

❶ 静坐：从字面意思来看，就是通过身体安静地坐着，来使心灵平静的行为。

说明

"静坐"是传统儒家极为看重的一种修养路径，朱熹就非常推崇静坐，他教育弟子："半日静坐，半日读书。如此一二年，何患不进?"王阳明也有静坐的经验，他知道静坐对修身的助益。有一段时间，他常常教门人静坐，特别是对刚入门的学生。他的本意是，初学者营营役役，心思散乱，杂念纷飞，像猿猴般跳动，像野马般拴缚不定，他们的头脑中是些什么杂念呢? 不过是声色货利等私欲，所以教育他们通过静坐的方式来收摄心神，达到静心、止息杂念的作用。尽管如此，静坐是手段、是过程、是工夫，并不纯粹是枯坐、冥想，最终是为"存天理""致良知"的终极目标而服务。

【原文】

"处朋友，务相下则得益，相上则损①。"

【译文】

（先生说:）"与朋友相交，应当彼此谦让，就会受益；如果彼此攀比，只能受损。"

注释

❶益、损：语出《尚书·大禹谟》："满招损，谦受益，时乃天道。"

说明

"朋友有信"的"友道"，是儒家"五伦"之一。阳明心学的传播与"心体"的体证，就格外重视朋友之间的相互切磋与鼓励。王阳明认为，朋友相处时，应该相互谦让，这样才能互相受益。相反，如果双方都试图超越对方，争强好胜，那么最终只会导致双方受损。这句话不仅适用于朋友之间的交往，也适用于人与人之间的所有互动关系。

【原文】

孟源①有自是、好名②之病，先生屡责之。一日，警责方已，一友自陈日来工夫请正，源从傍曰："此方是寻着源旧时家当。"

先生曰："尔病又发。"

源色变，议拟③欲有所辨。

【译文】

孟源有自以为是、贪求虚名的弊病，先生曾经多次批评他。有一天，先生刚批评了他，有位学友汇报近来的工夫进展，请先生指正，孟源却在旁边念道："你这才达到我之前的修行水平。"

先生说："你又犯老毛病了。"

孟源脸变红，想要为自己辩解。

先生曰："尔病又发。"因喻之曰："此是汝一生大病根。譬如方丈地内，种此一大树，雨露之滋，土脉之力，只滋养得这个大根。四傍纵要种些嘉谷④，上面被此树叶遮覆，下面被此树根盘结，如何生长得成？须用伐去此树，纤根勿留，方可种植嘉种。不然，任汝耕耘培壅，只是滋养得此根。"⑤

先生说："你的老毛病又犯了。"接着开导他："这是你人生中最致命的弊病。好比在一块一丈见方的地里，种一棵大树，雨露的滋润，土地的肥沃，只能够滋养得这个大树根。若在树的周围栽种一些庄稼，上有树叶遮住阳光，下被树根盘结，缺乏营养，庄稼怎能生长呢？只有砍掉这棵大树，连须根也不留，才能种植庄稼。否则，任凭你如何耕耘栽培，也只是滋养那棵大树的根而已。"

注 释

❶ 孟源：字伯生，安徽滁州人，系王阳明正德八年至正德九年间（1513—1514）在滁州任太仆寺卿期间所收的弟子；正德九年四月，王阳明到南都任职后，孟源也曾前往南京，继续向阳明请益。　❷ 自是、好名：自以为是、贪求虚名。　❸ 议拟：想着；打算。　❹ 嘉谷：古以粟（小米）为嘉谷，后为五谷的总称。　❺ 萧彦本《传习录》、德安府本《传习录》、孙应奎本《传习录》等此条，不在"陆澄录"，而在"薛侃录"之末。

说 明

"改过""责善"是王阳明对弟子门人修身养性的基本要求。"自是、好名"是儒家修身为己之学的大忌，为此应该及时、坚决地予以摒弃。

【原文】

问："后世著述①之多，恐亦有乱正学②？"

先生曰："人心天理浑然，圣贤笔之书，如写真传神，不过示人以形状大略，使之因此而讨求其真耳。其精神意气、言笑动止，固有所不能传也。后世著述，是又将圣人所画，摹仿誊写，而妄自分析加增，以逞其技，其失真愈远矣。"

【译文】

问："后世著述纷繁，恐怕也会破坏孔孟圣学吧？"

先生说："人心与天理俨然一体，圣人著书，就像给人画肖像一般，只是告诉人们一个大概的轮廓，使人们依照这个轮廓而进一步探求真谛。圣人的精神气质、言谈举止，本来就不能言传。后世的诸多著作，只是将圣人所画的像再模仿誊写，又添加许多妄自尊大的个人理解，借以炫耀才华，距离正统的圣学精神愈行愈远。"

注　释

❶ 著述：撰写诗文，编著成书。　❷ 正学：儒家君子之学、圣人之学。

说　明

在王阳明看来，孔孟等儒家圣人所整理、撰著的"四书五经"之类的儒家经典是主观"人心"与客观"天理"的有机结合。后世学者，对儒家经典的诠释，比如注疏、笺注之类多是根据个人学识、经验的再创作，与儒家圣学根本精神渐行渐远。"六经注我"，回归经典，就是王阳明的经学与著述观。

【原文】

问："圣人应变不穷，莫亦是预先讲求否？"

先生曰："如何讲求得许多？圣人之心如明镜，只是一个'明'，则随感而应，无物不照。未有已往之形尚在，未照之形先具者。若后世所讲，却是如此，是以与圣人之学大背。周公制礼作乐①以文天下，皆圣人所能为，尧舜何不尽为之，而待于周公？孔子删述《六经》以诏万世，亦圣人所能为，周公何不先为之，而有待于孔子？是知圣人遇此时，方有此事。只怕镜不明，不怕物来不能照。讲求事变，亦是照时事，然学者却须先有个'明'的工夫。学者惟患此心之未能'明'，不患事变之不能尽。"

曰："然则所谓'冲漠无朕，而万象森然已具'②者，其言何如？"

曰："是说本自好，只不善看，亦便有病痛。"

【译文】

问："圣人能够不断随机应变，事先是否已有精心谋划？"

先生说："圣人哪有精力预先谋划那么多事？圣人的心犹如明镜，正是因为这个'明'，使它感而必应，无物不照。已照的物影不复存在，未照的不可能预先具备。若如后人所说的那样，圣人对什么事都预先谋划，这与圣人的学说大相径庭。周公制礼作乐、教化天下，是圣人都能做到的事，为什么尧、舜不全部做，非要等到周公呢？孔子删述《六经》以教育万世，也是圣人都能做到的事，为什么周公不先做，非要等到孔子呢？可见，圣人只有在特定的历史条件下，才会应对特定的事情而成就事业。因此，为学之人只要考虑镜子是否明亮，无须担心事物到来无法照得出。探究时事的变化，与镜子照物的道理相同，但为学之人应有一个'明'的工夫。对于后世为学之人来说，不怕不能探究事物的变化，只怕己心不能'明'。"

"既然如此，那程伊川所说的'冲漠无朕，而万象森然已具'，对吗？"

先生说："这句话说得很好，只是让人难懂，不好理解领会，便有了问题。"

注 释

❶ 周公制礼作乐：西周的礼乐制度，相传由周公制定。周公所制定的"礼"，是维护统治者等级制度的政治准则、道德规范和各项典章制度的总称。"乐"则是配合贵族进行礼仪活动而制作的舞乐。具体地说，礼的作用是维持秩序，乐的作用是安定人心。"制礼作乐"对中国社会历史进程、思想文化发展产生了深远的影响。 ❷ "冲漠无朕，而万象森然已具"：语出《二程遗书》卷十五："冲漠无朕，万象森然已具，未应不是先，已应不是后。"《近思录》卷一："冲漠无朕，万象森然已具，未应不是先，已应不是后。如百尺之木，自根本至枝叶，皆是一贯，不可道上面一段事，无形无兆，却待人旋安排引入来教入途辙。既是途辙，却只是一个途辙。""冲漠无朕"，最早出自《庄子·应帝王》。冲，弥漫、冲击的意思；漠，广大无边的意思；朕，预兆。大意是说，大道真理在广大无边的天地中弥漫、激荡，没有任何预兆。

说 明

尧、舜、禹、周公、孔子等是儒家圣人的典范，他们遇事能够随机应变、应变不穷。后世学者如何学得圣人这般本领，领悟"圣人之心"、把握"圣人之道"，的确是一个需要关注的议题。在王阳明看来，"圣人之心如明镜，只是一个'明'，则随感而应，无物不照"。后世学者效仿圣人，讲求事变，却须先有个"明"的工夫，此心"明"了，就能应对一切事变。这也是"内圣外王"的道理。

【原 文】

"义理无定在，无穷尽。吾与子言，不可以少有所得，而遂谓止此也。再言之十年、二十年、五十年，未有止也。"

【译 文】

（先生说：）"义理无穷无尽，不是一成不变的。我与你讲学，不要因为稍有收获，就以为如此而已。即使与你再讲十年、二十年，甚至五十年，也永无止境。"

他日又曰："圣如尧、舜，然尧、舜之上，善无尽；恶如桀、纣，然桀、纣之下，恶无尽。使桀、纣未死，恶宁止此乎？使善有尽时，文王何以'望道而未之见'①？"

有一天，先生又说："即使圣如尧、舜，然而在尧、舜之上，善也无穷尽；即使恶如桀、纣，然而在桀、纣之下，恶也无穷尽。倘若桀、纣不死，他们作的恶只有那些吗？倘若善能穷尽，周文王为什么还要'望道而未之见'呢？"

注 释

❶"望道而未之见"：语见《孟子·离娄下》："文王视民如伤，望道而未之见。"是说，周文王对待百姓就好像他们受到了伤害需要关怀，寻求正道就好像没有见到而不自满。

说 明

"义理无定在，无穷尽"，这句话的意思是说，圣人之道并不是固定不变的，也不是有限的。用今天的话说，我们要时刻保持谦卑、开放和实践的态度，不断地探索和追求真理。同样，对待"为善去恶"的修身功夫，也是一个永无止境的过程。

【原文】

【译文】

问："静时亦觉意思好，才遇事便不同，如何？"

先生曰："是徒知静养，而不用克己工夫也。如此，

问："安静时我觉得自己的想法很好，一旦遇到事情就不同了，为什么会这样呢？"

先生说："这是因为你只知在静中涵养，却没有在克制私欲上用工。如此一

临事便要倾倒。人须在事上磨，方立得住，方能'静亦定，动亦定^①'。"

来，一旦遇到事情就会不稳。人应该在事情上磨炼自己，才能立足沉稳，才能达到'静亦定，动亦定'的境界。"

注 释

❶"静亦定，动亦定"：语出程颢《答横渠张子厚先生书》，是说无论动静行止，在任何情境下都能一心不乱。这是一种修行的境界，也意味着一个人心志的真正成熟、强大。

说 明

在内心世界的修炼过程中，无论是静坐修养，还是临事处置，内心"定"的工夫十分重要。进而言之，人应该通过经历各种事情磨炼自己，才能立足沉稳，才能达到无论动还是静，都能保持心中沉定的境界。王阳明乡试中举之后，连续两次参加会试均不中，同舍有以不第为耻者，却慰之曰："世以不得第为耻，吾以不得第动心为耻。"识者服之，第三次参加会试，则中进士。王阳明"致良知"思想的提出，也是在"事上磨"，经诸如平定宁藩叛乱、处忠泰之变等"百死千难"而有，这就是"定"的工夫与心力的坚强。

【原 文】

问"'上达'工夫"。

先生曰："后儒教人，才涉精微，便谓'上达'未当学，且说'下学'，是分'下学''上达^①'为二也。夫目可得见，耳可

【译 文】

请问"'上达'的工夫"。

先生说："后儒教导人时，初涉精细微妙之处，便说是'上达'的学问，还不到学习的时候，然后就去讲'下学'的学问，如此一来，就把'下学'和'上达'一

得闻，口可得言，心可得思者，皆'下学'也；目不可得见，耳不可得闻，口不可得言，心不可得思者，'上达'也。如木之栽培灌溉，是'下学'也；至于日夜之所息，条达畅茂，乃是'上达'，人安能预其力哉？故凡可用功，可告语者，皆'下学'，'上达'只在'下学'里。凡圣人所说，虽极精微，俱是'下学'。学者只从'下学'里用功，自然'上达'去，不必别寻个'上达'的工夫。"

分为二了。凡是眼睛能看到、耳朵能听到、口中能讲、心中能想的，都是'下学'；眼睛看不到、耳朵听不到、口中讲不得、心中不能想的，都是'上达'。比如，栽培一棵树，灌溉是'下学'；树木昼夜生长，枝繁叶茂，是'上达'。人怎能在'上达'方面加以干预呢？因此，只要是可用力、可言说的，都是'下学'，'上达'包含在'下学'里。凡是圣人之说，虽精细入微，也都是'下学'。学者只需在'下学'上用功，自然可以'上达'，不必另寻求'上达'的工夫。"

注 释

❶ "下学""上达"：语出《论语·宪问》："子曰：'不怨天，不尤人。下学而上达。知我者其天乎！'"程颐说："凡下学人事，便是上达天理。"《朱子语类》："须是下学，方能上达。然人亦有下学而不能上达者，只缘下学得不是当。若下学得是当，未有不能上达。"

说 明

"下学而上达"，即通过学习外在知识、人情事理，进而认识天地自然、天道天理。"形而上之谓道，形而下之谓器"，大道无形，故属形而上；器用之物为有形，是为形而下。如何打通"下学""上达"之间的通道，是王阳明同弟子门人极为关心的一个问题，在阳明看来，"上达"只在"下学"里，学者只从"下学"

里用功，自然"上达"去，也就是说，不必别寻个"上达"的工夫。这也是《中庸》所讲究的"君子尊德性而道问学，致广大而尽精微，极高明而道中庸"的工夫与境界。

【原　文】

"持志如心痛。一心在痛上，岂有工夫说闲话、管闲事。"

【译　文】

（先生说:）"守持自己的志向，就如同心痛一样。念念之间，一心都专注在痛楚之上，哪里还有时间和精力去说闲话、管闲事呢?"

说　明

"持志如心痛"，这里用以比喻坚守自己的信念和目标。对于传统儒者而言，"志"于圣人之学，就是人生第一等事。如果作为一个读书人，拥有了成为君子、圣贤的目标，就会专注地追求、磨炼自己的身心。当然，心中再不会容下其他扰人心智的凡俗杂事。

【原　文】

问:"'惟精''惟一'，是如何用功?"

先生曰:"'惟一'是'惟精'主意，'惟精'是'惟一'功夫，非'惟精'之外复有'惟一'也。'精'字从'米'，姑以米譬之。要得此米纯然洁白，便是'惟一'

【译　文】

问:"怎样才能做到'惟精''惟一'呢?"

先生说:"'惟一'是'惟精'的主意，'惟精'是'惟一'的功夫，并非在'惟精'之外另有个'惟一'。'精'字是'米'字旁，就以米来打个比方吧! 要使米纯净洁白，就是'惟一'的意。然非加舂簸①筛拣'惟精'之工，则不能纯然洁白也。舂簸筛拣是'惟精'之功，然亦不过要此米到纯然洁白而已。'博学、审问、慎思、明辨、笃行'者，皆所以为'惟精'而求'惟一'也。他如'博文'者即'约礼'之功，'格物致知'者即'诚意'之功，'道问学'即'尊德性'之功，'明善'即'诚身'之功，无二说也。"

意思。如果没有舂簸筛拣这些'惟精'的工夫，米就不可能纯净洁白。舂簸筛拣是'惟精'的功夫，其目的也不过是为了让米纯净洁白。'博学、审问、慎思、明辨、笃行'，都是为了达成'惟一'的目的而采取的'惟精'功夫。其他像'博文'是'约礼'的功夫，'格物致知'是'诚意'的功夫，'道问学'是'尊德性'的功夫，'明善'是'诚身'的功夫，其中的道理都是一样的。"

注 释

❶ 舂簸：舂谷簸糠。

说 明

对于传统儒者而言，"惟一"是终身追求的目标，更是一种境界；而"惟精"是达到"惟一"的方法与路径，是为了达到"惟一"目标需要下的功夫。修身明道，就要"博学、审问、慎思、明辨、笃行"。正德年间，王阳明无论在北京讲学，还是在南京讲学，他对功夫和境界关系的看法是一以贯之的，也正如《传习录》"徐爱录"所言："格物"是"诚意"的工夫，"明善"是"诚身"的工夫，"穷理"是"尽性"的工夫，"道问学"是"尊德性"的工夫，"惟精"是"惟一"的工夫，"博文"是"约礼"的工夫。

【原文】

"知者行之始，行者知之成。圣学只一个功夫①，知行不可分作两事。"

【译文】

（先生说：）"知为行的开始，行为知的结果。圣人的学问只有一个功夫，知与行不能分作两码事。"

注 释

❶ 功夫：在阳明心学语境中，"功夫"与"工夫"可以通用，是修身、养心的道德实践过程。

说 明

这句语录是王阳明正德年间在南京讲学期间，对"知行关系"的一个经典表述。知是行的开始，行是知的完成，知和行具有连续性、同步性，不可以分开看作两样事情。王阳明毕生追求"万物同体"的理想境界，终身践履"知行合一"，这对后世影响极大。近代著名教育家陶文濬赞赏"知行合一"说，于是改名"陶知行"。后受杜威影响，认为做是学的起点，提出"行是知之始，知是行之成"，再改名为"陶行知"，主张"即知即行"。他的观念与王阳明所说不尽相同，但在重视知行关联上是一致的。

【原文】

"漆雕开曰'吾斯之未能信'，夫子说之①；子路使子羔为费宰，子曰'贼夫人之子'②；曾点言志，夫子许之。③

【译文】

（先生说：）"漆雕开说：'吾斯之未能信'，孔子听了很满意；子路让子羔去费城当官，孔子认为是'贼夫人之子'；曾点谈论自己的志向，得到孔子的称赞。圣人之意一目了

圣人之意可见矣。"　　　　　|　然啊!"

注 释

❶"漆雕开曰:'吾斯之未能信。'夫子说之":语见《论语·公冶长》:"子使漆雕开仕,对曰:'吾斯之未能信。'子说。"大意是说,孔子叫漆雕开去做官。他回答说:"我对这事还没有信心。"孔子听了很高兴。 ❷"子路使子羔为费宰,子曰:'贼夫人之子'":语见《论语·先进》。大意是说,子路让子羔去做费地的长官。孔子说:你这是害别人家的孩子。 ❸曾点言志,夫子许之:语见《论语·先进》:"莫春者,春服既成。冠者五六人,童子六七人,浴乎沂,风乎舞雩,咏而归。夫子喟然叹曰:'吾与点也!'"

说 明

这里,王阳明列举了《论语》中的三个片段,来讲述孔子对于弟子品行、才能的认识与了解,进而也展示了孔子作为"圣人"的隐藏之意、精深之意。

【原 文】

问:"宁静存心时,可为'未发之中'①否?"

先生曰:"今人存心,只定得气。当其宁静时,亦只是气宁静,不可以为'未发之中'。"

曰:"未便是'中',莫亦是求'中'功夫?"

曰:"只要去人欲,存天理,

【译 文】

问:"宁心静气之时,可否称为'未发之中'?"

先生说:"现在人的存养心性,也只是安定得气。在他宁静之时,也只是气的宁静,不可妄称为'未发之中'。"

说:"即使还不能说是'中',不也已经是求'中'的功夫?"

先生说:"只要去除人欲、存

方是功夫。静时念念去人欲，存天理；动时念念去人欲，存天理，不管宁静不宁静。若靠那宁静，不惟渐有喜静厌动之弊，中间许多病痛，只是潜伏在，终不能绝去，遇事依旧滋长。以循理为主，何尝不宁静？以宁静为主，未必能循理。"

养天理，就可称为功夫。静时念念不忘去除人欲、存养天理；动时也念念不忘去除人欲、存养天理，无论宁静与否。如果依靠宁静，不仅渐渐会有喜静厌动的毛病，而且其中诸多毛病，只是潜伏下来，最终不能去除，遇事随时可能再滋长。如果以遵循天理为重，怎么会不宁静？以宁静为主，但不一定能遵循天理。"

注 释

❶ "未发之中"：语本《中庸》："喜怒哀乐之未发谓之中，发而皆中节谓之和。"

说 明

"中"是天下的根本所在，"和"是最普遍通行的准则，达到"中和"的境界，天地就秩序井然了，万物就生长发育了。"未发之中"是一种心灵境界，只要我们做到在独处时谨慎警戒，内心入定，"静时念念去人欲，存天理"；"动时念念去人欲，存天理"，不为外物所扰乱，涵养自己的本心到至纯至精的天理境地，就自然会体悟到"未发之中"。

【原 文】

问："孔门言志①。由、求任政事，公西赤任礼乐，多少实用。及曾皙说来，却似耍的

【译 文】

问："孔门弟子共聚一堂，畅谈志业。子路、冉求想出任政事，公西赤想主管礼乐，多少还有点实用之处。而曾

事，圣人却许他，是意何如?"

曰:"三子是有意必^②，有意必，便偏着一边，能此未必能彼。曾点这意思，却无意必，便是'素其位而行，不愿乎其外''素夷狄，行乎夷狄;素患难，行乎患难''无入而不自得'矣^③。三子所谓'汝器也'^④，曾点便有'不器'^⑤意。然三子之才，各卓然成章，非若世之空言无实者，故夫子亦皆许之。"

皙所说的，似乎是玩耍之类的事，却得到孔圣人的称许，这是怎么回事?"

先生说:"子路、冉求、公西赤有主观武断的意思，有了这两种倾向，就会向一边偏斜，顾此一定失彼。曾点的这个心思却没有主观武断，符合《中庸》中所说的'素其位而行，不愿乎其外''素夷狄，行乎夷狄;素患难，行乎患难''无入而不自得'矣。前三人是'汝器也'的有用之才，而曾点是'君子不器'的仁德通达之人。但前三人各有独特才干，并不像世上空谈不实的人，所以孔子也称赞了他们。"

注释

❶孔门言志:详见《论语·先进》。　❷意必:语出《论语·子罕》:"子绝四:毋意，毋必，毋固，毋我。"是说，孔子杜绝了四种毛病，不主观臆测，不绝对肯定，不拘泥固执，不自以为是。　❸"'素其位而行，不愿乎其外''素夷狄，行乎夷狄;素患难，行乎患难''无入而不自得'矣":语出《中庸》，强调的是无论处于何种环境或遭遇，都应该顺应当前的情况，做当下应该做的事情;君子无论到了什么境地都可以安然自得。　❹"汝器也":语出《论语·公冶长》:"子贡问曰:'赐也何如?'子曰:'女，器也。'曰:'何器也?'曰:'瑚琏也。'"　❺"不器":语出《论语·为政》:"子曰:君子不器。"是说，器具是一物一用，只限于一项功用;君子不像器具那样，作用仅仅限于某一方面。

说　明

孔子由衷地欣赏赞叹曾点的志业，因为曾点属于"君子不器"的仁德通达之人；但是，也认可子路、冉求、公西赤的志业，毕竟他们三人也属于实干派。"素位而行""无入而不自得"，既是孔子，也是王阳明所倡导的为人处世的价值取向。

【原 文】

问："知识不长进，如何？"

先生曰："为学须有本原①，须从本原上用力，渐渐盈科而进②。仙家说婴儿，亦善譬。婴儿在母腹时，只是纯气，有何知识？出胎后方始能啼，既而后能笑，又既而后能识认其父母兄弟，又既而后能立能行，能持能负，卒乃天下之事无不可能。皆是精气日足，则筋力日强，聪明日开。不是出胎日便讲求推寻得来，故须有个本原。圣人到'位天地、育万物'③，也只从'喜怒哀乐未发之中'④上养来。后儒不明'格物'之说，见圣人无不知，无不能，便欲于初下手时讲求得尽，岂有此理？"

又曰："立志用功，如种树

【译 文】

问："知识不见长进，如何是好？"

先生说："为学必须有个根本，从根本上用功着力，循序渐进。道家用婴儿来作比喻，十分精辟。譬如，婴儿在母腹中，纯是一团气，哪有什么知识？脱离母体后，方能啼哭，继而会笑，然后能认识父母兄弟，长大后逐渐能站、能走、能拿、能背，最后天下的事无所不能。这都是因为他的精神日益充足，筋力日益强壮，智慧日益增长。并非婴儿一出生就能推究得到的，所以要有一个根本。能达到'位天地、育万物'的境界，也只是从'喜怒哀乐未发之中'培养得来。后世的儒者不明白'格物'的学问，看到圣人无所不晓，无所不会，就想在初学时把一切彻底研究透，哪有这样的道理？"

先生接着说："立志用功，就像

然。方其根芽，犹未有干；及其有干，尚未有枝；枝而后叶，叶而后花实。初种根时，只管栽培灌溉，勿作枝想，勿作叶想，勿作花想，勿作实想。悬想何益？但不忘栽培之功，怕没有枝叶花实？"

种树一样。开始生根发芽，没有树干；等到有了树干，还没有枝节；有了枝节再有树叶，有了树叶然后有花果。刚种植时，一心一意想着栽培浇灌即可，不要想枝、叶、花、果。空想又有何益？只要不忘记栽培浇溉的功夫，何愁没有枝、叶、花、果？"

注　释

❶本原：根本。　❷盈科而进：语出《孟子·离娄下》："源泉混混，不舍昼夜，盈科而后进，放乎四海。"意思是说，泉水遇到坑洼，要充满之后才继续向前流，直至奔向五湖四海。比喻学习应一步一个脚印，步步落实，不能只图虚名。"科"，此处通"窠"，意为"坎、坑"。　❸"位天地、育万物"：语出《中庸》："致中和，天地位焉，万物育焉。"意思是说，达到了中和，天地便各归其位，万物便生长发育了。　❹"喜怒哀乐未发之中"：语出《中庸》："喜怒哀乐之未发谓之中，发而皆中节谓之和。"

说　明

王阳明的这两条语录，由门人（可能是陆澄）"知识不长进，如何"的发问引起，借此给出了两个答案，一是"为学须有本原，须从本原上用力"，二是"立志用功"如种树，要"不忘栽培之功"。王阳明认为自己的"心学"，为"根本之学"，或曰"本原之学"。在王阳明这里，学习圣人之学，必须从根本上发力，要从根本上下苦功夫，循序渐进方可。此处所讲"根本""本原"就是儒学话语体系中的"心体"。为了说明这个道理，王阳明以婴儿成长为例，说明本原之学的重要性。如何把握"本原之学"？王阳明用种树培根为例说明。

【原文】

问:"看书不能明,如何?"

先生曰:"此只是在文义上穿求①,故不明。如此,又不如为旧时学问,他到②看得多,解得去。只是他为学虽极解得明晓,亦终身无得。须于心体③上用功,凡明不得,行不去,须反在自心上体当即可通。盖《四书》《五经》,不过说这心体。这心体,即所谓'道'④,心体明即是道明,更无二。此是为学头脑处。"

【译文】

问:"读书不懂要领,如何是好?"

先生说:"之所以读不懂,是因为只顾追求文义。如此,倒不如去学程朱的学问,他们看得多,也解释得透彻。他们虽然讲得清楚明白,但终身无所得。应该在心体上用功着力,大凡不明白、行不通的,必须返回自身,在自己心上体会,这样就能理解得透彻。《四书》《五经》说的就是这个心体。这个心体,也就是所谓的'道',心体明即是道明,再无其他。这正是为学的关键所在。"

注 释

❶ 穿求:贯穿寻求。　❷ 到:这里读作"倒",与"倒"通。　❸ 心体:是阳明心学中的一个核心概念,字面意思就是"心之本体",也属于以"心"为本体的一个本体论命题。　❹ "道":道心。

说 明

这条语录接上文,陆澄在向王阳明请教"知识不长进,如何"这一问题后,又提出"看书不能明,如何"的问题。在王阳明看来,志于圣人之学,当从"心体"上发力用功。易言之,体认"道心"方才是根本之功、本原之功;唯有体证"道心",才能尽知天理。再联系上一条阳明语录,阳明所说的

"为学头脑""为学本原"究竟指何物呢？这包括"存天理、去人欲"，"未发之中"的体认，"省察克治"等。其中的关键点就是，促使"心体"发挥作用。对王阳明而言，"心体"作用的终极目的即为"诚意"。"诚意"为根本的工夫，其他任何工夫皆应出自"诚意"，如此才有存在的价值。日本阳明学者冈田武彦就把阳明所说的为学之关键、本原之学称为"培养根本之学"，简称"培根之学"。而王阳明在提出"致良知"之前，将"诚意"作为培根之学的主旨；当他提出"致良知"之后，"致良知"就成为培根之学的主旨了。

【原 文】

"'虚灵不昧，众理具而万事出。'①心外无理，心外无事。"

【译 文】

（先生说：）"朱子所说的'虚灵不昧，众理具而万事出'，就是心外无理，心外无事。"

注 释

❶"虚灵不昧，众理具而万事出"：语出朱熹《大学章句》，系对"大学之道，在明明德，在亲民，在止于至善"中"明德"的注解："明德者，人之所得乎天，而虚灵不昧，以具众理而应万事者也。但为气禀所拘，人欲所蔽，则有时而昏；然其本体之明，则有未尝息者。故学者当因其所发而遂明之，以复其初也。"《朱子语类》卷十四："明德者，人之所得乎天，而虚灵不昧，以具众理而应万事者也。禅家则但以虚灵不昧者为性，而无以具众理以下之事。"是说，人心虚灵，从而不昧，具备众多道理，可以从容应对各种事务。

说 明

朱子理学与阳明心学并不是泾渭分明、水火不容的。王阳明在南京讲学期间，反对"朱陆之争"，编辑《朱子晚年定论》就是想说明这一点。"心外无物""心外无理"，为阳明心学的标志性命题，意为要了解天地万物的奥秘，达到对事物真相的认识，须返视探求自己的心性良知，于自家"心体"上用功。

【原文】

　　或问："晦庵先生曰'人之所以为学者，心与理而已'①，此语如何？"

　　曰："心即性，性即理，下一'与'字，恐未免为二。此在学者善观之。"

【译文】

　　有人问道："朱子说：'人之所以为学者，心与理而已。'这句话对吗？"

　　先生说："心即是性，性即是理，加个'与'字，未免将心理一分而为二了。关于这一点，就需要学者善加观察体会。"

注释

❶ "人之所以为学者，心与理而已"：语出朱熹《大学或问》。

说明

　　"心即性，性即理"，其实就是"心即理"。"心"是人心所固有的先验意识。"性"是人性，作为表现讲是人性，但作为根据讲是天性，二者兼而有之。"理"是指超乎自然和社会之上，而又为自然和社会必须遵循的抽象原则。"心即理"，认为人心之性理就是宇宙之理最完满的表现，是天人合一、物我统一；表达的是心与性、理三者之间的统一，即个体的内心世界（"心体"）、道德原则（"性体"）与宇宙法则（"天理"）之间的同一，没有根本的区别，这也是"即"的本义。

【原文】

或曰:"人皆有是心,心即理,何以有为善,有为不善?"

先生曰:"恶人之心,失其本体。"

【译文】

有人说:"人都有此心,心即理,为什么有人行善,有人行不善呢?"

先生说:"恶人的心,已失去了心之本然状态。"

说 明

人心即天理,"善"的普遍天理通过"明德""良知"的圆满具足而呈现。

【原文】

问:"'析之有以极其精而不乱,然后合之有以尽其大而无余'①,此言如何?"

先生曰:"恐亦未尽。此'理'岂容分析?又何须凑合得?圣人说'精一',自是尽。"

【译文】

问:"朱子说:'析之有以极其精而不乱,然后合之有以尽其大而无余',这句话对吗?"

先生说:"恐怕不完全对。这个'理'怎么可以分析?又怎么能够凑合而得?圣人说的'精一',已经囊括了。"

注 释

❶"析之有以极其精而不乱,然后合之有以尽其大而无余":语出朱熹《大学或问》。

说　明

"惟精惟一"是"人心"通达"道心""天理"的路径与方式。

【原文】

"省察①是有事时存养②，存养是无事时省察。"

【译文】

（先生说：）"内省体察是有事时的存心养性，存心养性是无事时的内省体察。"

注　释

❶省察：反省和检查，就是通过反省检查以发现并找出自己思想和行为中的不良倾向、坏的念头以及错误。《传习录·上》"徐爱录"："古人所以既说一个知，又说一个行者，只为世间有一种人，懵懵懂懂的任意去做，全不解思惟省察也。"　❷存养：语出《孟子·尽心上》"存其心，养其性"。意思是保持人的本心，扩充人的善性。

说　明

省察克治、存心养性，是王阳明在南京讲学期间极为重视的修身养性之法，要求学者主要是自己的门人，每时每刻反省检查自己的思想言行是否符合"天理"的道德要求，进而扩充善端，涵养心体，以期"明明德""止于至善"。

【原文】

澄尝问象山①"在人情事变上做工夫"②之说。

【译文】

陆澄曾就陆象山"在人情事变上做工夫"的观点请教先生。

先生曰："除了人情事变，则无事矣。喜怒哀乐，非人情乎？自视听言动，以至富贵贫贱、患难死生，皆事变也。事变亦只在人情里，其要只在'致中和'③，'致中和'只在'谨独'④。"

先生说："除了人情事变，也没有其他的事情。喜、怒、哀、乐，难道不是人情吗？从视、听、言、动到富贵、贫贱、患难、生死，都是事变。事变包含在人情中，关键在于'致中和'，而'致中和'的工夫就是'谨独'。"

注 释

❶ 象山：陆九渊（1139—1193），字子静，书斋名"存"，世人称存斋先生；因其曾在江西贵溪龙虎山建茅舍聚徒讲学，因其山形如象，自号象山翁，世称象山先生。江西金溪人。陆象山及其兄长九韶、九龄三人，人称"金溪三陆"。陆九渊与当时著名的理学家朱熹齐名，史称"朱陆"，他也被后人称为"陆子"。陆九渊为学，直追孟子心性之学，主张"先立乎其大"，进而有"心即理"的提法："心，一心也；理，一理也。至当归一，精义无二。""万物森然方寸之间，满心而发，充塞宇宙，无非此理。"宇宙"便是吾心，吾心即是宇宙"。他从"心即理"这一基本观点出发，认为主体本然之心中包含着宇宙万物之理及伦理道德意识。他把这种包含着道德善性的本然之心，称为"本心"，治学和修养的关键就在于"发明本心"，即对自己心中的本然善性进行自我反省、自我体认、自然观照。象山治学，还主张"切己自反"："或问（象山）先生之学，当来自何处入？曰：不过切己自反，改过迁善。"要求结合自己的日常生活，深入反思，以达到自明本心、改过迁善之目的。王阳明继承发展陆九渊的心说而有良知心学，并称"陆王心学"。　❷ "在人情事变上做工夫"：语见《象山语录》："复斋家兄（陆九龄）一日见问云：'吾弟今在何处做工夫？'某答云：'在人情、事势、物理上做些工夫。'复斋应而已。若知物价之低昂，与夫辨物之美恶真伪，则吾不可不谓之能。然吾之所谓做工夫，非此之谓也。"　❸ "致中和"：语出《中庸》："喜怒哀乐之未发，谓之中；发而皆中节，谓之和……致中和，天地位焉，万物育焉。"　❹ "谨独"：即是《大学》《中庸》中所说的"慎独"，在独处时谨慎不苟。张栻《与曾节夫抚干书》："《中庸》谨独，《大学》

诚意，乃是下工夫要切处，不可悠悠放过也。"

说 明

王阳明认可陆九渊提出的"在人情事变上做工夫"之说，道德心性修养要同日常生活实践紧密联系，在人情事变上磨炼，方能落实，并通过"谨独"达到"致中和"的本然状态。

【原 文】

澄问："仁义礼智之名，因'已发'而有？"

曰："然。"

他日，澄曰："恻隐、羞恶、辞让、是非①，是性之表德②邪？"

曰："仁义礼智，也是表德。性一而已，自其形体也谓之天，主宰也谓之帝，流行也谓之命，赋于人也谓之性，主于身也谓之心。心之发也，遇父便谓之孝，遇君便谓之忠。自此以往，名至于无穷，只一性而已。犹人一而已，对父谓之子，对子谓之父，自此以往，至于无穷，只一人而已。人只要在性上用功，看得一'性'字分明，即万理灿然。"

【译 文】

陆澄问："仁、义、礼、智的名称，是由'已发'得来的吗？"

先生说："是的。"

一天，陆澄又问："恻隐、羞恶、辞让、是非，都是性的表德吗？"

先生说："仁、义、礼、智，也是性的表德。性只有一个，就形体而言为天，就主宰而言为帝，就流行而言为命，就赋予人而言为性，就主宰人身而言为心。心的发用，遇父就为孝，遇君就为忠。以此类推，名称可达无数之多，但仅一个性而已。比如，人就是这么一个人，对父亲而言为子，对儿子而言为父，以此类推，名称可有无数之多，但仅是一个人而已。人只要在性上用功，把'性'字认识清楚了，那么，天下万理皆通。"

注 释

❶ 恻隐、羞恶、辞让、是非：语见《孟子·公孙丑上》："恻隐之心，仁之端也；羞恶之心，义之端也；辞让之心，礼之端也；是非之心，智之端也。"

❷ 表德：古人以字、号来彰显品德，故"表德"成为名、字、号的通称，后因以"表德"指人之表字或别号。

说 明

"圣人之学，心学也。"在王阳明这里，心学，就是性学、理学，就是仁义礼智、忠孝节义，因为"心即理""心即性"。涵养心性，贯通天理，就是圣人之学的全部。

【原 文】

一日，论为学工夫。

先生曰："教人为学，不可执一偏。初学时心猿意马，拴缚不定，其所思虑，多是人欲一边，故且教之静坐，息思虑。久之，俟其心意稍定。只悬空静守，如槁木死灰，亦无用，须教他省察克治。省察克治之功，则无时而可间，如去盗贼，须有个扫除廓清①之意。无事时，将好色、好货、好名等私，逐一追究，搜寻出来，定要拔

【译 文】

一天，先生与门人共同探讨圣人之学的工夫。

先生说："教人为学，不可偏执一端。刚学的时候，容易三心二意，不能聚精会神，所想的大多是私欲方面的事，因此，应该教他静坐，借以安定思绪。时间一长，心意就逐渐安定下来。但如果一味悬空静守，如槁木死灰一般，也是没有作用的，这时就必须教他省察克治。省察克治的功夫必须随时随地坚持，不可间断，好比铲除盗贼，要有一个彻底杜绝的决心。无事时，将好色、贪财、慕名等私欲统统搜寻出来，务必拔去病根，

去病根，永不复起，方始为快。常如猫之捕鼠，一眼看着，一耳听着，才有一念萌动，即与克去；斩钉截铁，不可姑容与他方便，不可窝藏，不可放他出路，方是真实用功，方能扫除廓清[1]，到得无私可克，自有端拱[2]时在。虽曰'何思何虑'[3]非初学时事，初学必须'思'，省察克治，即是思诚。只思一个天理，到得天理纯全，便是'何思何虑'矣。"

使它永不复发，才是痛快。好比猫逮鼠，眼睛盯着，耳朵听着，才有一个念头萌动，即把它克治去除；必须斩钉截铁，不给老鼠喘息的机会，既不让老鼠躲藏，也不让它逃脱，这才是真实功夫，如此才能扫尽心中的私欲，达到彻底干净利落的地步，自然而然就能做到端身拱手。虽说'何思何虑'，并非初学时的事，但初学之时必须"思"，用内省体察、克制私欲的功夫，内省体察、克制私欲就是念头诚敬，只要内心所考虑的都是天理，等到心中完全是纯正的天理时，就是'何思何虑'的境界了。"

注 释

❶廓清：廓去；肃清。　❷端拱：端坐拱手，比喻古圣王闲适自得，清静无为，无为而天下治。　❸"何思何虑"：指没有什么可思虑的，形容胸襟开阔或无所用心，语出《周易·系辞下》："天下何思何虑？天下同归而殊涂，一致而百虑。天下何思何虑？"

说 明

"学而思"，是儒家"为己之学"的基本路径。静坐、息思虑、省察克治，这些都是具体的修身功夫，并以达到"何思何虑"的境界为目标。

【原 文】

澄问:"有人夜怕鬼者,奈何?"

先生曰:"只是平日不能'集义'①,而心有所慊②,故怕。若素行合于神明,何怕之有?"

子莘③曰:"正直之鬼不须怕,恐邪鬼不管人善恶,故未免怕。"

先生曰:"岂有邪鬼能迷正人乎?只此一怕,即是心邪,故有迷之者,非鬼迷也,心自迷耳。如人好色,即是色鬼迷;好货,即是货鬼迷;怒所不当怒,是怒鬼迷;惧所不当惧,是惧鬼迷也。"

【译 文】

陆澄问:"有的人夜晚怕鬼,怎么办?"

先生说:"这种人,平时不能够'集义',内心有所愧疚,才会害怕。如果平时的行为合乎天道,坦荡光明,有什么可怕的?"

马子莘说:"正直的鬼不可怕,但邪恶之鬼不管人的善恶是非,所以才会害怕。"

先生说:"邪恶的鬼怎能迷惑正直的人?由于这一怕,心就会邪,所以被迷惑,并不是鬼迷惑了人,而是自己的心被迷住了。比如,喜欢美色的人,就被色鬼迷住;贪财的人,就被财鬼迷惑;易怒的人,就被怒鬼迷蒙;胆小的人,就被惧鬼迷惑。"

注 释

❶"集义":意思是积善,谓行事合乎道义。语出《孟子·公孙丑上》:"其为气也,至大至刚,以直养而无害,则塞于天地之间。其为气也,配义与道,无是,馁也。是集义所生者,非义袭而取之也。"《传习录·中·答聂文蔚书》中还有"'集义'只是'致良知'"的提法。　❷慊(qiàn):愧疚。　❸子莘:马明衡(1491—1557),字子莘,号师山,福建莆田人。正德九年(1514)中进士后,至南京任太常博士,师从阳明;遂与徐爱、陆澄、薛侃、林达、陈杰等同聚师门,日夕渍砺不懈。著有《尚书疑义》《礼记集解》《春秋见存》

《周礼通义》等，今有学者整理的《莆田马氏三代集》，收录马思聪、马明衡、马朝龙的诗文。

俗语说得好，"不做亏心事，不怕鬼敲门"。怕鬼只是心不正，行不端。养得一身浩然正气，仰不愧于天，俯不怍于人，没有什么可怕的。这两条语录，从一个侧面也集中体现了王阳明的无神论思想。王阳明在贵州龙场期间，有文《答人问神仙》："询及神仙有无，兼请其事，三至而不答，非不欲答也，无可答耳。……若后世拔宅飞升，点化投夺之类，谲怪奇骇，是乃秘术曲技，尹文子所谓'幻'，释氏谓之'外道'者也。"这说明，王阳明不相信鬼神迷信，也与孔子"不语怪、力、乱、神"相一致。

【原　文】

"定者，心之本体，天理也。动静①，所遇之时也。"

【译　文】

先生说："安定是心之本来状态，也是天理的属性。心之所以有动与静，只是在不同情况下的表现不一样而已。"

注　释

❶ 定、动静：语出程颢《答横渠张子厚先生书》："所谓定者，动亦定，静亦定；无将迎，无内外。"

说　明

程颢在《答横渠张子厚先生书》中这样界定"定"与"动""静"的关系：

"所谓定者，动亦定，静亦定；无将迎，无内外。"大意是说，所谓的"定"，并不是使心念不动，也不是离动而后才叫定，只要顺理而动，动也是定；顺理当静，静就是定。宋明理学所讲的"定"是指心境的稳定、平静、安宁和无烦扰。避离人世、端居默坐去求"定"，这样的"定"仍然是外在的、不稳定的东西，只有在不论是动、不论是静的任何情况下都能保持这种"定"，才算是达到了真正的"定"。在阳明这里，"定者，心之本体"是说，动、静是意识现象层面的表征，并不适用于本体，"心之本体"是无所谓动静的，那种平静而无烦扰的境界正是心的本然状态。《传习录·上》"陆澄录"的这条语录，又见《传习录·中·答陆原静书》："动静者，所遇之时。心之本体固无分于动静也。理无动者也，动即为欲。循理则虽酬酢万变而未尝动也。"

【原文】

澄问《学》《庸》同异。

先生曰："子思①括《大学》一书之义为《中庸》首章。"

【译文】

陆澄问《大学》与《中庸》两部书的同异。

先生说："子思将《大学》这部书的内容总结归纳，列为《中庸》的第一章。"

注释

❶ 子思：孔伋（前483—前402），字子思，孔子之孙、孔鲤之子，受教于孔子的高足曾参。孔子的思想学说由曾参传子思，子思的门人再传孟子，后人把子思、孟子并称为"思孟学派"，因而子思上承曾参，下启孟子，在孔孟道统的传承中有重要地位。后人尊称为"子思子""述圣"。

说　明

　　司马迁《史记·孔子世家》中说："子思作《中庸》。"李翱《李文公集·复性书》："子思……述《中庸》四十七篇，以传于孟轲。"朱熹《中庸章句·序》："《中庸》何为而作也？子思子忧道学之失其传而作也。"《大学》《中庸》同为《礼记》中的一个篇章，至于两者之间的关联，王阳明以为《中庸》首章内容就是《大学》的思想宗旨。子思作《中庸》首章："天命之谓性，率性之谓道，修道之谓教。道也者，不可须臾离也；可离，非道也。是故君子戒慎乎其所不睹，恐惧乎其所不闻。莫见乎隐，莫显乎微。故君子慎其独也。喜、怒、哀、乐之未发，谓之中。发而皆中节，谓之和。中也者，天下之大本也。和也者，天下之达道也。致中和，天地位焉，万物育焉。"王阳明也极为重视《古本中庸》，在江西征战、讲学期间，曾手书《古本大学》《古本中庸》并收嵌于白鹿洞书院，至今仍存。

【原　文】

　　问："孔子'正名'①，先儒说'上告天子，下告方伯，废辄立郢'②，此意如何？"

　　先生曰："恐难如此。岂有一人致敬尽礼，待我而为政，我就先去废他，岂人情天理？孔子既肯与辄为政，必已是他能倾心委国而听。圣人盛德至诚，必已感化卫辄，使知无父之不可以为人，必将痛哭奔走，往迎其父。父子之爱，本于天性，辄能悔痛真切如此，蒯聩

【译　文】

　　问："对于孔子'正名'的主张，朱子认为是'上告天子，下告方伯，废辄立郢'，这种看法是否正确？"

　　先生说："恐怕很难赞同这种看法。一个人在位时对我恭敬尽礼，要我辅佐从政，我却先废除他，天理人情岂能容忍？孔子既然愿意辅佐公孙辄为政，一定是他能全心全意把国家治理好。孔子的至诚大德，必然感化了公孙辄，使他明白不孝敬父亲的人就不可以称之为人的道理，故而痛心疾首，前去迎接父亲归国。父子之爱，是人的天性，公孙辄能如此这般悔悟反省，蒯聩怎能不受感动？假如

岂不感动底豫③？蒯聩既还，辄乃致国请戮。聩已见化于子，又有夫子至诚调合其间，当亦决不肯受，仍以命辄。群臣百姓又必欲得辄为君。辄乃自暴其罪恶，请于天子，告于方伯诸侯，而必欲致国于父。聩与群臣百姓亦皆表辄悔悟仁孝之美，请于天子，告于方伯诸侯，必欲得辄而为之君。于是集命④于辄，使之复君卫国。辄不得已，乃如后世上皇故事，率群臣百姓尊聩为太公，备物致养，而始退复其位焉。则'君君、臣臣、父父、子子'⑤，名正言顺，一举而可为政于天下矣。孔子'正名'，或是如此。"

蒯聩回来了，公孙辄把国家交给父亲治理，并以此请罪。蒯聩已被儿子的行为深深打动，又有孔子居中诚心调解，蒯聩当然不会接受，让儿子继续治理国政。大臣百姓也想让公孙辄继续担任国君。公孙辄于是公布自己的罪过，请示天子，昭告方伯、诸侯，一定要让位于父亲。蒯聩和群臣百姓，都赞扬公孙辄悔过、仁孝的美德，请示天子，敬告方伯、诸侯，非要公孙辄担任国君。于是，众人都要求公孙辄再当卫国的国君。无奈之下，公孙辄用类似于后世尊立太上皇的方法，带领群臣百姓先尊奉蒯聩为太公，让他无所不有、养尊处优，然后才回去恢复自己的君位。这样一来，'君君、臣臣、父父、子子'，名正言顺，就可以一举而为政于天下了。孔子所谓的'正名'，大概就是这个意思。"

注 释

❶ 孔子"正名"：详见《论语·子路》："子路曰：'卫君待子而为政，子将奚先？'子曰：'必也正名乎！'子路曰：'有是哉，子之迂也！奚其正？'子曰：'野哉，由也！君子于其所不知，盖阙如也。名不正则言不顺，言不顺则事不成，事不成则礼乐不兴，礼乐不兴则刑罚不中，刑罚不中则民无所措手足。故君子名之必可言也，言之必可行也。君子于其言，无所苟而已矣。'" ❷ 先儒说"上告天子，下告方伯，废辄立郢"：语出朱熹《论语集注》所引胡瑗注："卫世子蒯聩耻其母南子之淫乱，欲杀之不果而出奔。灵公欲立公子郢，郢辞。

公卒，夫人立之，又辞。乃立蒯聩之子辄以拒蒯聩。夫蒯聩欲杀母，得罪于父，而辄据国以拒父，皆无父之人也，其不可有国也明矣。夫子为政，而以正名为先，必将具其事之本末，告诸天王，请于方伯，命公子郢而立之，则人伦正，天理得，名正言顺而事成矣。"　❸底豫：谓得到欢乐。语出《孟子·离娄上》："舜尽事亲之道，而瞽瞍底豫。"厎（dǐ），亦作"底"。　❹集命：谓集王命于身。　❺"君君、臣臣、父父、子子"：语出《论语·颜渊》："齐景公问政于孔子。孔子对曰：'君君、臣臣、父父、子子。'"

说　明

　　《王阳明〈传习录〉详注集评》的作者陈荣捷先生，在《孔子的人文主义》一文中说："孔子坚持正名的必要性，不仅是期望建立名分与位阶皆上轨道的社会秩序，且希望言行之间能相一致，如用更具哲学性的语言表达，也可说是期望名实之间能相符合。在儒家思想，甚或其他各家各派的思想里，此种观点一直是不变的主旨。"王阳明不同意胡瑗、朱熹的"正名"则必须废辄立郢之说，故揣测或是如此，以求符合孔子礼法不悖于人心的原意。王阳明对孔子"正名"的阐释，也是颇具新意的。

【原文】

　　澄在鸿胪寺仓居①，忽家信至，言儿病危，澄心甚忧闷，不能堪。

　　先生曰："此时正宜用功，若此时放过，闲时讲学何用？人正要在此等时磨炼。父之爱子，自是至情，然天理亦自有个中和处，过即是私意。人于此处，多

【译文】

　　陆澄在南京鸿胪寺仓库暂住，突然收到一封家信，得知儿子病危，心里非常忧愁，难于纾解。

　　先生说："此时正是你修养用功的好时机，如果错过这个机会，平时讲学又有什么用处？人就是要在这种关键的时刻磨炼意志。父亲爱儿子，感情至深，然而天理也有个中和处，过了就是私心。此时，

认做天理当忧，则一向忧苦，不知已是'有所忧患，不得其正'[2]。大抵七情[3]所感，多只是过，少不及者。才过，便非心之本体，必须调停适中始得。就如父母之丧，人子岂不欲一哭便死，方快于心？然却曰'毁不灭性'[4]，非圣人强制之也。天理本体，自有分限，不可过也。人但要识得心体，自然增减分毫不得。"

人们往往认为按天理应当忧愁烦恼，于是就一味忧愁痛苦，却不知已是'有所忧患，不得其正'的境况。一般说来，七情的表露，过分的多，不够的少。稍有过分，就不是心的本体，必然调整适中才可以。比如，父母双亲去世，做儿女的哪有不想一下子哭死，心里才痛快的呢？然而《孝经》说'毁不灭性'，并非圣人要求世人抑制情感。天理本身，自有界限，不可超越。人只要认识了心体，自然分毫都不能增减。"

注 释

❶ 鸿胪寺仓居：正德九年（1514）王阳明任南京鸿胪寺卿，陆澄就借宿于南京鸿胪寺的仓库。陆澄离开南京归乡之时，王阳明又有《赠陆清伯归省序》。
❷ "有所忧患，不得其正"：语出《大学》："所谓修身在正其心者：身有所忿懥，则不得其正；有所恐惧，则不得其正；有所好乐，则不得其正；有所忧患，则不得其正。"　❸ 七情：按《礼记》的说法，指喜、怒、哀、惧、爱、恶、欲这七种感情。　❹ "毁不灭性"：语出《孝经》，是指不能过分悲伤而失去本性。

说 明

事上磨炼，是王阳明教育弟子的一大基本原则。王阳明所谓的"事上磨炼"就是通过具体事情来实现省察克治之功，这要优于一味静心修养。陆澄在这里以自己的真实经历现身说法，某日突然收到家信，得知儿子病重。闻此，陆澄心急如焚。见弟子之状，阳明便向其阐述了事上磨炼的必要性："此时正宜用功，若此时放过，闲时讲学何用？人正要在此等时磨炼。父之爱子，自是至情，然天理亦自有个中和处，过即是私意。"作为儒者，面对喜、怒、哀、惧、爱、恶、欲，要讲究中和之道，以"天理本体"为处理原则，面对哀伤自然要流露真情，但不能过度悲伤，危及性命，这也是"圣人"的要求。进而言之，在遇到何种紧急突发情况时，也要克制情绪，心静如水，才能不乱方寸，做出最好的决策和行动，这也是"识得心体"的重要性。

【原文】

"不可谓'未发之中'常人俱有。盖'体用一源'①，有是体，即有是用；有'未发之中'，即有'发而皆中节之和'②。今人未能有'发而皆中节之和'，须知是他'未发之中'亦未能全得。"

【译文】

（先生说:）"不能说常人都能保持'未发之中'的状态。因为，'体用一源'，有什么样的本体，就有什么样的作用；有'未发之中'的本体，自然就有'发而皆中节之和'的作用。今天的人不能做到'发而皆中节之和'，是因为他不能保持'未发之中'的缘故。"

注释

❶"体用一源"：语见程颐《伊川易传》。 ❷"未发之中""发而皆中节之和"：语见《中庸》："喜怒哀乐之未发，谓之中；发而皆中节，谓之和。"

说明

"体用一源"，始见于程颐《伊川易传》："至微者，理也；至著者，象也。体用一源，显微无间。"所谓"体"，指本原、本体；所谓"用"，指显现、作用。整句话的意思是说，隐微的"理"与显著的"象"，二者统一，没有间隙。

无形的"理",当以物象来显示其意义和功能,而有形之物本于无形之理。所谓"一源",即源于一"理","理"为根本。朱熹进一步发挥了程颐的这一思想,说:"盖自理而言,则即体而用在其中,所谓'一原'也;自象而言,则即显而微不能外,所谓'无间'也。"体在用中,用不离体;理在物中,而物不外于理。朱熹把体用、显微的关系,更严密地建立在以理为本的基础上,更系统地解说了体用相涵的统一关系。王阳明则是以"心"来讲"体用一源",他认为体是心,用是心之用,心之体即是理,心之用便是物,能得其体,用即在其中,以强调"心"就是一切的本原。

【原 文】

"《易》之辞,是'初九,潜龙勿用'①六字;《易》之象,是初画;《易》之变,是值其画;《易》之占,是用其辞。"

【译 文】

(先生说:)"《周易》乾卦的初爻爻辞,是'初九,潜龙勿用';《周易》的卦象,是指初爻之画;《周易》的爻变,是遇到其爻画;《周易》的占卜,是用其爻辞。"

注 释

❶"初九,潜龙勿用":系《周易》乾卦第一爻爻辞。意思是说,身居下位,时机还没有成熟,所以君子应当像潜藏的龙一样,韬光养晦,暂不要施展才干。

说 明

这是王阳明对《周易》卦象、卦辞、爻辞、爻变的解读。

【原文】

　　"‘夜气'①是就常人说。学者能用功，则日间有事无事，皆是此气翕聚②发生处。圣人则不消说‘夜气'。"

【译文】

　　（先生说:）"‘夜气'是就普通人而言的。做学问的人若能时刻用功，那么白天无论有事还是无事，都是夜气在聚合发散。圣人则不必说‘夜气'。"

注　释

　　❶"夜气"：传统儒家指晚上静思之后所产生的清明之气、良知善念，出自《孟子·告子上》："梏之反覆，则其夜气不足以存；夜气不足以存，则其违禽兽不远矣。"　❷翕聚：会聚。

说　明

　　这是王阳明对"夜气"的理解。王阳明并不否认存养"夜气"的功夫，常人在夜间与外物脱离接触，可以较为清醒地审视行为的意义，有利于良知善念的存养。如果"学者能用功"，就能随时随地存养"夜气"，时时处处按道德标准去思考、行动。这也是王阳明所说的"知行合一"。

【原文】

　　澄问"操存舍亡"章①。
　　曰："‘出入无时，莫知其乡'②，此虽就常人心说，学者亦须是知得心之本体，亦元是如此，则操存功夫，始没病痛。

【译文】

　　陆澄就《孟子》中"操存舍亡"章向先生请教。
　　先生说："‘出入无时，莫知其乡'，这虽然是对平常人的心来说的，但做学问的人也应当明白心的本体，也是如此，操存的功夫才没有病痛。

不可便谓出为亡，入为存。若论本体，元是无出无入的。若论出入，则其思虑运用是出，然主宰常昭昭在此，何出之有？既无所出，何入之有？程子所谓'腔子'③，亦只是天理而已。虽终日应酬而不出天理，即是在腔子里。若出天理，斯谓之放，斯谓之亡。"

又曰："出入亦只是动静。动静无端，岂有'乡'邪？"

不可随便认为出即是亡，入即是存。就心的本体而言，原本并不存在出与入。如果谈及出与入，人进行的思维活动即为出，但人的主宰昭然在此，何出之有？既然没有出，何入之有？程颐所谓'心要在腔子里'的'腔子'，也只是天理而已。虽然每天应酬，也不出天理之外，仍在腔子当中。如果越出天理之外，便是放纵心体，也就是心体的亡失。"

先生又说："出入只是动静而已。动静没有起点也没有尽头，出入哪儿有'乡'啊？"

注 释

❶"操存舍亡"章：见《孟子·告子上》："故苟得其养，无物不长；苟失其养，无物不消。孔子曰'操则存，舍则亡；出入无时，莫知其乡'，惟心之谓与？"　❷"出入无时，莫知其乡"："乡"可以理解为归宿、方向。这句话的大意是，心的进出没有一定的时候，也不知道它去向何方。　❸程子所谓"腔子"：指《二程遗书》卷七："心要在腔子里。"

说 明

"出入无时，莫知其乡"，意味着"心"的运作是没有固定时间和方向的。"心"的各种念头和想法会随机出现和消失，不受我们的控制。这种特性反映了"心"的灵动性和不确定性。在王阳明这里，虽然"心"的念头"出入无时，莫知其乡"，但心之"本体"也就是"天理"是永恒存在的，不会因为念头的来去而有所增减。所以说，学者应该认识到心之"本体"的这种特性，这样才能在修养功夫上避免偏差。

【原文】

王嘉秀①问："佛以出离生死诱人入道，仙以长生久视诱人入道，其心亦不是要人做不好，究其极至，亦是见得圣人上一截，然非入道正路。如今仕者，有由科，有由贡，有由传奉②，一般做到大官，毕竟非入仕正路，君子不由也。仙佛到极处，与儒者略同，但有了上一截，遗了下一截，终不似圣人之全。然其上一截同者，不可诬也。后世儒者，又只得圣人下一截，分裂失真，流而为记诵、词章、功利、训诂，亦卒不免为异端。是四家者，终身劳苦，于身心无分毫益，视彼仙佛之徒，清心寡欲，超然于世累之外者，反若有所不及矣。今学者不必先排仙佛，且当笃志为圣人之学，圣人之学明，则仙佛自泯。不然，则此之所学，恐彼或有不屑，而反欲其俯就，不亦难乎？鄙见如

【译文】

王嘉秀问："佛教以超脱生死来劝人信奉，道教以长生不老劝人信奉，其本意也不是要人们去干坏事，归根到底，是看到了圣人之学的上一截功夫，但不是入道的正途。比如今天做官的人，既有科举考试的，也有基层举荐的，还有世袭继承的，一样可以做到大官，但毕竟不是入仕的正路，君子是不会接纳的。道、佛在终极点，和儒者大致相同，但道、佛有了上一截，却遗忘了下一截，终究不能做到像圣人学问那样完整。然而其上一截相同，则是不可抹杀的。后世儒者只注意到圣人之学的下一截，将圣人学问分裂成上下两截，失去了原本之意，使儒学变为记诵、词章、功利、训诂之学，最终不免沦为异端。从事记诵、词章、功利、训诂之学的人，终身辛苦劳碌，毫无益处，看到那些佛徒、道士清心寡欲，超然世外，反而感到自己有所不及。如今的学者不必先去排挤佛、道，而应当笃志学习圣人之学，圣人之学发扬昌明，佛、道自然就衰亡了。否则的话，对于儒生所学的，恐怕佛、道两家

此，先生以为何如？"

先生曰："所论大略亦是，但谓上一截、下一截，亦是人见偏了如此。若论圣人大中至正之道，彻上彻下，只是一贯，更有甚上一截、下一截？'一阴一阳之谓道'，但'仁者见之便谓之仁，知者见之便谓之智，百姓又日用而不知，故君子之道鲜矣'③。仁智岂可不谓之道，但见得偏了，便有弊病。"

也都不屑一顾，怎么可能还要让他们来信服呢？这是我的粗浅看法，先生你以为如何？"

先生说："你所说的大体是正确的，但所谓上一截、下一截，也是人们的理解失之偏颇。至于说到圣人大中至正的道，是上下贯穿，首尾相连，哪里又有什么上一截、下一截呢？'一阴一阳之谓道'，然而'仁者见之便谓之仁，知者见之便谓之智，百姓又日用而不知，故君子之道鲜矣'。仁与智怎么能不称作道，但认识理解片面了，就会出现弊端。"

注　释

❶ 王嘉秀：字实夫，湖广辰州（今湖南沅陵）人，喜欢谈论佛道。正德五年（1510）春，王阳明离开贵州至江西庐陵上任途中，经湖广在辰州沅陵虎溪龙兴寺讲学，王嘉秀、萧琦（字子玉）等师从王阳明；正德八年（1513），王阳明到滁州任南京太仆寺卿，王嘉秀、萧琦等再至滁州，侍从王阳明。正德九年（1514）王阳明至南都任职，继续问学，告归返乡之时，阳明赋诗《门人王嘉秀实夫萧琦子玉告归书此见别意兼寄声辰阳诸贤》相赠；在南都之时，阳明与王嘉秀有诗歌唱和，赋诗《用实夫韵》《题王实夫画》；又作《书王嘉秀请益卷》。
❷ 科：由分科考试以入官。贡：由乡党推荐为官。传奉：由内官安排做官，非君子入仕正路。　❸ "一阴一阳之谓道""仁者见之便谓之仁，知者见之便谓之智，百姓又日用而不知，故君子之道鲜矣"：出自《易传·系辞上》："一阴一阳之谓道，继之者善也，成之者性也。仁者见之谓之仁，知者见之谓之知，百姓日用而不知，故君子之道鲜矣。"

说　明

　　这两段文字涉及王阳明对作为圣人之学的儒学与佛老之学之间关系的解读。王阳明早年有出入佛老的经历，而后归宗"圣人大中至正之道"。也应该指出，王阳明及其心学并不排斥佛老之学，所以在其弟子王嘉秀提出"今学者不必先排仙佛，且当笃志为圣人之学，圣人之学明，则仙佛自泯"的观点后，王阳明并不反对，而有"所论大略亦是"的评论。尽管如此，贯通内圣外王的儒家圣人之学，彻上彻下，一以贯之，不以"出离生死""长生久视"为诉求，而是以"大中至正之道"为根本追求。

【原　文】

　　"蓍①固是《易》，龟亦是《易》。"

【译　文】

　　（先生说：）"用蓍草占卜固然是《易》，用龟甲占卜也是《易》。"

注　释

　　❶蓍（shī）：蓍草，多年生草本植物。《博物志》言"蓍一千岁而三百茎，其本以老，故知吉凶"，所以我国古代用它的茎来占卜。

说　明

　　这是王阳明对用蓍草、龟甲占卜的看法，体现了他的易学观。

【原　文】

　　问："孔子谓武王'未尽

【译　文】

　　问："孔子认为武王'未尽善'，

善'①，恐亦有不满意？"

先生曰："在武王自合如此。"

曰："使文王未没，毕竟如何？"

曰："文王在时，天下三分已有其二②。若到武王伐商之时，文王若在，或者不致兴兵，必然这一分亦来归了。文王只善处纣，使不得纵恶而已。"

恐怕是孔子对武王有不满意之处？"

先生说："对武王来说，能得到这样的评价已不错了。"

问："假如文王还没去世，将会怎么样？"

先生说："文王在世时，已经拥有三分之二的天下。武王伐纣时，如果文王还活着，也许不会动用兵甲，余下三分之一的天下也一定会归顺。文王只要妥善处理与纣的关系，使纣王无法肆意作恶就可以了。"

注释

❶ 孔子谓武王"未尽善"：语出《论语·八佾》："子谓《韶》：'尽美矣，又尽善也。'谓《武》：'尽美矣，未尽善也。'"孔子认为，武王用武力得到天下不是最好的方法。　❷ 天下三分已有其二：语出《论语·泰伯》："三分天下有其二，以服事殷。周之德，其可谓至德也已矣。"意为当时三分之二的诸侯国已归顺周，而周文王仍恪守臣节，尊奉殷朝。

说明

在王阳明看来，武王伐纣的举动，略逊于周文王治理天下的才干。因为以文王之仁，必然天下归心，可以不战而屈人之兵。王阳明以后在江西、广西统兵打仗，也是推崇并实践周文王的"天下归心"的策略。

【原文】

问："孟子言'执中无权犹执一'①。"

先生曰："中只是天理，只是易，随时变易，如何执得？须是因时制宜，难预先定一个规矩在。如后世儒者，要将道理一一说得无罅漏②，立定个格式，此正是'执一'。"

【译文】

问："孟子所说的'执中无权犹执一'，是什么意思？"

先生说："中道，就是天理，就是权变，随时而变，怎么能执着持住呢？必须因时制宜，预先设定一个标准是很难做到的。就像后世的儒者要把各种道理阐述得没有纰漏一样，确立一个固定的规矩，这正是孟子所说的'执一'。"

注释

❶"执中无权犹执一"：语出《孟子·尽心上》："执中无权，犹执一也。"
❷罅漏（xiàlòu）：缝隙，比喻事情的漏洞。

说明

这条语录涉及王阳明对儒家"中道""中庸之道"的理解，中道是天理，是权变，是时中，是根据时势而变化的、动态的"中"。

【原文】

唐诩①问："立志，是常存个善念，要为善去恶否？"

曰："善念存时，即是天

【译文】

唐诩问："立志就是要时刻存守一个善念，需要为善去恶吗？"

先生说："善念存守之时，就是天

理。此念即善，更思何善？此念非恶，更去何恶？此念如树之根芽，立志者，长立此善念而已。'从心所欲不逾矩'②，只是志到熟处。"

理。这个意念本身就是善的，还再去想什么善呢？这个意念不是恶的，还要除去什么恶呢？这个意念好比树木的根芽，立志，就是要永远确立这个善念。孔子所说的'从心所欲不逾矩'，只有待立志达到成熟时方可做到。"

注　释

❶唐诩（xǔ）：生平籍贯等信息有待考证，正德九年（1514）王阳明在南都讲学时期，唐诩与陆澄、徐爱、薛侃等一起侍从。　❷"从心所欲不逾矩"：语出《论语·为政》。

说　明

在此，王阳明指出，"立志"就是长立、长存一个"善念"，内心的"善念"即是"天理"，存"善念"就是"存天理"。

【原文】

"精神、道德、言动，大率收敛①为主，发散是不得已。天地人物皆然。"

【译文】

（先生说：）"精神、道德、言语行动，常常以收敛为主，向外扩散是出于无奈。天、地、人乃至万物无不如此。"

注　释

❶收敛：检点行为，约束身心。

说 明

涵养"心体"，呵护"善念"，收敛是第一位的。

【原 文】

问："文中子①是如何人？"

先生曰："文中子庶几'具体而微'②，惜其蚤死。"

问："如何却有续经之非？"

曰："续经亦未可尽非。"

请问。良久曰："'更觉良工心独苦。'"③

【译 文】

问："文中子王通是什么样的人？"

先生说："王通差不多是'具体而微'的人，可惜他英年早逝。"

又问："他怎么会有续仿经书的过失呢？"

先生说："续仿经书也未必是全错。"

接着再请教。先生沉思了很久，说："通过王通这件事，我更加理解'更觉良工心独苦'的含义了。"

注 释

❶ 文中子：即隋朝儒家学者王通（字仲淹，号文中子），见《传习录·上》"徐爱录"中的介绍。　❷ "具体而微"：语出《孟子·公孙丑上》："冉牛、闵子、颜渊则具体而微。"意指冉牛、闵子、颜渊三人虽具有孔子的全部品德，但并未光大。后用来泛指事物的内容已大体具备，但规模较小。　❸ "更觉良工心独苦"：见杜甫《题李尊师松树障子歌》："已知仙客意相亲，更觉良工心独苦。"

说 明

这条语录涉及王阳明对王通及其"拟经""续经"的评价，详见《传习录·上》"徐爱录"中的记录。

【原 文】

　　"许鲁斋①谓'儒者以治生为先'②之说亦误人。"

【译 文】

　　（先生说:）"许鲁斋认为'儒者以治生为先'的说法，也害人匪浅。"

注 释

❶ 许鲁斋：许衡（1209—1281），字仲平，号鲁斋，学者称鲁斋先生，怀州河内（今河南沁阳，一作河南焦作）人，宋元之际理学家。他认为"天即理也"，但又说"心与天地一般"，心与理"一以贯之"，都可"宰万物，统万事"；主张"存养"，使"气服于理"，即"存天理""去人欲""省察""反身而诚"的工夫。其学对程朱理学的传播和朱陆合流有一定影响。著有《鲁斋遗书》，今有学者编校整理的《许衡集》。　❷"儒者以治生为先"：语出《鲁斋遗书》："为学者，治生最为先务。苟生理不足，则于为学之道有所妨。彼旁求妄进，及作官嗜利者，殆亦窘于生理之所致也。士君子多以务农为生。商贾虽为逐末，亦有可为者。果处之不失义，或以姑济一时，亦无不可。若以教学与作官规图生计，恐非古人之意也。"

说 明

　　这条语录涉及王阳明对元代理学家许衡的评价。许衡认为儒者应当重视谋生。然而，王阳明并不完全赞同这一观点，如果儒者仅仅以谋生为先，可能会忽视对圣贤之学根本精神即"存天理、灭人欲"的追求。所以，儒者应该在保证基本生活的同时，更加注重道德修身与外王实践的追求。

【原文】

问"仙家元气、元神、元精"①。

先生曰："只是一件，流行为气，凝聚为精，妙用为神。"

【译文】

问"道家所谓元气、元神、元精的含义"。

先生说："三者只是同一意思，流动的时候即为气，凝聚起来即为精，发挥妙用即为神。"

注 释

❶ 元气、元神、元精：在道家看来，人有三宝，为元气、元神、元精。《周易参同契》云："元气之积厚而精英者，称为元精。"

说 明

陆澄由于身体欠佳，对道家养生之说关注颇多。而王阳明早年也有在绍兴会稽山阳明洞天修道的亲身实践，同时对道家、道教学说也有了解，故而可以解释弟子陆澄关于"元气、元神、元精"三者关系的疑惑。三者是同一物，气即运行，精即凝聚，神即妙用。《传习录·中·答陆原静书》中也有王阳明关于"元气、元神、元精"的解读："来书云：'元神、元气、元精，必各有寄藏发生之处。又有真阴之精，真阳之气'云云。夫良知一也，以其妙用而言谓之神，以其流行而言谓之气，以其凝聚而言谓之精，安可以形象方所求哉？真阴之精，即真阳之气之母。真阳之气，即真阴之精之父。阴根阳，阳根阴，亦非有二也。苟吾良知之说明，则凡若此类，皆可以不言而喻。不然，则如来书所云'三关、七返、九还'之属，尚有无穷可疑者也。"总之，良知的流行为气，良知的凝聚为精，良知的妙用为神。

【原文】

"喜怒哀乐本体自是中和的①。才自家着些意思，便过、不及②，便是私。"

问"哭则不歌"③。

先生曰："圣人心体自然如此。"

【译文】

先生说："喜怒哀乐的本然面貌原本就是中正平和的。只是一旦有别的想法，便有过或不及，这就是私欲的表现。"

问"哭则不歌"。

先生说："圣人的心体自然是这样的。"

注释

❶喜怒哀乐本体自是中和的：语出《中庸》："喜怒哀乐之未发，谓之中；发而皆中节，谓之和。"　❷过、不及：语出《论语·先进》："过犹不及。"过、不及，都不是中庸之道。　❸"哭则不歌"：语出《论语·述而》："子食于有丧者之侧，未尝饱也。子于是日哭，则不歌。"

说明

这两条语录，是说每个人都有喜怒哀乐；喜怒哀乐等感情的发泄，当以"中和"为行为准则。在阳明这里，喜怒哀乐发自心之本体，也是"心体"，本体、心体本来自然"中和"，可是如果自己"着些意思"，就是"过"或者"不及"了。一旦有"过"或"不及"，那就是私。孔子的"哭则不歌"，就是儒家圣人心体自然的"中和"状态，更是儒者效仿的榜样。

【原文】

"克己①须要扫除廓清，

【译文】

（先生说:）"克制自己内心的私欲务

一毫不存方是。有一毫在，则众恶相引而来。"

必彻底干净，丝毫没有才可以。假如有一点私欲存在，众多的邪恶就会接踵而至。"

注　释

❶ 克己：克制自己的私心，指对自己要求严格。

说　明

儒学是修身为己之学，所以对儒者而言，"克己"是为善去恶、涵养"心体"的基本方法。

【原　文】

问《律吕新书》①。

先生曰："学者当务为急。算得此数熟，亦恐未有用，必须心中先具礼乐之本方可。且如其书说'多用管以候气'②，然至冬至那一刻时，管灰之飞，或有先后，须臾之间，焉知那管正值冬至之刻？须自心中先晓得冬至之刻始得，此便有不通处。学者须先从礼乐本原上用功。"

【译　文】

问《律吕新书》。

先生说："学者应以确立礼乐的根本作为当务之急，否则的话，即使把律吕之数算得再熟，也毫无用处，心中必须有礼乐的根本方可。比如《律吕新书》上讲的'多用管以候气'，时至冬至，管灰的飞动，或许有先有后，片刻之间，又怎么知道哪个是冬至正点？必须先在自己心中知道冬至时刻才行，这里就有一个说不通的问题。所以，学者必须先从礼乐的根本上着力用功。"

注 释

❶《律吕新书》：是南宋理学家蔡元定（1135—1198，字季通，福建建阳人，系朱熹门人）撰写的一本乐学著作。此书为奠定我国古代乐学理论贡献颇多，对南宋以后乐学的发展有很大影响。　❷"多用管以候气"：其法以葭莩之灰，置于律管；至冬至子时，一阳复生，与律中黄钟之宫相应，黄钟管之灰自然飞动。

说 明

《诗》《书》《礼》《易》《乐》《春秋》既被称为"六艺"，也被称作"六经"，王阳明作为一位"通天地人"的大儒，对乐学也有关注。学者"必须心中先具礼乐之本"，"须先从礼乐本原上用功"，在阳明这里，学者当务为急，就是最主要的，是要先懂得"礼乐"的根本，要先从本原上用功。"礼乐"的本原是"心体"，就是"良知"。

【原文】

曰仁云："心犹镜也。圣人心如明镜，常人心如昏镜。近世'格物'之说①，如以镜照物，照上用功，不知镜尚昏在，何能照？先生之'格物'，如磨镜而使之明，磨上用功，明了后亦未尝废照。"

【译文】

徐爱说："心如镜子。圣人的心就像明镜一般明亮，而平常人的心好比昏镜一样暗淡。朱子的'格物'之说，好比用镜子去照物，只在照的行为上用功，却不明白昏暗的镜子怎么能够照物呢？阳明先生的'格物'之说，好比先磨镜子，使之光亮，是在磨上下功夫，镜子明亮之后，是不会耽误照物的。"

❶ 近世"格物"之说：指朱熹的"格物穷理"说。

说　明

这是徐爱对朱熹、王阳明"格物"说的对比式解读，一是外在"物理"上用功，一是内在"心体"上发力。

【原　文】

问"道之精粗"。

先生曰："道无精粗，人之所见有精粗。如这一间房，人初进来，只见一个大规模如此；处久，便柱壁之类，一一看得明白；再久，如柱上有些文藻，细细都看出来。然只是一间房。"

【译　文】

问"道之精粗"。

先生说："道本身并无精粗之分，而是人们对道的认识不一才有精粗之别。好比这间房子，人刚搬来的时候，只看个大致情况；住久了，房柱、墙壁等等之类，一一看得清楚明白；时间更长一点，房柱上的纹路也看得明明白白。然而，房子依然是这间房子。"

说　明

道（理）本来如此，并无精粗之分，只是人的认识程度不同而已。学者需要精进不已，彻底领悟"心即理""心之本体即是天理"的儒学真谛。

【原 文】

先生曰："诸公近见时少疑问，何也？人不用功，莫不自以为已知为学，只循而行之是矣。殊不知私欲日生，如地上尘，一日不扫，便又有一层。着实用功，便见道无终穷，愈探愈深，必使精白，无一毫不彻方可。"

【译 文】

先生说："最近与各位见面时，你们为什么很少再提出问题呢？人假如不用功，就会自以为已经明白怎么做学问了，只需按照以前固有的方法就可以了。却不知私欲一天天在膨胀，就像地上的灰尘一样，一天不打扫，就又多一层。踏实用功，就会明白道是永无止境的，越探究越觉得精深，只有做到精确明白，没有一丝一毫不透彻的才行。"

说 明

"学不可以已""存天理、灭私欲"是儒者的分内事，为此，王阳明告诫弟子门人，为学明道工夫不可一日间断，私欲细微，就好像地上尘土，一日不扫则积聚起来，然后日益增多，因此要不断克除私欲，有疑便问，达到纯然天理的程度方可。

【原 文】

问："'知至然后可以言诚意'①，今天理人欲，知之未尽，如何用得克己工夫？"

先生曰："人若真实切己用功不已，则于此心天理之精微日见一日，私欲之细微亦日见一日。若不用克己工夫，终

【译 文】

问："《大学》说'知至然后可以言诚意'，如今天理和人欲还未彻底认识，如何在克己上着力用功呢？"

先生说："人如果踏踏实实、持续不断用功，那么心中对天理精妙处的认识，就会一天天增长，对于私欲细微处的洞察，也会一天天增进。如果不在克己上着力用功，整天只是动

日只是说话而已，天理终不自见，私欲亦终不自见。如人走路一般，走得一段，方认得一段；走到岐路处，有疑便问，问了又走，方渐能到得欲到之处。今人于已知之天理不肯存，已知之人欲不肯去，且只管愁不能尽知，只管闲讲，何益之有？且待克得自己无私可克，方愁不能尽知亦未迟在。"

动嘴皮子、说说而已，终究不能看清天理与私欲。好比人在走路，走过一段，才能认得这段路；到了有岐路的地方，有疑问就打听，打听了又走，就能逐步到达目的地。如今的人不肯存养认识到的天理，也不肯摒弃洞察到的私欲，却一味担忧不能完全了解认知，只会讲空话，有什么好处？倒不如等到自己没有任何私欲可克之时，再去担忧不能完全了解认知，也为时不晚。"

注释

❶ 知至然后可以言诚意：语本《大学》："物格而后知至，知至而后意诚。"

说明

在"去人欲、存天理"的修行过程中，王阳明既反对讲空话的行为，也不同意先"知"后"行"的做法，而是主张日复一日地克己用功，"真实切己用功不已"。这就是省察克治的存心养性功夫。

【原文】

问："道一而已①。古人论道往往不同，求之亦有要乎？"

先生曰："道无方体②，不

【译文】

问："道只有一个。古人论道往往有所不同，求道是否也有诀窍？"

先生说："道没有方向，没有形

可执着，却拘滞于文义上求道，远矣。如今人只说天，其实何尝见天？谓日月风雷即天，不可；谓人物草木不是天，亦不可。道即是天，若识得时，何莫而非道？人但各以其一隅之见，认定以为道止如此，所以不同。若解向里寻求，见得自己心体，即无时无处不是此道。亘古亘今，无终无始，更有甚同异？心即道，道即天，知心则知道、知天。"

又曰："诸君要实见此道，须从自己心上体认，不假外求始得。"

体，不可执着，拘泥于文字意思上求道，离道就远了。如今的人在谈论天，其实又何曾见过天？认为日月风雷就是天，不对的；认为人物草木不是天，也不对的。道就是天，能认识到这一点，还有什么不是道？人只是凭据一己之见，认为道只是怎么样，所以看法有所不同。如果明白要向内心深处探求，见识到自己的心体，那么，无时无处不是这个道。道自古到今，无始无终，又有什么同和异？心即道，道即天，知心就知道、知天。"

先生接着又说："各位要想确切看得这个道，务必从自己的心上去体认，不要到心外去寻求，这样才可以。"

注 释

❶道一而已：语见《孟子·滕文公上》："夫道，一而已矣。"　❷道无方体：语出《周易·系辞上》："故神无方而易无体。"是说，道是没有固定的方位、固定的形体的。

说 明

"天命之谓性，率性之谓道"，对于如何"见道"？王阳明反对外求，也反对从书本文字上求道；而是主张从自心出发，向里寻求，以求见得自己"心体"。因为"心即道，道即天，知心则知道、知天"。

【原文】

问:"名物度数①,亦须先讲求否?"

先生曰:"人只要成就自家心体,则用在其中。如养得心体果有'未发之中',自然有'发而中节之和'②,自然无施不可。苟无是心,虽预先讲得世上许多名物度数,与己原不相干,只是装缀,临时自行不去。亦不是将名物度数全然不理,只要'知所先后,则近道'③。"

又曰:"人要随才成就,才是其所能为。如夔④之乐,稷⑤之种,是他资性合下便如此。成就之者,亦只是要他心体纯乎天理,其运用处皆从天理上发来,然后谓之'才'。到得纯乎天理处,亦能'不器'⑥。使夔、稷易艺而为,当亦能之。"

又曰:"如'素富贵行乎富贵,素患难行乎患难'⑦,皆是'不器'。此惟养得心体正者能之。"

【译文】

问:"事物的名称、制度、数量,是否也需要预先讲求吗?"

先生说:"人只要能成就自己的心体,用就在其中了。倘若把心体修养得真有一个'未发之中',自然有'发而中节之和',自然是做什么都没有问题。如果没有这个心体,即使事先讲了再多的名称、度量等,与自己并没有关系,仅是一时的装饰而已,自然不能处事应物。当然,这并不是说根本不讲究事物的名称、制度、数量,只是要'知所先后,则近道'。"

先生接着说:"人要根据自己的才能成就自己,这才是他所能做到的。比如,夔精通音乐,稷擅长种植,资质如此,他们自然这样了。成就一个人,也是要他心体完全是天理,应事物理都是从天理上产生出现的,然后才可称其为'才'。达到纯是天理的境界,也就能成为'不器'。就是让夔和稷改变角色,夔种谷,稷作乐,照样能行。"

先生又说:"《中庸》说'素富贵行乎富贵,素患难行乎患难',都属于'不器'。这只有把心体修养得纯正的人,才可做到。"

注释

❶ 名物：事物的名称、特征；度，制度，规则；数，数量。　❷ "未发之中""发而中节之和"：语见《中庸》："喜怒哀乐之未发，谓之中；发而皆中节，谓之和。"　❸ "知所先后，则近道"：语出《大学》："物有本末，事有终始。知所先后，则近道矣。"　❹ 夔（kuí）：相传为尧、舜时的乐官。　❺ 稷（jì）：后稷，周的始祖，善于种植各种粮食作物，曾经被尧举为"农师"。　❻ "不器"：语出《论语·为政》："子曰：'君子不器。'"　❼ "素富贵行乎富贵，素患难行乎患难"：语见《中庸》。

说明

阳明心学功夫要求，一切要从自家"心体"上用功，才能成就；离开"心体"，在外求索，则是本末倒置。学者治学，达到"心体纯乎天理"的境地，养得心体"大中至正"，则事事物物皆可成就。

【原文】

"与其为数顷无源之塘水，不若为数尺有源之井水，生意不穷。"时先生在塘边坐，傍有井，故以之喻学云。

【译文】

（先生说：）"与其掘一个数顷之大而无源泉的池塘，倒不如挖一口数尺之深但有源泉的水井，这样，井水就会源源不断流出而不枯竭。"此时，先生正坐在池塘边，旁边有一口水井，所以就用这个来比喻做学问。

说明

"古之学者为己，今之学者为人。"王阳明认为，学习不应该只是追求广博的知识，而应该从"本心"出发，有明确的方向，这样才能不断地充实自我，成就自己。

【原文】

问："世道日降，太古时气象，如何复见得？"

先生曰："一日便是一元①。人平旦②时起坐，未与物接，此心清明景象，便如在伏羲时游一般。"

【译文】

问："如今世道日渐衰微，远古时期的清明气象，怎么才能重见呢？"

先生说："一天就是一元。人们清晨起床，还未应事接物，此时心中的清明景象，就好比遨游在伏羲时代一般。"

注释

❶ 一元：指天地从生成到毁灭的过程。据邵雍《皇极经世书·观物内篇》载：天地的历史，以元、会、运、世来计算，一元十二会，一会三十运，一运十二世，一世三十年，故十二万九千六百年为一元。 ❷ 平旦：太阳停留在地平线上，指清晨。语出《孟子·告子上》："其日夜之所息，平旦之气，其好恶与人相近也者几希。"

说明

上古三代尤其是伏羲以前，即远古时期人类淳朴的清明景象，一直是传统儒者心目中的理想场景。在阳明看来，只要养得"此心光明"，时时皆有清明景象。

【原文】

问:"心要逐物,如何则可?"

先生曰:"人君端拱①清穆,六卿②分职,天下乃治。心统五官③,亦要如此。今眼要视时,心便逐在色上;耳要听时,心便逐在声上。如人君要选官时,便自去坐在吏部;要调军时,便自去坐在兵部。如此,岂惟失却君体,六卿亦皆不得其职。"

【译文】

有人问:"心要追逐外物,怎么办?"

先生说:"国君庄严肃穆,端身拱手,六卿各司其职,天下就一定能长治久安。人心统领五官,也要如此。现在眼睛要看时,心就在追逐美色上;耳朵要听时,心就在追逐美声上。就好比君主要挑选官员,就亲自到吏部;要调遣军队,就亲自去军营。这样,不仅君王的身份荡然无存,六卿也不能尽职尽责。"

注 释

❶端拱:端坐拱手。　❷六卿:为吏部、户部、礼部、兵部、刑部、工部六部尚书。　❸心统五官:语出《荀子·天论》:"耳目鼻口形能,各有接而不相能也,夫是之谓天官。心居中虚,以治五官,夫是之谓天君。"《孟子·告子上》:"耳目之官不思,而蔽于物,物交物,则引之而已矣。心之官则思,思则得之,不思则不得也。"

说 明

"养得此心不动",无论是学者,还是国君,都可以做到"从心所欲不逾矩",物来而顺应。

【原文】

"善念发，而知之、而充之；恶念发，而知之、而遏之。知与充、与遏者，志也，天聪明^①也。圣人只有此，学者当存此。"

【译文】

（先生说:）"善念萌生时，要知道并加以扩充；恶念萌生时，要知道并加以克制。知道、扩充、克制，都是意志的作用，是天赋予人的智慧。圣人唯有这个，学者应当时刻存养它。"

注　释

❶ 天聪明：语出《尚书·虞书·皋陶谟》："天聪明，自我民聪明；天明畏，自我民明威。"

说　明

王阳明晚年提出了著名的"四句教"，言道"无善无恶是心之体，有善有恶是意之动，知善知恶是良知，为善去恶是格物"。这条"语录"所揭示的充"善念"、遏"恶念"，可谓"四句教"的前奏。

【原文】

澄曰："好色、好利、好名等心，固是私欲。如闲思杂虑，如何亦谓之私欲?"

先生曰："毕竟从好色、好利、好名等根上起，自寻其根便见。如

【译文】

陆澄问："好色、贪财、慕名等心，固然是私欲。而那些闲思杂念，为什么也称为私欲呢?"

先生说："闲思杂念，到底是从好色、贪财、慕名这些病根上滋生的，找到其本源就能明白了。

汝心中，决知是无有做劫盗的思虑，何也？以汝元无是心也。汝若于货、色、名、利等心，一切皆如不做劫盗之心一般，都消灭了，光光只是心之本体，看有甚闲思虑？此便是'寂然不动'，便是'未发之中'，便是'廓然大公'，自然'感而遂通'，自然'发而中节'，自然'物来顺应'。"①

比如，你自信绝对没有做贼之想，什么原因？因为你根本就没有这份心思。你如果对财、色、名、利等想法，都像不做贼的心一样，做到铲除得干干净净，完完全全只是心之本体，还何来闲思杂念？这便是'寂然不动'，便是'未发之中'，便是'廓然大公'，自然可以'感而遂通'，自然可以'发而中节'，自然可以'物来顺应'。"

注 释

❶"寂然不动""感而遂通"：语出《周易·系辞上》，是指在宁静无为的状态下，能够敏锐地感知并顺应事物的变化和发展。"未发之中"：语出《中庸》，是指喜怒哀乐等情感未发生时，内心保持中正平和的状态；情感发生时，表现得适度得体。"廓然大公""物来顺应"：语出程颢《定性书》（《答横渠先生定性书》），是指心胸放宽广，不假私利，顺应事物自然发展。

说 明

闲思杂虑，如同货、色、名、利，这些不良欲望的萌生，还是源于"私心"。

【原文】

问"志至、气次"①。

先生曰："'志之所至，气

【译文】

问"志至、气次"。

先生说："这是指'志之所至，

亦至焉'②之谓,非'极至''次贰'③之谓。'持其志',则养气在其中。'无暴其气',则亦持其志矣。孟子救告子之偏,故如此夹持④说。"

气亦至焉',并非'极至''次贰'的意思。'持其志',养气就在其中了。'无暴其气',也就是保持其心志。孟子为了拯救告子的偏颇,才这样兼顾而言。"

注 释

❶"志至、气次":语出《孟子·公孙丑上》:"夫志,气之帅也;气,体之充也。夫志至焉,气次焉。故曰:'持其志,无暴其气。'"一个人的心志直接影响个人的气节,而气节是支撑一个人身体的东西。因此,一个人的心志是最重要的,而气节在心志的后面。所以说,只要掌握了一个人的心志,就不会让气节出什么问题。　❷"志之所至,气亦至焉":这是王阳明的看法,大意是说,心志在哪里,气节也跟到哪里。　❸"极至""次贰":语出朱熹《孟子集注》:"若论其极,则志固心之所之,而为气之将帅。然气亦人之所以充满于身,而为志之卒徒者也。故志固为至极,而气即次之。"　❹夹持:夹辅;匡助。

说 明

对于《孟子》所言"志"("持其志")与"气"("无暴其气")的关系问题,王阳明不同意朱熹以"志"为"极至"而"气"为"次贰"的看法,而是认为"志"在哪里,"气"也跟到哪里。所以,"志"和"气",相依相存,"志"要持,"气"要养,二者不可偏废。

【原 文】

问:"先儒曰'圣人之道,

【译 文】

问:"先儒程颐讲道:'圣人之

必降而自卑；贤人之言，则引而自高'①，如何?"

先生曰："不然。如此却乃伪也。圣人如天，无往而非天。三光②之上，天也；九地③之下，亦天也。天何尝有降而自卑？此所谓'大而化之'④也。贤人如山岳，守其高而已。然百仞⑤者不能引而为千仞，千仞者不能引而为万仞，是贤人未尝引而自高也，引而自高则伪矣。"

道，必降而自卑；贤人之言，则引而自高。'这句话怎么样？"

先生说："不对。这样就是虚伪、作假了。圣人犹如天，无往而不在。日月星辰之上是天，地底之下也是天。天什么时候降而自处于卑下地位呢？这就是孟子所说的'大而化之'。贤人如同高山，只是保持着它的高度罢了。然而，百仞之高不能再拉长到千仞，千仞之高不能再拉长到万仞，所以，贤人也未曾自引为高，自引为高就是虚伪、作假了。"

注释

❶ "圣人之道，必降而自卑；贤人之言，则引而自高"：程颐语，见朱熹《四书章句集注》："圣人之道，必降而自卑，不如此则人不亲；贤人之言，则引以自高，不如此则道不尊。"　❷ 三光：日、月、星。　❸ 九地：指地的最深处。　❹ "大而化之"：语出《孟子·尽心下》："大而化之之谓圣。"　❺ 仞：古时八尺或七尺叫作一仞。

说明

"圣人"与"贤人"，各居其位，各司其职，同使美德发扬光大，进入化境。

【原 文】

问："伊川谓'不当于喜怒哀乐未发之前求中'①，延平②却教学者'看未发之前气象'③，何如？"

先生曰："皆是也。伊川恐人于未发前讨个'中'，把'中'做一物看，如吾向所谓'认气定时做中'，故令只于涵养省察上用功。延平恐人未便有下手处，故令人时时刻刻求'未发前气象'，使之正目而视惟此，倾耳而听惟此，即是'戒慎不睹，恐惧不闻'④的工夫。皆古人不得已诱人之言也。"

【译 文】

问："程颐说'不当于喜怒哀乐未发之前求中'，李延平则教导学生'看未发之前气象'，怎么理解他们的说法？"

先生说："他们说得都对。程颐担心人们在喜怒哀乐等情感未发之前追求一个'中'，把'中'当作一件事物看待，就如同我曾说的'认气定时做中'，因此让人只在涵养省察上着力用功。李延平担心人们一开始找不到下手之处，因此让人要时时刻刻体认喜怒哀乐等情感'未发前气象'，让人正目所看、倾耳所听都是未发之前的景象，这也就是《中庸》上讲的'戒慎不睹，恐惧不闻'的工夫。这些都是古人为教人做学问不得已之时所说的话。"

注 释

❶"不当于喜怒哀乐未发之前求中"：语出《二程遗书》："若言求中于喜怒哀乐未发之前，则不可。"　❷延平：李侗（1093—1163），字愿中，世称延平先生，宋代剑浦（今福建南平）人。为程颐的二传弟子，年轻时拜杨时、罗从彦为师，得授《论语》《孟子》《春秋》《中庸》。学成退居山田，谢绝世故四十年。朱熹游其门下，并将其语录编为《延平答问》。二程之学，一传为杨时，再传为罗从彦，又再传为李侗，三人并称"南剑三先生"，是以二程为代表的洛学向以朱熹为代表的闽学演变的重要人物。　❸"看未发之前气象"：语出《延平答问》："或曰：'延平先生何故验于喜怒哀乐未发之前而求所谓中？'曰：'只

是要见气象。'"　　❹"戒慎不睹，恐惧不闻"：语出《中庸》："道也者，不可须臾离也，可离非道也。是故君子戒慎乎其所不睹，恐惧乎其所不闻。"

说　明

《中庸》所言"喜怒哀乐之未发谓之中，发而皆中节谓之和"所涉的"已发""未发"之辨，在《传习录》中多次出现，这也是宋明儒学家反复提及的修身学命题。无论是宋儒程颐、李侗，还是王阳明，都强调"戒慎不睹，恐惧不闻""涵养省察"的身心修养，进而达至"致中和"的道德理想境界。

【原　文】

澄问："喜怒哀乐之中、和，其全体常人固不能有。如一件小事，当喜怒者，平时无有喜怒之心，至其临时亦能中节，亦可谓之中和乎？"

先生曰："在一时一事，固亦可谓之'中、和'，然未可谓之'大本''达道'①。人性皆善，中、和是人人原有的，岂可谓无？但常人之心既有所昏蔽，则其本体虽亦时时发见，终是暂明暂灭，非其全体大用矣。无所不中，然后谓之'大本'；无所不和，然后谓之'达道'。'惟天下之至诚'，

【译　文】

陆澄问："喜怒哀乐的中、和，就总体而言，常人是无法都具有的。比如，碰到一件小事该有所喜、有所怒时，平时没有喜怒之心，到时也能发而中节，这也能称为中和吗？"

先生说："一时一事，虽然也可称'中、和'，但并不能说是'大本''达道'。人性都是善良的，中、和是人人生来就有的，岂能说没有？然而，常人之心有所昏暗蒙蔽，他的本体虽时刻显现，到底为时明时灭，非心的全体大用。无所不中，然后为'大本'；无所不和，然后为'达道'。这就是《中庸》所说的'惟天下之至诚'，然后能'立天下之大本'。"

然后能'立天下之大本'②。"

曰："澄于'中'字之义尚未明。"

曰："此须自心体认出来，非言语所能喻。'中'只是天理。"

曰："何者为天理?"

曰："去得人欲，便识天理。"

曰："天理何以谓之'中'?"

曰："无所偏倚。"

曰："无所偏倚是何等气象?"

曰："如明镜然，全体莹彻，略无纤尘染着。"

曰："偏倚是有所染着，如着在好色、好利、好名等项上，方见得偏倚。若未发时，美色名利皆未相着，何以便知其有所偏倚?"

曰："虽未相着，然平日好色、好利、好名之心原未尝无。既未尝无，即谓之有；既谓之有，则亦不可谓无偏倚。譬之病疟之人，虽有时不发，而病根原不曾除，则亦不得谓之无病之人矣。须是平日好色、好利、好名等项，一应私心，扫除荡涤，无复纤毫留滞，而此心全体廓然，纯是天

陆澄问："我对'中'的意思还不甚理解。"

先生说："这需要从心体上去认识，而不是语言所能表达的。'中'只是一个天理。"

陆澄问："何谓天理?"

先生说："去除私欲，就可认识天理。"

陆澄问："天理为什么可以称为'中'?"

先生说："不偏不倚。"

陆澄问："无所偏倚，是什么样的景象?"

先生说："就像明镜一般，全体晶莹透彻明亮，没有一丝一毫被染污。"

陆澄问："偏倚是有所沾污，比如在好色、贪利、慕名等方面有沾染，方可看出偏倚。如果心未生发之际，美色、名位、利益也都还没有显现，又怎么知道有所偏倚呢?"

先生说："虽未显现，但平时好色、贪利、慕名之心并不是没有。既然不是没有，就称作有；既然是有，就不能说无所偏倚。好比某人患了疟疾，虽有时不犯病，但病根没有拔除，也就不能说他是健康之人。必须把平时的好色、贪利、慕名等所有的私欲统统去除干净，不能有一丝一毫遗留，使此心彻底纯洁空明，完全是天理，才可

理，方可谓之'喜怒哀乐未发之中'，方是'天下之大本'。"

以叫作'喜怒哀乐未发之中'，这才是'天下之大本。'"

注 释

❶"中、和""大本""达道"：语出《中庸》："喜怒哀乐之未发，谓之中；发而皆中节，谓之和。中也者，天下之大本也；和也者，天下之达道也。"　❷"惟天下之至诚""立天下之大本"：语出《中庸》："唯天下至诚，为能经纶天下之大经，立天下之大本，知天地之化育。"

说 明

这条"语录"承上条，继续探讨"喜怒哀乐之未发谓之中，发而皆中节谓之和"的本义。"中"即是"天理"，去得"人欲"，便识"天理"。阳明心学的修身功夫就在平时将好色、好利、好名等私心，扫除荡涤，不能有一丝一毫遗留，使此"心"彻底纯洁空明，完全是"天理"，这也是"喜怒哀乐未发之中""天下之大本"的"中和"之本义。

【原 文】

问："'颜子没而圣学亡'①，此语不能无疑。"

先生曰："见圣道之全者惟颜子，观'喟然一叹'可见。其谓'夫子循循然善诱人，博我以文，约我以礼'②，是见破后如此说。博文、约礼，

【译 文】

问："您认为'颜子没而圣学亡'，这句话似乎有问题。"

先生说："众弟子中，只有颜回一人能够全部领会孔子圣学，这从他那'喟然一叹'中便可以看出。他说'夫子循循然善诱人，博我以文，约我以礼'，这是只有识破后才能如此说的。博文、约礼，为什么是善于教

如何是善诱人？学者须思之。道之全体，圣人亦难以语人，须是学者自修自悟。颜子'虽欲从之，末由也已'，即文王'望道未见'③意。'望道未见'，乃是真见。颜子没，而圣学之正派遂不尽传矣。"

导他人呢？我们这些做学问的人必须仔细考虑。所谓道之全体，圣人也很难告诉世人它的内涵，非要学者自己内心体悟。颜回说'虽欲从之，末由也已'，也就是文王'望道未见'的意思。'望道未见'，才是真正的见。颜回死后，孔子圣学的正宗就不能完全流传下来了。"

注 释

❶ "颜子没而圣学亡"：语见王阳明《别湛甘泉序》："颜子没而圣人之学亡。曾子唯一贯之旨，传之孟轲终，又二千余年而周、程续。自是而后，言益详，道益晦……某幼不问学，陷溺于邪僻者二十年，而始究心于老释。赖天之灵，因有所觉，始乃沿周、程之说求之，而若有得焉。"　❷ "夫子循循然善诱人，博我以文，约我以礼"：语见《论语·子罕》："颜渊喟然叹曰：'仰之弥高，钻之弥坚。瞻之在前，忽焉在后。夫子循循然善诱人，博我以文，约我以礼，欲罢不能。既竭吾才，如有所立卓尔，虽欲从之，末由也已。'"　❸ 文王"望道未见"：语本《孟子·离娄下》："文王视民如伤，望道而未之见。"

说 明

这条语录涉及王阳明及其心学的"道统"观，在阳明这里，他以为他的心学学脉、学统，接续的是孔子、颜回一系的圣学之正派。明末佛教学者蕅益智旭称阳明先生是"一洗汉宋诸儒陋习，直接孔颜心学之传"，又说，"近代传孔颜心法者，惟阳明先生一人"。而孔颜之"道"具有神秘主义的特质，需要儒家学者从"心体"层面来"自修自悟"。这也是王阳明"龙场悟道"的发生学原理。

【原文】

问："身之主为心，心之灵明是知，知之发动是意，意之所着为物，是如此否？"

先生曰："亦是。"

【译文】

问："身的主宰是心，心的灵明是知，知的发动是意，意的所在处是物，可以这样理解吗？"

先生说："可以。"

说 明

这条语录揭示了阳明心学语境下的"心""知""意""物"之间的相互关系。"身之主为心"，意味着"心"是身体和精神活动的中心，是所有决策和行为的起点。"心之灵明是知"，则指出"心"的本质是知觉和认识能力，它是如何感知世界和自身的根本。"知之发动是意"，表明当"心"有所感知时，就会产生意向或意图，这是从认识到行动的过渡。"意之所着为物"，意味着这些意向会指向具体的对象或事物，从而引发进一步的行为和互动。这就是阳明心学认识论的逻辑生发过程与基本原理。

【原文】

"只存得此心常见在①，便是学。过去未来事，思之何益？徒放心耳。"

【译文】

（先生说：）"只要把此心存养得常常现在，便是学。从前和将来的事，想它何益？只是失落本心而已。"

注 释

❶ 见在：现时；现在。

"学问之道无他，求其放心而已矣。"克己私欲，守住本心，涵养心体，就是儒家学者的使命。

【原　文】

"言语无序，亦足以见心之不存。"

【译　文】

（先生说:）"说话语无伦次，也足以看出此心已经不存。"

日常言语，也要发自"真心"，这也是存养"本心"的功夫。

【原　文】

尚谦①问孟子之"不动心"②与告子异。

先生曰："告子是硬把捉着此心，要他不动。孟子却是'集义'③到自然不动。"

又曰："心之本体，原自不动。心之本体即是性，性即是理。性元不动，理元不动，'集义'是复其心之本体。"

【译　文】

薛尚谦向先生请教，孟子与告子所说的'不动心'有何区别。

先生说："告子是死抠这颗心，强制它纹丝不动。孟子则是通过'集义'，使心自然不动。"

先生接着又说："心的本体，原本是不动的。心的本体便是性，性即是理。性原本不动，理也原本不动，'集义'就是恢复心的本体。"

注 释

❶ 尚谦：薛侃（1486—1545），字尚谦，因曾讲学中离山，世人称中离先生。广东潮州揭阳人。正德五年（1510）乡试中举，正德九年（1514）会试失利后至南都师从王阳明，再随阳明至南赣，直至正德十二年（1517）中进士。受薛侃影响，其长兄薛俊、弟薛侨、侄子薛宗铠也到赣州拜王阳明为师。而后传阳明心学于岭南，著有《云门录》《研几录》《图书质疑》《中离先生文稿》等，今有学者整理的《薛侃集》。　❷ "不动心"：语出《孟子·公孙丑上》："公孙丑问曰：'夫子加齐之卿相，得行道焉，虽由此霸王不异矣。如此，则动心否乎？'孟子曰：'否！我四十不动心。'曰：'若是，则夫子过孟贲远矣。'曰：'是不难，告子先我不动心。'""曰：'敢问夫子之不动心与告子之不动心，可得闻与？''告子曰："不得于言，勿求于心；不得于心，勿求于气。"不得于心，勿求于气，可；不得于言，勿求于心，不可。夫志，气之帅也；气，体之充也。夫志至焉，气次焉；故曰："持其志，无暴其气。"''既曰："志至焉，气次焉。"又曰："持其志，无暴其气者。"何也？'曰：'志壹则动气，气壹则动志也。今夫蹶者趋者，是气也，而反动其心。'"　❸ "集义"：积善，谓行事合乎道义。语出《孟子·公孙丑上》："其为气也，配义与道，无是，馁也。是集义所生者，非义袭而取之也。"

说 明

通过孟子、告子"不动心"的对比性诠释，王阳明认可孟子的看法，同时提出"心之本体，原自不动。心之本体即是性，性即是理"的"心体""性体"论。持守心志、存养正气，就可以恢复心之本体。

【原 文】

""万象森然'时，亦'冲漠无朕'；'冲漠无朕'，即'万象

【译 文】

（先生说:）""万象森然'时，就是'冲漠无朕'；而'冲漠无

森然'①。'冲漠无朕'者，'一'之父；'万象森然'者，'精'之母。'一'中有'精'，'精'中有'一'②。"

朕'，即是'万象森然'。'冲漠无朕'，就是统摄万物的'一'；'万象森然'，就是孕育万物的'精'。'一'之中含有'精'，'精'之中也含有'一'。"

注 释

❶"冲漠无朕""万象森然"：程颐语，见《二程遗书》卷十五："冲漠无朕，万象森然已具，未应不是先，已应不是后。"关于"冲漠无朕"字面意思的理解，"冲"：弥漫、冲击；"漠"：广大无边。"朕"：预兆。程颐整句话的大意是说，大道真理在广大无边的天地中弥漫、激荡，没有任何预兆。虽然如此，天地间的万物，早就已经具备了其存在的各种条件，不论已经显现或者没有显现，都没有先、后之分别。　❷"精""一"：就是"惟精、惟一"，语出《尚书·大禹谟》。

说 明

王阳明使用《尚书》中的"惟精""惟一"的关系，来阐释程颐所言"冲漠无朕""万象森然"二者之间的关系。

【原 文】

"心外无物。如吾心发一念孝亲，即孝亲便是'物'。"

【译 文】

（先生说:）"心外无物。比如，我心中有孝敬父母的念头，那么孝敬父母就是'物'。"

说 明

一念发动即是物，念由心发，故"心外无物"。

【原 文】

先生曰："今为吾所谓'格物'之学者，尚多流于口耳。况为口耳之学者，能反于此乎？天理人欲，其精微必时时用力省察克治，方日渐有见。如今一说话之间，虽口讲①天理，不知心中倏忽之间，已有多少私欲。盖有窃发而不知者，虽用力察之，尚不易见，况徒口讲，而可得尽知乎？今只管讲天理来，顿放着不循；讲人欲来，顿放着不去，岂'格物致知'之学？后世之学，其极至只做得个'义袭而取'②的工夫。"

【译 文】

先生说："现在不少学习我所说的'格物'之学的学者，大多只是停留在口耳言论上。更何况那些喜欢空谈阔论的人，能不这样吗？天理与人欲的分辨，其细微处只有时时刻刻用力省察克治，才能逐渐有所发现。现在说话的这一时刻，虽是在探究天理，但不知转眼的一瞬间，心中又有多少私欲。私欲悄悄产生，人是毫无感觉的，即使用力省察也不易发现，更何况空谈阔论，又怎能完全察觉呢？现在只顾空谈天理，却搁置起来不去遵循；谈论私欲，却放着它而不去摒除，怎么是'格物致知'之学？后世的学问，即使做到极致，充其量也只是一个'义袭而取'的工夫罢了。"

注 释

❶ 口讲：《王文成公全书》本《传习录》作"只讲"，亦有他本《传习录》作"口讲"，兹据黎业明《传习录译注》（上海古籍出版社 2021 年版，第 129 页）及上下文意改。　❷"义袭而取"：出自《孟子·公孙丑上》，大意是说，

想通过一次合于"义"的举动就达到期望的目标是不可取的，也是不可能的。

说　明

　　王阳明所讲的"格物致知"之学，并非耳听口讲所能把握与理解的。学者要在日常中用力省察克治，去人欲、循天理。总之，王阳明的"格物"之学，是修身体悟、道德实践之实学。

【原　文】

　　问"格物"①。
　　先生曰："格者，正也。正其不正，以归于正也。"

【译　文】

　　问"格物"。
　　先生说："格，就是纠正的意思。纠正那些歪曲的，使其归于正道。"

注　释

　　❶"格物"：语出《大学》。

说　明

　　格物即正心，正念头，去恶念，存善念。

【原　文】

　　问："'知止'①者，知至善只在吾心，元不在外也，

【译　文】

　　问："'知止'，就是知道至善只存在自己心中，并不在心之外，然后人的

而后志定。”

　　曰：“然。”

　　志向才能确定。这样理解，对吗？”

　　先生说：“是的。”

注 释

　　❶ 知止：语出《大学》：“知止而后有定，定而后能静，静而后能安，安而后能虑，虑而后能得。”

说 明

　　“至善只在吾心”，至善就是本心、就是心体、就是良知。良知就在自己“心”中，这也是“心即理”的逻辑展开。

【原 文】

　　问：“‘格物’于动处用功否？”

　　先生曰：“‘格物’无间动静，静亦物也。孟子谓‘必有事焉’①，是动静皆‘有事’。”

【译 文】

　　问：“‘格物’是否应在动的时候用功？”

　　先生说：“‘格物’是不分动静的，静也是事物。孟子说‘必有事焉’，就是动静皆‘有事’。”

注 释

　　❶ 必有事焉：语出《孟子·公孙丑上》：“必有事焉而勿正，心勿忘，勿助长也。”大意是说，任何时候都一定要培养浩然之气，不要有特定的功利目的，不要忘记、也不要违背客观规律去助长它。

说　明

正念头、修身心，要勿忘勿助，动静之时，皆要存养良知、呵护心体。

【原　文】	【译　文】
"工夫难处，全在'格物、致知'上，此即'诚意'之事。意既诚，大段心亦自正，身亦自修。但'正心''修身'工夫，亦各有用力处。'修身'是'已发'边，'正心'是'未发'边。心正则'中'，身修则'和'。"①	（先生说:）"修身工夫的难处，全都落在'格物、致知'上，这就是'诚意'的事情。意诚，心自然端正，身也自然修养。然而'正心''修身'的工夫，也各有用力的地方。'修身'是在情感'已发'时进行，'正心'是在情感'未发'时进行。心正则是'未发之中'；身修则是'已发之和'。"

注　释

❶ "格物、致知""诚意""正心""修身"，语见《大学》；"已发""未发""中""和"，出自《中庸》。

说　明

在南京讲学期间，王阳明以"诚意"作为联结"格物、致知""正心""修身"工夫论的起点，进而把《大学》"八条目"前后贯通起来。同时，王阳明又用《大学》来解释《中庸》，心正即是"未发之中"，身修即是"已发之和"，足以说明。

【原 文】

"自'格物''致知'至'平天下',只是一个'明明德'①,虽'亲民'亦'明德'事也。'明德',是此心之德,即是仁。'仁者,以天地万物为一体'②,使有一物失所,便是吾仁有未尽处。"

"只说'明明德'而不说'亲民',便似老、佛。"

"'至善'③者,性也。性元无一毫之恶,故曰'至善'。止之,是复其本然而已。"

【译 文】

(先生说:)"从'格物''致知'到'平天下',只是'明明德'的具体展开而已,即使'亲民'也是'明德'的事。'明德'就是自己内心的德性,就是仁。'仁者,以天地万物为一体',假如有一物失其所,即是我的仁还有不完善之处。"

"只讨论'明明德',而不探究'亲民',就如同道家、佛家的学说一般。"

"'至善',就是性。性本来没有一丝一毫的恶,所以称为'至善'。止于至善,就是恢复性的本来面目而已。"

注 释

❶"格物""致知""平天下""明明德":语出《大学》。 ❷"仁者,以天地万物为一体":语本《二程遗书》中程颢所说:"仁者,以天地万物为一体,莫非己也。认得为己,何所不至?""学者须先识仁。仁者,浑然与物同体。"
❸"至善":语出《大学》:"大学之道,在明明德,在亲民,在止于至善。"

说 明

这几条语录是王阳明对古本《大学》"八条目"的最终指向的理解,就是说"格物、致知、诚意、正心、修身、齐家、治国、平天下"的终极目标就在于"明明德",也就是阳明心学的终极纲领——"致良知"。"明德"就是"良知",

故而"明明德"也就是"致良知"。在阳明这里，三纲领之"明明德"与"亲民"，也是相互贯通的，"明德"就是"仁"、就是"良知"，"仁民而爱物"，便是"万物同体""万物一体之仁"的意思。"无善无恶心之体"，"至善者，性也"，在阳明看来，"心体"是"仁心"之体，"性体"之"性"是"至善"之性。"止于至善"的"止"就是向本然之"性"的回归。对于"仁者，浑然与物同体"的提出，程颢有言："吾学虽有所授受，'天理'二字却是自家体贴出来。"同样，在阳明这里，"仁者以天地万物为一体"也需要"诸君自体认出来始得"。万物同体之"仁"的境界，也是阳明心学的最高成就。王阳明的本名"守仁"，也寓意着"仁是造化生生不息之理"，这就是"生生"的哲学。孔孟儒学最为看重的是"成己成物"，即"成人""成仁"的一个"做人""做君子""成圣人"的过程，"生生"也是王阳明哲学的特质。

【原文】

问："知至善即吾性，吾性具吾心，吾心乃至善所止之地，则不为向时之纷然外求而志定矣。定则不扰扰而静，静而不妄动则安，安则一心一意只在此处，千思万想，务求必得此至善，是能虑而得矣。如此说，是否？"①

先生曰："大略亦是。"

【译文】

问："如果知道至善就是我的本性，本性原本在我心中具备，我的心就是至善存留的地方，那么，我就不会像从前那样着急向外求取，意志也就能确定了。意志确定之后，内心就能平静，不会有烦恼；心静就会感到心安，不会有妄动；心安就能专心致志在至善之处，万虑千思，都是要探究这个至善，这就是能虑而得了。这样解释，是否正确？"

先生说："大致如此。"

注　释

❶ 此段文字主要是对《大学》"知止而后有定，定而后能静，静而后能安，

安而后能虑，虑而后能得”的阐释。

在王阳明看来，《大学》所言"知止"，是说我们的内心是至善之地，所以向内心探求就可以"知止"。

【原 文】

问："程子云'仁者以天地万物为一体'，何墨氏'兼爱'①，反不得谓之'仁'？"

先生曰："此亦甚难言，须是诸君自体认出来始得。仁是造化生生不息之理，虽弥漫周遍，无处不是，然其流行发生，亦只有个渐，所以生生不息。如冬至一阳生，必自一阳生而后渐渐至于六阳②。若无一阳之生，岂有六阳？阴亦然。惟其渐，所以便有个发端处；惟其有个发端处，所以生；惟其生，所以不息。譬之木，其始抽芽，便是木之生意发端处。抽芽然后发干，发干然后生枝生叶，然后是生生不息。若无芽，何以有干、有枝叶？能抽

【译 文】

问："程颢说'仁者以天地万物为一体'，而墨子的'兼爱'之说反而不能称为'仁'，这是为什么？"

先生说："一言难尽，诸位必须自己亲自体认才能明白。仁是自然造化生生不息的理，虽然遍布于宇宙，无处不在，但其流行发生也是一步一步的，所以它才生生不息。比如，冬至的时候阳气开始产生，一定是从一阳开始，渐至六阳才能出现。如果没有一阳的产生，何来六阳？阴也是如此。正由于有一个渐进，所以就有个发端处；正因为有个发端处，所以才能生；正因为能生，所以才不息。这好比一棵树，树苗发芽就是树的生长发端处。抽芽后，长出树干，有树干后再长出枝叶，然后生生不息。如果没有树芽，

芽，必是下面有个根在。有根方生，无根便死，无根何从抽芽？父子兄弟之爱，便是人心生意发端处，如木之抽芽。自此而仁民、而爱物③，便是发干、生枝、生叶。墨氏兼爱，无差等，将自家父子兄弟，与途人一般看，便自没了发端处。不抽芽，便知得他无根，便不是生生不息，安得谓之'仁'？孝弟为仁之本④，却是仁理从里面发生出来。"

怎么会有主干和枝叶？能抽芽，地下一定有根在。有根方能生长，无根便会枯死，没有树根从何抽芽？父子、兄弟之爱，便是人心情感的发端处，如同树木的抽芽。从此而仁民、爱物，便是长出树干和枝叶。墨子的兼爱是无区别的，把自己的父子、兄弟，与陌生人同等看待，这自然就没有了发端处。不抽芽，便知道它没有根，便不是生生不息，又怎么能称作'仁'呢？孝悌是仁的根本，仁理就是从孝悌中产生出来的。"

注　释

❶墨氏：墨翟（约前468—前376），春秋战国之际鲁国（一说宋国）人，墨家学派创始人，其学说与儒学在当时并称"显学"，被后世称为墨子。墨子的思想核心是"兼爱"。"兼爱"：即爱人如己，不分亲疏远近、贫富贵贱，同等程度地爱一切人。《孟子·滕文公下》云："杨朱、墨翟之言盈天下，天下之言，不归杨则归墨。杨氏为我，是无君也；墨氏兼爱，是无父也。"《孟子·尽心上》言："墨子兼爱，摩顶放踵利天下，为之。"　❷六阳：五月夏至，一阴初生，渐长而于六月之间为六阴；十一月冬至，阳渐长，亦于六个月期间至于六阳。　❸自此而仁民、而爱物：语本《孟子·尽心上》："君子之于物也，爱之而弗仁；于民也，仁之而弗亲。亲亲而仁民，仁民而爱物。"　❹孝弟为仁之本：语本《论语·学而》："有子曰：'……君子务本，本立而道生。孝弟也者，其为仁之本与'。"

说明

这是王阳明对儒家"仁爱"与墨家"兼爱"的辨析，毕竟儒家的"仁爱"从父子兄弟之爱这一亲情伦理中产生的等差之爱，推己及人，由近及远，不同于墨家无差别等级、不分厚薄亲疏的"兼爱"等抽象的道德准则。

【原 文】

问："延平云：'当理而无私心。'① '当理'与'无私心'，如何分别？"

先生曰："心即理也。无私心即是当理，未当理便是私心。若析心与理言之，恐亦未善。"

又问："释氏于世间一切情欲之私都不染着，似无私心。但外弃人伦，却似未当理？"

曰："亦只是一统事，都只是成就他一个私己的心。"

右门人陆澄录

【译 文】

问："李延平说：'当理而无私心。''当理'与'无私心'，怎样区别？"

先生说："心即理。没有私心就是合于理，不合于理就是存有私心。如果把人心和天理分开来讨论，是不妥当的。"

接着问："佛家对于世间的一切情欲私心都不沾染，似乎没有私心。但抛弃人伦关系，似乎也不合天理。"

先生说："都是同一回事，只是要成就一己私欲之心而已。"

以上由弟子陆澄记录

注 释

❶"当理而无私心"：语出李侗《延平答问》："仁只是理，初无彼此之辨。当理而无私心，即仁矣。"

说　明

儒家的"心"是合于"天理"的仁爱之心，同时强调修己以敬，修己以安人，修己以安百姓；佛家主张抛弃人伦以求解脱。公私之辨，昭然若揭。

薛侃录

解　题

薛侃（1486—1545），字尚谦，号中离，学者称中离先生。广东揭阳人。正德五年（1510）广东乡试中举，正德九年（1514）至京城第二次参加会试不中后转至南都师事王阳明。正德十一年（1516）九月，王阳明离开南都至赣州平乱，薛侃亦离去。正德十二年（1517）中进士后，即疏乞归养。正德十三年（1518），因深契阳明心学，携兄薛俊、弟薛侨、侄薛宗铠至赣州，再从学于王阳明；同年七月、八月间，在赣州刊刻王阳明的《大学古本傍释》《传习录》。通行本也就是《王文成公全书》卷一《传习录·上》，共有薛侃于正德九年至正德十三年间在南都、赣州侍从阳明期间，听闻阳明讲学与同门问学而辑录的阳明语录36条。其中言及"立志""去私意、存天理""无善无恶""真己""诚意工夫""居敬穷理"等传统儒学命题，反映出了王阳明对《论语》《孟子》《周易》等儒家经典的理解，对二程、朱熹等先儒的看法以及对儒佛道三教关系的评述。这些语录，同时也反映了正德九年至正德十三年间王阳明学术思想的进展，尤其是《朱子晚年定论》编刊的前后经过。薛侃辑录的这些阳明语录，也成为王阳明在正德十五年（1520）正式提出的"致良知"之教的前奏与铺陈。

【原　文】

侃问："持志如心痛，一心

【译　文】

薛侃问："操守志向犹如心痛一

在痛上，安有工夫说闲语，管闲事？"①

先生曰："初学工夫如此用亦好。但要使知'出入无时，莫知其乡'②，心之神明，原是如此，工夫方有着落。若只死死守着，恐于工夫上又发病。"

般，一门心思都放在痛上，哪有工夫说闲话、管闲事？"

先生说："开始学时，如此这般着力用功固然可以。但应该明白'出入无时，莫知其乡'，心中的神妙灵明原本就是如此，工夫才可以有所着落。若只死守志向，恐怕在工夫上又会犯了执着的毛病。"

注 释

❶ 这句话又见《传习录·上》"陆澄录"。　❷ "出入无时，莫知其乡"：语出《孟子·告子上》引述的孔子之言："故苟得其养，无物不长；苟失其养，无物不消。孔子曰'操则存，舍则亡；出入无时，莫知其乡'，惟心之谓与？"大意是说，心的进出没有一定的时候，也不知道它去向何方。因为，心的各种念头和想法会随机出现和消失，不受我们的控制。

说 明

前文说过，"立志"是儒家为学的起点，"吾十有五而志于学"的孔子，就是"立志"的典范。王阳明教诲门人，也是从"立志""持志"上起步。薛侃师从阳明，也是从如何"持志"开启。人心，在没有接受儒家工夫修炼之前，是一个生机勃勃的活物，思维活动一刻也不停；同时，思维的内容、方式、次序都不受限制，念念相续，胡思乱想。所以，只有将心念工夫落实在必为"圣学""存天理、去人欲"的志向上，才算得学者的操守。王阳明的成圣之路也是如此，早年出入于辞章、佛老之学，而后归本于儒家圣人之学，也是一个不断修正自己为学宗旨的过程。

【原文】

侃问："专涵养而不务讲求①，将认欲作理，则如之何？"

先生曰："人须是知学。讲求亦只是涵养；不讲求，只是涵养之志不切。"

曰："何谓知学？"

曰："且道为何而学，学个甚？"

曰："尝闻先生教，学是学存天理。心之本体，即是天理，体认天理，只要自心地无私意。"

曰："如此，则只须克去私意便是。又愁甚理欲不明？"

曰："正恐这些私意认不真。"

曰："总是志未切。志切，目视耳听皆在此，安有认不真的道理？'是非之心，人皆有之'②，不假外求。讲求，亦只是体当自心所见，不成③去心外别有个见？"

【译文】

薛侃问："只重视德行的涵养而不注重学问上的讲究，把人的私欲认作天理，怎么办？"

先生说："人应当知道如何为学。讲究求学，无非也是涵养德行；不讲究求学，只是因为涵养德行的志向不够笃定。"

薛侃又问："什么是知学？"

先生说："你且先说为什么而学，学个什么？"

薛侃说："曾经听您教诲，学是学存天理。心之本体即天理，体认天理，只要求己心没有私意。"

先生说："既然如此，只要克除私欲就可以了。何愁天理和人欲不能明辨？"

薛侃说："正是担心不能认清这些私欲。"

先生说："还是志向不够笃定的问题。如果志向笃定，耳朵所听的、眼睛所见的，全在察觉私欲上，哪有认不清的？'是非之心，人皆有之'，无须向外界寻求。讲究求学，也只是体会自己心中所见的而已，难道要去心外去寻找其他的见识？"

注 释

❶ 讲求：讲究；求学。　❷ "是非之心，人皆有之"：语出《孟子·告子上》。大意是说，分辨是非得失的能力，人人都是有的。　❸ 不成：难道。

说 明

王阳明与薛侃之间的这几则对话涉及如何甄别"天理"与"人欲"。人的纯然至善之本心，即是"心体"，即是天理。理在心中，无须别处讲求。志向笃定，涵养心性本身，即是用心体认天理。

【原 文】

先生问在坐之友："比来工夫何似？"

一友举虚明①意思。先生曰："此是说光景。"②

一友叙今昔异同。先生曰："此是说效验。"③

二友惘然，请是。

先生曰："吾辈今日用功，只是要为善之心真切。此心真切，见善即迁，有过即改④，方是真切工夫。如此，则人欲日消，天理日明。若只管求光景，说效验，却是助长外驰病痛，不是工夫。"

【译 文】

先生问在座的学友："各位近来求学的工夫怎么样？"

有位学友用内心清虚明彻来形容。先生说："这是讲表面景象。"

一位朋友讲述了现在与之前的异同。先生说："这是说效果。"

两位学友听了之后，感到茫然不解，于是向先生请教。

先生说："我们现在用功，就是要使为善的心真切笃实。为善之心真切笃实了，见到善的就会向往，有了过错就会即刻改正，这才是真切的工夫。这样一来，人的私欲就逐渐减少，天理就逐渐明朗。如果只是寻求表面景象，说效果，这样反倒助长了外求的弊端，而不是求学的真切工夫。"

注 释

❶ 虚明：指内心清虚明彻。　❷ 光景：表面景象，喻指虚幻不实之物。
❸ 效验：成效；效果。　❹ 见善即迁，有过即改：语出《周易·益卦·象传》：
"风雷，益。君子以见善则迁，有过则改。"

说 明

　　这则"语录"发生的时间为正德十年（1515）左右。对于心学的真切工夫，
在阳明看来，首先是要为善之心真切，然后才能见善则迁，有过则改；如此，
则人欲日消，天理日明。"改过"是历代儒者包括王阳明极为看重的一种修身方
式。《论语》里讲，"君子之过也，如日月之食焉：过也，人皆见之；更也，人
皆仰之"。人皆有过，改过为贤。即便是圣人孔子，也曾说："丘也幸，苟有过，
人必知之。"又说："择其善者而从之，其不善者而改之。"犯了过错，并不可
怕，关键在于是否能正确认识和对待过错，能否及时改过从善。

【原 文】

　　朋友观书，多有摘议晦
庵①者。

　　先生曰："是有心求异，即
不是。吾说与晦庵时有不同者，
为入门下手处，有毫厘千里之
分，不得不辩。然吾之心与晦庵
之心，未尝异也。若其余文义②
解得明当处，如何动得一字？"

【译 文】

　　学友们在一起看书，时常摘录
朱子的学说进行批评、议论。

　　先生说："这样存心去吹毛求疵，
是错误的。我的学说和朱子有所不
同，主要是学问的入门下手处有毫厘
千里之别，不得不辨明清楚。然而，
我的用心与朱子并无二致。比如，朱
子对文义解释得清晰精确之处，我又
怎能改动一个字呢？"

注 释

❶ 晦庵：朱熹（1130—1200），字元晦，一字仲晦，号晦庵，又号紫阳，世称晦庵先生、朱文公或朱子。　❷ 其余文义：主要指朱熹《四书章句集注》《四书或问》对"四书"经典语句的解读。

说 明

我们知道，朱子理学是南宋以降封建王朝的主流意识形态，王阳明及其后学活动的明代中后期也是如此。王阳明在"学圣""成圣"之路上必须面对朱子理学及其维护者的"学术挑战"，而阳明良知心学也正是在批判继承程朱理学，进而融摄陆九渊心学的过程中，在向孔孟原始儒家经典回归的过程中不断修正、调适、升华而有"知行合一致良知""明德亲民止至善""天地万物一体之仁"的学术思想体系。无论是十五六岁的七日"穷格竹子的道理""以劳思致疾，遂相与叹圣贤是做不得的，无他大力量去格物"的失败，还是正德三年（1508）龙场悟道后总结的"圣人之道，吾性自足，向之求理于事物者，误也"的结论，以及正德七年（1512）左右京师讲学期间在《答徐成之书》中调停"朱陆之争"的努力，以至于正德十年（1515）左右在南都讲学期间应对朱子学者"攻击"而编《朱子晚年定论》，都使得王阳明必须返归孔孟原始儒家经典，进而对程朱理学"性即理""知先行后""格物穷理"的为学路数作出自家的回应。也应该指出，无论是二程、朱子，还是陆九渊、王阳明，他们都是儒家圣人之学的捍卫者与儒家道统的传承者，都是以"存天理、去人欲"为基本路径，以期实现"圣人之学"所追求的修己以敬，修己以安人，修己以安百姓的终极理想，只不过"入门下手处"有别罢了。

【原 文】	【译 文】
希渊①问："圣人可学而至②，然伯夷③、伊尹④于孔子，	蔡希渊问："圣人的境界是可以通过学习而达成的，然而伯夷、伊

才力终不同，其同谓之圣者⑤安在？"

先生曰："圣人之所以为圣，只是其心纯乎天理而无人欲之杂。犹精金之所以为精，但以其成色足而无铜铅之杂也。人到纯乎天理方是圣，金到足色方是精。然圣人之才力，亦有大小不同，犹金之分两有轻重。尧、舜犹万镒⑥，文王、孔子犹九千镒，禹、汤、武王犹七八千镒，伯夷、伊尹犹四五千镒。才力不同而纯乎天理则同，皆可谓之圣人。犹分两虽不同而足色则同，皆可谓之精金。以五千镒者而入于万镒之中，其足色同也；以夷、尹而厕之尧、孔之间，其纯乎天理同也。盖所以为精金者，在足色而不在分两；所以为圣者，在纯乎天理而不在才力也。故虽凡人而肯为学，使此心纯乎天理，则亦可为圣人。犹一两之金，比之万镒，分两虽悬绝，而其到足色处可以无愧。故曰'人皆可以为尧、舜'⑦者，以此。学者学圣人，不过是去人欲

尹与孔子相比，在才力上终究有所不同，为什么孟子将他们都称为圣人呢？"

先生说："圣人之所以为圣人，只因他们的心纯为天理而不夹杂丝毫私欲。好比纯金之所以为纯金，只是因它的成色充足而没有掺杂铜、铅等杂质。人到纯是天理才为圣人，金到足色才为纯金。然而，圣人的才力，也有大小之分，有如金的分量有轻重。尧、舜如同万金之镒，文王、孔子如同九千之镒，禹、汤、武王如同七八千之镒，伯夷、伊尹如同四五千之镒。才力虽有异，但纯为天理却是相同的，都可称为圣人。如同金的分量不同，而只要在成色上相同，都可称为纯金。把五千镒放入万镒之中，成色一致；把伯夷、伊尹和尧、孔子放在一块，纯是天理同样一致。之所以为纯金，在于成色足，而不在分量的轻重；之所以为圣人，在于纯乎天理，而不在才力大小。因此，平常之人只要肯学，使自己的内心纯为天理，同样可成为圣人。比如一两纯金，和万镒之金对比，分量的确相差很远，但就其成色足而言，则是毫不逊色。'人皆可以为尧、舜'，根据的正是这一点。学者学圣人，只不过是去私欲而存天理罢了。好比炼

而存天理耳。犹炼金而求其足色，金之成色所争不多，则煅炼之工省而功易成；成色愈下，则煅炼愈难。人之气质，清浊粹驳，有中人以上、中人以下；其于道，有生知安行、学知利行[8]；其下者必须人一己百、人十己千[9]，及其成功则一。后世不知作圣之本是纯乎天理，却专去知识才能上求圣人。以为圣人无所不知，无所不能，我须是将圣人许多知识才能，逐一理会始得。故不务去天理上着工夫，徒弊精竭力，从册子上钻研，名物上考索，形迹上比拟，知识愈广而人欲愈滋，才力愈多而天理愈蔽。正如见人有万镒精金，不务煅炼成色，求无愧于彼之精纯，而乃妄希分两，务同彼之万镒，锡铅铜铁，杂然而投，分两愈增，而成色愈下，既其梢末，无复有金矣。”

时曰仁[10]在傍，曰："先生此喻，足以破世儒[11]支离之惑，大有功于后学。"

先生又曰："吾辈用功，只

金求成色充足，金的成色相差不大，锻炼的工夫可节省许多，容易成为纯金；成色越差，锻炼越难。人的气质有清纯浊杂之分，有中人以上、中人以下之别；对于道来说，有生知安行、学知利行的不同；资质低下的人，必须是别人用一分力，自己用百分力，别人用十分力，自己用千分力，最后所取得的成就是相同的。后世之人不理解成为圣人的根本在于纯是天理，只想在知识才能上力求作圣人。认为圣人无所不知，无所不会，我只需把圣人的许多知识才能，一一学会就可以了。因此，他们不从天理上下工夫，白白耗费精力，从书本上钻研，从名物上考究，从形迹上模仿，这样一来，知识越渊博而私欲越滋长，才能越高而天理越被遮蔽。正如同看见别人有万镒之纯金，不肯在成色上锻炼自己的金子以求无逊于别人的纯金，只是妄想在分量上赶超别人的万镒，把锡、铅、铜、铁等杂质掺杂进去，这样，分量是增加了，但成色却愈低下，炼到最后，不再有金子了。"

当时，徐爱在一旁说道："先生这个比喻，足以击破世间儒者支离散乱的困惑，对后学大有好处。"

先生接着说："我们用功学习，但求日渐减少，不求日渐增多。减求日减，不求日增。减得一分人欲，便是复得一分天理。何等轻快脱洒！何等简易！"

去一分私欲，便又多得一分天理。如此，何等轻快洒脱！何等简捷便易啊！"

注 释

❶ 希渊：蔡宗兖（1474—1547），字希渊，号我斋，浙江山阴（绍兴）人。正德二年（1507）秋于杭州师从王阳明，正德十年（1515）左右再来南都师从阳明。正德十二年（1517）与陆澄、薛侃等同中进士，官至四川提学佥事。 ❷ "圣人可学而至"：语出程颐《颜子所好何学论》："伊川先生曰：'学以至圣人之道也。''圣人可学而至欤？'曰：'然。'" ❸ 伯夷：商末孤竹君长子。初孤竹君以次子叔齐为继承人，孤竹君死后，叔齐让位，伯夷不受。后二人投奔到周，反对周武王伐纣。武王灭商后，他们又隐居到首阳山，不食周粟而死。❹ 伊尹：名伊，尹为官名。一说名挚，商初大臣。帮助汤攻灭夏桀。汤的孙子太甲即位，因破坏商汤法制，不理国政，被他放逐，三年后太甲悔过，又接回复位。 ❺ 其同谓之圣者：语本《孟子·万章下》："孟子曰：'伯夷，圣之清者也；伊尹，圣之任者也；柳下惠，圣之和者也；孔子，圣之时者也。'" ❻ 镒（yì）：古代重量单位，一镒合二十两，一说为二十四两。 ❼ "人皆可以为尧、舜"：语出《孟子》："曰：'人皆可以为尧、舜，有诸？'孟子曰：'然。'" ❽ "生知安行、学知利行"：语出《中庸》："或生而知之，或学而知之，或困而知之，及其知之，一也。或安而行之，或利而行之，或勉强而行之，及其成功，一也。" ❾ 人一己百、人十己千：语出《中庸》："人一能之，己百之；人十能之，己千之。果能此道矣，虽愚必明，虽柔必强。" ❿ 曰仁：即徐爱。❶❶ 世儒：指程朱。

说 明

正德九年至十一年间（1514—1516），王阳明在南都，徐爱、陆澄、薛侃、黄宗明、马明衡、季本、许相卿、王激、诸偁、林达、张寰、唐愈贤、饶文璧、刘观时、郑骝、周积、郭庆、栾惠、刘晓、何鳌、陈杰、杨杓、白说、白谊、彭一之、朱箎、路迎等二三十人同聚阳明门下，日夕渍砺不懈，探究"圣人可学而至"的理论逻辑与实践路径。蔡宗兖向阳明发问："圣人可学而至，然伯夷、伊尹于孔子，才力终不同，其同谓之圣者安在？"于此，王阳明以著名的"精金喻圣"说来解读。王阳明把尧舜的分量定为一万镒黄金，把孔子的分量定为九千镒黄金。尧、舜和孔子都是圣人，他们的心都"纯乎天理"，用黄金比喻就是他们都为纯金，成色上无可挑剔。但之所以有分量之别，取决于天时、地利所决定的外在事业的成功，以此评定他们的"才力"。但不管分量差了多少，只要是纯金，一镒和一万镒都是一样的"足色"，不必高下立判。最后，王阳明得出结论：学做圣人就要论成色，不要论斤两。徐爱听闻此番解读，有"足以破世儒支离之惑，大有功于后学"的感慨，这也是阳明心学的入门处："只求日减，不求日增。减得一分人欲，便是复得一分天理。"这又是何等轻快洒脱！何等简易！总之，普通人，只要肯学、立志学，使此心纯乎天理，也可以成为像尧、舜、孔子一样的圣人。

【原文】

士德①问曰："'格物'之说，如先生所教，明白简易，人人见得。文公②聪明绝世，于此反有未审，何也？"

先生曰："文公精神气魄大，是他早年合下便要继往开来③，故一向只就考索著述上用功。若先切己自修，自然不暇及此。到得德盛后，果忧道之不明，如孔子退修六籍，删繁就简，开示来学，亦大段不费

【译文】

杨仕德问："'格物'之说，诚如先生所教导的，简单明了，人人都能明白清楚。朱子聪明盖世，为什么对'格物'的阐释反而不准确呢？"

先生说："朱子的精神气魄宏伟，他早年就下定决心要做继往开来的学问，所以他始终在考究学问和著书立说上下功夫。如果他先切合实际进行自身修养，自然就无暇顾及为学著述。等到德行鼎盛之时，如果忧虑大道无法昌明于世，就会像孔子那样删述《六经》，去繁从简，开导启发后生，也就无须多少考究探索。朱子早

甚考索。文公早岁便著许多书，晚年方悔是倒做了。"

士德曰："晚年之悔，如谓'向来定本之悞'④，又谓'虽读得书，何益于吾事'⑤，又谓'此与守书籍，泥言语，全无交涉'⑥。是他到此，方悔从前用功之错，方去切己自修矣。"

曰："然。此是文公不可及处。他力量大，一悔便转，可惜不久即去世，平日许多错处，皆不及改正。"

年之时写了许多书，到了晚年之时才悔悟自己将功夫做颠倒了。"

杨仕德说："朱子晚年悔悟，他说'向来定本之悞（误）'，又说'虽读得书，何益于吾事''此与守书籍，泥言语，全无交涉'。这些话，表明他晚年才发现从前用功的错误，才去切合实际进行自身修养。"

先生说："是的。这正是朱子高不可及的地方。他力量大，一悔悟就能即刻改正，令人惋惜的是，不久他就去世了，生前所致的许多错误都没能来得及改正。"

注　释

❶ 士德：杨骥（1484—1520），字仕德，广东潮州府饶平县人。正德十一年（1516）秋，杨骥、杨鸾（字仕鸣，一字少默）兄弟参加广东乡试中举；正德十二年（1517）春至京师会试不中后，因薛侃介绍，至赣州师从王阳明；同年冬，王阳明在横水征战之时，尝寄书杨骥云："破山中贼易，破心中贼难。"正德十三年（1518）底，杨骥由赣州返乡潮州，王阳明有《寄杨仕德书》。正德十五年（1520）春，杨骥病卒于家，年三十七；而后，王阳明有《祭杨仕德文》，湛若水作《奠杨仕德文》。杨骥弟杨鸾正德十五年参加会试不中后，闻兄长讣，即南归处理后事。王阳明、杨鸾师生之间有论学书信若干通，比如王阳明有《与杨仕鸣书》。杨骥、杨鸾兄弟亦问学于湛若水。 ❷ 文公：即朱熹。 ❸ 继往开来：语出朱熹《中庸章句·序》："继往圣，开来学。"朱熹《隆兴府学濂溪先生祠记》云："此先生之教所以继往圣、开来学，而大有功于斯世也。" ❹ "向来定本之悞"：语出朱熹《答黄直卿书》："为学直是先要立本，文义却可，且与说出正意，令其宽心玩味。未可便令考校同异，研究纤密。恐其意思促迫，难得长

进。……此是向来定本之悮。"悮：同"误"。　❺"虽读得书，何益于吾事"：语出朱熹《答吕子约书》："孟子言'学问之道，惟在求其放心'，而程子亦言'心要在腔子里'。今一向耽着文字，令此心全体都奔在册子上，更不知有己，便是个无知觉不识痛痒之人，虽读得书，亦何益于吾事邪？"　❻"此与守书籍，泥言语，全无交涉"：语出朱熹《答何京叔书》："此与守书册，泥言语，全无交涉。幸于日用间察之，知此则知仁矣。"

说 明

　　这几段文字，涉及王阳明编刊《朱子晚年定论》的前后经过。正德十年（1515），王阳明在南都编订《朱子晚年定论》，并于十一月一日撰"序"；正德十三年（1518）六月，王阳明门人袁庆麟（字德彰）在江西雩都刊刻《朱子晚年定论》。时在赣州师从王阳明的杨骥，得睹《朱子晚年定论》，故而与王阳明之间有关于朱熹、王阳明"格物"说同异的发问。在阳明看来，朱子一生主要用功于著述，早年于切己自修的工夫不甚关注；晚年悔悟后，再予关注向内用功的修身之学。在这里，王阳明用"他力量大，一悔便转"云云，对朱熹也是表达了崇高的敬意。

【原文】

　　侃去花间草，因曰："天地间何善难培，恶难去？"

　　先生曰："未培、未去耳。"少间，曰："此等看善恶，皆从躯壳①起念，便会错。"

　　侃未达。

　　曰："天地生意，花草一般，何曾有善恶之分？子欲观

【译文】

　　薛侃在清除花间杂草时，顺便问道："天地之间为什么善难培养，恶难铲除呢？"

　　先生说："是因为既没有去培养善，也没有去铲除恶。"过了片刻，先生接着说："如此看待善恶，都是从躯壳私心上起念头，自然是错的。"

　　薛侃不太理解先生的话中之意。

花，则以花为善，以草为恶；如欲用草时，复以草为善矣。此等善恶，皆由汝心好恶所生，故知是错。"

曰："然则无善无恶乎？"

曰："无善无恶者，理之静；有善有恶者，气之动。不动于气，即无善无恶，是谓至善。"

曰："佛氏亦无善无恶②，何以异？"

曰："佛氏着在无善无恶上，便一切都不管，不可以治天下。圣人无善无恶，只是'无有作好''无有作恶'，不动于气。然'遵王之道''会其有极'③，便自一循天理，便有个'裁成''辅相'④。"

曰："草既非恶，即草不宜去矣？"

曰："如此却是佛老意见。草若有碍，何妨汝去？"

曰："如此又是'作好''作恶'。"

曰："不作好恶，非是全无好恶，却是无知觉的人。谓之

先生说："天地间的万物，如花草一般，哪有善恶之分？你想赏花，即以花为善，以草为恶；若你想要用草时，又会以草为善了。这些善恶，都是由人心的好恶而产生的，所以从躯壳私心上起念头是错误的。"

薛侃问："难道世间就没有善恶之分吗？"

先生说："无善无恶，是天理的静止状态；有善有恶，是因气的活动而产生的。气如果不活动，就没有善恶之分，这就是至善。"

薛侃问："佛教也主张无善无恶，其间有什么区别？"

先生说："佛教执着于无善无恶，其余的一概不管，不能够治理天下。圣人的无善无恶，只是让人'无有作好''无有作恶'，不为气所动。如此'遵王之道''会其有极'，便自然能依循天理，便能'裁成天地之道，辅相天地之宜'。"

薛侃说："草既然不为恶的，那也就没有必要拔除了？"

先生说："这样认为的话，又成为佛教、道家的主张。草如果有所妨碍，干嘛不去拔除呢？"

薛侃说："这样就又是在刻意'作好''作恶'了。"

先生说："不刻意为善去恶，并不是要你完全没有好恶之心，如果

'不作'者，只是好恶一循于理，不去又着一分意思。如此，即是不曾好恶一般。"

曰："去草如何是一循于理、不着意思？"

曰："草有妨碍，理亦宜去，去之而已。偶未即去，亦不累心。若着了一分意思，即心体便有贴累⑤，便有许多动气处。"

曰："然则善恶全不在物？"

曰："只在汝心。循理便是善，动气便是恶。"

曰："毕竟物无善恶？"

曰："在心如此，在物亦然。世儒惟不知此，舍心逐物，将'格物'之学错看了。终日驰求于外，只做得个'义袭而取'⑥，终身'行不著、习不察'⑦。"

曰："'如好好色，如恶恶臭'⑧，则如何？"

曰："此正是一循于理，是天理合如此，本无私意作好作恶。"

曰："'如好好色，如恶恶臭'，安得非'意'？"

完全没有好恶之心，就会成为一个麻木不仁之人。所谓'不作'，只是说好恶全都遵循天理，不夹杂一点私欲。这样，就好像自己没有好恶一样了。"

薛侃问："拔除杂草时，如何才能做到遵循天理而不夹杂一点私欲呢？"

先生说："草有所妨碍，应该拔除，就要拔除。有时虽没有拔除干净，也不要放在心上。如果在意的话，便会成为心体上的累赘，便会为气所动。"

薛侃说："如此说来，善恶全然与物无关了。"

先生说："善恶自在你心中。遵循天理即为善，为气所动即为恶。"

薛侃说："物的本身毕竟没有善恶。"

先生说："在心如此，在物亦如此。世上儒者只是不懂这一点，舍心逐物，把'格物'之学认错了。成天向外寻求，只做得一个'义袭而取'，终身仅是'行之而不著、习矣而不察'。"

薛侃问："对于'如好好色，如恶恶臭'，又该作何种理解呢？"

先生说："这正是自始至终遵循天理，天理本当如此，本无私意为善为恶。"

薛侃说："'如好好色，如恶恶

曰："却是诚意，不是私意，诚意只是循天理。虽是循天理，亦着不得一分意，故'有所忿懥好乐，则不得其正'⑨。须是廓然大公⑩，方是心之本体，知此即知'未发之中'⑪。"

伯生⑫曰："先生云'草有妨碍，理亦宜去'，缘何又是躯壳起念？"

曰："此须汝心自体当。汝要去草，是甚么心？周茂叔⑬窗前草不除⑭，是甚么心？"

臭'又怎么能说不是'意'呢？"

先生说："这是诚意，而非私意，诚意只是遵循天理。虽然是遵循天理，也不能再添加一分私意，所以'有所忿懥好乐，则不得其正'。大公无私，方是心之本体，明白这些，就能明白'未发之中'。"

孟伯生说："先生讲'草有妨碍，理亦宜去'，但为什么又说是从躯壳私心上起念呢？"

先生说："这需要你在自己心中加以体会。你若要除草，是出于什么用心？周茂叔不除窗前之草，他又是出于什么用心呢？"

注释

❶躯壳：身体，即私心之意。　❷佛氏亦无善无恶：语出《六祖坛经·行由品》："不思善，不思恶，正与么时，那个是明上座本来面目。"　❸"无有作好""无有作恶""遵王之道""会其有极"：出自《尚书·洪范》："无偏无陂，遵王之义；无有作好，遵王之道；无有作恶，遵王之路。无偏无党，王道荡荡；无党无偏，王道平平；无反无侧，王道正直。会其有极，归其有极。"大意是说，不要不平不正，要遵循王道公平的法则；不要有损人害人的私好，要遵循王道正义的要求；不要为非作恶，要遵守王道正直的法则。不要偏私结党，要遵行宽广的王道；不要结党行偏，要遵行平坦的王道；不要歧路旁出，要遵行正直的王道。君王聚合诸侯臣民，有其准则；诸侯臣民归顺君王，亦有其准则。　❹"裁成""辅相"：语出《周易·泰卦·象辞传》："后以财成天地之道，辅相天地之宜，以左右民。"这里的"后"，指的是君主或帝王，"财成"意味着斟酌决定，"天地之道"指的是治理天下的方法，"辅相"表示辅助和扶助，"天地之宜"指的是自然界中适宜的状态，"左右民"则是指支配和影响百姓的生

活。整句话表达的是，君主要学习天地运行的道理，并根据实际情况制定合适的政策来引导民众生活处世，而大臣则要像天地一样和谐适宜地辅助君主治理国家，共同实现国家的繁荣和百姓的福祉。　❺ 贻累：连累；牵累。　❻ 义袭而取：语见《孟子·公孙丑上》："'敢问何谓浩然之气？'曰：'难言也。其为气也，至大至刚，以直养而无害，则塞于天地之间。其为气也，配义与道；无是，馁也。是集义所生者，非义袭而取之也。行有不慊于心，则馁矣。'"　❼ "行不著、习不察"：语出《孟子·尽心上》："孟子曰：'行之而不著焉，习矣而不察焉。终身由之而不知其道者，众矣。'"　❽ 如好好色，如恶恶臭：语见《大学》："所谓诚其意者：毋自欺也，如恶恶臭，如好好色，此之谓自谦，故君子必慎其独也！"　❾ "有所忿懥好乐，则不得其正"：语出《大学》："所谓修身在正其心者，身有所忿懥，则不得其正；有所恐惧，则不得其正；有所好乐，则不得其正；有所忧患，则不得其正。心不在焉，视而不见，听而不闻，食而不知其味。此谓修身在正其心。"　❿ 廓然大公：语出程颢《答横渠先生定性书》："君子之学，莫若廓然而大公，物来而顺应。"　⓫ "未发之中"：语出《中庸》："喜怒哀乐之未发，谓之中；发而皆中节，谓之和。"　⓬ 伯生：孟源，字伯生，滁州（今安徽滁州）人。正德八年（1513）十月，王阳明至滁州出任太仆寺卿，孟源师从王阳明。正德十年（1515），孟源又至南都问学于王阳明，告归之时，阳明作文《书孟源卷》《与滁阳诸生书并问答语》。嘉靖三年（1524），孟源又至绍兴侍从王阳明，听闻良知之教。　⓭ 周茂叔：周敦颐（1017—1073），字茂叔，号濂溪，湖南道州营道人。宋宁宗赐周敦颐谥号为"元"，因此周敦颐又被称为"元公"；到宋理宗时，从祀孔庙，确定了周敦颐的理学开山地位。著有《太极图说》《通书》。作为北宋五子之一，其所提出的"无极""太极""阴阳""五行""动静""主静""人极""至诚""无欲""顺化"等理学基本概念，为后世的理学家反复讨论和发挥，构成理学范畴体系中的重要内容。　⓮ 窗前草不除：语见《近思录》："周茂叔窗前草不除去，问之。云：'与自家意思一般。'"

说　明

明正德十年（1515），王阳明在南都讲学，薛侃及滁州诸生孟源在一旁侍从。师生之间围绕"花间草"当去不当去这一现象，就"为善去恶"的工夫展开讨论。在阳明这里，善恶是由人心"好""恶"引起。心"循理便是善，动气便是恶"。"无善无恶者，理之静；有善有恶者，气之动。不动于气，即无善无恶，是谓至善。"佛家所言"无善无恶"，与儒家圣人的"无善无恶"之"至善"有根本区别，前者是逃避世间诸事，后者是治国平天下的入世理念。阳明晚年"四句教"中的"有善有恶意之动"，"意"指"诚意"，"诚意"只是"循天理"。"不作好恶"，不是不作为，是不刻意为善，不刻意作恶，一切要听从"心体""天理"的安排。

【原 文】

先生谓学者曰："为学须得个头脑①，工夫方有着落。纵未能无间，如舟之有舵，一提便醒。不然，虽从事于学，只做个'义袭而取'②，只是'行不著、习不察'③，非大本、达道④也。"

又曰："见得时，横说竖说皆是。若于此处通、彼处不通，只是未见得。"

【译 文】

先生对求学的人说："做学问必须有个宗旨，如此下工夫才有着落的方向。即使有所间断，应该像船的舵，关键时刻一提便明白。否则，虽然是做学问，但也只是'义袭而取'，只能是'行不著、习不察'，这不是学习的根本所在，也不是通往大道的途径。"

先生接着又说："如果明白了为学的宗旨，横说直讲都能明白。如果这里明白了，别的地方还是没弄明白，那是因为没有把握为学的宗旨。"

注 释

❶头脑：要旨、头绪、门路，引申为明确的目标和方向。　❷义袭而取：语见《孟子·公孙丑上》。　❸"行不著、习不察"：语见《孟子·尽心上》："孟子曰：'行之而不著焉，习矣而不察焉。终身由之而不知其道者，众矣。'"

❹　大本、达道：语见《中庸》："喜怒哀乐之未发，谓之中；发而皆中节，谓之和；中也者，天下之大本也；和也者，天下之达道也。"

说　明

儒家学者之为圣人之学，必须有一个明确的目标和方向，也就是所谓的"头脑"，才好寻得下手工夫。这个"头脑"在阳明心学而言，就是"心即理"，去得"私欲"、存下"天理"，进而涵养此一"至善"之"心体"。

【原　文】	【译　文】
或问："为学①以亲故，不免业举②之累。" 　　先生曰："以亲之故而业举，为累于学，则治田以养其亲者，亦有累于学乎？先正云'惟患夺志'③，但恐为学之志不真切耳。"	有人说："为学时由于父母的缘故，不免有科举之累。" 　　先生说："由于父母的原因参加科举考试而妨碍了为学，那么，为了种田以侍奉父母，也会妨碍为学吗？程颐认为'惟患夺志'，就是担心人们为学的志向不够真切。"

注　释

❶　为学：指从事儒家圣人之学。　❷　业举：为应科举考试而准备的学业。
❸　"惟患夺志"：程颐语，见《二程遗书》："或谓科举事业夺人之功，是不然。且一月之中，以十日为举业，余日足可为学。然人不志此，必志于彼。故科举之事，不患妨功，惟患夺志。"

说　明

传统读书人，一方面要参加科举考试，一方面还要照顾父母，再加上"圣人之学"的研习与修炼，难免有顾此失彼的冲突，会让人觉得"举业"与"圣学"之间存有矛盾。在王阳明这里，同时进行"举业"与"圣学"，并不冲突，而是相为表里的关系，关键在于你的志向是否明确，是否真切。与王阳明同时讲学的另一位心学家湛若水，也认为科举考试与圣人之学二者不但没有冲突而且可以互补。他有《二业合一训》之作，称："德业举业，业二而致一者也……故志于德业，则读书也精，涵养也熟，于义理也明……故圣学反有大助于举业，何相妨之患？"其中就表达出了欲觅"德业"与"举业"之间最佳契合点的愿望，这和王阳明"圣学无妨于举业"之论并无二致。同理，现代教育提倡的素质教育与应试教育，其实二者并不冲突，只是我们在初中、高中教育阶段，为使得学生考入名校，而一味注重应试教育，致使素质教育常常被忽视。近人郭沫若对于王阳明教育思想的评论颇为中肯，他在《王阳明礼赞》中说道："王阳明对于教育方面也有他独到的主张，而他的主张与近代进步的教育学说每多一致。"

【原　文】

崇一①问："寻常意思多忙，有事固忙，无事亦忙，何也？"

先生曰："天地气机②，元无一息之停。然有个主宰，故不先不后，不急不缓。虽千变万化，而主宰常定，人得此而生。若主宰定时，与天运一般不息，虽酬酢万变，常

【译　文】

欧阳崇一问："平时心思比较忙乱，有事的时候，忙乱可以理解，为什么没事的时候也会忙乱？"

先生说："天地万物生生不息，没有一刻停止。然而天地之间有一个主宰，所有天地万物就能按照自然规律的秩序，不先不后、不急不缓，即使千变万化，但主宰是一成不变的，人正是因这个主宰才得以产生的。如果人的主宰安定时，就如同天地运行一样永无停息，即使日理万机，也经常从容自在，也就是所谓

是从容自在，所谓'天君泰然，百体从令'③。若无主宰，便只是这气奔放，如何不忙?"

的'天君泰然，百体从令'。人心若无主宰，便只有气在四处奔流，怎么会不忙呢?"

注 释

❶ 崇一：欧阳德（1496—1554），字崇一，号南野，江西泰和人。正德十一年（1516）秋，欧阳德在乡试中举后，作为"年最少"者，从学王阳明于赣州，阳明"呼为小秀才"。每遣服役，欧阳德欣欣恭命，虽劳不息，故王阳明颇为器重他。嘉靖二年（1523）登进士第，官至礼部尚书。著有《欧阳南野先生文集》。为江右王学正传的主要代表人物之一，影响较大。他在发明师旨、卫护师说方面功不可没，尤其对"格物致知"义旨的阐发，对于挽救王门中"归寂"派的流弊，作用尤大。　❷ 天地气机：天地之气运行的机能。　❸ 天君泰然，百体从令：语出范浚《香溪集·心箴》："君子存诚，克念克敬，天君泰然，百体从令。""天君"，指人心，出自《荀子·天论》："心居中虚，以治五官，夫是之谓天君。"

说 明

这条语录系薛侃记于正德十二年（1517）或十三年（1518）王阳明在赣州平乱期间，其与欧阳德一起侍从王阳明讲学的一个场景。王阳明这里所称的"主宰"指的是"心"，也就是一片纯然的"天理"，一个昭明的"良知"。

【原文】

先生曰："为学大病在好名。"

【译文】

先生说："为学最大的弊病就是追逐虚名。"

侃曰："从前岁自谓此病已轻，比来精察，乃知全未。岂必务外为人？只闻誉而喜，闻毁而闷，即是此病发来。"

曰："最是。名与实对，务实之心重一分，则务名之心轻一分。全是务实之心，即全无务名之心。若务实之心，如饥之求食、渴之求饮，安得更有工夫好名？"

又曰："'疾没世而名不称'①，'称'字去声读，亦'声闻过情，君子耻之'②之意。实不称名，生犹可补，没则无及矣。'四十、五十而无闻'③，是不闻道，非无声闻也。孔子云'是闻也，非达也'④，安肯以此望人？"

薛侃说："自前年起，感觉自己追逐虚名的毛病已减轻许多了，但最近仔细省察，才发现我这个毛病并未彻底除去。难道我真的很在意外人的看法吗？只要听到赞誉就高兴，而听到诋毁就忧郁，这是追逐虚名毛病发作的表现。"

先生说："十分正确。虚名与务实相对，务实的心重一分，虚名的心就轻一分。若全是务实的心，就没有一丝追逐虚名之心。如果务实的心，像饥而求食、渴而求饮那样，哪里还有追逐虚名之工夫？"

先生接着说："孔子所说的'疾没世而名不称'，'称'字读第四声，也就是'声闻过情，君子耻之'的意思。实与名不相符，活着还可以弥补，死了就来不及了。孔子说'四十、五十而无闻'，是指没有听闻大道，并非指没有声名在外的意思。孔子说'是闻也，非达也'，他怎么会用声名来评价别人呢？"

注　释

❶"疾没世而名不称"：语见《论语·卫灵公》："君子疾没世而名不称焉。"此处之"称"，阳明以为，当读去声（chèn）。按照阳明的理解，孔子这句话的大意是"君子所痛恨的是，直到去世依然名、实不相称"。而不是"君子最担心的是自己去世后，没有留下值得人们称颂的名声"。　❷"声闻过情，君子耻之"：语见《孟子·离娄下》。　❸"四十、五十而无闻"：语见《论语·子罕》："四十、五十而无闻焉，斯亦不足畏也已。"　❹"是闻也，非达也"：语本《论

语·颜渊》："子张问：'士何如斯可谓之达矣?'子曰：'何哉，尔所谓达者?'子张对曰：'在邦必闻，在家必闻。'子曰：'是闻也，非达也。夫达也者，质直而好义，察言而观色，虑以下人。在邦必达，在家必达。夫闻也者，色取仁而行违，居之不疑。在邦必闻，在家必闻。'"

说　明

"朝闻道，夕死可矣。"在阳明看来，儒家学者当以"闻道""悟道""弘道"为第一使命，不应汲汲于功名利禄。故而，好名之心，当及早根除。

【原　文】

侃多悔。

先生曰："悔悟是去病之药，然以改之为贵。若留滞于中，则又因药发病①。"

【译　文】

薛侃经常悔悟反省。

先生说："悔悟是治病的良药，但更为重要的是悔悟之后能及时改正。如果把悔恨的念头留在心里，那又是因药而生病。"

注　释

❶ 因药发病：语出佛经《大智度论》："又如服药，药能破病，病已得破，药亦应出；若药不出，则复是病。"

说　明

"力行近乎仁"，有了觉悟与悔恨之心，仅仅是改掉自己弱点、缺点的药剂，而最主要的是要有实际行动。

【原文】

德章①曰："闻先生以精金喻圣，以分两喻圣人之分量，以锻炼喻学者之工夫，最为深切。惟谓尧、舜为万镒，孔子为九千镒，疑未安。"

先生曰："此又是躯壳②上起念，故替圣人争分两。若不从躯壳上起念，即尧、舜万镒不为多，孔子九千镒不为少。尧、舜万镒，只是孔子的，孔子九千镒，只是尧、舜的，原无彼我。所以谓之圣，只论精一，不论多寡。只要此心纯乎天理处同，便同谓之圣。若是力量气魄，如何尽同得？后儒只在分两上较量，所以流入功利。若除去了比较分两的心，各人尽着自己力量精神，只在此心纯天理上用功，即人人自有，个个圆成③。便能大以成大，小以成小，不假外慕，无不具足④。此便是实实落落、明善诚身⑤的事。后儒不明圣学，不知就自己心地良知良能⑥上体认扩充，却去求知其所不知，求能其所不能，一味只

【译文】

袁德章说："听说先生曾经用纯金比喻圣人，用分量的轻重比喻圣人才力的大小，用锻炼比喻学者的工夫，十分深刻。只是您认为尧、舜是万镒，孔子是九千镒，恐怕有所不妥吧。"

先生说："你这又是从躯壳上起念，才会替圣人争轻重。如果不是从躯壳上起念，就不会认为把尧、舜比作万镒纯金太多，孔子九千镒太少。尧、舜的万镒也就是孔子的，孔子的九千镒也就是尧舜的，彼此之间本来就没有区别。之所以称为圣，只看精一与否，不在数量多少。只要此心同样纯为天理，便同样可称之为圣。至于力量气魄，又怎么会完全相同呢？后世儒者只在分量上比较，所以陷入功利的泥潭之中。如果剔除比较分量的心，各人尽己之力量与精神，只在此心纯是天理上下功夫，就能人人知足，个个功成。如此，就能大的成就大的，小的成就小的，不必外求，无不足具。这就是实实在在、明善诚身的事。后儒不理解圣学，不懂得从自心的良知良能上体认扩充，却还要去了解自己不知道的，掌握自己不会做的，一味好

是希高慕大。不知自己是桀、纣心地，动辄要做尧、舜事业，如何做得？终年碌碌，至于老死，竟不知成就了个甚么，可哀也已！"

高骛远。不知自己的心地宛如桀、纣，动不动就要做尧、舜的功业，如此怎么行得通？终年劳碌奔波，直至老死，也不知到底成就了什么，真可悲啊！"

注 释

❶ 德章：袁庆麟（1455—1520），字德彰（章），号雩峰，江西雩都人。　❷ 躯壳：身体，这里代指私心。　❸ 圆成：成就圆满，佛教术语。　❹ 具足：具备满足，作为佛教术语，语出《圆悟语录》："人人具足，个个圆成。"　❺ 明善诚身：语出《中庸》："诚身有道，不明乎善，不诚乎身矣。"　❻ 良知良能：语出《孟子·尽心上》："孟子曰：'人之所不学而能者，其良能也；所不虑而知者，其良知也。'"

说 明

先是正德十年（1515）左右，王阳明在南京同蔡宗兖、徐爱、薛侃等讲学期间，蔡宗兖向阳明发问："圣人可学而至，然伯夷、伊尹于孔子，才力终不同，其同谓之圣者安在？"对此，王阳明用"精金喻圣"说来解读，并以分两喻圣人之分量，以锻炼喻学者之工夫。王阳明把尧舜的分量定为一万镒黄金，把孔子的分量定为九千镒黄金。尧、舜和孔子都是圣人，他们的心都"纯乎天理"，用黄金比喻，就是他们都是纯金，成色上无可挑剔。正德十三年（1518）夏秋，王阳明在赣州征战之余，开展讲学活动，来自江西雩都的袁庆麟或许是从薛侃处听闻王阳明前些年在南都所讲述的"精金喻圣"说，遂同蔡宗兖一样，向阳明发问："惟谓尧、舜为万镒，孔子为九千镒，疑未安。"阳明告以不必替圣人争分量，"所以谓之圣，只论精一，不论多寡。只要此心纯乎天理处同，便同谓之圣"。

【原文】

侃问："先儒以心之静为体，心之动为用①，如何？"

先生曰："心不可以动静为体用。动静，时也。即体而言，用在体；即用而言，体在用，是谓'体用一源'②。若说静可以见其体，动可以见其用，却不妨。"

注 释

❶心之静为体，心之动为用：语出程颐《与吕大临论中书》："心一也，有指体而言者（'寂然不动'是也），有指用而言者（'感而遂通天下之故'是也），惟观其所见如何耳！"　❷"体用一源"：语见程颐《周易程氏传·序》："至微者理也，至著者象也。体用一源，显微无间。"

说 明

在阳明这里，心之"动静"和心之"体用"是两对概念，两者之间没有对应关系。但是，心静之时可见心体，心动之时可见心用。

【译 文】

薛侃问："程颐认为，静止是心的本体，运动是心的作用，是否正确？"

先生说："心不可以用动静来区分体用。动静，是暂时的。就本体而言，作用在本体；就作用而言，本体在作用，这就是所谓的'体用一源'。如果说静止的时候可见心的本体，运动的时候可见心的作用，倒也无妨。"

【原 文】

问："上智下愚，如何不可移？"①

【译 文】

问："最明智的人与最愚笨的人，他们为什么不能改变呢？"

先生曰："不是不可移，只是不肯移。"

先生说："不是不能改变，而是不愿意改变。"

注　释

❶ 上智下愚，如何不可移：语出《论语·阳货》："子曰：'唯上知与下愚不移。'"智：明智；愚：愚笨。上智、下愚，就是最明智的人和最愚笨的人。孔子认为，他们都是先天决定的，不可改变。

说　明

在阳明这里，人人皆有良知、人人皆可为圣贤，只要自己肯笃志用功，完全是可以成圣成贤的。

【原　文】

问"子夏门人问交"章①。
先生曰："子夏是言小子之交，子张是言成人之交。若善用之，亦俱是。"

【译　文】

问"子夏门人问交"一章。
先生说："子夏说的是小孩之间的交往，子张说的是成年人之间的交往。如果能够善于运用，也都是对的。"

注　释

❶"子夏门人问交"章：即《论语·子张》："子夏之门人问交于子张。子张曰：'子夏云何？'对曰：'子夏曰："可者与之，其不可者拒之。"'子张曰：'异乎吾所闻：君子尊贤而容众，嘉善而矜不能。我之大贤与，于人何所不容？我之不贤与，人将拒我，如之何其拒人也？'"

说　明

这里王阳明借助《论语》中的子夏、子张所言的交友之道，告诫初学者重在择友而交，学成者则要以化人为己任。

【原　文】

子仁①问："'学而时习之，不亦说乎'②，先儒以'学'为'效先觉之所为'③，如何？"

先生曰："学是学去人欲、存天理。从事于去人欲、存天理，则自正诸先觉，考诸古训，自下许多问辨思索、存省克治工夫。然不过欲去此心之人欲，存吾心之天理耳。若曰'效先觉之所为'，则只说得'学'中一件事，亦似专求诸外了。'时习者，坐如尸'，非专习坐也，坐时习此心也；'立如斋'④，非专习立也，立时习此心也。'说'是'理义之说我心'⑤之'说'。人心本自说理义，如目本说色，耳本说声。惟为人欲所蔽、所累，始有不说。今人欲日去，则理义日洽浃⑥，安得不说？"

【译　文】

栾子仁问："'学而时习之，不亦说乎？'朱子认为'学'是'效先觉之所为'，是否正确？"

先生说："学，是学去除人欲、存养天理。只要专注于去除人欲、存养天理，就自然会求正于先觉，考求于古训，就自然会下很多问辨、思索、存养、省察、克治的工夫。这些也不过是要除去自己内心的私欲，存养自己内心的天理而已。至于说'效先觉之所为'，那只是说了'学'中的一件事，也似乎专门向外求取了。'时习者，坐如尸'，不是专门练习端坐，是在端坐时锻炼这颗心。'立如斋'，不是专门练习站立，是在站立时锻炼这颗心。'说'是'理义之说我心'的'说'。人心原本就喜欢义理，好比眼睛本来欢喜美色，耳朵欢喜美声一样。只因为私欲的蒙蔽和拖累，人心才有不愉悦。如果私欲一天天去除，天理道义就会一天天滋养身心，人心怎么会不愉悦呢？"

注 释

❶ 子仁：栾惠（？—1539），字子仁，浙江衢州西安（今衢州市柯城区）人。正德九年（1514），至南都师从王阳明；正德十年（1515）归省之时，王阳明赋诗《次栾子仁韵送别（四首）》。正德十五年（1520）九月，王阳明由赣州还南昌，行至临江府新淦，适栾惠来访，遂于舟中论学，阳明作《书栾惠卷》。嘉靖六年（1527）十月，王阳明至两广平乱，路经衢州，栾惠迎送。嘉靖八年（1529）正月，阳明灵柩路经衢州，栾惠迎灵；十一月，栾惠又前去绍兴参加阳明葬礼，并与同门友合撰祭文。栾惠在乡，深居简出，以讲学为业，四方学者云集，以寿终于家。著有《下洲隐居集》《〈大学〉〈中庸〉提纲》《乡约书》《求志说》《疏问》《明孝道》等。　❷ "学而时习之，不亦说乎"：语出《论语·学而》。　❸ 先儒以"学"为"效先觉之所为"：朱熹《论语集注》曰："学之为言效也。人性皆善而觉有先后。后觉者，必效先觉之所为，乃可以明善而复其初也。"　❹ "时习者，坐如尸""立如斋"：语出《礼记·曲礼》："坐如尸，立如斋。"朱熹《论语集注》引谢良佐语："时习者，无时而不习。坐如尸，坐时习也；立如斋，立时习也。"　❺ "理义之说我心"：语本《孟子·告子上》："心之所同然者，何也？谓理也，义也。圣人先得我心之所同然耳。故理义之悦我心，犹刍豢之悦我口。"这里的"说"，通"悦"。　❻ 洽浃（qiàjiā）：融洽；浃透；贯通。

说 明

正德九年（1514），栾惠至南都师从王阳明，就《论语》"学而时习之，不亦说乎"句求教于阳明。阳明的阐释不同于朱熹，以为"学"是心之学，"习"是心之习，"说（悦）"是心之悦。存天理、去人欲的为学、时习功夫，当向内于"心"上用功，明此心之本体，至于至善天理之呈现。学习圣人之学，是一件快乐且愉悦身心的志业，故而阳明另一著名弟子王艮有脍炙人口的《乐学歌》："人心本自乐，自将私欲缚。私欲一萌时，良知还自觉。一觉便消除，人心依旧乐。乐是乐此学，学是学此乐。不乐不是学，不学不是乐。乐便然后学，学便然后乐。乐是学，学是乐。呜呼！天下之乐，何如此学。天下之学，何如此乐。"

【原文】

国英①问："曾子'三省'②虽切，恐是未闻'一贯'③时工夫？"

先生曰："一贯，是夫子见曾子未得用功之要，故告之。学者果能忠恕上用功，岂不是一贯？'一'如树之根本，'贯'如树之枝叶，未种根，何枝叶之可得？体用一源，体未立，用安从生？谓'曾子于其用处，盖已随事精察而力行之，但未知其体之一'④，此恐未尽。"

【译文】

陈国英问："曾子的'吾日三省吾身'的工夫虽然真切，恐怕还是未闻孔子'吾道一以贯之'时的工夫。"

先生说："'一以贯之'，是孔子看到曾子未能把握领会着力用功的要领，才告诉他的。为学之人如果真能在忠恕上着力用功，难道不是一贯吗？'一'如同树的根，'贯'如同树的枝叶，没有树根，哪来的枝叶？本体与作用本来就是同源的，本体还未确立，作用怎能出现呢？朱子说'曾子于其用处，盖已随事精察而力行之，但未知其体之一'，这句话恐怕还没有完全说尽。"

注　释

❶国英：陈杰，字国英，福建莆田人。正德三年（1508），与徐爱同科中进士，授知景宁邑。正德九年（1514），升南京湖广道监察御史，时王阳明在南京讲学，即同徐爱、陆澄、薛侃等同侍从。正德十五年（1520），在南昌的王阳明有《与陈国英书》，言道"国英天资笃厚，加以静养日久，其所造当必大异于畴昔，惜无因一面叩之耳。……国英之于此学，且十余年矣"。　❷曾子"三省"：语出《论语·学而》："曾子曰：'吾日三省吾身。为人谋而不忠乎？与朋友交而不信乎？传不习乎？'"曾子，姓曾，名参，字子舆（前505—前434），春秋时期鲁国人，16岁拜孔子为师，勤奋好学，颇得孔子真传。　❸"一贯"：语出《论语·里仁》："子曰：'参乎！吾道一以贯之。'曾子曰：'唯。'子出，门人问曰：'何谓也？'曾子曰：'夫子之道，忠恕而已矣。'"　❹"曾子于其用处，盖已随事精察而力行之，但未知其体之一"：语出朱熹《论语集注》："圣人之

心，浑然一理，而泛应曲当，用各不同。曾子于其用处，盖已随事精察而力行之，但未知其体之一尔。"

王阳明对儒家经典的诠释，乃是从自家心体出发，以"心"解经，故而《传习录》所涉对四书五经中经典语句的阐释，多有别于朱子《四书章句集注》《四书或问》的理解。所以，不同于朱熹所认为的曾子讲"忠恕"之道是对孔子"一贯"之道的阐释，王阳明所理解的"一贯"，就是恢复本心之良知，以达于万物一体之仁。

【原　文】

黄诚甫①问"汝与回也孰愈"章②。

先生曰："子贡多学而识，在闻见上用功，颜子在心地上用功，故圣人问以启之。而子贡所对，又只在知见上，故圣人叹惜之，非许之也。"

【译　文】

黄诚甫问《论语》中"汝与回也孰愈"一章。

先生说："子贡认为多学而识，要在闻见上着力用功，颜回是在心地上着力用功，所以孔子用这个问题来启发子贡。然而子贡的回答，只是停留在知识闻见的层面上，所以孔子只是在感叹惋惜，并非在称赞他。"

注　释

❶黄诚甫：黄宗明（？—1536），字诚甫，号致斋，浙江鄞县（今宁波市鄞州区）人。约正德八年（1513）夏，师从阳明，王阳明有《与黄诚甫书》。正德九年（1514）中进士，授任南京兵部主事，至南京后再侍从在南京讲学的王阳明。后又出任南京刑部郎中、江西吉安知府，嘉靖初参与"大礼议"，由兵部右

侍郎转任礼部右侍郎，再升任左侍郎，嘉靖十五年（1536）闰十二月十九日卒于官。黄宗羲《明儒学案》有传。 ❷"汝与回也孰愈"章：见《论语·公冶长》："子谓子贡曰：'女与回也孰愈？'对曰：'赐也何敢望回，回也闻一以知十，赐也闻一以知二。'子曰：'弗如也，吾与女，弗如也。'"

说 明

这条语录发生于正德十年（1515）左右，时黄宗明、薛侃在南都侍从王阳明讲学。阳明以为，学者为学，要在心地即"心体"上用功，以体认天理为宗旨。

【原 文】

"颜子'不迁怒、不贰过'①，亦是有'未发之中'②始能。"

【译 文】

（先生说:）"颜回'不迁怒、不贰过'，也只有心体涵养到'未发之中'，才可做到。"

注 释

❶ 颜子"不迁怒，不贰过"：语出《论语·雍也》。大意是说，颜回不迁怒于别人，同样的错误不会犯两次。 ❷"未发之中"：语出《中庸》："喜怒哀乐之未发，谓之中；发而皆中节，谓之和。"

说 明

在王阳明的儒学道统谱系中，颜回是极为重要的一环，他的"心体"之学就是在赓续孔子、颜回的学脉。

【原文】

"种树者必培其根,种德者必养其心。欲树之长,必于始生时删其繁枝;欲德之盛,必于始学时去夫外好。如外好诗文,则精神日渐漏泄在诗文上去。凡百外好皆然。"

又曰:"我此论学,是无中生有的工夫。诸公须要信得及①,只是立志。学者一念为善之志,如树之种,但'勿助勿忘'②,只管培植将去,自然日夜滋长,生气日完,枝叶日茂。树初生时,便抽繁枝,亦须刊落③,然后根干能大。初学时亦然,故立志贵专一。"

【译文】

(先生说:)"植树必须先培育树根,修德必须修养心性。要使树木长高,一开始就要剪掉多余的枝条;要使德行高尚,一开始学习时就要摒弃对外物的喜好。如喜爱诗文,精神就会逐渐倾注在诗文上。其他诸多爱好都是如此。"

先生接着又说:"我在这里讲学论道,讲论的是无中生有的工夫。各位所能相信的,只是立志。为学之人有一心为善的志向,就好像树的种子,只是要'勿助勿忘',只管慢慢栽培,自然会日渐生长起来,生机日益盎然,枝叶日益茂盛。树木刚长出来时,有了分枝,就应该剪掉,然后树干才能长大。初学时也是如此,所以立志贵在专一。"

注 释

❶信得及:能够相信。 ❷"勿助勿忘":语出《孟子》:"必有事焉而勿正,心勿忘,勿助长也。" ❸刊落:删削。

说 明

正德十年(1515)左右,王阳明在南京讲学期间而有这两条语录,主要涉及三个问题，一是"种树者必培其根，种德者必养其心"的修身之学的发生学原理，二是圣学的学习与完成"须要信得及"，三是"立志贵专一"。俗话说："浇花浇根，交人交心。"在王阳明看来，要想培育一棵大树，必须从树根的培育开始；同理，要想培育一个人的品德，就要以养心为根本。对于"养心"，通常的理解是，加强道德的自我修养。而阳明的"养心"语，是要守住本心，立志专一，不分心趋杂，如同种树要砍去杂乱的枝杈以保护主干一样。

【原　文】

　　因论先生之门，某人在涵养上用功，某人在识见上用功。

　　先生曰："专涵养者，日见其不足；专识见者，日见其有余。日不足者，日有余矣；日有余者，日不足矣。"

【译　文】

　　谈话时顺便论及先生的弟子，说到某人是在涵养内心上着力用功，某人在知识闻见上着力用功。

　　先生说："专注于涵养内心用功的人，每天都会发现自己德性上的不足；专注于知识见闻用功的人，每天都会觉得自己知识上的富余。每天发现自己德性不足之人，德行将会逐渐有余；每天感到自己知识有余之人，德行将会逐渐衰微。"

说　明

　　这是王阳明在南都讲学期间的一个场景再现。对于"尊德性"的内在天理涵养功夫与"道问学"的外在物理识见功夫，阳明心学明显倾向于前者。

【原　文】

　　梁日孚①问："居敬、穷理是两事，先生以为一事，何如?"

【译　文】

　　梁日孚问："朱子认为居敬与穷理是两回事，为什么先生认为是先生曰："天地间只有此一事，安有两事？若论万殊，礼仪三百，威仪三千②，又何止两？公且道居敬是如何？穷理是如何？"

曰："居敬是存养工夫，穷理是穷事物之理。"

曰："存养个甚？"

曰："是存养此心之天理。"

曰："如此，亦只是穷理矣。"

曰："且道如何穷事物之理？"

曰："如事亲便要穷孝之理，事君便要穷忠之理。"

曰："忠与孝之理，在君亲身上？在自己心上？若在自己心上，亦只是穷此心之理矣。且道如何是敬？"

曰："只是主一③。"

"如何是主一？"

曰："如读书便一心在读书上，接事便一心在接事上。"

曰："如此，则饮酒便一心在饮酒上，好色便一心在好色上，却是逐物，成甚居敬功夫？"

一回事呢？"

先生说："天地间唯有一件事，怎么会有两件事？至于说到事物的千差万别，礼仪三百、威仪三千，又何止两件？您不妨先说一下，居敬是怎么一回事？穷理又是怎么一回事？"

梁日孚说："居敬是存养功夫，穷理是穷尽事物之理。"

先生问："存养什么？"

梁日孚说："存养心中的天理。"

先生说："这样，也就是穷尽事物之理了。"

先生又说："暂且谈一下怎样穷尽事物之理？"

梁日孚说："例如，侍奉父母就要穷尽孝的理，事君就要穷尽忠的理。"

先生说："忠和孝的理，是在国君、父母身上？还是在自己心上？如果在自己心上，也就是要穷尽此心的理了。先谈一下什么是敬？"

梁日孚说："敬，就是主一。"

先生问："怎样才算是主一？"

梁日孚说："例如，读书就一心在读书上，做事就一心在做事上。"

先生说："这样一来，饮酒就一心在饮酒上，好色就一心在好色日孚请问。

曰："一者，天理；主一，是一心在天理上。若只知主一，不知一即是理，有事时便是逐物，无事时便是着空。惟其有事无事，一心皆在天理上用功，所以居敬亦即是穷理。就穷理专一处说，便谓之居敬；就居敬精密处说，便谓之穷理。却不是居敬了，别有个心穷理，穷理时别有个心居敬。名虽不同，功夫只是一事。就如《易》言'敬以直内，义以方外'④，敬即是无事时义，义即是有事时敬，两句合说一件。如孔子言'修己以敬'⑤，即不须言义。孟子言'集义'⑥，即不须言敬。会得时，横说竖说，工夫总是一般。若泥文逐句，不识本领，即支离决裂，工夫都无下落。"

问："穷理何以即是尽性？"⑦

曰："心之体，性也，性即理也。穷仁之理，直要仁极仁；穷义之理，直要义极义。仁义只是吾性，故穷理即是尽性。如孟子说'充其恻隐之心'，至'仁

上，这是追逐外物，怎么能称为居敬功夫呢？"

梁日孚请先生开示。

先生说："一，就是天理；主一，就是一心在天理上。如果只懂得主一，不明白一就是理，那么，有事时就是追逐外物，无事时就是凭空臆想。只有不管有事无事，都一心在天理上下功夫，如此居敬也就是穷理。就穷理的专一而言，即为居敬；就居敬的精密而言，即为穷理。并非居敬后，又有一个心去穷理，穷理时，又有一个心去居敬。名称虽然不同，功夫只有一个。正如《易经》中讲'敬以直内，义以方外'，敬即无事时的义，义即有事时的敬，敬义结合仍是一回事。孔子说'修己以敬'，义就不用说了。孟子说'集义'，敬也不必说了。体悟了这些后，横说直说，工夫总是一样。如果局限于文句，不了解根本，只会支离决裂，工夫就没有着落处。"

梁日孚问："为什么说穷理就是尽性呢？"

先生说："心的体是性，性即理。穷尽仁的理，是使仁成为至仁；穷尽义的理，是使义成为至义。仁与义只是我的性，因此，穷理就是尽性。孟子所说的'充其恻隐之心'，至'仁不可胜用'，这就

不可胜用'⑧，这便是穷理工夫。"

日孚曰："先儒谓'一草一木亦皆有理，不可不察'⑨，如何？"

先生曰："'夫我则不暇。'⑩公且先去理会自己性情，须能尽人之性，然后能尽物之性⑪。"

日孚悚然⑫有悟。

是穷理的工夫。"

梁日孚说："程颐说'一草一木亦皆有理，不可不察'，这句话是否正确？"

先生说："'夫我则不暇。'您唯先去涵养自己的性情，只有穷尽了人的本性，然后才能穷尽事物的本性。"

梁日孚因此警醒而有所悟。

注 释

❶梁日孚：梁焯（zhuō），字日孚，号象峰，广东南海人。正德九年（1514）进士。正德十二年（1517）冬，赴京谒选途中，泊舟于赣，谒见王阳明，为阳明人格与学问折服，遂假馆而受业；正德十三年（1518）七月，因母命强赴京，出任礼部主事，阳明为作《别梁日孚序》。嘉靖二年（1523）冬，梁焯返乡途中，转道绍兴，拜会阳明。　❷礼仪三百，威仪三千：语见《中庸》："大哉！圣人之道洋洋乎！发育万物，峻极于天。优优大哉！礼仪三百，威仪三千。"　❸主一：语出《二程粹言》："或问敬。子曰：'主一之谓敬。''何谓一'？子曰：'无适之谓一'。"　❹"敬以直内，义以方外"：见《周易·坤卦·文言传》："'直'其正也，'方'其义也。君子敬以直内，义以方外，敬义立而德不孤。"　❺"修己以敬"：语见《论语·宪问》："子路问君子。子曰：'修己以敬。'"　❻"集义"：语见《孟子·公孙丑上》："'敢问何谓浩然之气？'曰：'难言也。其为气也，至大至刚，以直养而无害，则塞于天地之间。其为气也，配义与道；无是，馁也。是集义所生者，非义袭而取之也。行有不慊于心，则馁矣。'"　❼穷理何以即是尽性：语出《周易·说卦传》："穷理尽性以至于命。"　❽"充其恻隐之心"，至"仁不可胜用"：语见《孟子·尽心下》："孟子曰：'人皆有所不忍，达之于其所忍，仁也；人皆有所不为，达之于其所为，义也。人能充无欲害人之心，而仁不可胜用也；人能充无

穿逾之心，而义不可胜用也。'"　❾"一草一木亦皆有理，不可不察"，语本《二程遗书》："问：'观物察己，还因见物，反求诸身否？'曰：'不必如此说。物我一理，才明彼即晓此，合内外之道也。语其大，至天地之高厚；语其小，至一物之所以然，学者皆当理会。'又问：'致知，先求之四端，如何？'曰：'求之性情，固是切于身，然一草一木皆有理，须是察。'"　❿"夫我则不暇"：语出《论语·宪问》："子贡方人。子曰：'赐也贤乎哉？夫我则不暇。'"　⓫能尽人之性，然后能尽物之性：语出《中庸》："唯天下至诚，为能尽其性；能尽其性，则能尽人之性；能尽人之性，则能尽物之性；能尽物之性，则可以赞天地之化育；可以赞天地之化育，则可以与天地参矣。"　⓬悚然：惶恐不安貌。

说 明

正德十三年（1518）夏，广东南海人梁焯在赣州侍从王阳明，请问"居敬、穷理"本是"二事"，如何说是"一事"呢？阳明心学以为，"居敬"是存养此心之天理；"穷理"则为"穷此心之理"，故而"居敬"与"穷理"是一件事，"穷理"与"尽性"也是一件事。

【原文】

惟乾①问："知如何是心之本体？"

先生曰："知是理之灵处，就其主宰处说便谓之心，就其禀赋处说便谓之性。孩提之童，无不知爱其亲，无不知敬其兄②。只是这个灵，能不为私欲遮隔，充拓得尽，便完完是

【译文】

冀惟乾问："为什么知是心的本体？"

先生说："知是天理最为灵明的地方，就其作为天地的主宰而言，称之为心；就其作为天所赋予人而言，称之为性。儿童无不知道亲爱其父母、尊敬其兄长。这正是因为，这个灵明的知未被私欲所蒙蔽迷惑，可以彻底扩充拓展，知便完全地成为心的本体，

他本体，便'与天地合德'③。自圣人以下，不能无蔽，故须格物以致其知。"

便是'与天地合德'。自圣人以下，人的灵明之知没有不被蒙蔽的，所以需要通过格物来致其良明之知。"

注 释

❶ 惟乾：冀元亨（1482—1521），字惟乾，号暗斋，湖南武陵（今湖南常德）人。正德五年（1510）春，阳明由贵阳至江西庐陵途经常德，冀元亨师焉，并随侍阳明至庐陵，直至是年十月因阳明入觐至京，方才返回常德。正德九年（1514），王阳明至滁州讲学，冀元亨前来问学；正德十年（1515）别去之时，王阳明赋诗《送惟乾（二首）》，徐爱亦赋诗《送冀惟乾（二首）》。正德十一年（1516），冀元亨乡试中举；正德十二年（1517）参加会试不中后，至赣州再侍从王阳明。正德十三年（1518）九月，王阳明修濂溪书院于赣州府郁孤台下，冀元亨主教于此。是年，宁王朱宸濠致书问学阳明，阳明使冀元亨往答之，他日讲《西铭》，反复君臣义甚悉。宸濠亦服，厚赠遣之，元亨反其赠于官。冀元亨发觉宁王有谋反状，告知阳明后，亦因他事返乡常德。正德十四年（1519）六月，朱宸濠造反，阳明募兵平定，冀元亨亦潜行至南昌勤王。平定宁王之乱后，张忠、许泰诬陷王阳明交通朱宸濠，遂逮捕冀元亨。其遭酷刑，而终不肯吐不实之词，后入京师诏狱。正德十五年（1520）十月十五日，为营救冀元亨，阳明有公移《咨六部伸理冀元亨》。明世宗即位后，言臣均称其冤，出狱后五日便去世，时正德十六年（1521）五月初四日。与阳明共患难的冀元亨之冤死诏狱，也是王阳明一大憾事。五月二十二日，有公移《仰湖广布按二司优恤冀元亨家属》。黄宗羲《明儒学案》卷二十八《楚中王门学案》有传。　❷ 孩提之童，无不知爱其亲，无不知敬其兄：语见《孟子·尽心上》："人之所不学而能者，其良能也；所不虑而知者，其良知也。孩提之童，无不知爱其亲者；及其长也，无不知敬其兄也。"　❸ "与天地合德"：语出《周易·乾卦·文言传》："夫'大人'者，与天地合其德，与日月合其明，与四时合其序，与鬼神合其吉凶，先天而天弗违，后天而奉天时。天且弗违，而况于人乎？况于鬼神乎？"

说　明

正德十二年至十三年间（1517—1518），王阳明在赣州征战之暇，开展讲学活动。侍从阳明多年的冀元亨，就"知如何是心之本体"向阳明求教。这里的"知"即"格物致知"之"知"，也就是阳明后来所倡"致良知"之"良知"，既是"心体"，也是"性体"，更是"天理"。良知本乎天理，只要不被外物和私欲遮蔽，就是心之"本体"。冀元亨与朱宸濠日讲《西铭》，反复陈君臣之义；冀元亨在诏狱，遭酷刑而终不肯吐不实之词，均是在恪守自己的"天理良知"。

【原　文】

守衡①问："《大学》工夫，只是诚意；诚意工夫，只是格物。修齐治平，只诚意尽矣。又有正心之功，'有所忿懥好乐，则不得其正'②，何也？"

先生曰："此要自思得之，知此，则知'未发之中'③矣。"

守衡再三请。

曰："为学工夫有浅深，初时若不着实用意去好善恶恶，如何能为善去恶？这着实用意，便是诚意。然不知心之本体原无一物，一向着意去好善恶恶，便又多了这分意思，便不是廓然大公。《书》所谓'无有作好、作

【译　文】

郭守衡问："《大学》的工夫，只在诚意；而诚意的工夫，只是格物。修身、齐家、治国、平天下，如此只要有一个诚意的工夫就够了。然而，《大学》又有正心的功夫，说是'有所忿懥好乐，则不得其正'，这又是怎么一回事呢？"

先生说："这需要你自己思考、体会，明白其中的道理之后，就能理解'未发之中'了。"

郭守衡再三请教先生。

先生说："为学的工夫有深有浅，初学时如果不肯专心致志去好善憎恶，又怎么可以为善除恶呢？这着实用意，就是诚意。然而，如果不懂得心的本体原无一物，始终执着地去好善憎恶，就又多了这份执着的意思，便不是廓然大公了。《尚书》中所谓

恶'④，方是本体，所以说'有所忿懥好乐，则不得其正'。'正心'只是'诚意'工夫里面体当自家心体，常要鉴空衡平⑤，这便是'未发之中'。"

的'无有作好、作恶'，方为心之本体。因此说，'有所忿懥好乐，则不得其正'。'正心'就是从'诚意'工夫中体认自己的心体，时刻让自己的心体如同镜子一般空明、杆秤一般平衡，这就是'未发之中'。"

注 释

❶ 守衡：郭持平（1483—1557），字守衡，号浅斋，江西吉安府万安县人。正德十二年（1517）中进士后归省，旋至赣州师从王阳明，得闻阳明所主《古本大学》之"格致"义。正德十四年（1519），参加义军，协助王阳明平定宁王叛乱。嘉靖改元，出仕，官至南京刑部右侍郎。郭持平的生平学行，详见邹守益所撰《明故南京刑部右侍郎浅斋郭公墓志铭》。 ❷ "有所忿懥好乐，则不得其正"：语见《大学》："所谓修身在正其心者，身有所忿懥，则不得其正；有所恐惧，则不得其正；有所好乐，则不得其正；有所忧患，则不得其正。" ❸ "未发之中"：语出《中庸》："喜怒哀乐之未发，谓之中；发而皆中节，谓之和。" ❹ "无有作好、作恶"：见《尚书·洪范》："无有作好，遵王之道；无有作恶，遵王之路。无偏无党，王道荡荡；无党无偏，王道平平；无反无侧，王道正直。" ❺ 鉴空衡平：语出朱熹《大学或问》："人之一心，湛然虚明，如鉴之空，如衡之平，以为一身之主者，固其真体之本然。"

说 明

正德十三年（1518）七月，王阳明序定《大学古本傍释》，并在赣州刊刻。"'正心'只是'诚意'工夫，里面体当自家心体"，这是王阳明对《大学》中"诚意""正心"工夫的具体解读。专心笃志于"为善去恶"，就是"诚意"的工夫。

【原文】

正之①问：“戒惧是己所不知时工夫，慎独是己所独知时工夫②，此说如何？”

先生曰：“只是一个工夫，无事时固是独知，有事时亦是独知。人若不知于此独知之地用力，只在人所共知处用功，便是作伪，便是‘见君子而后厌然’③。此独知处，便是诚的萌芽。此处不论善念恶念，更无虚假，一是百是，一错百错，正是王霸义利、诚伪善恶界头。于此一立立定，便是端本澄源，便是立诚④。古人许多诚身的工夫，精神命脉全体只在此处。真是莫见莫显⑤，无时无处，无终无始，只是此个工夫。今若又分戒惧为己所不知，即工夫便支离，亦有间断。既戒惧，即是知，己若不知，是谁戒惧？如此见解，便要流入断灭禅定⑥。”

曰：“不论善念恶念，更无虚假，则独知之地，更无无念时邪？”

曰：“戒惧亦是念。戒惧之

【译文】

黄正之问：“戒惧是在自己不知时用的工夫，慎独是在自己独知时用的工夫，这个说法对吗？”

先生说：“二者只是同一个工夫，无事时固然只有自己知道，有事时也只有自己知道。人如果不懂得在自己独处的时候着力用功，而仅在众人都知道的时候去用功，那就是虚伪，就是‘见君子而后厌然’。这个独处的时候，正是诚的萌芽。这时不管善念恶念，毫无虚假，一对百对，一错百错，这正是王道与霸道、义与利、诚与伪、善与恶的分界点。能够在这个时候立定心志，站稳脚跟，就是正本清源，就是确立诚心。古人许多诚身的工夫，精神命脉全汇聚在这里。不隐不现，无时无处，无始无终，都只是这个工夫而已。如果又把戒惧当成自己不知时的工夫，工夫就会支离破碎，就有了间断。既然戒惧就是知，如果自己不知，又是谁在戒惧呢？这样的见解，就会沦入断灭禅定的观点了。”

黄正之说：“无论善念恶念，毫无虚假，那么，自己独处之时就没有无念的时候了吗？”

先生说：“戒惧也是念。戒惧

念，无时可息。若戒惧之心稍有不存，不是昏聩，便已流入恶念。自朝至暮，自少至老，若要无念，即是己不知，此除是昏睡，除是槁木死灰⑦。"

之念，固然不可间断停止。如果戒惧之心稍有放失，人不是昏聩糊涂，就是流于恶念。从早到晚，从少到老，如果无念，那就是自己没有知觉，这种情形，若不是昏睡，便是形如槁木，心如死灰了。"

注 释

❶ 正之：黄弘纲（1492—1561），字正之，号洛村，江西雩都（今赣州市于都县）人。正德十一年（1516）秋乡试中举。正德十二年（1517）至赣州侍从王阳明。嘉靖三年（1524）左右，又至绍兴侍从阳明。阳明卒后，参与编辑《阳明先生文录》《阳明先生年谱》。生平事迹，详见罗洪先《明故云南清吏司主事致仕洛村黄公墓志铭》。　❷ 戒惧是己所不知时工夫，慎独是己所独知时工夫：语本《中庸》："是故君子戒慎乎其所不睹，恐惧乎其所不闻。莫见乎隐，莫显乎微，故君子慎其独也。"朱子《中庸章句》注曰："独者，人所不知而己所独知之地也。言幽暗之中，细微之事。迹虽未形而几则已动。人虽不知而己独知之，则是天下之事无有著见明显而过于此者。是以君子既常戒惧，而于此尤加谨焉。"　❸ "见君子而后厌然"，见《大学》："小人闲居为不善，无所不至，见君子而后厌然，掩其不善，而著其善。"　❹ 立诚：见《周易·乾卦·文言传》："君子进德修业。忠信，所以进德也。修辞立其诚，所以居业也。"　❺ 莫见莫显：语出《中庸》："莫见乎隐，莫显乎微，故君子慎其独也。"　❻ 断灭禅定：禅定，类似于正念，精神集中于某一特定对象照见真理；断灭，是彻底消灭一切念头，认为一切的念头都是不好的。　❼ 槁木死灰：语见《庄子·齐物论》："南郭子綦隐机而坐，仰天而嘘，荅焉似丧其耦。颜成子游立侍乎前，曰：'何居乎？形固可使如槁木，而心固可使如死灰乎？今之隐机者，非昔之隐机者也。'子綦曰：'偃，不亦善乎，而问之也？今者吾丧我，汝知之乎？女闻人籁，而未闻地籁，女闻地籁而未闻天籁夫！'"

说 明

正德十三年（1518），王阳明在赣州讲学期间，推崇《古本大学》《古本中庸》，亲撰《修道说》。这几条语录，涉及王阳明对"戒惧""慎独""诚意"关系的解读。

【原 文】

志道①问："荀子云'养心莫善于诚'②，先儒非之③，何也？"

先生曰："此亦未可便以为非。'诚'字有以工夫说者，诚是心之本体，求复其本体，便是思诚的工夫。明道说'以诚敬存之'④，亦是此意。《大学》'欲正其心，先诚其意'⑤。荀子之言固多病，然不可一例吹毛求疵。大凡看人言语，若先有个意见，便有过当处。'为富不仁'⑥之言，孟子有取于阳虎，此便见圣贤大公之心。"

【译 文】

林志道问："荀子说'养心莫善于诚'，程子认为不妥，这是为什么呢？"

先生说："这句话也不能认为不对。'诚'字也可以从工夫上来理解，诚是心之本体，要恢复心的本体，就是思诚的工夫。程颢说的'以诚敬存之'，正是这个意思。《大学》也说：'欲正其心，先诚其意。'荀子的言论虽然有毛病，但也不能一概吹毛求疵。大致上说，对别人的话进行点评，如果有一个先入为主的看法，自然就不会有公正之处。比如，'为富不仁'，是孟子引用阳虎的话，由此可见圣人的大公之心。"

注 释

❶志道：林达，字志道，号愧吾，福建莆田人。林俊子。正德九年（1514）中进士后，授官南京吏部考功郎中，师从王阳明。　❷"养心莫善于诚"：语出

《荀子·不苟》："君子养心莫善于诚，致诚则无它事矣。" ❸ 先儒非之：指程子质疑荀子"养心莫善于诚"。《二程遗书》曰："孟子言'养心莫善于寡欲'，欲寡则心自诚。荀子言'养心莫善于诚'，既诚矣，又何养？此已不识诚，又不知所以养。" ❹ "以诚敬存之"：语出程颢《识仁篇》："学者须先识仁，仁者浑然与物同体。义礼知信，皆仁也。识得此理，以诚敬存之而已。不须防检，不须穷索。" ❺ "欲正其心，先诚其意"：语出《大学》。 ❻ "为富不仁"：语出《孟子·滕文公上》："阳虎曰：'为富不仁矣，为仁不富矣。'"

说 明

正德九年、十年间（1513—1514），王阳明在南都讲学。其中有对荀子"养心莫善于诚"云云的评价。此时的王阳明开始推崇《大学》"诚意"之旨，故而指出："诚是心之本体，求复其本体，便是思诚的工夫。"

【原文】

萧惠①问："己私难克，奈何？"

先生曰："将汝己私来，替汝克。"②先生曰："人须有为己之心，方能克己；能克己，方能成己。"

萧惠曰："惠亦颇有为己之心，不知缘何不能克己？"

先生曰："且说汝有为己之心是如何？"

惠良久曰："惠亦一心要做好人，便自谓颇有为己之心。今思

【译文】

萧惠问："自己的私欲不容易克除，怎么办？"

先生说："你且将自己的私欲说出来，我来替你克除。"又说："人需要有为己的心，方能克除自己的私欲；只有克除自己的私欲，才能成就真正的自己。"

萧惠问："我确实有为己的心，但不知为什么无法克除自己的私欲？"

先生说："你不妨先谈谈你为己的心是怎样的？"

萧惠沉思良久，说："我一心

之，看来亦只是为得个躯壳的己，不曾为个真己。"

先生曰："真己何曾离着躯壳？恐汝连那躯壳的己也不曾为。且道汝所谓'躯壳的己'，岂不是耳目口鼻四肢？"

惠曰："正是。为此目便要色，耳便要声，口便要味，四肢便要逸乐，所以不能克。"

先生曰："'美色令人目盲，美声令人耳聋，美味令人口爽，驰骋田猎令人发狂'③，这都是害汝耳目口鼻四肢的，岂得是为汝耳目口鼻四肢？若为着耳目口鼻四肢时，便须思量，耳如何听，目如何视，口如何言，四肢如何动。必须非礼勿视听言动④，方才成得个耳目口鼻四肢，这个才是为着耳目口鼻四肢。汝今终日向外驰求，为名为利，这都是为着躯壳外面的物事。汝若为着耳目口鼻四肢，要非礼勿视听言动时，岂是汝之耳目口鼻四肢自能勿视听言动，须由汝心。这视听言动，皆是汝心。汝心之视，发窍于目；汝心之听，发窍于耳；汝心之言，

想要做好人，便自我感觉很有一颗为己的心。如今想来，也只是一个空有躯壳的我，并非一个真己。"

先生说："真己怎能离开躯壳？恐怕你也不曾为那空有躯壳的己。你所说的'躯壳的己'，岂不是指耳、目、口、鼻、四肢吗？"

萧惠说："正是为了这些。眼睛爱看美色，耳朵爱听美声，嘴巴爱吃美味，四肢爱享受安逸，因此便不能克除自己的私欲。"

先生说："'美色令人目盲，美声令人耳聋，美味令人口爽，驰骋田猎令人发狂'，所有这些，对你的耳目口鼻和四肢都有损害，怎么会有益于你的耳目口鼻和四肢呢？如果真的是为了耳目口鼻和四肢，就要考虑耳朵当听什么，眼睛当看什么，嘴巴当说什么，四肢当做什么。只有做到'非礼勿视，非礼勿听，非礼勿言，非礼勿动'，才能实现耳目口鼻和四肢的功能，这才真正是为了自己的耳目口鼻和四肢。如今，你成天向外去寻求名、利，这些只是为了你外在的躯体。若你确是为了自己的耳目口鼻和四肢，就必须'非礼勿视，非礼勿听，非礼勿言，非礼勿动'，此时，并非你的耳目口鼻和四肢自动不看、不听、不说、不动，这必须是你的心在起作用。其

发窍于口；汝心之动，发窍于四肢。若无汝心，便无耳目口鼻。所谓汝心，亦不专是那一团血肉。若是那一团血肉，如今已死的人，那一团血肉还在，缘何不能视听言动？所谓汝心，却是那能视听言动的。这个便是性，便是天理。有这个性，才能生。这性之生理，便谓之仁。这性之生理，发在目便会视，发在耳便会听，发在口便会言，发在四肢便会动，都只是那天理发生。以其主宰一身，故谓之心。这心之本体，原只是个天理，原无非礼，这个便是汝之真己。这个真己，是躯壳的主宰。若无真己，便无躯壳。真是有之即生，无之即死。汝若真为那个躯壳的己，必须用着这个真己，便须常常保守着这个真己的本体，'戒慎不睹，恐惧不闻'⑤，惟恐亏损了他一些。才有一毫非礼萌动，便如刀割、如针刺，忍耐不过，必须去了刀、拔了针。这才是有为己之心，方能克己。汝今正是'认贼作子'⑥，缘何却说有为己之心、不能克己？"

中视、听、言、动，就是你的心。你心的视、听、言、动，通过你的眼、耳、口、四肢来实现。如果你的心不存在，就没有你的耳目口鼻。所谓你的心，并非专指那一团血肉。如果心专指那团血肉，现在有个人死去了，那团血肉仍在，但为什么不能视、听、言、动呢？所谓你的心，是那能使你视、听、言、动的性，亦即天理。有了这个性，才能生。这个性的生生不息之理，也就是仁。性的生生之理，显现在眼时便能看，显现在耳时便能听，显现在口时便能说，显现在四肢时便能动，这些都是天理在起作用。因为天理主宰着人的身体，所以又叫心。这心的本体，原本只是一个天理，原本没有不符合礼的，这就是你的真己。这个真己，是躯壳的主宰。如果没有真己，也就没有躯壳。确属有了它就生，没有它就死。你若真为了那个躯壳的己，必须依靠这个真己，就需要常存这个真己的本体，'戒慎不睹，恐惧不闻'，害怕对这个真己的本体有一丝损伤。稍有丝毫的非礼萌生，有如刀剃针刺，不堪忍受，必须扔了刀、拔掉针。如此方是有为己之心，方能克己。现在的你好比是'认贼作子'，为什么却说有为己之心，不能克除自己的私欲？"

注 释

❶萧惠：据《万历滁阳志》载："萧惠，庠生，从阳明先生游。甘贫嗜学，笃于伦理，素厌尘俗。"可见，萧惠是滁阳（滁州）人，正德八年（1513）十月至正德九年（1514）四月，王阳明在滁州太仆寺卿任上时，萧惠师从之；正德九年四月至正德十一年（1516）九月，王阳明在南都任职，萧惠又曾前去拜会。❷将汝己私来，替汝克：据《景德传灯录》载：禅宗二祖慧可（光）师从达摩老祖，"光（慧可）曰：'我心未宁，乞师与安。'师（达摩）曰：'将心来，与汝安。'（慧可）曰：'觅心了不可得。'师曰：'我与汝安心竟！'"这是禅宗祖师对弟子直指人心的教诲，让人在当下顿悟。在这里，王阳明显然仿用了达摩与慧可之间言谈的这段公案。　❸"美色令人目盲，美声令人耳聋，美味令人口爽，驰骋田猎令人发狂"：语出《老子》："五色令人目盲，五音令人耳聋，五味令人口爽，驰骋畋猎令人心发狂。"意为过度的感官享受使人的身心受到极大损害。　❹非礼勿视听言动：语出《论语·颜渊》："子曰：'非礼勿视，非礼勿听，非礼勿言，非礼勿动。'"　❺"戒慎不睹，恐惧不闻"：语出《中庸》："是故君子戒慎乎其所不睹，恐惧乎其所不闻。"　❻认贼作子：同"认贼为子"。佛家语，典出《楞严经》，比喻错将妄想认为真实。

说 明

这几段文字，涉及王阳明对"克己""心""心体""真己"的解读："所谓汝心，却是那能视听言动的。这个便是性，便是天理。"

【原文】

有一学者病目，戚戚甚忧。先生曰："尔乃贵目贱心。"

【译文】

有一位学者得了眼病，十分忧戚痛苦。

先生说："你这是看重了眼睛而忽视了内心。"

说　明

在阳明心学看来，眼疾治疗与心性修养相比，后者比前者更重要。

【原　文】

萧惠好仙、释。先生警之曰："吾亦自幼笃志二氏①，自谓既有所得，谓儒者为不足学。其后居夷三载②，见得圣人之学，若是其简易广大③，始自叹悔，错用了三十年气力。大抵二氏之学，其妙与圣人只有毫厘之间。汝今所学，乃其土苴④，辄自信自好若此，真鸱鸮窃腐鼠⑤耳。"

惠请问二氏之妙。先生曰："向汝说圣人之学简易广大，汝却不问我悟的，只问我悔的。"

惠惭谢，请问圣人之学。先生曰："汝今只是了人事问⑥。待汝办个真要求为圣人的心来，与汝说。"

惠再三请。先生曰："已与汝一句道尽，汝尚自不会。"

【译　文】

萧惠一度热衷于道教、佛教。先生提醒他说："我自幼也笃信道教、佛教，自认为也颇有收获，并以为儒学不值得学习。后来在贵州龙场待了三年，切身体悟到圣人之学是如此的简易、广大，才后悔惋惜，浪费了三十年的时间和精力。总体而言，道教、佛教的学问精妙之处与圣人之学并没有太多的差别。如今，你所学的只是道教、佛教的糟粕，却如此狂热地信奉，就像猫头鹰捡到腐烂的老鼠一样。"

萧惠向先生请教道教、佛教学问的精妙之处。先生说："刚才，我跟你阐述圣人之学的简易、广大，而你不问我所感悟的学问，却只问我所后悔的学问。"

萧惠惭愧地向先生道歉，并请教什么是圣人之学。先生说："你现在只是做表面功夫，为敷衍了事而问。等你有了一颗真正想探究圣人之学的心时，我再跟你讲也为时不晚。"

萧惠再而三地请教。先生说："我已经用一句话跟你说尽了，而你却还是不明白。"

注 释

❶ 二氏：指佛教、道教。　❷ 居夷三载：王阳明于正德元年（1506）底被贬任贵州龙场驿驿丞，正德三年（1508）春正式到达贵州龙场，正德四年（1509）底离开。实际上真正在贵州的时间是两年。　❸ 见得圣人之学，若是其简易广大：指正德三年王阳明"龙场悟道"后，"始知圣人之道，吾性自足，向之求理于事物者误也"的收获。　❹ 土苴（zhǎ）：典出《庄子》，犹土芥，比喻微贱的东西。　❺ 鸱鸮（chīxiāo）窃腐鼠：典出《庄子》："夫鹓雏，发于南海而飞于北海，非梧桐不止，非练实不食，非醴泉不饮。于是鸱得腐鼠，鹓雏过之，仰而视之曰：'吓！'"　❻ 人事问：人事应酬语。

说 明

　　好谈佛老的萧惠，是滁州籍阳明弟子，薛侃辑的阳明语录中记载有三条"萧惠问""（阳明）先生曰"的问答，内容主要涉及死生之道、克制私欲、儒佛道三教之辨，故阳明的回应也是基于儒家并杂有佛老之言。王阳明以自己前半生三十年"出入佛老"而归本于儒家圣学的经历，谆谆告诫庠生萧惠，儒家圣人之学"简易广大"，为学当以圣学为基调。佛老之学，尽管也有持戒静坐、心斋坐忘的修养法门，"其妙与圣人只有毫厘之间"；但是你所学的佛老这套，并不是真东西。如立志求学，"真要求为圣人的心来"，即以儒家圣学为毕生志业。于此可见，王阳明尽管有出入佛老的经历，比如在绍兴会稽山阳明洞修炼内丹，在西湖净慈寺、圣果寺等静坐修禅，但是在弘治十八年（1505）与湛若水结交共倡圣人之学，尤其是正德三年（1508）的"龙场悟道"，厘清儒家圣人之学与佛老二氏的区分与关联，体悟出"圣人之道，吾性自足"的真谛，便以"简易广大"的圣学为终身信仰，且"知行合一"地加以传承发展。

【原 文】

　　刘观时①问："'未发之

【译 文】

　　刘观时问："'未发之中'，指的是

中'②,是如何?"

先生曰:"汝但'戒慎不睹,恐惧不闻'③,养得此心纯是天理,便自然见。"

观时请略示气象。

先生曰:"哑子吃苦瓜④,与你说不得。你要知此苦,还须你自吃。"

时曰仁⑤在傍,曰:"如此才是真知,即是行矣。"

一时在座诸友皆有省。

什么?"

先生说:"只要你'戒慎不睹,恐惧不闻',内心修养得纯粹到天理的地步,就自然能理解了。"

刘观时请先生大概谈一下"未发之中"的境界。

先生说:"这就好比是哑巴吃苦瓜,与你说不得。你要是想明白其中之苦,还得需要自己去品尝。"

这时,徐爱在旁边说:"这才是真正的知,才算真正的行。"

一时之间,在座的各位学友都有所悟。

注 释

❶ 刘观时:字易仲,号见斋,湖广辰州沅陵(今属湖南怀化市沅陵县)人。正德五年(1510)正月,王阳明从贵阳经湖广至庐陵任职,途经辰州沅陵龙兴寺,授徒讲学,刘观时与唐愈贤、唐诩、萧璆、萧琦、王嘉秀、吴鹤、王世隆、吴伯诗、张明卿、董道夫、汤伯循、董粹夫、李秀夫、田叔中等师从王阳明。正德八年至十一年间(1513—1516),王阳明在滁州、南京讲学,刘观时又前来侍从。刘观时归乡时,王阳明赋诗《别易仲》相赠,诗序言:"辰州刘易仲从予滁阳,一日问'道可言乎?'予曰:'哑子吃苦瓜,与你说不得。尔要知我苦,还须你自吃。'易仲省然有悟。久之辞归,别以诗。" ❷ "未发之中":出自《中庸》:"喜怒哀乐之未发,谓之中;发而皆中节,谓之和。" ❸ "戒慎不睹,恐惧不闻":语出《中庸》:"是故君子戒慎乎其所不睹,恐惧乎其所不闻。" ❹ 哑子吃苦瓜:典出普济《五灯会元》卷十四:"僧问:'如何是默默相应底事?'师曰:'哑子吃苦瓜。'" ❺ 曰仁:即徐爱,正德九年至十一年(1514—1516)与王阳明同在南都任职。

说 明

　　传统儒家的修身之学有直觉主义或曰神秘主义体验的成分，王阳明所令弟子门人参悟"未发之中""此心纯是天理"的境界，需要亲身实践与体验。修行工夫到了，自然也就知道了，这就是"知行合一"。"行"的工夫，同时也是"致知"的工夫。

【原 文】

　　萧惠问死生之道①。

　　先生曰："知昼夜，即知死生②。"

　　问昼夜之道。

　　曰："知昼则知夜。"

　　曰："昼亦有所不知乎？"

　　先生曰："汝能知昼？懵懵而兴，蠢蠢而食，'行不著，习不察'③，终日昏昏，只是梦昼。惟'息有养，瞬有存'④，此心惺惺，明明天理，无一息间断，才是能知昼。这便是天德⑤，便是'通乎昼夜之道而知'⑥，更有甚么死生？"

【译 文】

　　萧惠向先生请教生死的道理。

　　先生说："明白昼夜的变化，就能知道生死的道理了。"

　　萧惠再向先生请教昼夜变化的规律。

　　先生说："知道了白天，也就知道了黑夜。"

　　萧惠说："难道还有人不知道白天吗？"

　　先生说："你能知道白天吗？懵懵懂懂起床，胡嚼乱咽吃饭，'行不著，习不察'，成天浑浑噩噩，那只是梦中的白天。唯有'息有养，瞬有存'，此时，内心清醒明亮，天理没有片刻的间断，才算是知道白天。这就是与天相同的德性，也就是'通乎昼夜之道而知'，还有什么生死的问题？"

注 释

　　❶ 死生之道：语本《论语·先进》："季路问事鬼神。子曰：'未能事人，焉

能事鬼?'曰:'敢问死?'曰:'未知生,焉知死?'"   ❷ 知昼夜,即知死生:语本《二程遗书》,程颐曰:"昼夜,死生之道也。知生之道,则知死之道。" ❸ "行不著,习不察":语出《孟子·尽心上》:"行之而不著焉,习矣而不察焉,终身由之而不知其道者,众也。"   ❹ "息有养,瞬有存":语出张载《张子全书》卷三:"言有教,动有法;昼有为,宵有得;息有养,瞬有存。"意为瞬息之间,都不要间断存养的功夫。   ❺ 天德:语自《中庸》:"唯天下至诚,为能经纶天下之大经,立天下之大本,知天地之化育。夫焉有所倚?肫肫其仁!渊渊其渊!浩浩其天!苟不固聪明圣知达天德者,其孰能知之?"   ❻ "通乎昼夜之道而知":语出《周易·系辞上》:"范围天地之化而不过,曲成万物而不遗,通乎昼夜之道而知,故神无方而易无体。"意为通晓了昼夜阴阳的变化规律,就会领悟天地宇宙的运动规律。

说 明

　　这条语录涉及王阳明对儒家生死观的理解。

【原 文】

　　马子莘①问:"'修道之教'②,旧说谓'圣人品节,吾性之固有,以为法于天下,若礼乐刑政之属'③。此意如何?"

　　先生曰:"道即性即命,本是完完全全,增减不得,不假修饰的,何须要'圣人品节'?却是不完全的对象。礼乐刑政,是治天下之法,固亦可谓之教,但不是

【译 文】

　　马子莘问:"朱子将《中庸》'修道之教'理解为'圣人品节,吾性之固有,以为法于天下,若礼乐刑政之属'。对吗?"

　　先生说:"道,就是性、就是命,本是就完完全全的,不可增减,不用修饰,何须要'圣人品节'?又不是不完美的东西。礼、乐、刑、政,是治理天下的办法,当然可以称之为教,但并不是子思的原意。如果按照朱子的理解,

子思本旨。若如先儒之说，下面由教入道的，缘何舍了圣人礼乐刑政之教，别说出一段戒慎恐惧工夫？却是圣人之教为虚设矣。"

子莘请问。

先生曰："子思④性、道、教，皆从本原上说。天命于人，则命便谓之性；率性而行，则性便谓之道；修道而学，则道便谓之教。率性是'诚者'事，所谓'自诚明，谓之性'也；修道是'诚之者'事，所谓'自明诚，谓之教'⑤也。圣人率性而行，即是道。圣人以下，未能率性，于道未免有过不及，故须修道。修道，则贤知者不得而过，愚不肖者不得而不及。都要循着这个道，则道便是个教。此'教'字，与'天道至教'⑥'风雨霜露，无非教也'⑦之'教'同；'修道'字，与'修道以仁'⑧同。人能修道，然后能不违于道，以复其性之本体，则亦是圣人率性之道矣。下面'戒慎恐惧'，便是修道的工夫；'中和'，便是复其性之本体。如《易》所谓'穷理尽性以至于

天资较为低下的人通过教育可以通达大道，为何要舍弃圣贤礼、乐、刑、政的教化，却另外讲一种戒慎恐惧的工夫呢？如此，则是圣人之教成为虚设了。"

马子莘继续向先生请教。

先生说："子思在《中庸》中所说的性、道、教，都是从本原上说的。天命在人，命即为性；率性而行，性即为道；修道而学，道即为教。率性是'诚者'之事，正是《中庸》中讲的'自诚明，谓之性'；修道是'诚之者'之事，正是《中庸》中讲的'自明诚，谓之教'。圣人率性而行，就是道。圣贤之下的人，不能率性，他们的行为难免过分或欠缺，因此必须修道。修道后，贤明智者不会过分，愚昧不肖者不会不及。依循这个道，道就成了教。这个'教'与'天道至教''风雨霜露，无非教也'的'教'相同；'修道'，与《中庸》中的'修道以仁'相同。人能够修道，然后才能不违背道，从而恢复性的本体，这也就是圣人率性的道了。《中庸》后面讲的'戒慎恐惧'，就是修道的工夫；'中和'，就是恢复性的本体。如《周易》中所说的'穷理尽性以至于命'，能够

命’⑨，‘中和’‘位育’⑩，便是尽性至命。”

达到‘中和’‘位育’，就是尽性至命。”

注 释

❶ 马子莘：马明衡（1491—1557），字子莘，福建莆田人。正德九年（1514）中进士后，授南京太常博士，遂师从正在南京讲学的王阳明。　❷ “修道之教”：语出《中庸》：“天命之谓性，率性之谓道，修道之谓教。　❸ 旧说谓“圣人品节，吾性之固有，以为法于天下，若礼乐刑政之属”：朱熹《中庸章句》注云：“修，品节之也。性道虽同，而气禀或异，故不能无过不及之差。圣人因人物之所当行者而品节之，以为法于天下，则谓之教。若礼乐刑政之属是也。”　❹ 子思：孔伋，字子思，孔子之子孔鲤的儿子。后世学者一般认为子思著《中庸》。　❺ “自诚明，谓之性”“自明诚，谓之教”：语出《中庸》：“自诚明，谓之性。自明诚，谓之教。诚则明矣，明则诚矣。”　❻ “天道至教”：语本《礼记·礼器》：“天道至教，圣人至德。”　❼ “风雨霜露，无非教也”：语出《礼记·孔子闲居》：“天有四时，春秋冬夏，风雨霜露，无非教也。地载神气，神气风霆，风霆流形，庶物露生，无非教也。”　❽ “修道以仁”：语出《中庸》：“故为政在人，取人以身，修身以道，修道以仁。”　❾ “穷理尽性以至于命”：语出《周易·说卦传》：“昔者圣人之作《易》也，幽赞于神明而生蓍，参天两地而倚数，观变于阴阳而立卦，发挥于刚柔而生爻，和顺于道德而理于义，穷理尽性以至于命。”　❿ “中和”“位育”：语出《中庸》开篇：“喜怒哀乐之未发，谓之中；发而皆中节，谓之和。中也者，天下之大本也；和也者，天下之达道也。致中和，天地位焉，万物育焉。”中和位育，可谓是儒家修身学的核心命题之一，是修养工夫之极致。“中和”是目的，不偏不倚，和谐适度；“位育”是手段，各守其分，适应处境。

说 明

这几段文字涉及王阳明对《中庸》“修道之谓教”的阐释。不同于朱熹

《中庸章句》的解读，以为"道即性即命"，"性、道、教，皆从本原上说。天命于人，则命便谓之性；率性而行，则性便谓之道；修道而学，则道便谓之教"。在阳明这里，"修道"，不过是让常人恢复其天性光明之"心体"而已。王阳明推崇《古本中庸》，正德十三年（1518）在南赣征战之暇、讲学之时，亲撰《修道说》："率性之谓道，诚者也；修道之谓教，诚之者也。故曰：自诚明，谓之性；自明诚，谓之教。《中庸》为诚之者而作，修道之事也。道也者，性也，不可须臾离也。而过焉，不及焉，离也。是故君子有修道之功，戒慎乎其所不睹，恐惧乎其所不闻，微之显，诚之不可掩也。修道之功若是其无间，诚之也夫！然后喜怒哀乐之未发谓之中，发而皆中节谓之和，道修而性复矣。致中和，则大本立而达道行，知天地之化育矣。非至诚尽性，其孰能与于此哉！是修道之极功也。"亲书之后，勒石收嵌于白鹿洞书院。

【原文】

黄诚甫①问："先儒以孔子告颜渊'为邦'之问②，是'立万世常行之道'③，如何？"

先生曰："颜子具体圣人④，其于为邦的大本大原，都已完备。夫子平日知之已深，到此都不必言，只就制度文为上说，此等处亦不可忽略，须要是如此方尽善。又不可因自己本领是当了，便于防范上疏阔，须是要'放郑声，远佞人'⑤。盖颜子是个克己向里、德上用心的人，孔子恐其外面末节或有疏略，故就他不足处

【译文】

黄诚甫问："朱子认为孔子回答颜回'为邦'之问，是'立万世常行之道'，对吗？"

先生说："颜回具有圣人的全部素质，对于为邦的根本问题，他已彻底掌握了。孔子平时对他十分了解，在这里孔子没必要再多说，只是就典章制度上稍加谈一点，这些也不能忽视，只有如孔子所说的那样才算是完善。也不能因为自己已经具备足够担当为邦的本领，而疏于防范，还是要'放郑声，远佞人'。颜回是一个性格内向、注重道德修养的人，孔子忧虑他忽视了外在的细节，因此就他的不足处

帮补说。若在他人，须告以‘为政在人，取人以身，修身以道，修道以仁’，‘达道’‘九经’及‘诚身’⑥许多工夫，方始做得这个，方是‘万世常行之道’。不然，只去行了夏时，乘了殷辂，服了周冕，作了韶舞，天下便治得？后人但见颜子是孔门第一人，又问个为邦，便把做天大事看了。”

加以提示。如果是别人，孔子也许会告诉他‘为政在人，取人以身，修身以道，修道以仁’，‘达道’‘九经’及‘诚身’等诸多工夫，如此才能去治国理政，这方是‘万世常行之道’。不然，只去用夏代历法、乘商代车舆、穿周代礼服、享舜时韶乐，天下岂能大治？后世人只明白颜回是孔门第一高徒，而他又问了一个为邦的问题，就把孔子的回答看作天大的事情。”

注　释

❶ 黄诚甫：黄宗明（？—1536），字诚甫，号致斋，浙江鄞县（今宁波市鄞州区）人。约正德八年（1513）夏，在宁波或绍兴师从阳明。正德九年（1514）春中进士后，授任南京兵部主事，再侍从在南京为官讲学的王阳明。　❷ 孔子告颜渊“为邦”之问：语出《论语·卫灵公》：“颜渊问为邦。子曰：‘行夏之时，乘殷之辂，服周之冕。乐则《韶》《舞》。放郑声，远佞人。郑声淫，佞人殆。’”大意是说，颜渊问怎样治理国家。孔子说：“用夏代的历法，乘殷代的车子，戴周代的礼帽，奏《韶》《武》乐，禁绝郑国的乐曲，疏远谄媚的人。郑国的乐曲浮靡不正派，佞人太危险。”　❸“立万世常行之道”：语出朱熹《论语集注》引程子曰：“盖三代之制皆因时损益。及其久也。不能无弊。周衰，圣人不作。故孔子斟酌先王之礼，立万世常行之道，发此以为之兆尔。”　❹ 颜子具体圣人：语本《孟子·公孙丑上》：“颜渊，则具体而微。”言颜渊有圣人全体，但未广大。　❺“放郑声，远佞人”：语出《论语·卫灵公》。　❻“为政在人，取人以身，修身以道，修道以仁”“达道”“九经”“诚身”：出处均为《中庸》。

说 明

　　这是王阳明对《论语》中孔子告颜渊"为邦"之问的具体解读,当然王阳明《传习录》的解读有别于朱熹《论语集注》。这也涉及王阳明对颜回的认识:"颜子具体圣人""颜子是个克己向里、德上用心的人。"

【原 文】

　　蔡希渊①问:"文公《大学》新本②,先'格致'而后'诚意'工夫,似与首章次第相合。若如先生从旧本之说③,即'诚意'反在'格致'之前,于此尚未释然。"

　　先生曰:"《大学》工夫,即是'明明德';'明明德',只是个'诚意';'诚意'的工夫,只是'格物''致知'。若以'诚意'为主,去用'格物''致知'的工夫,即工夫始有下落。即为善去恶,无非是'诚意'的事。如新本先去穷格事物之理,即茫茫荡荡,都无着落处。须用添个'敬'④字,方才牵扯得向身心上来,然终是没根源。若须用添个'敬'字,缘何孔门倒将一个最紧要的字落了,直待千余年后要人来补出?正谓以'诚意'为

【译 文】

　　蔡希渊问:"朱子的《大学章句》,将'格致'放在'诚意'工夫之前,似乎与首章的次序相吻合。如果按照先生的主张,依据《大学》旧本的解释,'诚意'应当在'格致'的前面,对此,我还有些不理解。"

　　先生说:"《大学》的工夫,就是'明明德';'明明德'只是个'诚意';'诚意'的工夫只是'格物''致知'。如果以'诚意'为主,再去'格物''致知',工夫才有着落之处。所谓为善去恶,都是'诚意'的工夫。如果按照朱子新本所说的,先去穷究事物之理,就会茫然而没有着落处。必须增添一个'敬'字,才会与自己的身心关联起来,但毕竟没有根源。如果须增添一个'敬'字,为什么孔子及其弟子会将如此关键而又重要的字给遗漏了,等到千余年后的才被人补上呢?只要以'诚意'为主,

主，即不须添'敬'字。所以提出个'诚意'来说，正是学问的大头脑处。于此不察，真所谓毫厘之差，千里之缪。大抵《中庸》工夫只是'诚身'，'诚身'之极便是'至诚'；《大学》工夫只是'诚意'，'诚意'之极便是'至善'；工夫总是一般。今说这里补个'敬'字，那里补个'诚'字，未免画蛇添足。"

右门人薛侃录

就不用增添'敬'字。所以，我才特地提出一个'诚意'，正因为那是做学问必须遵从的根本原则。对此不理解的话，真可谓差之毫厘，谬以千里了。一般来说，《中庸》的工夫只是'诚身'，'诚身'的工夫做到极致便是'至诚'；《大学》的工夫只是'诚意'，'诚意'的极致便是'至善'；工夫永远是相同的。现在这里添一个'敬'字，那里要补一个'诚'字，未免有画蛇添足之嫌。"

以上由弟子薛侃记录

注 释

❶ 蔡希渊：蔡宗兖（1474—1547），字希渊，号我斋，浙江山阴（今绍兴）人。王阳明曾言："徐曰仁（徐爱）之温恭，蔡希渊（蔡宗兖）之深潜，朱守中（朱节）之明敏，皆予所不逮。" ❷ 文公《大学》新本：指朱熹的《大学章句》及对"格物致知"补传。 ❸ 先生从旧本之说：指王阳明坚持《礼记·大学》原本，不做改动与文字补充。 ❹ "敬"：程朱理学的核心范畴，程颐有"涵养须用敬"的提法，朱熹认为："'敬'之一字，圣学所以成始而成终者也。"

说 明

蔡宗兖作为王阳明的早期弟子，对其师阳明坚持《古本大学》，与朱熹对《大学章句》的改动及"格物致知"补传之间的冲突，存在困惑。正德十年

（1515）左右，蔡宗兖再次就这个问题请教阳明。此时正在编辑《朱子晚年定论》的王阳明，坚持以"诚意"作为《大学》"修齐治平"的逻辑起点，"若以'诚意'为主，去用'格物''致知'的工夫，即工夫始有下落。即为善去恶，无非是'诚意'的事"。如果以朱子《大学章句》"穷格事物之理"，进而添个"敬"字，再去"格物致知"，则是画蛇添足。总之，"龙场悟道"后在贵州乃至在京师、南都、南赣讲学时期的王阳明，坚持以"诚意"作为圣人之学的起点，故而在正德十三年（1518）序定的《大学古本傍释》中坚持以为："《大学》之要，诚意而已矣。诚意之功，格物而已矣。诚意之极，止至善而已矣。止至善之则，致知而已矣。""诚意"是"致知"的前提。而王阳明以"致知"（"致良知"）为为学宗旨，则是正德十五年（1520）秋与陈九川、邹守益在南赣讲学期间的事了。

传习录卷中

门人

余姚　钱德洪　编次
渭南　南大吉　录
安成　邹守益　校正
山阴　王畿　增葺
余姚　孙应奎　校阅

［钱德洪序］①

【原　文】

德洪②曰：昔南元善③刻《传习录》于越④，凡二册。下册摘录先师手书，凡八篇。其《答徐成之》⑤二书，吾师自谓："天下是朱非陆，论定既久，一旦反之为难。"⑥二书姑为调停两可之说，使人自思得之。故元善录为下册之首者，意亦以是欤？今朱陆之辨⑦明于天下久矣，洪刻先师《文录》，置二书于《外集》者，示未全也，故今不复录。其余指知行之本体，莫详于答人论学与答周道通、陆清伯、欧阳崇一四书⑧。而"谓格"物为学者用力、日可见之地，莫详于答罗整庵一书⑨。平生冒天下之非诋推陷，万死一生，遑遑然不忘讲学。惟恐吾人不闻斯道，流于功利机智，以日堕于夷狄禽兽而不觉，其

【译　文】

钱德洪记：嘉靖三年（1524）十月，南元善在浙江绍兴刊刻的《传习录》，分上、下两册。下册收录了先生的八封书信。其中，在《答徐成之》的两封信中，先生说："天下是朱非陆，论定既久，一旦反之为难。"这两封信就是为了调解朱陆之争，使人们通过自己的思考而明白这一点。因此，南元善将这两封信放在《传习录》下册的卷首，估计也就是这个原因吧？如今，世人对朱陆之辨的看法已经明朗了。我在刊刻《阳明先生文录》时，则将这两封信收录在《外集》中，主要是有些观点还不够完善，因此，现在就不再收录了。其他关于知行本体方面的论述，在《答人论学书》《答周道通书》《答陆清伯书》《答欧阳崇一书》四封信中，最为详尽。而讨论"格物"应是学者平日功夫用力之处的论述，则体现在《答罗整庵少宰书》中。先生一生不顾世人的诽谤和诋毁，在万死一生的逆境中始终不忘讲学。唯恐我们这些弟子不了解圣学大道而被功利和技巧所迷惑，以致毫无知觉地沦为禽兽夷狄，先生终身兢兢业业地追求与天地万

一体同物之心，诱诱^⑩终身，至于毙而后已。此孔孟已来贤圣苦心，虽门人子弟，未足以慰其情也。是情也，莫见于答聂文蔚之第一书^⑪。此皆仍元善所录之旧^⑫。而揭"必有事焉"即"致良知"功夫，明白简切，使人言下即得入手，此又莫详于答文蔚之第二书^⑬，故增录之。

元善当时汹汹，乃能以身明斯道，卒至遭奸被斥^⑭，油油然惟以此生得闻斯学为庆，而绝无有纤芥愤郁不平之气^⑮。斯录之刻，人见其有功于同志甚大，而不知其处时之甚艰也。今所去取，裁之时义则然，非忍有所加损于其间也。

物融为一体的境界，直至死而后已。这种孔孟以来圣贤所独有的良苦用心，并不因学生和亲人的劝慰而有丝毫的减轻。在《答聂文蔚》的第一封信中作了详尽阐发，先生的这一情怀表露无遗。以上这几封信，均按南元善原本刊刻而收录。先生在《答聂文蔚》的第二封信中，详尽地揭示了"必有事焉"即为"致良知"的功夫，论述明白简洁，使人很容易找到功夫的下手处，所以也增录进来。

南元善当时的处境极其艰难，仍以讲授阳明学说为己任，最终遭受奸臣排挤，但他仍然认为一生最大的幸事是得以接受阳明学说，因而没有分毫的忧愤和悔恨。人们都知道，南元善刊刻的《传习录》，对于有志于学习阳明学的朋友帮助很大，但不知他其时所处的艰难困境。我对他刊刻的内容进行取舍，是根据今天的需要而进行的，并不是对南元善所刊刻的《传习录》有不满之处。

注释

❶ [钱德洪序] 四字不见于《王文成公全书》本《传习录》，系本书编者添加。 ❷ 德洪：钱德洪（1496—1574），名宽，字德洪，以字行，改字洪甫，号绪山，浙江余姚人。正德十六年（1521）九月，王阳明归余姚省祖茔，钱德洪等七十余人从学于阳明。而后又至越地侍从阳明，在阳明门下与王畿并称为"教授师"。嘉靖元年（1522）参加浙江乡试中举，嘉靖二年（1523）参加会试不中，嘉靖五年（1526）春，与王畿并举南宫，因阁臣不喜阳明心学，俱不廷

对而归越。嘉靖六年（1527）四月，钱德洪编次、王阳明本人标注年月的《阳明先生文录》四册，由邹守益刊刻于南直隶广德州，是为"广德版"《阳明先生文录》。王阳明至两广平乱，德洪与王畿一同董理王阳明绍兴家事。因王阳明病逝后参与阳明丧事，未参加嘉靖八年（1529）廷试；同时还检收阳明先生遗书，编辑《阳明先生文录》、辑录《阳明先生诗录》、撰写《阳明先生年谱》。直至嘉靖十一年（1532）春至京师参加殿试，中进士，观政吏曹，出任苏州教授，官至刑部陕西司员外郎。因坐论宠臣郭勋死罪而下狱，嘉靖二十二年（1543），被革冠带，削为平民归乡。此后，在编辑《王文成公全书》同时，讲学林下三十余年，直至病卒。今人编有《钱德洪集》。对于钱德洪、王畿之于阳明学的传承与发展，黄宗羲《明儒学案》卷十一"钱德洪传"云："（钱德洪）先生与龙溪（王畿）亲炙阳明最久。习闻其过重之言。龙溪谓寂者，心之本体，寂以照为用。守其空知而遣照，是乖其用也。先生谓未发竟从何处觅？离已发而求未发，必不可得。是两先生之良知俱以见在知觉而言，于圣贤凝聚处，尽与扫除。在师门之旨，不能无毫厘之差。龙溪从见在悟其变动不居之体。先生只于事物上实心磨炼，故先生之彻悟不如龙溪，龙溪之修持不如先生。乃龙溪竟入于禅，而先生不失儒者之矩矱。何也？龙溪悬崖撒手，非师门宗旨所可系缚。先生则把缆放船，虽无大得，亦无大失耳。"　❸ 南元善：南大吉（1487—1541），字元善，号瑞泉，陕西渭南人。正德六年（1511）进士。嘉靖二年（1523）六月，出任绍兴知府；十二月，南大吉弟南逢吉携子（南轩）前来绍兴，游学于王阳明门下，直至嘉靖五年南大吉罢官归乡。嘉靖三年（1524），南大吉正式拜阳明为师；同年十月，取"阳明先生论学书"若干篇，命弟南逢吉校对后，续刻《传习录》二册五卷于越。南大吉撰《重刊传习录序》："是《录》也，门弟子录阳明先生问答之辞、讨论之书，而刻以示诸天下者也。……故命逢吉弟校续而重刻之，以传诸天下。天下之于是《录》也，但勿以闻见梏之，而平心以观其意；勿以门户隔之，而易气以玩其辞。勿以录求录也，而以我求录也，则吾心之本体自见，而凡斯录之言，皆其心之所固有，而无复可疑者矣。则夫大道之明于天下，而天下之所以平者，将亦可俟也已。嘉靖三年冬十月十有八日，赐进士出身中顺大夫绍兴府知府、门人渭北南大吉谨序。"嘉靖五年（1526）夏，因满考至京考绩；五月，在苏州有《寄答阳明先生书》；六月，王阳明有《答南元善书》，秋间又有《答南元善书》。同年，南大吉罢官，盖执政者方恶阳明之学，遂还乡陕西渭南，开展讲学活动，重"致知""慎独"。阳明学之传播于陕，其功为多。　❹刻《传习录》于越：嘉靖三年（1524）十月，南大吉、南逢吉续刻《传习录》于绍兴。　❺徐成之：徐守诚（1456—1514），字成之，一作诚之，号石东，浙江余姚人。成化二十二年（1486）参加浙江乡试中举；弘治六年（1493）中进士，授南京兵部主事。弘治十七年（1504），由刑部员外郎出为湖广按察司佥事。正德四年（1509），升山东布政司左参议。正德六年（1511），王阳明有两通《答徐成之书》，与信奉朱子学的徐守诚论辩"朱陆异同"。嘉靖三年（1524）南大吉于绍兴刊刻《传习录》之时，收录王阳明《答徐成之书》。徐守诚著有《慈山杂著》，为学者所诵。　❻"天下是朱非陆，论定既久，一旦反之为难"：语本王阳明《答徐成之（一）》："是朱非陆，天下之论定久矣，久则难变也。"　❼朱陆之辨：指南宋理学内部两派的争论，即以朱熹为代表的"性即理"派同以陆九渊为代表的"心即理"派的争执论辩。这种争论到南宋淳熙三年（1176）鹅湖之会时发展为公开面对面的争论。陆讥朱为支离，朱讥陆为空渺。朱陆门户之争历数百年，直至清代。　❽答人论学与答周道通、陆清伯、欧阳崇一四书：即《答顾东桥书》《答周道通书》《答陆原静书》《答欧阳崇一书》。　❾答罗整庵一书：即《答罗整庵少宰书》。　❿诡诡（náonáo）：争辩；论辩。　⓫答聂文蔚之第一书：即《答聂文蔚（一）》。　⓬此皆仍元善所录之旧：钱德洪此句表述有误。今人黎业明《传习录译注》（上海古籍出版社2021年版，第206页）就说："钱德洪所谓'此皆仍元善所录之旧'，值得斟酌。钱德洪所见之所谓'南大吉刊本《传习录》'，恐非南大吉嘉靖三年十月作序、续刻之《传习录》原始版本，而为嘉靖二十九年（1550）王畿重刊本《传习录》。王畿重刊本《传习录》之内容，较南大吉嘉靖三年续刻《传习录》有所增加。是故，钱德洪所谓'此皆仍元善所录之旧'，可疑也。"　⓭答文蔚之第二书：《答聂文蔚（二）》。　⓮卒至遭奸被斥：嘉靖五年（1526），南大吉入觐以考察罢官。　⓯而绝无有纤芥愤郁不平之气：嘉靖五年，南大吉有致王阳明书，王阳明《答南元善书》云："近得中途寄来书，读之恍然如接颜色。勤勤恳恳，惟以得闻道为喜，急问学为事，恐卒不得为圣人为忧，亹亹千数百言，略无一字及于得丧荣辱之间。此非真有朝闻夕死之志者，未易以涉斯境也。"

说　明

这两段文字，是钱德洪对《王文成公全书》本《传习录·中》所收录王阳明书信的说明。嘉靖三年（1524）十月，绍兴知府南大吉取"阳明先生论学书"若干篇，命弟南逢吉校对后，续刻《传习录》二册五卷于越，上册三卷即正德十三年的初刻《传习录》（赣州刊本，"徐爱录""陆澄录""薛侃录"各一卷），下册两卷即"论学书"。《王文成公全书》本《传习录·中》卷首载钱德洪"序"，其中有云："昔南元善刻《传习录》于越，凡二册。下册摘录先师手书，凡八篇。"根据钱德洪"序"文的描述，"仍元善所录之旧"的"阳明先生论学书"八篇似乎为：《答徐成之》二书、《答周道通书》、《答陆原静书》、《答人论学书》、《答罗整庵少宰书》、《答欧阳崇一书》、《答聂文蔚》第一书。毫无疑问，钱德洪所云"论学书"八篇系钱德洪在隆庆六年所编《王文成公全书》本《传习录·中》的书信（除去《答徐成之》二书），并非嘉靖三年南大吉编本《传习录》的"论学书"八篇。今人束景南以为南大吉编本《传习录》"论学书"八篇应为：《答徐成之》二书、《启问道通书》、《答陆原静》二书、《答罗整庵少宰书》、《训蒙大意示教读刘伯颂》、《教约》。今人黎业明认为，南大吉续刻《传习录》下册收录的阳明书信，文章为：《答徐成之》二书、《答罗整庵少宰书》、《答人论学书》（《答顾东桥书》）、《答周道通书》、《答陆原静》二书、《示弟立志说》、《训蒙大意示教读刘伯颂等》、《教约》。今人邹建锋以为南大吉续刻《传习录》下册四卷：卷一为《答徐成之书》（两通，后有南逢吉长跋）、《答罗整庵少宰书》，下卷二为《答人论学书》，下卷三为《答周道通书》、《答陆原静书》（二篇），下卷四为《示弟立志说》《训蒙大意示教读刘伯颂等》《教约》三篇。也就是说，嘉靖三年十月南大吉绍兴刻本《传习录》并未收录王阳明与欧阳德、聂豹二人的书信。

答顾东桥书

解　题

顾璘（1476—1545），字华玉，号东桥，长洲（今江苏苏州）人，寓居上元（今南京）。弘治九年（1496）进士，授河北广平知县，入为南京吏部主事，官至南京刑部尚书。晚年致仕归里，筑息园，大治亭舍，好宾客，座无虚席。有《顾华玉集》传世。顾璘少有才名，以诗著称于时，与其同里陈沂、王韦号称"金陵三俊"，后与宝应朱应登号称"四大家"。据学者考证，弘治十二年（1499）王阳明考中进士、观政工部期间，因溺好词章，就与顾璘过从甚密。查《明世宗实录》，正德十六年（1521）五月，顾璘由台州府知府改任浙江左参政；嘉靖二年（1523）四月，又由浙江右参政升任山西按察使。据《阳明先生年谱》载，正德十六年八月，王阳明归省至越，后居家丁父忧，直到嘉靖六年（1527）九月至两广平叛。由此可以推断，正德十六年七月，阳明由南昌归省至越而路经杭州之时，与时在杭州任职的顾璘有过交谈，在此前后阳明还把在赣州刊刻的《传习录》《朱子晚年定论》《大学古本傍释》赠予顾璘，使得顾璘对阳明的心学理论有深度了解；嘉靖元年（1522），阳明开始丁忧，顾璘可能渡江吊唁阳明父亲王华；嘉靖二年夏或秋，顾璘因到山西任职而离开杭州。简言之，正德十六年秋至嘉靖二年间，阳明与顾璘二人之间必有论学书信往来，亦是《答顾东桥书》的撰写缘起。

嘉靖三年（1524）十月，时任绍兴太守的阳明门人南大吉，取阳明与友人、门生论学书信数通，续刻《传习录》，即通行本《传习录·中》。其中，就有《答顾东桥书》，当时作《答人论学书》。《阳明先生年谱》称《答顾东桥书》作于嘉靖四年（1525）九月，其时，顾璘已经离任浙江参政，供职于山西按察司。这里有一个疑问，如果说嘉靖三年十月的续刻《传习录》中录有《答人论学书》（《答顾东桥书》），那么《阳明先生年谱》所云《答顾东桥书》作于嘉靖四年九月则不准确。故而我们推断，《答顾东桥书》成文于嘉靖二年或嘉靖三年春、夏的可能性更大。因为嘉靖二年，顾璘尚在杭州任职，与王阳明通信便利。再根据下文也就是通行本《传习录》卷中《答周道通书》"格物是致知工夫。知得致知，便已知得格物；若是未知格物，则是致知工夫亦未尝知也。近有一书，与友人论此颇悉，今往一通，细观之，当自见矣"云云，这里"近有一书，与友人论此颇悉，今往一通"所指的书信，极有可能就是《答人论学书》（《答顾东桥书》），而《答周道通书》的成文时间可以判定为嘉靖三年夏或秋（要早于嘉靖三年十月绍兴知府南大吉续刊《传习录》），故而《答顾东桥书》的成文时间极有可能就是嘉靖三年夏或夏秋之交。

先是，顾璘基于朱子学的立场，有书函与阳明，质疑阳明的良知心学。在复函也就是《答顾东桥书》中，阳明则基于自己的"诚意""心即理""知行合一""致良知""圣凡平等""天地万物一体之仁"等诸说，详细回答了当时恪守程朱理学的友人对自己良知心学的诸多质疑，并提出了著名的"拔本塞源论"，试图说服好友顾璘理解并接受自己的良知心学。王阳明对此封书信颇为看重，在嘉靖六年（1527）夏所作《毛古庵宪副》中有言："寄去鄙录，末后论学一书，亦颇发明鄙见，暇中幸示及之。""鄙录"当系《传习录》，"末后论学一书"或为《答顾东桥书》。值得注意的是，嘉靖十七年（1538），顾璘在《阳明公文卷题后》云："阳明尝与予论学，力主'行即是知'之说，其语载在其《传习录》。余以为偶出奇论耳。今观《与北村书》，取子路'何必读书，然后为学'之言，乃知其学亦不必专言孔氏也。此其独往之勇，何必弛险寇虏降王类耶？戊戌阳月顾璘题。"这里，顾璘也提到收录在《传习录》中的这封论学书信，这也说明在阳明去世十年之后，顾璘对阳明学的"知行合一"说表示了认可。

【原 文】

来书①云："近时学者务外遗内，博而寡要，故先生特倡'诚意'②一义，针砭膏肓，诚大惠也！"

吾子③洞见时弊如此矣，亦将何以救之乎？然则鄙人之心，吾子固已一句道尽，复何言哉！复何言哉！若"诚意"

【译 文】

来信写道："如今的学者，只重视外在的知识和学问，往往忽略了内在的道德修养，追求博学却不得要领，因此，你特别提倡'诚意'，借以针砭病入膏肓的学子，实在是大有裨益！"

你能如此洞察时弊，又准备如何去拯治呢？当然，我的想法你已一语道破，我还有什么好说的！还有什么要说的！至于"诚意"的主张，原本之说，自是圣门教人用功第一义。但近世学者乃作第二义看，故稍与提掇紧要出来，非鄙人所能特倡也。

为圣学教人用功的首要大事。但如今的学者竟然把它看成次要的事情，所以，我才把"诚意"的重要性突显提出，这并不是我自己一人独自提倡的。

注 释

❶来书：是指顾璘在拜读王阳明先前在赣州刊刻《大学古本傍释》《朱子晚年定论》《传习录》之后，给王阳明的论学书信；而后，王阳明复函（《答顾东桥书》）予以释疑。　❷诚意：王阳明《大学古本傍释》"序"（《大学古本序》）文，第一句话即是"《大学》之要，诚意而已矣"。　❸吾子：指顾璘。

说 明

《礼记》是王阳明乃至阳明祖父辈王伦、王华参加科举考试的应试典籍，故而王阳明对古本《大学》最为重视，进而对朱熹《大学章句》予以批判式回应。在《大学古本傍释》"序"（《大学古本序》）文中，王阳明的第一句话即是"《大学》之要，诚意而已矣"。与程朱把"即物穷理"的"格物致知"视为《大学》第一义不同，王阳明坚持以"诚意"为自己心学思想体系的核心范畴。

【原 文】

来书云："但恐立说太高，用功太捷，后生师传，影响谬误，未免坠于佛氏明心见性①、定慧顿悟②之机，无怪闻者见疑。"

【译 文】

来信写道："只怕您的学说太过高妙，着力用功的途径太过便捷，后学门生递相师传而产生错误，不免堕入佛教明心见性、定慧顿悟的陷阱，难怪听闻您的学说的人会有所怀疑。"

区区"格、致、诚、正"③之说，是就学者本心日用事为间，体究践履，实地用功，是多少次第、多少积累在，正与空虚顿悟之说相反。闻者本无求为圣人之志，又未尝讲究其详，遂以见疑，亦无足怪。若吾子之高明，自当一语之下便了然矣！乃亦谓"立说太高，用功太捷"，何邪？

我关于"格物、致知、诚意、正心"的观点，是针对学者在日常处事中体察本心，体会探究、躬身力行，在切实之处着实用功，需要经历多少阶段、包含多少积累，这正好与佛家空虚、顿悟的观点相反。听闻我的学说的人，有的根本就没有想成圣人的志向，又没有讲求探究我的学说当中的义理，所以才会产生怀疑，这并不为怪。像你这般聪明的人，自然一说就明了！怎么也会认为"立说太高，用功太捷"呢？

注释

❶明心见性：佛教禅宗的主张，意为让自己心底清澈明亮，待看见自己的真性，就可以成佛，而无须于文字上叩求。　❷定慧顿悟：定慧，佛教的修养功夫，指禅定与智慧，除去心中的杂念为定，明了事物的道理为慧。顿悟，意为突然之间明白了困惑已久的佛理，一悟成佛。　❸"格、致、诚、正"：即《大学》中的"格物""致知""诚意""正心"。

说明

在阳明心学阐释语境下，《大学》的"格、致、诚、正"之说，是要求学者在日常处事中体察本心，力行实践，在"心体"上着实用功，与佛教的"空虚顿悟之说"正好相反。

【原　文】

来书云："所喻知行并进，不宜分别前后，即《中庸》'尊德性而道问学'①之功交养互发、内外本末一以贯之之道。然工夫次第②不能无先后之差，如知食乃食，知汤乃饮，知衣乃服，知路乃行，未有不见是物，先有是事。此亦毫厘倏忽之间，非谓截然③有等，今日知之而明日乃行也。"

既云"交养互发、内外本末一以贯之"，则知行并进之说无复可疑矣。又云"工夫次第不能无先后之差"，无乃自相矛盾已乎？"知食乃食"等说，此尤明白易见，但吾子为近闻障蔽，自不察耳。夫人必有欲食之心然后知食，欲食之心即是意，即是行之始矣。食味之美恶必待入口而后知，岂有不待入口而已先知食味之美恶者邪？必有欲行之心，然后知路，欲行之心即是意，即是行之始矣。路岐之险夷，必待身亲履历而后知，岂有不待身亲履历而已先知路岐之险夷者邪？"知汤乃饮"

【译　文】

来信写道："所谓知行并进，不应区分先后，这就与《中庸》'尊德性而道问学'的功夫，是互相存养、交相促进、内外本末、一以贯之的道理。但是，工夫的顺序不能没有先后之分，比如，知食才吃，知汤才饮，知衣才穿，知路才行，不存在没有看到事物对象却先有行为的情况。这也是有毫厘瞬间的差别，并不是说，非得等今天知道，明天才去实行。"

你既然说"互相存养、交相促进、内外本末、一以贯之'，那么知行并进之说便应毫无疑问。你又说"功夫的顺序，不能没有先后之分"，这岂不是自相矛盾？你的"知食乃食"等说法，更是浅显易懂，只是你被近来的观点所蒙蔽，自己无法察觉而已。人一定是先有想吃的心之后才能知食，想吃的心就是意，也就是行的开始。食物味道的好坏，必然放入口中才能知道，哪有未入口就能知道食物味道的好坏之理呢？必有想行走的心，然后才知路，想行走的心就是意，也就是行的开始。路途的坎坷曲折，需要亲身经历才能知道，哪有未等亲身经历就先知道路途的坎坷曲折呢？"知汤乃饮""知衣乃

"知衣乃服"，以此例之，皆无可疑。若如吾子之喻，是乃所谓"不见是物而先有是事"者矣。吾子又谓"此亦毫厘倏忽之间，非谓截然有等，今日知之而明日乃行也"，是亦察之尚有未精。然就如吾子之说，则知行之为合一并进，亦自断无可疑矣。

服"，依次类推，均无可疑。如果像你所说，这才是你所谓的"不见是物而先有是事"。你又讲："这也有毫厘瞬间的差别，并不是说，非得等今天知道，明天才去实行"，这种说法也是省察不够精确。但是，即使如你所说的那样，知行合一并进的主张，也肯定断然不可怀疑了。

注释

❶ "尊德性而道问学"：语出《中庸》："故君子尊德性而道问学，致广大而尽精微。"　❷ 次第：次序。　❸ "截然"，原缺，据董聪本补。

说明

　　由于顾璘是朱子学者，因护持朱子"知先行后"之说，而对王阳明的"知行并进""知行合一"说提出质疑。在此，阳明以"意，即是行之始"为立论前提，予以回应。就基本常识而言，人的认知（"知"）和行为（"行"），是齐头并进的，我们依靠认知来行动，并在行动中发展认知。对此，施邦曜《阳明先生集要》云："（阳明）先生'知行合一'之说，大意只是要人躬行。人若不去躬行，即讲究得道理十分明白，终是馋口空咽，望程遥度。学者辨之。"

【原文】

　　来书云："真知即所以为行，不行不足谓之知，此为学

【译文】

　　来信写道："真知即所以为行，不行就不足以称之为知，这是学者应

者吃紧立教，俾务躬行则可。若真谓行即是知，恐其专求本心，遂遗物理，必有暗而不达之处。抑岂圣门知行并进之成法哉？"

知之真切笃实处即是行，行之明觉精察处即是知[①]。知行工夫本不可离，只为后世学者分作两截用功，失却知行本体，故有合一并进之说[②]。"真知即所以为行，不行不足谓之知"，即如来书所云"知食乃食"等说可见，前已略言之矣。此虽吃紧救弊而发，然知行之体本来如是，非以己意抑扬其间、姑为是说以苟一时之效者也。"专求本心，遂遗物理"，此盖失其本心者也。夫物理不外于吾心，外吾心而求物理，无物理矣；遗物理而求吾心，吾心又何物邪？心之体，性也，性即理也。故有孝亲之心，即有孝之理；无孝亲之心，即无孝之理矣。有忠君之心，即有忠之理；无忠君之心，即无忠之理矣。理岂外于吾心邪？晦庵

该掌握并且是最为紧要的立论方法，告诫学者务必切实用功、躬身实行。如果学者真的认为行就是知，恐怕会专注于探求本心，而遗忘了事物之理，这难免会有偏颇而不通达之处。这难道是圣人所强调知行并进的方法吗？"

认知达到真切笃实的境界就是行，践行达到明觉精察的地步就是知。知与行的工夫本来就不可分离，只因后世的学者将知与行分为两部分下功夫，失去了知行的本体，也因此才有知行合一齐头并进的说法。"真知即所以为行，不行不足谓之知"，就如同你信中所讲"知食乃食"等例子也可说明，在上文已简要谈到了。这虽然是危急之中为了拯救时弊而提出来的，然而知行本体本来的状态便是这样的，并非用自己的意念加以抑扬，胡乱提出观点，以求一时的效用。"专求本心，遂遗物理"，这就是失去了本心。因为物理不在自己的心外，向自己心外去探求物理，就没有物理了；遗弃物理而反求本心，那本心又是什么呢？心的体是性，性就是理。因此，有孝敬双亲的心，就有孝顺的理；没有孝敬双亲的心，也就没有孝顺的理。有忠诚国君的心，就有忠诚的理；没有忠诚国君的心，也就没有忠诚的理。理怎么能在我心之

谓:"人之所以为学者,心与理而已。心虽主乎一身,而实管乎天下之理,理虽散在万事,而实不外乎一人之心。"③是其一分一合之间,而未免已启学者心理为二之弊。此后世所以有"专求本心,遂遗物理"之患,正由不知"心即理"耳。夫外心以求物理,是以有暗而不达之处,此告子"义外"之说④,孟子所以谓之"不知义"⑤也。心一而已,以其全体恻怛⑥而言谓之仁,以其得宜而言谓之义,以其条理而言谓之理。不可外心以求仁,不可外心以求义,独可外心以求理乎?外心以求理,此知行之所以二也。求理于吾心,此圣门知行合一之教。吾子又何疑乎?

外?朱子说:"人之所以为学者,心与理而已。心虽主乎一身,而实管乎天下之理。理虽散在万事,而实不外乎一人之心。"他把心与理一分一合来讲,未免产生了让学者将心与理作为两件事来看待的弊端。后来的学者之所以会有"专求本心,遂遗物理"的弊病,正是由于不明白"心即理"。去心外探求物理,才会产生糊涂而不理解的问题,这是告子的"义外"说,孟子因此认为告子"不知义"。心只有一个,就心的恳切恻隐而言,就称之为仁;就心的得宜合理而言,就称之为义;就心的有序条理而言,就称之为理。不可到心外去寻求仁,不可到心外寻求义,怎么可以到心外寻求理呢?到心外去寻求理,就是把知与行当作两件事了。向自己心中求理,正是圣门知行合一的教诲。你又有什么可怀疑的呢?

注　释

❶ 知之真切笃实处即是行,行之明觉精察处即是知:参见王阳明《答友人问》:"知之真切笃实处,便是行;行之明觉精察处,便是知。若知时,其心不能真切笃实,则其知便不能明觉精察,不是知之时只要明觉精察,更不要真切笃实也。行之时,其心不能明觉精察,则其行便不能真切笃实,不是行之时只要真切笃实,更不要明觉精察也。知天地之化育,心体原是如此。乾知大始,心体亦原是如此。" ❷ 合一并进之说:是指王阳明的"知行合一"说,其实朱

熹也有"知与行齐头并进""知行常相须"的提法。　❸"人之所以为学者，心与理而已。心虽主乎一身，而实管乎天下之理，理虽散在万事，而实不外乎一人之心"：语出朱熹《大学或问》。　❹告子"义外"之说：见《孟子·告子上》："告子曰：'食色，性也。仁，内也，非外也；义，外也，非内也。'"　❺孟子所以谓之"不知义"：见《孟子·公孙丑上》："我故曰'告子未尝知义，以其外之也'。"　❻恻怛：语出《礼记·问丧》中的"恻怛之心"，指哀伤、恻隐之心。

说　明

　　顾璘基于朱子的"知与行齐头并进""知行常相须"的合一并进之说，对王阳明的"知行合一"之说提出质疑，王阳明基于"心即理"的大前提予以阐释，先是提出了"知之真切笃实处即是行，行之明觉精察处即是知。知行工夫本不可离"的知行观，对自己早年在贵州提出的"知行合一"从本体工夫合一的视角予以深度阐释。"真切笃实"本是"行"的表述，在阳明这里却是"知"；"明觉精察"本是"知"的意涵，在阳明这里却是"行"。总之，在阳明这里，无论是认识论意义上的知行观，还是道德伦理意义上的知行观，知中有行，行中有知，知行同在，不可须臾离也。更值得关注的是，晚年阳明的"知行合一"，是在"心之体，性也，性即理"也就是"心即理"的意义上的深度呈现，在"心体"也就是"良知"的统摄与支配下，道德知识与道德行为（道德实践）同时发用。而程朱理学所讲的"外心以求理"，是造成"知行之所以二"的直接原因。故而"求理于吾心"才是"圣门知行合一之教"，这也是阳明心学语境中的"知行之体"。

【原文】

　　来书云："所释《大学》古本①，谓'致其本体之知'②，此固孟子'尽心'之旨③。朱子亦

【译文】

　　来信写道："您在注释《大学》古本时，主张'致其本体之知'，这与孟子'尽心'的主旨固

以虚灵知觉④为此心之量⑤。然尽心由于知性，致知在于格物。"

"尽心由于知性，致知在于格物"，此语然矣。然而推本吾子之意，则其所以为是语者，尚有未明也。朱子以"尽心、知性、知天"为物格、知致，以"存心、养性、事天"为诚意、正心、修身，以"夭寿不贰、修身以俟"为知至仁尽、圣人之事⑥。若鄙人之见，则与朱子正相反矣。夫"尽心、知性、知天"者，生知安行，圣人之事也；"存心、养性、事天"者，学知利行，贤人之事也；"夭寿不贰、修身以俟"者，困知勉行⑦，学者之事也。岂可专以"尽心、知性"为知，"存心、养性"为行乎？吾子骤闻此言，必又以为大骇矣。然其间实无可疑者，一为吾子言之。

夫心之体，性也；性之原，天也。能尽其心，是能尽其性矣。《中庸》云："惟天下至诚，为能尽其性。"又云："知天地之化育"⑧，"质诸鬼神而无疑，知天也"⑨。此惟圣人而后能然，故曰

然相符。但朱子也认为虚灵知觉是心的本体。然而，尽心由于知性，致知在于格物。"

"尽心由于知性，致知在于格物"，这句话是正确的。然而，仔细推敲你话中的意思，之所以这样说，是因为对我所说的致知还有不理解的地方。朱子说"尽心、知性、知天"是物格、知致，"存心、养性、事天"是诚意、正心、修身，"夭寿不贰、修身以俟"是知的终至、仁的尽头，是圣人的事情。依我的看法，与朱子正好相反。所谓"尽心、知性、知天"是生而知之、安而行之，也就是圣人的事情；"存心、养性、事天"，是学而知之、利而行之，也就是贤人的事情；"夭寿不贰、修身以俟"，是困而知之、勉而行之，也就是学者的事情。怎能只将"尽心、知性"认为是知，而将"存心、养性"认为是行呢？你开始听到我这句话时，肯定会大吃一惊。但这其中的确不可置疑，让我给你一一解释明白。

心的本体，是性；性的本原，是天。能尽其心，也就是能尽其性。《中庸》说："惟天下至诚，为能尽其性。"又说："知天地之化育""质诸鬼神而无疑，知天

"此生知安行，圣人之事也"。

存其心者，未能尽其心者也，故须加存之之功。必存之既久，不待于存而自无不存，然后可以进而言尽。盖"知天"之"知"，如"知州""知县"之"知"，知州则一州之事皆己事也，知县则一县之事皆己事也，是与天为一者也。"事天"则如子之事父，臣之事君，犹与天为二也。天之所以命于我者，心也，性也，吾但存之而不敢失，养之而不敢害，如"父母全而生之，子全而归之"⑩者也。故曰"此学知利行，贤人之事也"。

至于"夭寿不贰"，则与存其心者又有间矣。存其心者，虽未能尽其心，固已一心于为善，时有不存，则存之而已。今使之"夭寿不贰"，是犹以夭寿贰其心者也。犹以夭寿贰其心，是其为善之心犹未能一也，存之尚有所未可，而何尽之可云乎？今且使之不以夭寿贰其为善之心，若曰死生夭寿皆有定命，吾但一心于为善，修吾之身，以俟天命而已，

也"。这是只有达到圣人的境界才能做到的，所以说，"此生知安行，圣人之事也"。

需要存养本心，说明还不能穷尽本心，这才需要有存养的功夫。必须是存养很长时间，一直到不需再存养而自然无时不存养的时候，才可以说是尽心。"知天"的"知"，如同"知州""知县"的知，知州就是把一个州的事都当成是自己的事，知县就是把一个县的事都当成是自己的事，"知天"就是与天合而为一。"事天"就如同儿女侍奉父母，大臣侍奉君主，依然把人与天分开为二了。天所赋予我们的是本心与本性，我们只能善加存养而不能遗失、伤害，犹如"父母全而生之，子全而归之"一般。所以说，"此学知利行，贤人之事也"。

至于"夭寿不贰"，与存养内心的人又有区别。存养内心的人，虽然不能穷尽自己的心，但他已经一心向善，有时失去了本心在所难免，只要加以存养就行了。如今要使人"夭寿不贰"，这依然是将夭寿一分为二。用夭寿把心分为二，是由于他向善的心不能专一，连存养的功夫都谈不上，又怎么能说尽心呢？如今使人不因夭寿而改变自己行善的心，将死生与夭寿都看成

是其平日尚未知有天命也。"事天"虽与天为二，然已真知天命之所在，但惟恭敬奉承之而已耳。若俟之云者，则尚未能真知天命之所在，犹有所俟者也。故曰"所以立命"。"立"者，"创立"之"立"，如"立德""立言""立功"⑪"立名"之类。凡言"立"者，皆是昔未尝有而今始建立之谓，孔子所谓"不知命，无以为君子"⑫者也，故曰"此困知勉行，学者之事也"。

今以"尽心、知性、知天"为"格物、致知"，使初学之士尚未能不贰其心者，而遽责之以圣人生知安行之事。如捕风捉影，茫然莫知所措其心，几何而不至于"率天下而路"⑬也！今世"致知、格物"之弊，亦居然可见矣。吾子所谓"务外遗内，博而寡要"者，无乃亦是过欤？此学问最紧要处，于此而差，将无往而不差矣！此鄙人之所以冒天下之非笑，忘其身之陷于罪戮，呶呶其言，其不容已者也。

是天命所赋予的，只要一心向善，修养自身借以等待天命，这说明这类人平日还不知道有天命。"事天"虽是把人和天分开为二，但已真正知道了天命之所在，人只要恭敬地顺应天就够了。说到等待天命，就是还不能真正知道天命之所在，还在等待。因此说"所以立命"。"立"是"创立"的"立"，如同"立德""立言""立功""立名"的"立"。但凡说"立"，都是从前没有而现在才建立的意思，亦即孔子所谓的"不知命，无以为君子"，因此说，"此困知勉行，学者之事也"。

如今把"尽心、知性、知天"看成"格物、致知"，使初学的人不能不分散他们的内心，而立刻要求他们去做圣人做的生知安行的事情。这如同捕风捉影，使人茫然不知所措，这样的做法离"率天下而路"也不远了！现在，"致知、格物"的弊端，已明显看见了。你所讲的"务内遗外，博而寡要"，这怎么就不是错误呢？这正是做学问的最为重要的地方，此处一旦出差错，就会无处不出差错！这正是我之所以甘冒天下的非议与嘲讽，不顾身陷罪戮，仍喋喋不休的原因。

注　释

❶ 所释《大学》古本：指正德十三年（1518）王阳明在赣州刊刻的《大学古本傍释》。　❷ "致其本体之知"：见王阳明《大学古本序》："致其本体之知，而动无不善。然非即其事而格之，则亦无以致其知。故致知者，诚意之本也。格物者，致知之实也。物格则知致意诚，而有以复其本体。"　❸ 孟子"尽心"之旨：见《孟子·尽心上》："尽其心者，知其性也。知其性，则知天矣。存其心，养其性，所以事天也。夭寿不贰，修身以俟之，所以立命也。"　❹ 虚灵知觉：语本朱熹《中庸章句序》："心之虚灵知觉，一而已矣。"　❺ 此心之量：语出朱熹《孟子集注》："心者，人之神明。""人有是心，莫非全体。然不穷理，则有所蔽而无以尽乎此心之量。"　❻ 朱子以"尽心、知性、知天"为物格、知致，以"存心、养性、事天"为诚意、正心、修身，以"夭寿不贰、修身以俟"为知至仁尽、圣人之事：《孟子·尽心上》云："尽其心者，知其性也。知其性，则知天矣。存其心，养其性，所以事天也。夭寿不贰，修身以俟之，所以立命也。"朱子《孟子集注》释之曰："以《大学》之序言之，知性则物格之谓。尽心则知至之谓也。……存，谓操而不舍；养，谓顺而不害；事，则奉承而不违也。……尽心知性而知天，所以造其理也；存心养性以事天，所以履其事也……知天而不以夭寿贰其心，智之尽也；事天而能修身以俟死，仁之至也。"　❼ "生知安行""学知利行""困知勉行"：语出《中庸》："或生而知之，或学而知之，或困而知之，及其知之，一也。或安而行之，或利而行之，或勉强而行之，及其成功，一也。"　❽ "惟天下至诚，为能尽其性""知天地之化育"：语本《中庸》："惟天下至诚，为能尽其性；能尽其性，则能尽人之性；能尽人之性，则能尽物之性；能尽物之性，则可以赞天地之化育；可以赞天地之化育，则可以与天地参矣。"　❾ "质诸鬼神而无疑，知天也"：语见《中庸》："质诸鬼神而无疑，知天也；百世以俟圣人而不惑，知人也。"　❿ "父母全而生之，子全而归之"：语本《礼记·祭义》："父母全而生之，子全而归之，可谓孝矣。不亏其体，不辱其身，可谓全矣。"　⓫ "立德""立言""立功"：语本《左传》："太上有立德，其次有立功，其次有立言，虽久不废，此之谓不朽。"　⓬ "不知命，无以为君子"：语本《论语·尧曰》："不知命，无以为君子也；不知礼，无以立也；不知言，无以知人也。"　⓭ "率天下而路"：语见

《孟子·滕文公上》："有大人之事，有小人之事。且一人之身，而百工之所为备，如必自为而后用之，是率天下而路也。故曰，或劳心，或劳力；劳心者治人，劳力者治于人；治于人者食人，治人者食于人，天下之通义也。"

说 明

顾璘见王阳明《大学古本傍释》《大学古本序》文中有"致其本体之知"，进而根据朱子《孟子集注》对《孟子·尽心上》中"尽其心者，知其性也。知其性，则知天矣。存其心，养其性，所以事天也。夭寿不贰，修身以俟之，所以立命也"的解读，推导出"尽心由于知性，致知在于格物"的命题。对此，王阳明接着顾璘的话头，以朱子的言论为批判对象，提出了"尽心、知性、知天"为"生知安行，圣人之事"，"存心、养性、事天"为"学知利行，贤人之事"，"夭寿不贰、修身以俟"为"困知勉行，学者之事"的新论断，并予以论证。总之，王阳明反对把"尽心、知性、知天"的心性修养工夫简单理解为向外用功的"格物穷理""格物致知"。

【原文】

来书云："闻语学者乃谓'即物穷理之说，亦是玩物丧志①'；又取其'厌繁就约''涵养本原'②数说标示学者，指为晚年定论③。此亦恐非。"

朱子所谓"格物云者，在即物而穷其理也"④。即物穷理，是就事事物物上求其所谓定理者也，是以吾心而求理于事事物物之中，

【译文】

来信写道："听说您对学者讲，朱子'即物穷理之说，亦是玩物丧志'；又将朱子关于'厌繁就约''涵养本原'学说的几封信取出来给学者看，认为这是朱子晚年定论。这样恐怕不妥吧。"

朱子所说的"格物云者，在即物而穷其理也"。即物穷理，是在事事物物中探求其原本的道理，这就是用自己的心到事事物物中去求理，如此就将心与理一分为二

析心与理而为二矣。夫求理于事事物物者，如求孝之理于其亲之谓也。求孝之理于其亲，则孝之理其果在于吾之心邪？抑果在于亲之身邪？假而果在于亲之身，则亲没之后，吾心遂无孝之理欤？见孺子之入井，必有恻隐之理⑤，是恻隐之理果在于孺子之身欤？抑在于吾心之良知欤？其或不可以从之于井欤？其或可以手而援之欤？是皆所谓理也。是果在于孺子之身欤？抑果出于吾心之良知欤？以是例之，万事万物之理，莫不皆然。是可以知析心与理为二之非矣。夫析心与理而为二，此告子"义外"之说，孟子之所深辟也。"务外遗内，博而寡要"，吾子既已知之矣，是果何谓而然哉？谓之"玩物丧志"，尚犹以为不可欤？若鄙人所谓"致知格物"者，致吾心之良知于事事物物也。吾心之良知，即所谓天理也，致吾心良知之天理于事事物物，则事事物物皆得其理矣。致吾心之良知者，致知也；事事物物皆得其理者，格物也。是合心与理而

了。在事事物物中探求道理，好比在父母身上探求孝顺的道理。在父母身上探求孝顺的道理，那么孝顺的道理究竟是在自己的心中？还是在父母身上呢？如果真在父母身上，那么父母去世后，在自己的心中就没有孝顺的道理了吗？看见孩子即将落入井中，必然会有产生恻隐之理，这个恻隐的道理是在孩子身上？还是在自己内心的良知上呢？或许不能跟着孩子跳入井中？或许可以伸手来援救？这都是所谓的理。这些道理到底是在孩子身上，还是出于自己内心的良知呢？从这个例子中可以看出，各种事物的理，都是如此这般。由此可知，把心与理一分为二是错误的。将心与理分开为二，是告子的"义外"之说，这正是孟子竭力反对的。"务外遗内，博而寡要"，既然你已明白这些，又为什么还要这样说？认为它是"玩物丧志"，还有什么不妥之处吗？我讲的"致知格物"，是将我心中的良知推致到事事物物上。我心中的良知就是天理，把我心中良知的天理推致到各种事物上，那么各种事物都能得到理了。推致我心中的良知，就是致知；各种事物都得到理，就是格物。这是把心与理合而为一。将心

为一者也。合心与理而为一，则凡区区前之所云，与朱子晚年之论，皆可以不言而喻矣！

与理合而为一，那么前面我所讲的和朱子晚年之论，就都不言而喻了！

注 释

❶玩物丧志：语出《尚书·旅獒》："玩人丧德，玩物丧志。" ❷"厌繁就约"：语出朱熹《与刘子澄》；"涵养本原"：语出朱熹《答吕子约》。这两封书信均收录于王阳明编辑的《朱子晚年定论》。 ❸晚年定论：指王阳明正德十年（1515）于南京编辑、正德十三年（1518）在赣州由门人刊刻的《朱子晚年定论》。 ❹"格物云者，在即物而穷其理也"：语见朱熹《大学章句》"格物致知补传"。 ❺见孺子之入井，必有恻隐之理：语出《孟子·公孙丑上》："今人乍见孺子将入于井，皆有怵惕恻隐之心。"

说 明

朱熹《大学章句》"格物致知补传"："所谓致知在格物者，言欲致吾之知，在即物而穷其理也。盖人心之灵莫不有知，而天下之物莫不有理，惟于理有未穷，故其知有不尽也。是以《大学》始教，必使学者即凡天下之物，莫不因其已知之理而益穷之，以求至乎其极。至于用力之久，而一旦豁然贯通焉，则众物之表里精粗无不到，而吾心之全体大用无不明矣。此谓物格，此谓知之至也。"这段文字是朱熹《四书章句集注》成书以来直至王阳明、顾璘生活的那个时代，参加科举考试的读书人都要熟知的。王阳明尊崇古本《大学》，必然要对朱熹的言论予以否认。在阳明看来，朱子"即物而穷其理"说实质是把"心"与"理"析分为二。在事物中求理，好比我在父母那里求孝的理，那么，孝的理究竟是在我的心中，还是在父母的身上呢？如果真在父母身上，那么，父母去世后，孝的理在我心中不就消失了吗？再举一个例子，我们看见孩子落在井中，必有恻隐的理。这个理到底是在孩子身上，还是在我内心的良知上呢？从上述两个例子可以看出，各种事物即客体的"理"，都是存在于作为主体的

"我"的心中。由此可知，朱子把"心"与"理"分而为二是错误的。把心与理分而为二，实际上就是告子"仁内义外"的主张，而这正是孟子所竭力反对的。所以，在王阳明看来，讲朱子的"即物穷理"为"玩物丧志"，也是可以说得通的。进而，阳明基于"心即理""心外无理""良知即天理"的本体论依据提出了自己对"致知""格物"的心学解读："若鄙人所谓'致知格物'者，致吾心之良知于事事物物也。吾心之良知，即所谓天理也，致吾心良知之天理于事事物物，则事事物物皆得其理矣。致吾心之良知者，致知也；事事物物皆得其理者，格物也。是合心与理而为一者也。"在阳明这里，"致"就是推极、扩充的意思。这是说，事事物物之"理"均由"吾心之良知"来赋予、来呈现，也就是要"吾心之良知"这个"天理"推极、扩充到事事物物中去，使得事事物物皆得其"理"。而外在的事事物物之"理"与内在于心的"良知"之"理"借此打通，合而为一，即是"合心与理而为一"。当然，阳明这里并不反对外在的客观知识（"闻见之知"），而是说在"吾心之良知"的统摄之下，事事物物的存在才有意义与价值。

【原 文】

　　来书云："人之心体，本无不明，而气拘物蔽，鲜有不昏①。非学问思辨②以明天下之理，则善恶之机、真妄之辨不能自觉，任情恣意，其害有不可胜言者矣。"

　　此段大略似是而非，盖承沿旧说之弊，不可以不辨也。夫问思辨行，皆所以为学，未有学而不行者也。如言学孝，则必服劳奉养，躬行孝道，然后谓之

【译 文】

　　来信写道："人之心体，原来没有不明的，但受到习气的束缚、物欲的蒙蔽，很少有人不昏昧的。如果不通过博学、审问、慎思、明辨的方法来明识天下的道理，就无法明白善恶的起因、真伪的差别，就会肆意放纵，所产生的危害将难以言表。"

　　这段话大体上似是而非，大概是沿袭了之前的错误说法，不能不加以辨明。审问、慎思、明辨、笃行，都是学习的方法，不存在学而不行的道理。比如学习孝道，就必须服侍赡养双亲，亲身践行孝道，

学。岂徒悬空口耳讲说，而遂可以谓之学孝乎？学射则必张弓挟矢，引满中的；学书则必伸纸执笔，操觚染翰。尽天下之学，无有不行而可以言学者，则学之始固已即是行矣。笃者，敦实笃厚之意。已行矣，而敦笃其行，不息其功之谓尔。盖学之不能以无疑，则有问，问即学也，即行也；又不能无疑，则有思，思即学也，即行也；又不能无疑，则有辨，辨即学也，即行也。辨既明矣，思既慎矣，问既审矣，学既能矣，又从而不息其功焉，斯之谓笃行。非谓学、问、思、辨之后，而始措之于行也。是故以求能其事而言谓之学，以求解其惑而言谓之问，以求通其说而言谓之思，以求精其察而言谓之辨，以求履其实而言谓之行。盖析其功而言则有五，合其事而言则一而已。此区区心理合一之体、知行并进之功，所以异于后世之说者，正在于是。今吾子特举学、问、思、辨以穷天下之理，而不及笃

才可以称之为学。岂能仅仅凭着口说舌谈，就可以称之学习孝道了吗？学习射箭就必须张弓搭箭，拉满弓以射中靶心；学习写字，就必须铺纸提笔，挥毫泼墨。天下所有的学，没有不去践行就称之为学的，所以从开始学的那刻起，就已经是在行了。笃，就是敦厚笃信的意思。已经践行，就是要敦厚、笃信地践行，也就是一刻不停地连续下功夫践行。学习必定有所疑惑，有疑惑就得审问，审问就是学习，也就是行；审问不可能没有新的疑惑，有疑惑就得有慎思，慎思就是学习，也就是行；思考不能无所疑，有疑就得明辨，明辨就是学习，也就是行。辨已明，思已慎，问已审，学已能，还要一刻不停地连续用功，这才叫作笃行。并不是说在博学、审问、慎思、明辨之后，再着手去践行。因此，针对能做成事而言为学，针对解除困惑而言为问，针对通晓事物的道理而言为思，针对精细考察而言为辨，针对踏踏实实地做而言为行。从作用方面来看，可以分成五个方面，但从本质上综合看，则可以合成一件事。这是我认为心与理合一为本体、知行并进是功夫的观点，也正是有别于后世观点的地方。如今，你只举出博学、审问、慎思、明辨来穷究天下的道理，却

行，是专以学、问、思、辨为知，而谓穷理为无行也已。天下岂有不行而学者邪？岂有不行而遂可谓之穷理者邪？明道云："只穷理，便尽性至命。"③故必仁极仁，而后谓之能穷仁之理；义极义，而后谓之能穷义之理。仁极仁则尽仁之性矣，义极义则尽义之性矣。学至于穷理至矣，而尚未措之于行，天下宁有是邪？是故知不行之不可以为学，则知不行之不可以为穷理矣；知不行之不可以为穷理，则知知行之合一并进而不可以分为两节事矣。夫万事万物之理不外于吾心，而必曰穷天下之理，是殆以吾心之良知为未足，而必外求于天下之广以裨补增益之，是犹析心与理而为二也。夫学、问、思、辨、笃行之功，虽其困勉至于人一己百，而扩充之极，至于尽性知天，亦不过致吾心之良知而已。良知之外，岂复有加于毫末乎？今必曰穷天下之理，而不知反求诸其心，则凡所谓"善恶之机、真妄之

不提及笃行，这样，只将博学、审问、慎思、明辨视为知，而穷理的功夫则不是践行。天下难道有不行而学的吗？难道有不践行却说在穷究天理的吗？程颢说："只穷理，便尽性至命。"因此，行仁必须将仁做到极致之后，才能说穷尽了仁的道理；行义必须将义做到极致之后，才能说穷尽了义的道理。将仁做到极致便是穷尽仁的性，将义做到极致便是穷尽义的性。天底下怎么会有学已能穷理到极致却还没落实到具体行动之中的情况呢？由此可知，明白了不践行就不可以称之为学，则不践行就不可以说成穷究天理；明白了不践行就不可以称之为穷究天理，就能明白知行是合一并进的，不能分为两件事了。万事万物的理都不在自己的心之外，却非要说穷尽天下事物的道理，这是认为自己心中良知还不足够，需要向外寻求来弥补自己心中的不足，这仍然是把心与理分开为二。博学、审问、慎思、明辨、笃行的功夫，即便是需要付出百倍艰辛努力于常人、资质低下的人，扩充到极致以至达到尽性知天的境界，也不过是实现自己心中的良知而已。良知以外，难道还能再添加一分一毫的东西吗？现在说必须穷尽天下事物的道理，却不知道返回到自己内心去探求，

辨"者，舍吾心之良知，亦将何所致其体察乎？吾子所谓"气拘物蔽"者，拘此蔽此而已。今欲去此之蔽，不知致力于此，而欲以外求，是犹目之不明者，不务服药调理以治其目，而徒佪恾然求明于其外，明岂可以自外而得哉？"任情恣意"之害，亦以不能精察天理于此心之良知而已。此诚毫厘千里之谬者，不容于不辨，吾子毋谓其论之太刻也。

那么你所说的"善恶之机、真妄之辨"，摒除自己心中的良知，又将如何体察呢？你所说的"气拘物蔽"，正是束缚此心和蒙蔽此心而已。今天，要去除这一弊端，不知在内心做功，却想向外探求，如同眼睛看不清，不去服药调理来治疗眼疾，反而到身外盲目地寻找光亮，试问，光亮怎么能找到？"任情恣意"的危害，也是因为不能在自己心体良知上仔细究察天理。这种差之毫厘、谬以千里的问题，不得不辨明清楚，希望你不要认为我说得太严厉、刻薄了。

注 释

❶ 人之心体，本无不明，而气拘物蔽，鲜有不昏：语本朱熹《大学章句》对"明明德"的解释："明，明之也。明德者，人之所得乎天而虚灵不昧，以具众理而应万事者也。但为气禀所拘、人欲所蔽，则有时而昏，然其本体之明，则有未尝息者。故学者当因其所发而遂明之，以复其初也。" ❷ 学问思辨：语本《中庸》："博学之，审问之，慎思之，明辨之，笃行之。" ❸ "只穷理，便尽性至命"：语本《二程遗书》："'穷理尽性以至于命'，三事一时并了，元无次序，不可将穷理作知之事。若实穷得理，即性、命亦可了。"

说 明

顾璘纠缠于朱熹《大学章句》对"明明德"的注解，对王阳明的"心理合一之体，知行并进之功""致吾心之良知"存有疑惑。为了纠正顾璘对自己"心理合一""知行合一""致良知"说的误读，王阳明再予回应。在阳明看来，博学、慎问、审思、明辨，不仅是笃行，而且"学、问、思、辨、行"可以相互打通。因为做某事的行为，就是"学"；解惑的行为，就叫"问"；通晓学说的行为，就叫"思"；精察义理的行为，就叫"辨"；实践落实的行为，就叫"行"。在阳明这里，学、问、思、辨、行的目的就在于"尽性知天"，最终的落脚点还是"致吾心之良知"而已。

【原　文】

来书云："教人以致知明德，而戒其即物穷理①，诚使昏暗之士深居端坐、不闻教告，遂能至于知致而德明乎？纵令静而有觉，稍悟本性，则亦定慧无用之见，果能知古今、达事变，而致用于天下国家之实否乎？其曰'知者意之体，物者意之用''格物如格君心之非之格'②，语虽超悟独得，不蹈陈见，抑恐于道未相吻合。"

区区论"致知格物"，正所以穷理，未尝戒人穷理，使之深居端坐而一无所事也。若谓"即物穷理"，如前所云"务外而遗内"者，则有所不可耳。昏暗之士，果能随事随物精察此心之天

【译　文】

来信写道："您教人去致知明德，却劝诫他们不要即物穷理，假如让那些内心昏蔽的人深居静坐、不听教诲和劝诫，果真就能达到知致而德明吗？即使他们在静中有所觉悟，对本性稍有所体悟，那也是佛家定慧之类的无用之见识，难道真能知晓古今、通达事变，在治理天下国家时派上用场吗？您说'知者意之体，物者意之用''格物如格君心之非之格'。此话虽有超高的悟性，独到而不落俗套，但恐怕与道不相符合。"

我所说的"格物致知"，正是为了穷尽天理，并没有不让人去穷尽天理，让他们深居静坐而一无所事。如果把"即物穷理"讲成是前面所述的"务外而遗内"，则是错误的。昏蔽之人，如果能够在事物中省察人心的天理，发现本心固有

理，以致其本然之良知，则"虽愚必明，虽柔必强"③，大本立而达道行④，"九经"之属⑤可以一以贯之而无遗矣，尚何患其无致用之实乎？彼顽空虚静之徒，正惟不能随事随物精察此心之天理，以致其本然之良知，而遗弃伦理，寂灭虚无以为常，是以要之不可以治家国天下。孰谓圣人穷理尽性之学而亦有是弊哉？心者身之主也，而心之虚灵明觉，即所谓本然之良知也。其虚灵明觉之良知，应感而动者谓之意；有知而后有意，无知则无意矣。知非意之体乎？意之所用，必有其物，物即事也。如意用于事亲，即事亲为一物；意用于治民，即治民为一物；意用于读书，即读书为一物；意用于听讼，即听讼为一物。凡意之所用无有无物者，有是意即有是物，无是意即无是物矣。物非意之用乎？"格"字之义，有以"至"字训者，如"格于文祖"⑥"有苗来格"⑦，是以"至"训者也。然"格于文祖"，必纯孝诚敬，幽明之间无

的良知，就是"虽愚必明，虽柔必强"，最终就能立大本、行大道，"九经"之类的规范就能一以贯之而没有任何遗漏，还需要担心没有经世致用的能力吗？那些只谈空虚寂静的人，恰恰不能随事随物省察人心的天理，从而发现本心固有的良知，进而抛弃伦理，并将寂灭虚无当成正常事，所以，他们不能齐家、治国、平天下。谁说圣人穷天理尽人性的学说会有这样的弊端呢？心是身体的主宰，而心中的虚灵明觉，就是本身所固有的良知。虚灵明觉的良知，因感应而发的时候，就称之为意；先有良知而后才有意念，没有良知就没有意念。良知怎么不是意念的本体呢？意念的发用一定有相应的物，物也就是事。例如，意念用于侍奉双亲，那么侍奉双亲就是一件事；意念用于治理民众，治理民众就是一件事；意念用于读书，读书就是一件事；意念用于断案，断案就是一件事。只要是意念发生作用之处，都一定有事物的存在，有这种意念就有这种事物，没有这种意念也就没有这种事物。事物的存在难道不是意念的作用吗？"格"的意思，有用"至"来解释的，比如"格于文祖""有苗来格"，都是用"至"来解释的。然而"格于文祖"，内

一不得其理，而后谓之"格"。有苗之顽，实以文德诞敷而后格，则亦兼有"正"字之义在其间，未可专以"至"字尽之也。如"格其非心"⑧、"大臣格君心之非"⑨之类，是则一皆"正其不正以归于正"之义，而不可以"至"字为训矣。且《大学》"格物"之训，又安知其不以"正"字为训，而必以"至"字为义乎？如以"至"字为义者，必曰"穷至事物之理"，而后其说始通。是其用功之要，全在一"穷"字；用力之地，全在一"理"字也。若上去一"穷"、下去一"理"字，而直曰"致知在至物"，其可通乎？夫"穷理尽性"，圣人之成训，见于《系辞》者也⑩。苟"格物"之说而果即"穷理"之义，则圣人何不直曰"致知在穷理"，而必为此转折不完之语，以启后世之弊邪？盖《大学》"格物"之说，自与《系辞》"穷理"⑪大旨虽同，而微有分辨。"穷理"者，兼格、致、诚、正而为功也，故言"穷理"，

心一定要纯孝诚敬，使生死、幽明之间没有一事一物不符合天理，才可以称之为"格"。苗人顽固不化，应当先实施礼乐教化，然后才算是"格"，因此"格"字也具有"正"的意思，不能仅仅用一个"至"字来解释全部含义。比如"格其非心""大臣格君心之非"的"格"，都是"正其不正以归于正"的意思，此处就不能用"至"来解释了。《大学》中的"格物"，怎么判断不能用"正"字去解释，而一定要用"至"字来解释呢？若用"至"的意思，必说"穷至事物之理"，这样才解释得通。但如此一来，用功的关键全在"穷"字上；用力的地方，全在"理"字上。如果前面删去"穷"，后面删掉"理"，直接说"致知在至物"，这样说得通吗？"穷理尽性"是圣人早已有的教诲，记载在《周易·系辞》中。若"格物"真为"穷理"，那么，圣人为什么不直接说"致知在穷理"，而是要转个弯使语意不完整，导致后来的弊端呢？《大学》中的"格物"之说，与《周易·系辞》的"穷理"之义，大体意思虽然相近，但还有细微的区别。"穷理"囊括了格物、致知、诚意、正心的功夫，所以一说到

则格、致、诚、正之功皆在其中；言"格物"，则必兼举致知、诚意、正心，而后其功始备而密。今偏举"格物"而遂谓之"穷理"，此所以专以"穷理"属知，而谓"格物"未尝有行，非惟不得"格物"之旨，并"穷理"之义而失之矣。此后世之学所以析知行为先后两截，日以支离决裂，而圣学益以残晦者，其端实始于此。吾子盖亦未免承沿积习见，则以为"于道未相吻合"，不为过矣。

"穷理"，格物、致知、诚意、正心的功夫都包含在其中了；讨论"格物"，就必须再说致知、诚意、正心，这样功夫才完整而严密。如今一谈到"格物"，就说"格物"是"穷理"的功夫，这是只把"穷理"看成知，而认为"格物"不包括行，如此不但不能理解"格物"的本义，连"穷理"的意思也歪曲了。后世的学者之所以把知行分成两截，使知行更加支离破碎，圣学日益残缺暗淡，其根源正在于此。你大约也因袭了这一主张，所以认为我的观点"于道未相吻合"，这也不足为怪了。

注 释

❶ 即物穷理：语本朱熹《大学章句》第五章《补传》："言欲致吾之知，在即物而穷其理也。" ❷ "知者意之体，物者意之用""格物如格君心之非之格"：语见王阳明《大学古本傍释》。 ❸ "虽愚必明，虽柔必强"：语见《中庸》。 ❹ 大本立而达道行：语出《中庸》："中也者，天下之大本也。和也者，天下之达道也。" ❺ "九经"之属：语本《中庸》："凡为天下国家有九经，曰：修身也，尊贤也，亲亲也，敬大臣也，体群臣也，子庶民也，来百工也，柔远人也，怀诸侯也。" ❻ "格于文祖"：语见《尚书·尧典》："月正元日，舜格于文祖，询于四岳，辟四门，明四目，达四聪。" ❼ "有苗来格"：语见《尚书·大禹谟》："帝乃诞敷文德，舞干羽于两阶，七旬，有苗格。" ❽ "格其非心"：语见《尚书·冏命》："惟予一人无良，实赖左右前后有位之士，匡其不及，绳愆纠缪，格其非心，俾克绍先烈。" ❾ "大臣格君心之非"：语见

《孟子·离娄上》："人不足与適也，政不足与间也。唯大人为能格君心之非。君仁，莫不仁；君义，莫不义；君正，莫不正。一正君而国定矣。"   ⑩"穷理尽性"，圣人之成训，见于《系辞》者也：王阳明此句引述有误，"穷理尽性"并非出自《周易·系辞》，实出自《周易·说卦传》："穷理尽性以至于命。"   ⑪《系辞》"穷理"：亦有误，应修正为——《说卦》"穷理"。

说 明

　　基于《大学》文本的不同疏解，朱熹《大学章句》力主以"即物穷理"为主线来解读《大学》，而王阳明《大学古本傍释》则主张以"致知明德"为宗旨诠释《大学》。同时，有别于朱熹对"知""物""格"的疏解，王阳明坚持以为"知者意之体，物者意之用""格物如格君心之非之格"的解读，以及由此而有的"随事随物精察此心之天理，以致其本然之良知"的主张，更为符合《易传》中"穷理尽性"的圣人之训。另外，"致知明德"的最终目的，在于"齐家治国平天下"的"致用之实"。

【原 文】

　　来书云："谓致知之功，将如何为温凊①、如何为奉养②，即是'诚意'，非别有所谓'格物'。此亦恐非。"

　　此乃吾子自以己意揣度鄙见而为是说，非鄙人之所以告吾子者矣。若果如吾子之言，宁复有可通乎？盖鄙人之见，则谓意欲温凊，意欲奉养者，所谓"意"也，而未可谓之"诚意"。必实行

【译 文】

　　来信写道："您所谓致知的功夫，就是怎样让父母冬暖夏凉、奉养适宜得当，也就是'诚意'，此外没有所谓的'格物'。这恐怕也不对吧。"

　　你这是用自己的想法来揣摩猜测我的观点，我并没有像你说的这样说过。如果真像你所说的那样，还能说得过去吗？我的意思是，想让父母冬暖夏凉、奉养适宜得当，这只是"意"，还不能

其温清奉养之意，务求自慊③而无自欺，然后谓之"诚意"。知如何而为温清之节，知如何而为奉养之宜者，所谓"知"也，而未可谓之"致知"。必致其知如何为温清之节者之知，而实以之温清；致其知如何为奉养之宜者之知，而实以之奉养，然后谓之"致知"。温清之事，奉养之事，所谓"物"也，而未可谓之"格物"。必其于温清之事也，一如其良知之所知，当如何为温清之节者而为之，无一毫之不尽；于奉养之事也，一如其良知之所知，当如何为奉养之宜者而为之，无一毫之不尽，然后谓之"格物"。温清之物"格"，然后知温清之良知始"致"；奉养之物"格"，然后知奉养之良知始"致"，故曰"物格而后知至"。致其知温清之良知，而后温清之意始诚；致其知奉养之良知，而后奉养之意始诚，故曰"知至而后意诚"④。此区区诚意、致知、格物之说盖如此。吾子更熟思之，将亦无可疑者矣。

称之为"诚意"。必须切切实实去践行奉养父母的愿望，并且在践行的时候感到满意，没有违背自己的内心，这才能叫"诚意"。知道如何做到冬暖夏凉、奉养适宜得当，这是所谓的"知"，并非"致知"。必须正确运用关于冬暖夏凉的认知，切实做到冬暖夏凉；运用关于奉养适宜得当的认知，切实做到奉养适宜得当，然后才能称之为"致知"。冬暖夏凉、奉养适宜得当之类的事，就是所谓的"物"，并不是"格物"。在冬暖夏凉、奉养适宜得当之类的事上，一定要按照自己良知所知的去践行，而且没有分毫不足，才能称之为"格物"。父母冬暖夏凉这一物"格"了，父母冬暖夏凉的良知才算是"致"了；奉养适宜得当，这一物"格"了，奉养适宜得当的良知才算是"致"了。因此，《大学》才说"物格而后知至"。致那个知道冬暖夏凉的良知，而后冬暖夏凉的意才能诚；致那个知道奉养适宜得当的良知，尔后奉养适宜得当的意才能诚，因此，《大学》又说"知至而后意诚"。这是我对诚意、致知、格物的阐释。你再仔细思考一下，就没有什么可疑惑的了。

注 释

❶ 温凊:"冬温夏凊"的简称,冬天温被使暖,夏天扇席使凉,这是儒家的侍奉父母之礼。 ❷ 奉养:侍候和赡养父母或其他尊亲。 ❸ 自慊(qiè):自足;自快。 ❹ "物格而后知至""知至而后意诚":语出《大学》。

说 明

由于顾璘对王阳明所说的"意""诚意"、"知""致知"、"物""格物"的理解有偏差,阳明便以儒家提倡的"温凊、奉养"孝礼为例,予以详细疏解。

【原 文】

来书云:"道之大端易于明白①,所谓良知良能,愚夫愚妇可与及者②。至于节目时变之详、毫厘千里之谬,必待学而后知。今语孝于温凊定省③,孰不知之?至于舜之不告而娶④、武之不葬而兴师⑤、养志养口⑥、小杖大杖⑦、割股庐墓⑧等事,处常处变、过与不及之间,必须讨论是非,以为制事之本,然后心体无蔽,临事无失。"

"道之大端易于明白",此语诚然。顾后之学者,忽其易于明白者而弗由,而求其难于

【译 文】

来信写道:"道之大端易于明白,就像您所说的良知良能,即便是愚夫笨妇也能明白。至于具体的细节、条目随时而变,就有差之毫厘、谬以千里的差别,必须通过学习才能明白。如今就季节温凊、早晚定省上谈论孝道,谁不明白?至于舜未向父亲禀报就娶妻,武王未安葬文王就兴兵伐纣,曾子赡养双亲是遵从双亲的意志而曾元却只是为了让双亲糊口,小杖承受而大杖逃跑,割股肉而治父母的病,为亲人结庐守丧等事,在正常与变化、过分与不及之间,必须要讨论一个是非准则,作为处理事情的依据,然后人们的心体才不被蒙蔽,遇事才不出差错。"

明白者以为学，此其所以"道在迩而求诸远，事在易而求诸难"⑨也。孟子云："夫道，若大路然，岂难知哉？人病不由耳！"⑩良知良能，愚夫愚妇与圣人同。但惟圣人能致其良知，而愚夫愚妇不能致，此圣愚之所由分也。节目时变，圣人夫岂不知？但不专以此为学。而其所谓学者，正惟致其良知，以精察此心之天理，而与后世之学不同耳。吾子未暇良知之致，而汲汲焉顾是之忧，此正求其难于明白者以为学之弊也。

夫良知之于节目时变，犹规矩尺度之于方圆长短也。节目时变之不可预定，犹方圆长短之不可胜穷也。故规矩诚立，则不可欺以方圆，而天下之方圆不可胜用矣；尺度诚陈，则不可欺以长短，而天下之长短不可胜用矣；良知诚致，则不可欺以节目时变，而天下之节目时变不可胜应矣。毫厘千里之谬，不于吾心良知一念之微而察之，亦将何所用其学乎？

"道之大端易于明白"，这种看法是正确的。只是后世的学者疏忽了那容易理解的大道而不去遵循，却把那些难以明白的东西作为学问，这正是孟子所说的"道在迩而求诸远，事在易而求诸难"。孟子说："夫道，若大路然，岂难知哉？人病不由耳。"在良知良能方面，愚夫笨妇与圣人是相同的。只是圣人能够致良知，而愚夫笨妇却不能致而已，这正是愚夫笨妇与圣人之间的区别所在。具体细节、条目的随时变化，圣人怎么会不清楚？只是不会专门以此作为学问。圣人所谓的学问，只是致其良知以精确体察心中的天理，这与后世所谓的学问大相径庭。你还没有去致良知，却在操心那些具体细节上的小问题，这正是把难以明白的东西作为学问的弊端。

良知良能与细节、条目随时变化的关系，好比规矩尺度与方圆长短的关系。细节、条目随时变化的不可测定，就像方圆长短的不可穷尽。因此，规矩一旦确立，方圆与否就不可遮掩，而天下的方圆也就不可胜用；尺度一旦制定，长短与否就不可遮掩，而天下的长短也就不可胜用；良知能够致了，细节、条目的随时变化就不可遮掩，而天下的细节、条目的随时变化也就能应付自如了。毫厘之是不以规矩而欲定天下之方圆，不以尺度而欲尽天下之长短。吾见其乖张谬戾、日劳而无成也已。吾子谓"语孝于温凊定省，孰不知之"，然而能致其知者鲜矣。若谓粗知温凊定省之仪节，而遂谓之能致其知，则凡知君之当仁者皆可谓之能致其仁之知，知臣之当忠者皆可谓之能致其忠之知，则天下孰非致知者邪？以是而言，可以知"致知"之必在于行，而不行之不可以为"致知"也，明矣。"知行合一"之体，不益较然⑪矣乎？夫舜之不告而娶，岂舜之前已有不告而娶者为之准则，故舜得以考之何典、问诸何人而为此邪？抑亦求诸其心一念之良知，权轻重之宜，不得已而为此邪？武之不葬而兴师，岂武之前已有不葬而兴师者为之准则，故武得以考之何典、问诸何人而为此邪？抑亦求诸其心一念之良知，权轻重之宜，不得已而为此邪？使舜之心而非诚于为无后，武之心

差所导致的千里之谬，不在自己心中良知的细微处考察，所学的东西又有什么用呢？这如同不用规矩却要确定天下的方圆，不用尺度却要穷尽天下的长短，我看是十分荒谬的做法，只会终日忙忙碌碌却劳而无功。你说"语孝于温凊定省，孰不知之"，但能够真正践行其所知孝道的人却很少。如果说大略明白温凊、定省的礼仪，便说是能够践行孝的良知，那么只要是知道君主应该仁爱的人都可以说他能致其仁的良知，知道臣属应当尽忠的人都可以说他能致其忠的良知，那样天下有谁不能致其良知的呢？因此，"致知"一定要显现在践行上，不践行就不足以称之为"致知"，这是最明白不过的。"知行合一"的本然状态，不是更清楚了吗？至于舜未向父亲禀报就娶妻，难道是在舜之前就有了不告而娶的先例作为标准，使他可以在书中求证、向别人请教，才这样做的吗？还是舜根据自己心中的一念良知，权衡轻重，不得已才这样做的呢？武王未安葬文王就兴兵伐纣，难道是在武王之前就有了不葬而兴师的先例作为标准，使他可以在书中求证、向别人请教，才这样做的吗？还是武王根据自己心中的一念良知，权衡轻重，不得已才这样做的呢？如果舜不是真的担心没有后代，

而非诚于为救民，则其不告而娶与不葬而兴师，乃不孝不忠之大者。而后之人不务致其良知，以精察义理于此心感应酬酢之间，顾欲悬空讨论此等变常之事，执之以为制事之本，以求临事之无失，其亦远矣！其余数端，皆可类推。则古人"致知"之学，从可知矣。

武王不是真心拯救百姓，那么舜未向父亲禀报就娶妻、武王未安葬文王就兴兵伐纣的行为，就是最大的不孝、不忠。后世的人不肯尽力致良知，不在处理事物时细察义理，反而去空谈一些反常的事，一口咬死这些才是处理事情的根据，以求遇事没有闪失，这样就离圣人之道太远了！其余几件事，都可依此类推。因此，古人"致知"的学问，就可以完全明白了。

注　释

❶ 道之大端易于明白：意思是说，圣人之道，大的方面，人们容易理解明了。　❷ 愚夫愚妇可与及者：语出《中庸》："君子之道费而隐。夫妇之愚，可以与知焉，及其至也，虽圣人亦有所不知焉。夫妇之不肖，可以能行焉；及其至也，虽圣人亦有所不能焉。"　❸ 温清定省：冬温夏清、昏定晨省的省称。
❹ 舜之不告而娶：语本《孟子·万章上》："万章问曰：'《诗》云："娶妻如之何？必告父母。"信斯言也，宜莫如舜。舜之不告而娶，何也？'孟子曰：'告则不得娶。男女居室，人之大伦也。如告，则废人之大伦，以怼父母，是以不告也？'"　❺ 武之不葬而兴师：事见《史记·伯夷列传》："武王载木主，号为文王，东伐纣。伯夷、叔齐叩马而谏曰：'父死不葬，爰及干戈，可谓孝乎？以臣弑君，可谓仁乎？'"　❻ 养志养口：语本《孟子·离娄上》："曾子养曾晳，必有酒肉；将彻，必请所与，问有余，必曰'有'。曾晳死，曾元养曾子，必有酒肉；将彻，不请所与，问有余，曰'亡矣'，将以复进也，此所谓养口体者也。若曾子，则可谓养志也。事亲若曾子者，可也。"　❼ 小杖大杖：语本《孔子家语》："子曰：'汝不闻乎？昔瞽瞍有子曰舜，舜之事瞽瞍，欲使之，未尝不在于侧；索而杀之，未尝可得。小棰则待过，大杖则逃走，故瞽瞍不犯不父之罪，而舜不失烝烝之孝。今参事父，委身以待暴怒，殪而不避，既身死而陷父

于不义，其不孝孰大焉？'" ❽ 割股：事见《新唐书·孝友列传》："唐时陈藏器著《本草拾遗》，谓人肉治羸疾，自是民间以父母疾，多割股肉而进。" 割股庐墓：语见《宋史·选举一》引苏轼语："上以孝取人，则勇者割股，怯者庐墓。" ❾ "道在迩而求诸远，事在易而求诸难"：语本《孟子·离娄上》："道在迩而求诸远，事在易而求诸难。人人亲其亲、长其长，而天下平。" ❿ "夫道，若大路然，岂难知哉？人病不由耳"：语见《孟子·告子下》。 ⓫ 较然：明显貌。

<hr>

说 明

在阳明良知心学看来，儒家学者的本职就是"惟致其良知，以精察此心之天理"，"良知"的发动就在"其心一念"之间。另外，"致其良知"的落脚点在于"行"，这就是"知行合一之体"。

【原文】

来书云："谓《大学》'格物'之说专求本心，犹可牵合；至于六经、四书所载'多闻多见'①'前言往行'②'好古敏求'③'博学审问'④'温故知新'⑤'博学详说'⑥'好问好察'⑦，是皆明白求于事为之际、资于论说之间者，用功节目，固不容紊矣。"

"格物"之义，前已详悉。牵合之疑，想已不俟复解矣。至于"多闻多见"，乃孔子因子张

【译文】

来信写道："您认为《大学》中'格物'的意思，是专注于探求本心，还能勉强理解；至于六经四书所讲的'多闻多见''前言往行''好古敏求''博学审问''温故知新''博学详说''好问好察'等，这些都明显是在处事中求取、在论辩中获得的，由此可见，功夫的节目、顺序，是不能乱的。"

有关"格物"的内涵，前文已详细阐述了。至于你觉得有所牵强疑惑之处，已不用再多作解释了。至于说"多闻多见"，都是孔子针对子张的毛病而说的，子张好高骛

之务外好高，徒欲以多闻多见为学，而不能求诸其心以阙疑殆，此其言行所以不免于尤悔，而所谓见闻者，适以资其务外好高而已。盖所以救子张多闻多见之病，而非以是教之为学也。夫子尝曰："盖有不知而作之者，我无是也。"⑧是犹孟子"是非之心，人皆有之"⑨之义也。此言正所以明德性之良知，非由于闻见耳。若曰"多闻择其善者而从之，多见而识之"，则是专求诸见闻之末，而已落在第二义矣，故曰"知之次也"。夫以见闻之知为次，则所谓知之上者，果安所指乎？是可以窥圣门"致知"用力之地矣。夫子谓子贡曰："赐也，汝以予为多学而识之者欤？非也，予一以贯之。"⑩使诚在于"多学而识"，则夫子胡乃谬为是说以欺子贡者邪？"一以贯之"，非致其良知而何？《易》曰："君子多识前言往行，以畜其德。"夫以畜其德为心，则凡多识前言往行者，孰非畜德之事？此正知行合一之功矣。"好古敏求"者，

远，认为唯多闻多见才是学问，却不能反求内心以存疑惑，所以，他的言行难免有过错和悔恨，所谓的见闻，正好滋长了他好高骛远的缺点。孔子说这番话并不是教导子张去多闻多见，而是为了纠正他的缺点。孔子曾说过："盖有不知而作之者，我无是也。"这句话与孟子的"是非之心，人皆有之"的意思相近。这些都表明彰显德性的良知，并不来自多见多闻。至于"多闻择其善者而从之，多见而识之"，就是专门探求见闻上的细枝末节，这已经是第二等的事了，所以孔子说是"知之次也"。将见闻方面的知作为次要学问，那么所谓的首要学问，是指什么呢？从此可以窥见圣人"致知"用力的地方了。孔子对子贡说："赐也，汝以予为多学而识之者欤？非也，予一以贯之。"如果良知真的在于"多学而识"，那么孔子为什么要用这种谬论来欺骗子贡呢？"一以贯之"之道，不是致良知还能是什么呢？《周易》说："君子多识前言往行，以畜其德。"如果以积累存养德性为目的，那么更多地了解圣人以往的言行，何尝不是积累存养德性的事？这正是知行合一的功夫。所谓"好古敏求"，就是爱好古人的学问，勤奋

好古人之学而敏求此心之理耳。心即理也。学者，学此心也；求者，求此心也。孟子云："学问之道无他，求其放心而已矣。"⑪非若后世广记博诵古人之言词以为好古，而汲汲然惟以求功名利达之具于其外者也。"博学审问"，前言已尽。"温故知新"，朱子亦以"温故"属之"尊德性"矣⑫。德性岂可以外求哉？惟夫"知新"必由于"温故"，而"温故"乃所以"知新"，则亦可以验知行之非两节矣。"博学而详说之者，将以反说约也"，若无"反约"之云，则"博学详说"者果何事邪？舜之"好问好察"，惟以用中而致其精一于道心耳。道心者，良知之谓也。君子之学，何尝离去事为而废论说？但其从事于事为论说者，要皆知行合一之功，正所以致其本心之良知；而非若世之徒事口耳谈说以为知者，分知行为两事，而果有节目先后之可言也。

地探求心中的理。心就是理。学，就是学习这个本心；求，就是探求这个本心。孟子说："学问之道无他，求其放心而已矣。"不像后世的人，把广记博诵古人的言词当成好古，却又念念不忘追逐功名利禄等外在的东西。关于"博学审问"，前文已讲得很详细。至于"温故知新"，朱子也认为"温故"属于"尊德性"的范畴。德性岂能向外去探求？"知新"必然经由"温故"，"温故"才能"知新"，这又可以证明知行并非两回事。"博学而详说之者，将以反说约也"，如果不是为了"反约"的表达，那么"博学详说"到底是指什么呢？舜的"好问好察"，就是中正平和，使得他的心精纯至极达到天理的境界。道心，就是良知。君子的学问，什么时候离开了处事作为、抛弃了论辩谈说呢？但是处事作为和论辩谈说，都要遵循知行合一的功夫，这正是要致其本心的良知；而不是像世人那样只把口耳谈说当成知，将知与行分成两件事看待，从而产生了用功的名目有先后顺序之说。

注　释

❶ "多闻多见"：语见《论语·为政》："多闻阙疑，慎言其余，则寡尤。多见阙殆，慎行其余，则寡悔。"　❷ "前言往行"：语出《周易·大畜·象传》："君子以多识前言往行，以畜其德。"　❸ "好古敏求"：语出《论语·述而》："子曰：'我非生而知之者，好古，敏以求之者也。'"　❹ "博学审问"：语出《中庸》："博学之，审问之，慎思之，明辨之，笃行之。"　❺ "温故知新"：语出《论语·为政》："温故而知新，可以为师矣。"　❻ "博学详说"：语出《孟子·离娄下》："博学而详说之，将以反说约也。"　❼ "好问好察"：语出《中庸》："舜其大知也与！舜好问而好察迩言，隐恶而扬善，执其两端，用其中于民，其斯以为舜乎。"　❽ "盖有不知而作之者，我无是也"：语出《论语·述而》："子曰：'盖有不知而作之者，我无是也。多闻，择其善者而从之；多见而识之，知之次也。'"　❾ "是非之心，人皆有之"：语出《孟子·告子上》："恻隐之心，人皆有之；羞恶之心，人皆有之；恭敬之心，人皆有之；是非之心，人皆有之。"　❿ "赐也，汝以予为多学而识之者欤？非也，予一以贯之"：语出《论语·卫灵公》："子曰：'赐也，女以予为多学而识之者与？'对曰：'然。非也？'曰：'非也。予一以贯之。'"　⓫ "学问之道无他，求其放心而已矣"：语出《孟子·告子上》："仁，人心也；义，人路也。舍其路而弗由，放其心而不知求，哀哉！人有鸡犬放，则知求之；有放心而不知求。学问之道无他，求其放心而已矣。"　⓬ 朱子亦以"温故"属之"尊德性"矣：参见《朱子语类》卷六十四："'温故'只是存得这道理在，便是'尊德性'。"

说　明

这段文字是关于王阳明"四书"学的具体文本，诸如"多闻多见""前言往行""好古敏求""博学审问""温故知新""博学详说""好问好察"条目的解读。通过对这些文本的阐释，我们可以得知阳明学的核心命题是"心即理也""德性之良知，非由于闻见""道心者，良知之谓也""知行合一之功，正所以致其本心之良知"。这也是王阳明"以心解经"的经学观。

【原文】

来书云："杨、墨之为仁义①，乡愿之乱忠信②，尧、舜、子之之禅让③，汤、武、楚项之放伐④，周公、莽、操之摄辅⑤，谩无印证，又焉适从？且于古今事变、礼乐名物，未尝考识，使国家欲兴明堂⑥、建辟雍⑦、制历律⑧、草封禅⑨，又将何所致其用乎？故释《论语》者曰⑩'"生而知之"者，义理耳。若夫礼乐名物，古今事变，亦必待学而后有以验其行事之实'⑪。此则可谓定论矣。"

所喻杨、墨、乡愿、尧、舜、子之、汤、武、楚项、周公、莽、操之辨，与前舜、武之论，大略可以类推。古今事变之疑，前于良知之说，已有规矩尺度之喻，当亦无俟多赘矣。至于明堂、辟雍诸事，似尚未容于无言者。然其说甚长，姑就吾子之言而取正焉，则吾子之惑将亦可以少释矣。夫明堂、辟雍之制，始见于吕氏之《月令》⑫，汉儒

【译文】

来信写道："杨朱、墨子的行仁义，乡愿的扰乱忠信，尧、舜、子之的禅让，商汤、武王、项羽的放逐杀伐，周公、王莽、曹操的摄政，这些事迹散见于史书却又没有佐证，又该听谁的呢？况且对于古今事变、礼乐名物，都没有考证辨识，如果国家要修明堂、建学校、制历律、行封禅，又将有什么用处呢？所以朱子《论语集注》说：'"生而知之"者，义理耳。若夫礼乐名物，古今事变，亦必待学而后有以验其行事之实。'这已经可以当成定论了。"

你所讲的杨朱、墨子、乡愿、尧、舜、子之、商汤、武王、项羽、周公、王莽、曹操等人的区别，与前面提到的舜与武王的事大致相似，可以类推。对于古今事变的疑问，我在前面阐述良知时，已经用规矩尺度的比喻加以解释了，这里不再重述了。至于修明堂、建辟雍等事，似乎应当多讲几句。然而这些事情非一两句话就能说明白，暂且就你信中所说的事加以讨论一下，或许多少能消除你的疑惑。明堂与辟雍的记述，最早见于《吕氏春秋》中的《月令》篇和汉代学者郑玄的注疏之中，六经、四书中并没有详细

之训疏⑬，六经、四书之中未尝详及也。岂吕氏、汉儒之知，乃贤于三代之贤圣乎？齐宣之时，明堂尚有未毁⑭，则幽、厉之世，周之明堂皆无恙也。尧、舜茅茨土阶⑮，明堂之制未必备，而不害其为治；幽、厉之明堂，固犹文、武、成、康之旧，而无救于其乱。何邪？岂能"以不忍人之心而行不忍人之政"⑯，则虽茅茨土阶，固亦明堂也；以幽、厉之心而行幽、厉之政，则虽明堂，亦暴政所自出之地邪？武帝肇讲于汉⑰，而武后盛作于唐⑱，其治乱何如邪？天子之学曰辟雍，诸侯之学曰泮宫，皆象地形而为之名耳。然三代之学，其要皆所以明人伦⑲，非以辟不辟、泮不泮为重轻也。孔子云："人而不仁，如礼何？人而不仁，如乐何？"⑳制礼作乐，必具中和之德，声为律而身为度者㉑，然后可以语此。若夫器数之末，乐工之事，祝史㉒之守，故曾子曰："君子所贵乎道者三，笾豆之事，则有司存也。"㉓

的记载。难道《吕氏春秋》的作者吕不韦和汉代学者郑玄的见识，超过夏商周三代的圣贤了吗？齐宣王时，明堂尚未毁掉，那么周幽王、周厉王时，周朝的明堂应该是完好无损的。尧、舜远古之时，人们用茅草盖房屋、垒土作台阶，明堂制度尚未完善，但这并不影响他们治理天下；周幽王、周厉王时期的明堂，同文王、武王、成王、康王时的一样，却不能拯救周幽王和周厉王时的天下大乱。为什么呢？这正好说明"以不忍人之心而行不忍人之政"，即便是茅草屋、土台阶，也如同明堂；以幽王、厉王的蛇蝎心肠来推行暴政，虽设有明堂，也是暴君实施暴政的场所吧？汉武帝曾经与大臣探讨建设明堂之事，唐朝武则天毁殿而修建明堂，他们治理国政的效果又如何？天子建的学校称之为辟雍，诸侯建的学校称之为泮宫，都是根据地形而命名的。然而夏商周三代的学校，是以讲明人伦为核心的，并不以它的样子是否像璧环，是否建在泮水边为评判。孔子说："人而不仁，如礼何？人而不仁，如乐何？"制礼作乐的人，必须具备中正平和的德性，只有以声为音律，以身为尺度的人，才有能力制礼作乐。至于礼仪乐器的细节和技巧，则是乐工和祝史的工作，尧命羲、和，"钦若昊天，历象日月星辰"，其重在于"敬授人时"也㉔。舜"在璇玑玉衡"，其重在于"以齐七政"也㉕。是皆汲汲然以仁民之心，而行其养民之政。治历、明时之本，固在于此也。羲、和历数之学，皋、契未必能之也，禹、稷未必能之也。"尧、舜之知而不遍物"㉖，虽尧、舜亦未必能之也。然至于今，循羲、和之法而世修之，虽曲知小慧之人、星术浅陋之士，亦能推步占候而无所忒，则是后世曲知小慧之人，反贤于禹、稷、尧、舜者邪？"封禅"之说，尤为不经，是乃后世佞人谀士，所以求媚于其上，倡为夸侈，以荡君心，而靡国费。盖欺天罔人，无耻之大者，君子之所不道，司马相如之所以见讥于天下后世也㉗。吾子乃以是为儒者所宜学，殆亦未之思邪？夫圣人之所以为圣者，以其生而知之也。而释《论语》者曰："'生而知之'者，义理耳。若夫礼乐名物，古今事变，亦必待学而

因此曾子说："君子所贵乎道者三，笾豆之事，则有司存也。"尧命羲、和，"钦若昊天，历象日月星辰"，主要是为了"敬授人时"。舜"在璇玑玉衡"，主要是为了"以齐七政"。这些都是念念不忘用仁爱百姓之心，来施行养育民众的仁政。制定历法，掌握时令的根本，正在于此。羲氏、和氏在历法与数学方面的才华，皋陶、契不一定有，大禹、稷氏也未必有。孟子说"尧、舜之知而不遍物"，可见，即使尧、舜也不一定能做羲氏、和氏从事的工作。但时至今日，按照羲氏、和氏的历法，加上世世代代的修改订正，即便是一知半解、小有聪明的人，甚至思想鄙陋的术士，也可修订历法、占卜天象而不会有闪失，难道这是后世一知半解、小有聪明之人，反而比尧、舜、大禹、稷氏更贤明吗？"封禅"的说法，更是荒诞不经，这是后代奸佞之徒为了在皇帝面前讨好献媚，怂恿鼓吹，借以迷惑君心而浪费国力。这种欺天骗人、无耻之极的卑劣行径，君子不屑谈论，这也正是司马相如被后人耻笑的原因。然而，你却认为这是儒生应当认真学习的，大概是考虑不周吧？圣人之所以成为圣人，因为他们生而知之。朱子在《论语集注》中说："'生而知之'者，义理耳。若夫礼

后有以验其行事之实。"夫礼乐名物之类，果有关于作圣之功也，而圣人亦必待学而后能知焉，则是圣人亦不可以谓之生知矣。谓圣人为生知者，专指义理而言，而不以礼乐名物之类，则是礼乐名物之类无关于作圣之功矣。圣人之所以谓之生知者，专指义理而不以礼乐名物之类，则是学而知之者，亦惟当学知此义理而已，困而知之者亦惟当困知此义理而已。今学者之学圣人，于圣人之所能知者，未能学而知之，而顾汲汲焉求知圣人之所不能知者以为学，无乃失其所以希圣之方欤？凡此皆就吾子之所惑者，而稍为之分释，未及乎"拔本塞源"㉘之论也。

乐名物，古今事变，亦必待学而后有以验其行事之实。"如果礼乐名物之类，真的是圣人成圣的功夫，圣人也必须通过学习之后才能知晓，那么圣人就不能说是生而知之的了。说圣人是生而知之，是专就义理而言的，不包括礼乐名物之类，因此，礼乐名物之类，与圣人成圣的功夫毫无相关。之所以说圣人是生而知之，仅指义理，而非指有关礼乐名物之类的知识，学而知之的人也应该只学这个义理罢了，困而知之的人也应该只是在困境中学这个义理罢了。如今的学者学习圣人，对于圣人能通晓的义理，不去学习掌握，却念念不忘探求圣人所不知道的部分并把它作为学问，这不是迷失了成为圣人的方向吗？所有这些论述，仅仅是就你感到困惑的地方加以阐释剖析，还未谈及关于"拔本塞源"这一根本问题。

注　释

❶ 杨、墨之为仁义：语出《孟子·滕文公下》："杨、墨之道不息。孔子之道不著，是邪说诬民，充塞仁义也。"　❷ 乡愿之乱忠信：语出《论语·阳货》："乡原，德之贼也。"《孟子·尽心下》："同乎流俗，合乎污世。居之似忠信，行之似廉洁……故曰德之贼也。"　❸ 尧、舜、子之禅让：尧子丹朱不肖，尧让帝位于贤臣舜；舜子商均不肖，舜让位于禹，事见《孟子·万章上》。子之乃战国燕王哙之相，哙愚暗，属国于子之；子之南面行王事，哙不听政，反为臣，

国事皆决于子之，三年而燕国大乱，事见《史记·燕召公世家》。　❹ 汤、武、楚项之放伐：夏桀无道，汤放之于南巢；商纣无道，武王克之于牧野，事见《史记·殷本纪》。项羽初尊楚怀王为义帝，后又放逐义帝并击杀之，事见《史记·项羽本纪》。　❺ 周公、莽、操之摄辅：周成王年幼嗣位，周公摄政，纳贤制礼，而国大治，事见《史记·鲁周公世家》。王莽在西汉平帝朝为大司马，擅权；既而弑平帝，立孺子婴，自摄其政；旋篡位，国号新，事见《汉书·王莽传》。曹操起兵讨董卓，击黄巾，迎立汉献帝；任丞相，封魏王；其子丕篡汉，国号魏，事见《三国志·魏书·武帝纪》。　❻ 明堂：古代施政行礼之所。周天子宣明政教之堂，礼上帝、祭祖先、朝诸侯等大典均于此处行之，参见《礼记·明堂位》。　❼ 辟雍：古代大学所在地。　❽ 历律：推算音律以定历法。　❾ 封禅：古代帝王祭天地、立碑石以纪功。　❿ 释《论语》者曰：通行本《王文成公全书》作“《论语》曰”，兹据黎业明《传习录译注》（上海古籍出版社2021年版，第246、248页）改，因为阳明回信原文为“释《论语》者曰”（见下文）。　⓫ “‘生而知之’者，义理耳。若夫礼乐名物，古今事变，亦必待学而后有以验其行事之实”：语本朱熹《论语集注》所引尹焞语。　⓬ 吕氏之《月令》：吕不韦集合门客编写《吕氏春秋》，篇首皆有月令，即是月之政令。如仲夏之月，天子居明堂太庙。此十二月令合为《礼记》之《月令》篇。　⓭ 汉儒之训疏。郑玄等经学家关于《三礼》的注疏。　⓮ 齐宣之时，明堂尚有未毁：语出《孟子·梁惠王下》：“齐宣王问曰：‘人皆谓我毁明堂，毁诸已乎？’孟子对曰：‘夫明堂者，王者之堂也。王欲行王政，则勿毁之矣。’”　⓯ 茅茨土阶：尧、舜之时以茅茨盖屋，筑土为阶。　⓰ “以不忍人之心而行不忍人之政”：语见《孟子·公孙丑上》。　⓱ 武帝肇讲于汉：汉武帝建元元年（前140），赵绾请立明堂，荐其师申公。帝使使者迎之，始议（肇讲）改历服色等事。　⓲ 武后盛作于唐：垂拱三年（687），武则天毁乾元殿作明堂。　⓳ 三代之学，其要皆所以明人伦：语见《孟子·滕文公上》：“设为庠、序、学、校以教之。庠者，养也；校者，教也；序者，射也。夏曰校，殷曰序，周曰庠；学则三代共之，皆所以明人伦也。”　⓴ “人而不仁，如礼何？人而不仁，如乐何？”：语见《论语·八佾》。　㉑ 声为律而身为度者：称颂大禹之辞，见《史记·夏本纪》：“禹为人敏给克勤；其德不违，其仁可亲，其言可信；声为律，身为度，称以出；亹亹穆穆，为纲为纪。”　㉒ 祝史：祝，掌祭祀；史，主文书。　㉓ “君子所贵乎道者三，笾豆之事，则有司存也"：语出《论语·泰伯》："君子所贵乎道者三：动容貌，斯远暴慢矣；正颜色，斯近信矣；出辞气，斯远鄙倍矣。笾豆之事，则有司存。"笾豆，祭祀之礼器。　㉔尧命羲、和，"钦若昊天，历象日月星辰"，其重在于"敬授人时"也：语本《尚书·尧典》："乃命羲、和，钦若昊天，历象日月星辰，敬授人时。"　㉕舜"在璇玑玉衡"，其重在于"以齐七政"也：语本《尚书·舜典》："在璇玑玉衡，以齐七政。"璇玑玉衡，玉衡可以旋转窥测日月星辰之机。七政，日月与金木水火土五星之运行，如国家之行政。　㉖"尧、舜之知而不遍物"：语出《孟子·尽心上》："知者无不知也，当务之为急；仁者无不爱也，急亲贤之为务。尧、舜之知而不遍物，急先务也；尧、舜之仁不遍爱人，急亲贤也。"　㉗司马相如之所以见讥于天下后世也：司马相如有文章大才，受知于汉武帝，元鼎六年（前111），撰封禅文，迎合武帝好大喜功之意，为后世所不取。事见《通鉴纲目》。　㉘"拔本塞源"：典出《春秋左传》："伯父若裂冠毁冕，拔本塞原，专弃谋主，虽戎狄其何有余一人。"意思是，拔起树根，塞住水源。比喻防患除害、正本清源，要从根本上用功。程颐评《孟子·梁惠王》首章云："当是之时，天下之人惟利是求，而不复知有仁义。故孟子言仁义而不言利，所以拔本塞源而救其弊，此圣贤之心也。"

说　明

　　王阳明的这段话通过对一系列礼乐名物、古今事变的考辨，意在说明，圣人生而知之的是"义理"，而礼乐名物、古今事变等学问，并不是圣人之所以为圣人的因素。

【原文】

　　夫"拔本塞源"之论①不明于天下，则天下之学圣人者将日繁日难，斯人沦于禽兽夷狄，

【译文】

　　"拔本塞源"之论不能昌明于天下，那么天下向圣人学习的人，就会感到日益繁琐、艰难，甚至沦落

而犹自以为圣人之学。吾之说虽或暂明于一时，终将冻解于西而冰坚于东，雾释于前而云滃②于后，呶呶③焉危困以死，而卒无救于天下之分毫也已！夫圣人之心，以天地万物为一体④，其视天下之人，无外内远近，凡有血气，皆其昆弟赤子之亲，莫不欲安全而教养之，以遂其万物一体之念。天下之人心，其始亦非有异于圣人也，特其间于有我之私、隔于物欲之蔽，大者以小，通者以塞，人各有心，至有视其父子兄弟如仇雠者。圣人有忧之，是以推其天地万物一体之仁以教天下，使之皆有以克其私、去其蔽，以复其心体之同然⑤。其教之大端，则尧、舜、禹之相授受，所谓"道心惟微，惟精惟一，允执厥中"⑥；而其节目则舜之命契，所谓"父子有亲，君臣有义，夫妇有别，长幼有序，朋友有信"⑦五者而已。唐、虞、三代之世，教者惟以此为教，而学者惟以此为学。当是之时，人无异

为禽兽、夷狄之类，还自以为修习的是圣人的学问。不懂"拔本塞源"，即便一时理解我的主张，终将是问题此起彼伏，疑惑接踵而至，我即使唠叨不停，甘冒一死，也丝毫不能拯救天下！圣人之心，与天地万物融为一体，他看待全天下的人，并没有内外远近的区别，凡是有血性生命的，都是他的兄弟儿女，都想让他们能够安全，并去教养他们，以实现他的万物一体的心愿。天下平常人的心，起初与圣人之心并无不同，只是后来被自我的私心迷惑，受到物欲的蒙蔽而间隔，公天下的大心变成为我的小心，通达的心变成有阻碍的心，人人都有私心，甚至有人将父子、兄弟也看成仇人。圣人为此十分担忧，所以大力推行天地万物一体的仁心来教育天下，让每个人都能克制私心、去除蒙蔽，恢复人们原本与圣人相同的心。圣人教化的主要精神，就是尧、舜、禹一脉相承所传授的"道心惟微，惟精惟一，允执厥中"；至于教化的细节，则是舜让契教化天下的"父子有亲，君臣有义，夫妇有别，长幼有序，朋友有信"五个方面。唐、虞以及夏、商、周三代，教的只教这些，学的也只学这些而已。当时，人人没有不同的看法，户户没有不同的习惯，能自然做到

见，家无异习，安此者谓之圣，勉此者谓之贤；而背此者，虽其启明如朱⑧，亦谓之不肖。下至闾井、田野、农、工、商、贾之贱，莫不皆有是学，而惟以成其德行为务。何者？无有闻见之杂、记诵之烦、辞章之靡滥、功利之驰逐，而但使之孝其亲、弟其长、信其朋友，以复其心体之同然。是盖性分之所固有，而非有假于外者，则人亦孰不能之乎？学校之中，惟以成德为事，而才能之异，或有长于礼乐、长于政教、长于水土播植者，则就其成德而因使益精其能于学校之中。迨夫举德而任，则使之终身居其职而不易。用之者惟知同心一德，以共安天下之民，视才之称否，而不以崇卑为轻重、劳逸为美恶；效用者亦惟知同心一德，以共安天下之民，苟当其能，则终身处于烦剧而不以为劳、安于卑琐而不以为贱。当是之时，天下之人熙熙皞皞⑨，皆相视如一家之亲。其才质之下者，则安其农、工、商、贾之

这些的称圣，能努力做到这些的称贤；违背这些的，即使像丹朱一样聪明，也属于不肖之徒。在街巷、田野之中，从事农工商的人，均纷纷学习它，努力完善自己的德行。为什么呢？因为他们没有纷繁的见闻、烦复的记诵、靡滥的辞章以及对功利的追求，而只让他们去孝敬父母，敬重兄长，诚实待友，借以恢复心体的本然状态。而这是人性中固有的，并不是从外面借来的，又有谁做不到呢？学校主要是为了培养人的德行，人的才能各有不同，有的擅长礼乐，有的擅长政治教化，有的擅长水利农事，这就需要根据他们的德行，因材施教，使他们的才干在学校里得到进一步培养提高。根据各人的德行，让他们终身担任某个职位。任用别人的人，只需要让大家同心同德，使天下人民安居乐业，只看被任用者的才干是否称职，而不以地位的贵贱来分轻重，不以职业种类来分优劣；作为被任用的人，也只需同心同德，使天下的人民安居乐业，若自己的才能适宜，即便终身从事繁重的工作，也丝毫不感到辛苦，从事低贱琐碎的工作也不认为卑下。这时，全天下的人高兴快乐，和睦相处，亲如一家。其中资质较差的人，就安守从事农、工、商、贾的本分，工作勤

分，各勤其业以相生相养，而无有乎希高慕外之心。其才能之异若皋、夔、稷、契⑩者，则出而各效其能。若一家之务，或营其衣食，或通其有无，或备其器用，集谋并力，以求遂其仰事俯育之愿，惟恐当其事者之或怠而重己之累也。故稷勤其稼，而不耻其不知教，视契之善教，即己之善教也；夔司其乐，而不耻于不明礼，视夷⑪之通礼，即己之通礼也。盖其心学纯明，而有以全其万物一体之仁，故其精神流贯，志气通达，而无有乎人己之分，物我之间。譬之一人之身，目视、耳听、手持、足行，以济一身之用。目不耻其无聪，而耳之所涉，目必营焉；足不耻其无执，而手之所探，足必前焉。盖其元气充周，血脉条畅，是以痒疴呼吸，感触神应，有不言而喻之妙。此圣人之学所以至易至简、易知易从⑫、学易能而才易成者，正以大端惟在复心体之同然，而知识技能非所与论也。

奋，彼此提供生活必需品，没有好高务外的念头。才能卓著的人，如皋、夔、稷、契等，就出仕当官，以发挥自己的才能。国事宛如家事，有的经营衣食，有的互通有无，有的制造器物，大家团结合作、齐心协力，纷纷献计献策，以实现赡养父母、养育子女的愿望，所有人都害怕自己未能如期完成承担的事务，因而都尽心尽力。所以，后稷勤劳耕种庄稼，不以不知教化而感到羞耻，将契善于教化看成自己善于教化；夔主掌音乐，不以不懂礼而感到羞耻，将伯夷通晓礼看成自己能通晓礼。因为他们心地纯洁明亮，具有完备的天地万物为一体的仁德，他们的胸怀宽广、志气通达，没有彼此的区分和物我的差别。比如人的身体，眼能看、耳能听、手能拿、脚能行，都是为了满足自己身体的需要。眼睛不因没有耳朵的灵敏而感到可耻，但在耳朵听时，眼睛一定会辅助耳朵；脚不因没有手持的功能而感到可耻，但在手拿东西时，脚也必定向前进。由于人身元气周流充沛，血液畅通，即使小病和呼吸，感官也能感觉到，并有神奇的反应，其中有不可言喻之妙。圣人的学问之所以最简单最明了，容易明白也容易遵从，容易学习也容易学成，正是因为圣学的根本在于恢

三代之衰，王道熄而霸术
焆[13]；孔、孟既没，圣学晦而邪
说横。教者不复以此为教，而学
者不复以此为学。霸者之徒，窃
取先王之近似者，假之于外，以
内济其私己之欲，天下靡然而
宗之，圣人之道遂以芜塞。相仿
相效，日求所以富强之说、倾诈
之谋、攻伐之计，一切欺天罔
人、苟一时之得，以猎取声利之
术，若管、商、苏、张[14]之属
者，至不可名数。既其久也，斗
争劫夺，不胜其祸，斯人沦于禽
兽夷狄，而霸术亦有所不能行
矣。世之儒者，慨然悲伤，搜猎
先圣王之典章法制，而掇拾修
补于煨烬之余，盖其为心，良亦
欲以挽回先王之道。圣学既远，
霸术之传，积渍已深，虽在贤
知，皆不免于习染。其所以讲明
修饰以求宣畅光复于世者，仅
足以增霸者之藩篱，而圣学之
门墙遂不复可睹。于是乎有训
诂之学，而传之以为名；有记诵
之学，而言之以为博；有词章之
学，而侈之以为丽。若是者，纷

复心体的本然状态，而非只注重有
关知识技能方面的事情。

夏、商、周三代之后，王道衰
落而霸道盛行；孔子、孟子去世后，
圣学晦暗而邪说横行。教的人不再
教圣学，学的人不再学圣学。主张
霸道的人，暗地里用与先王相似的
东西，借助外在的知识来满足自己
的私欲，天下的人纷纷尊崇他们，
圣人之道便荒废阻塞了。人与人之
间彼此效仿，每天所关心的只是富
强的学说、倾诈的阴谋和攻伐的谋
略，以及一切欺天骗人、只为追求
一时得逞并获取声名利禄的手段，
像管仲、商鞅、苏秦、张仪这种人，
多得数不胜数。长此以往，人与人
之间斗争、掠夺，祸患无穷，沦为
禽兽、夷狄一般，甚至连霸术之道
也推行不了。于是，世上的儒者感
慨悲伤，搜寻从前圣王的典章制度，
在秦始皇焚书余下的灰烬中拾掇修
补，目的是要恢复先王的圣道。然
而，圣学失传太久，霸道之术广泛
流传造成的影响又十分深重，即便
是贤明聪慧之人也难免深受霸术的
影响。他们希望讲明修饰圣学，以
求在现实中重新发扬光大，但所作
的努力反而会增加霸道之术的影响
力，而圣学的踪影却再也看不到了。
于是，产生了解释古书字义的训诂
学，为了图虚名而去传播它；产生

纷籍籍，群起角立于天下，又不知其几家，万径千蹊，莫知所适。世之学者，如入百戏之场，欢谑跳踉⑮、骋奇斗巧、献笑争妍者，四面而竞出，前瞻后盼，应接不遑，而耳目眩瞀⑯、精神恍惑，日夜遨游、淹息其间，如病狂丧心之人，莫自知其家业之所归。时君世主，亦皆昏迷颠倒于其说，而终身从事于无用之虚文，莫自知其所谓。间有觉其空疏谬妄、支离牵滞，而卓然自奋，欲以见诸行事之实者，极其所抵，亦不过为富强功利、五霸之事业而止。圣人之学日远日晦，而功利之习愈趋愈下。其间虽尝瞽惑于佛、老，而佛、老之说卒亦未能有以胜其功利之心；虽又尝折衷于群儒，而群儒之论终亦未能有以破其功利之见。盖至于今，功利之毒沦浃于人之心髓而习以成性也，几千年矣，相矜以知、相轧以势、相争以利、相高以技能、相取以声誉。其出而仕也，理钱谷者则欲兼夫兵刑⑰，典礼乐者又欲与于

了记诵圣学的学问，为了冒充博学而去谈论它；产生了填词作诗的学问，为了追求华丽文采而去夸大它。如此沸沸扬扬，竞相在天下争斗打闹，不知有多少人，面对众多流派，人们无所适从。世上的学者如同走进了百戏同演的剧场，处处都是嬉戏跳跃、竞奇斗巧、争妍献笑之人，观者瞻前顾后，应接不暇，致使耳聋眼昏，神情恍惚，成天在那里胡乱转悠，乐不知返，就像丧心病狂的人一样，连自己的家在哪儿都不知道了。当时的国君也被这些主张弄得神魂颠倒，终身从事无益的虚文，连自己在说什么也都不知道。偶尔有人认识到这些学问的荒谬怪诞、零乱呆滞而卓然奋起，想干点实事，但他们所能做到的也不过是像春秋五霸那样富国强兵的功利事业罢了。圣人的学问越来越晦暗，功利的习气越来越严重。其间，虽然有人推崇佛、老，但佛、老的观点始终不能消除人们的功利之心；虽然也有人试图综合群儒的主张，但群儒的主张最终也不能破解人们的功利之见。时至今日，功利之心的毒害已深深渗透到人的心底骨髓，积习成性，已有数千年之久，人们在知识上彼此炫耀，在权势上彼此倾轧，在利益上彼此争夺，在技能上彼此攀比，在声誉上彼此竞取。

铨轴⑱，处郡县则思藩臬之高⑲，居台谏则望宰执之要⑳。故不能其事，则不得以兼其官；不通其说，则不可以要其誉；记诵之广，适以长其敖也；知识之多，适以行其恶也；闻见之博，适以肆其辩也；辞章之富，适以饰其伪也。是以皋、夔、稷、契所不能兼之事，而今之初学小生皆欲通其说、究其术。其称名僭号，未尝不曰吾欲以共成天下之务，而其诚心实意之所在，以为不如是则无以济其私而满其欲也。呜呼！以若是之积染、以若是之心志，而又讲之以若是之学术，宜其闻吾圣人之教，而视之以为赘疣枘凿㉑，则其以良知为未足，而谓圣人之学为无所用，亦其势有所必至矣！呜呼，士生斯世，而尚何以求圣人之学乎？尚何以论圣人之学乎？士生斯世而欲以为学者，不亦劳苦而繁难乎？不亦拘滞而险艰乎？呜呼，可悲也已！所幸天理之在人心，终有所不可泯，而良知之明，万古一日，则其闻吾

那些从政为官的人，主管钱粮的还想兼管军事和司法，主管礼乐的还想兼管官员选拔，身为郡县的官还想提升到藩司和臬司，身为御史又窥视着宰相这一要职。原本应该是没有某方面才能的人，就不能担任那个方面的官；不通晓某个方面理论的人，就不能谋求相应的名誉；记诵的广博，正好滋长他们的傲慢；知识的丰富，正好促使他们的为恶；见闻的广博，正好使得他们恣意狡辩；文采的华丽，正好掩饰他们的虚伪做作。所以，皋陶、夔、后稷、契所不能兼做的事情，而今天初学的小孩儿都想通晓那些理论，穷尽那些方法。他们打出的名义幌子，都是为了共同促进天下的事业，但真正的意图却是以此为幌子来满足自己的私欲，实现他们的私心。唉！凭如此的积习，凭如此的心志，而又讲如此的学术，难怪他们听到我说圣人的教导时，就把它当成累赘和迂腐的学问，他们认为良知并不完美，把圣人的学问当成无用之学，这也是势所必然的啊！欸！生在这样时代的读书人，怎么能够求得圣人的学问？怎么能够讲明圣人的学问？生在这样时代的读书人，却还想做学问，不是太劳累、太艰难了吗？唉，真可悲啊！万幸的是，天理自在人心，终究不会泯灭覆没，良知的光

"拔本塞源"之论，必有恻然而悲、戚然而痛、愤然而起、沛然若决江河而有所不可御者矣！非夫豪杰之士、无所待而兴起者㉒，吾谁与望乎？

明，万古如一日。那么，倾听了我所讲的"拔本塞源"的主张，一定会恻然而悲，戚然而痛，愤然而起，如决口的河水一泻千里而势不可当！如果没有英雄豪杰之士的不期而至，我又对谁寄予厚望呢？

注 释

❶"拔本塞源"之论：即"致良知"之教。明清之际儒者孙奇逢云："拔本塞源之论，以宇宙为一家，天地为一身。真令人恻然悲，戚然痛，愤然起。是集中一篇大文字，亦是世间一篇有数文字。"　❷ 滃（wěng）：云气腾涌的样子。　❸ 呶呶（náonáo）：喋喋不休。　❹ 以天地万物为一体：语出《二程遗书》程颢语："学者须先识仁。仁者，浑然与物同体，义礼知信皆仁也。""仁者以天地万物为一体，莫非己也。"这句话体现了儒家思想中"仁"的至高境界，即认为仁者能够将天地万物视为一个整体，与自己息息相关。这一理念强调了人与自然、人与万物之间的紧密联系和共生关系，反映了中国古代哲学中天人合一的宇宙观。　❺ 心体之同然：语出《孟子·告子上》："心之所同然者何也？谓理也，义也，圣人先得我心之所同然耳。"　❻"道心惟微，惟精惟一，允执厥中"：语出《尚书·大禹谟》。　❼"父子有亲，君臣有义，夫妇有别，长幼有序，朋友有信"：语出《孟子·滕文公上》："人之有道也，饱食、暖衣、逸居而无教，则近于禽兽。圣人有忧之，使契为司徒，教以人伦：父子有亲，君臣有义，夫妇有别，长幼有序，朋友有信。"　❽ 朱：尧之子丹朱。　❾ 熙熙皞皞（hàohào）：和乐、怡然自得的样子。　❿ 皋、夔、稷、契：他们四人是舜时的贤臣，四人分工明确，皋主管刑法、夔主管礼乐、稷主管农业、契主管教育。⓫ 夷：伯夷，舜臣，负责三礼。　⓬ 至易至简、易知易从：语出《周易·系辞上》："乾以易知，坤以简能。易则易知，简则易从。"　⓭ 焻（chàng）：盛行。⓮ 管、商、苏、张：管仲：名夷吾，春秋时人，相齐桓公成霸业，称仲父。商鞅：战国卫人，相秦孝公，变法令，号商君。苏秦：战国时之纵横家，合六国拒秦。张仪：战国时魏人，相秦惠王，以连横之策说六国，使背合纵之约而事

秦。　⑮ 欢谑（huānxuè）：欢笑戏谑。跳踉（liáng）：跳跃。　⑯ 眩瞀（mào）：眼睛昏花，视物不明。　⑰ 理钱谷者：户部。兵刑：兵部、刑部。⑱ 典礼乐者：礼部。铨轴：吏部。　⑲ 郡县：郡守、县令。藩臬：藩司、臬司。⑳ 台谏：台官、谏官。宰执：宰相、执政官。　㉑ 赘疣（yóu）：指皮肤上长的肉瘤，比喻多余无用的东西。枘凿（ruìzáo）："方枘圆凿"的略语，方枘、圆凿眼，二者合不到一起，比喻两不相容。　㉒ 豪杰之士、无所待而兴起者：典出《孟子·尽心下》："待文王而后兴者，凡民也；若夫豪杰之士，虽无文王犹兴。"

说　明

　　这篇两千多字的文稿，就是王阳明著名的"拔本塞源论"，明末学者陈龙正曾单独刊刻，标明为"拔本塞源论"，并指出："《拔本塞源论》，乃先生直接道统处。智略技能，至先生极矣。然一毫不恃，尽擘破之，而唯求复心体之为贵。解悟灵通，至先生极矣。然一毫不恃，尽擘破之，而唯师行五伦之为贵。其心则唯欲安天下之民，惟共成天下之治。道学一点真血脉，先生得之。恐后世以顿悟而疑其为儒之禅，以事功而疑其为儒之杂，不可不辨也。先生固云：'趋向同而论学或异，不害其为同。'若自道云。"

　　承接上文，王阳明在对顾璘基于朱子理学质疑的一系列具体问题回答后，决定从根本上谈及顾氏疑问的源头，主张对私己之欲和功利之毒，要"拔本塞源"地解决，就要真正推行"圣人之学"。而要推行圣人之学，就要昌明"天地万物为一体"的圣人之心，推广"天地万物一体之仁"的圣人之教。这里，王阳明强调了士、农、工、商、贾等"各勤其业"的重要性，对于三代之后的富强功利霸术之学、辞章记诵之学及其所造成的士大夫官风学风的败坏，予以了激烈的批判。这两段文字，论理清楚，文字有力，饱含激情，明末学者施邦曜就说："此书（《答顾东桥书》）前悉'知行合一'之论，广譬博说，旁引曲喻，不啻开云见日。后'拔本塞源'之论，阐明古今学术升降之因，真是从五藏八宝，悉倾以示人。读之即昏愚亦恍然有觉。此是先生万物一体之心，不惮详言以启后学也。当详玩毋忽。"

　　这里，我们着重对"拔本塞源"论中阐释的"天地万物一体之仁"的理论来源再予说明。王阳明继承了孔子的"仁"学、孟子的"良知"说与陆九渊"心即理"的心学，进而把《孟子》所说的"万物皆备于我""亲亲而仁民，仁民而爱物"，《礼记·礼运》中"以天下为一家、以中国为一人"，程颢《识仁篇》的"仁者以天地万物为一体""学者须先识仁。仁者，浑然与物同体"，张载《西铭篇》的"民吾同胞，物吾与也"，还有陆九渊的"宇宙内事乃己分内事，己分内事乃宇宙内事"等的"万物一体"言论的集大成，并以"同心一德"为联结逻辑，提出了自己的以"仁学"为基调的"天地万物一体之仁"论。毫无疑问，在阳明这里，"万物一体"不仅仅是宇宙万物的存在法则、天下之学圣人者所追求的精神境界，还是一种个人与宇宙万物和谐共生共存的具有现代意义上的"人类命运共同体"意蕴的社会政治理想。"天理之在人心，终有所不可泯，而良知之明，万古一日"，王阳明坚信，"圣人之心，以天地万物为一体，其视天下之人，无外内远近，凡有血气，皆其昆弟赤子之亲，莫不欲安全而教养之，以遂其万物一体之念"的人类终极理想，一定能够实现！

答周道通书

解题

　　周冲（1485—1532），字道通，号静庵，江苏宜兴人。正德五年（1510）乡试中举，正德六年（1511）中进士，授江西万安训导。正德十五年（1520），任湖广应城知县。嘉靖元年（1522）以耳疾，改任福建邵武儒学教授。嘉靖四年（1525），升唐王府纪善，后进长史。嘉靖九年（1530）致仕。据《阳明先生年谱》载：正德十三年（1518），王阳明讲学于虔（赣州）之时，时任江西万安训导的周冲，往受业焉。嘉靖三年（1524）春，周冲又至越地（绍兴），向阳明请教良知之学。还曾在时任绍兴郡守南大吉为阳明所开辟的讲学场所——稽山书院中，与来自四面八方的阳明门人，一同聆听阳明的"致良知"之教与"万物同体"之说。《阳明先生年谱》"嘉靖三年"载："门人日进。郡守南大吉以座主称门生。……

辟稽山书院，聚八邑彦士，身率讲习以督之。于是萧璆、杨汝荣、杨绍芳等来自湖广，杨仕鸣、薛宗铠、黄梦星等来自广东，王艮、孟源、周冲等来自直隶，何秦、黄弘纲等来自南赣，刘邦采、刘文敏等来自安福，魏良政、魏良器等来自新建，曾忭来自泰和。宫刹卑隘，至不能容。盖环坐而听者三百余人。（阳明）先生临之，只发《大学》万物同体之旨，使人各求本性，致极良知以至于至善，功夫有得，则因方设教。故人人悦其易从。"在越地亲炙阳明期间，周冲聆听师教的内容有："日用工夫只是立志"，"若得朋友讲习，则此志才精健阔大，才有生意。"是年春，周冲离开越地之后，又从福建邵武派遣吴、曾两生前来越地，师从阳明；周冲有书函一通，托吴、曾二生转交阳明，以便继续向阳明请教问学。吴、曾二生遂向阳明转述了周冲的"恳切为道之意"，而阳明则称赞周冲"真可谓笃信好学者矣"。同年也就是嘉靖三年夏或秋（即要早于嘉靖三年十月南大吉为绍兴刊刻的《传习录》撰序时间），吴、曾两生离开越地，王阳明有《答周道通书》，对周冲的疑惑予以解答。

嘉靖四年（1525）左右，周冲又从学于明代又一位心学大儒湛若水。湛若水《伊川唐录序》文称："今唐府纪善周生冲从予游，笃好正学。"《明儒学案·南中王门学案一·周冲传》称：当时，王、湛二家门人弟子，未免互相短长，周冲独疏通其旨，谓"湛师之体认天理，即王师之致良知也"。周冲还曾与另一位出入于王、湛之门的学者蒋信，共集湛氏之说，编为《新泉问辨录》。周冲卒后，湛若水叹曰："（周）道通真心听受，以求实益，其异于死守门户以相訾而不悟者远矣？"吕柟、邹守益等友人则称周冲"有淳雅气象"。

【原文】

吴、曾两生至，备道道通恳切为道之意，殊慰相念①。若道通，真可谓笃信好学者矣。

【译文】

吴氏、曾氏两位后生到我这里，详细介绍了道通你恳切求道的志向，甚感欣慰与想念。像你这样，可算得忧病中②，曾不能与两生细论，然两生亦自有志向、肯用功者，每见辄觉有进。在区区诚不能无负于两生之远来，在两生则亦庶几无负其远来之意矣。临别，以此册③致道通意，请书数语。荒愦无可言者，辄以道通来书中所问数节，略下转语④，奉酬草草，殊不详细，两生当亦自能口悉也。

来书云："日用工夫只是立志。近来于先生诲言，时时体验，愈益明白。然于朋友不能一时相离。若得朋友讲习，则此志才精健阔大、才有生意。若三五日不得朋友相讲，便觉微弱，遇事便会困，亦时会忘。乃今无朋友相讲之日，还只静坐，或看书，或游衍经行⑤，凡寓目措身，悉取以培养此志，颇觉意思和适。然终不如朋友讲聚，精神流动，生意更多也。离群索居之人，当更有何法以处之？"

此段足验道通日用工夫所得，工夫大略亦只是如此用，只

上笃信好学的人了。只是我正在为父守丧，未能与他们两位后生细谈，但他们两人也是有志向、肯下苦功的人，每次相见都感到他们有所进步。对我来说，确实不能辜负他们远道来访的诚意；对他们来说，或许也没有辜负自己远道而来的意愿。临别之时，他们拿出这本手册来表达你的问候之意，要我写上几句话。混乱困顿中的我，也没有什么可言说的，只就你在信上所问及的几个问题，稍作解释说明，草草数语，不甚详尽，两位后生想必也会向你亲口转述。

来信写道："平常的工夫只是立志。最近，我对先生的教诲时时刻刻都在体会验证，更加明白了。然而，我却一时一刻也离不开朋友的相助。如果与朋友相互探讨讲习，我的志向便能精健宽广，才会生机勃勃。如果三五天不与朋友相互讨论，就发觉志向软弱无力，遇事就会疲劳困惑，甚至有时会忘记了志向。在如今没有朋友相聚讨论的日子里，我就静坐沉思，或读书，或到处走走，举目投足之间，我都不忘培养这个心志，颇感心舒意适。但终究不如与朋友相聚探讨时那样精神振奋，富有生机。离群独居之人，有什么更好的办法可以保持志向吗？"

这段话足以说明你日常工夫的收

要无间断，到得纯熟后，意思又自不同矣。大抵吾人为学紧要大头脑，只是立志。所谓困、忘之病，亦只是志欠真切。今好色之人未尝病于困、忘，只是一真切耳。自家痛痒，自家须会知得，自家须会搔摩得；既自知得痛痒，自家须不能不搔摩得，佛家谓之"方便法门"⑥。须是自家调停斟酌，他人总难与力，亦更无别法可设也。

获，立志的工夫大体上就是这样，只要持续不断，待到纯熟之后，感觉自然就不同了。一般而言，我们做学问最关键的就是立志。你所说的疲劳、困惑的毛病，也是因志向还不够真实确切。比如好色之徒，从未有疲劳、困惑的毛病，就是因为好色的欲念非常真切。自己身上的痛痒只有自己才能知道，自己也必定会去搔挠；既然自己知道了痛痒，也就不可能不去搔挠，佛教称之为"方便法门"。一定要自己考虑调整，别人很难帮得上忙，也想不出别的方法。

注释

❶ 相念：当作"想念"。　❷ 忧病中：嘉靖元年（1522）二月，王阳明父王华卒。阳明写此信时是嘉靖三年，尚在丁忧守丧期间。　❸ 此册：周冲写给王阳明的书函，主体内容见下文中的"来书云"。　❹ 转语：解释的话。　❺ 游衍经行：逍遥散步。　❻ "方便法门"：佛教中随机度人的一种方法，是能够使人便利得益的途径。

说明

这几段话的核心句是"日用工夫只是立志""大抵吾人为学紧要大头脑，只是立志"。据周冲所云，他对阳明的"日用工夫只是立志"一语，确实能够认真地加以实践与体证；与此同时，周冲也遵照阳明的教诲，日与朋友开展讲习活动，相互责善、劝勉，使得此"志"精健阔大，生机勃勃。然而，在没有朋友相与讲习的日子里，即离群索居之时，周冲感到自己所立之"志"渐趋微弱，遇事就好产生困惑，甚至有时还会把志向忘掉。对此一困惑，周冲无法解答，故而向阳明先生请教："离群索居之人，当更有何法以处之？"阳明的答复中强调了"立志"之于"优入圣域"即在成圣之路的重要性。为了形象地说明如何真切、笃诚于"立志"，王阳明还以好色之徒从来没有困惑、遗忘的毛病，就是因为他好色的欲念真切为例说明。简言之，王阳明的此番说教，意在劝勉周冲去立一个真切笃诚之"志"，自去体会本心固有的良知，如此便无"困、忘"之病。在《答周道通书》中，王阳明还一一回答了周冲对于"必有事焉""何思何虑"的关系，如何体认圣人气象，"致知"与"格物"的关系，以及"朱陆之辨""性气之辨"等一系列问题的疑惑。

【原　文】

来书云："上蔡①尝问'天下何思何虑'②，伊川云：'有此理，只是发得太早。'③在学者工夫，固是'必有事焉而勿忘'，然亦须识得'何思何虑'底气象，一并看为是。若不识得这气象，便有'正'与'助长'之病④；若认得'何思何虑'而忘'必有事焉'工夫，恐又堕于无也。须是不滞于有、不堕于无，然乎，否也？"

所论亦相去不远矣，只是契悟未尽。上蔡之问与伊川之答，亦只是上蔡、伊川之意，与孔子《系辞》原旨稍有不同。《系》言"何思何虑"，是言所思所虑只是

【译　文】

来信写道："谢良佐曾问：'天下何思何虑？'程颐说：'有此理，只是发得太早。'从学者的工夫来说，固然是'必有事焉而勿忘'，然而也必须认识到'何思何虑'的气象，综合在一起考虑才正确。如果不明白这样的气象，就会滋生'正'与'助长'的毛病；如果认识到'何思何虑'，却忘记了'必有事焉'的工夫，恐怕又会堕入虚无的境地。应该既不执着于有，又不执着于无，对还是不对？"

你所讲的也相差无几了，只是领悟得不够彻底。谢良佐的提问与程颐的回答，也只是他们两人的观点，与孔子《系辞》的原义略有不同。《系辞》说"何思何虑"，

一个天理，更无别思别虑耳，非谓无思无虑也。故曰："同归而殊途，一致而百虑，天下何思何虑。"云"殊途"、云"百虑"，则岂谓无思无虑邪？心之本体，即是天理，天理只是一个，更有何可思虑得？天理原自寂然不动，原自感而遂通⑤。学者用功，虽千思万虑，只是要复他本来体用而已，不是以私意去安排思索出来。故明道云："君子之学，莫若廓然而大公，物来而顺应。"⑥若以私意去安排思索，便是用智自私矣。"何思何虑"，正是工夫，在圣人分上，便是自然的；在学者分上，便是勉然的。伊川却是把作效验⑦看了，所以有"发得太早"之说。既而云"却好用功"，则已自觉其前言之有未尽矣。濂溪"主静"之论⑧，亦是此意。今道通之言，虽已不为无见，然亦未免尚有两事也。

是指所思所虑的只是一个天理，除此之外，没有别的思虑，并不是说无思无虑。因此说："同归而殊途，一致而百虑，天下何思何虑。"讲"殊途"，道"百虑"，怎么能说无思无虑呢？心的本体就是天理，天理只有一个，还有什么可思虑的？天理原本寂然不动，原本是一感就通的。学者着力用功，即使反复思虑，也只是要恢复天理原本的本体与功用，并不是靠一己的私意去安排思索出来。因此，程颢说："君子之学，莫若廓然而大公，物来而顺应。"如果用靠一己的私意去安排思索，就是为了私欲而使用智慧。"何思何虑"，正是为学的工夫，对于圣人而言，自然就能如此的；就学者而言，需要努力去做才能如此的。程颐把它看作是工夫的结果，所以他才认为"发得太早"。紧接着又说"却好用功"，就是他也觉察到前面的话还不完全。周敦颐所讲的"主静"，也正是这个意思。道通你在信中所说这些话，有一定见地，但还是把工夫与本体看成两件事了。

注　释

❶ 上蔡：谢良佐（1050—1103），字显道，蔡州上蔡（今属河南）人，世称

上蔡先生或谢上蔡。师从程颢、程颐，与游酢、吕大临、杨时号称"程门四大弟子"。传学于胡安国、胡五峰、张栻等，称"湖湘学派"。著有《论语说》《上蔡语录》。　❷"天下何思何虑"：语出《周易·系辞下》："《易》曰：'憧憧往来，朋从尔思。'子曰：'天下何思何虑？天下同归而殊途，一致而百虑。天下何思何虑？日往则月来，月往则日来，日月相推而明生焉。'"　❸"有此理，只是发得太早"：语出《上蔡语录》："曾往见伊川，伊川曰：'近日事如何？'某对曰：'天下何思何虑。'伊川曰：'是则是有此理，贤却发得太早。'……在伊川直是会锻炼得人，说了，又却道：'恰好著工夫也。'"　❹"必有事焉而勿忘""正"与"助长"：语出《孟子·公孙丑上》："必有事焉而勿正，心勿忘，勿助长也。"这句话的意思是，在道德修养的过程中，我们必须积极地去做一些事情，但是不能过于执着于结果，不能忘记自己的初心，也不能急于求成（揠苗助长）。　❺"寂然不动""感而遂通"：语出《周易·系辞上》："《易》无思也，无为也，寂然不动，感而遂通天下之故。"意指若能达至"无思无为"之境，就能静下来，对于世界之事，有感必应，万事皆通。　❻"君子之学，莫若廓然而大公，物来而顺应"：语出程颢《定性书》（《答横渠先生定性书》）。❼效验：成效；效果。　❽濂溪"主静"之论：语本周敦颐《太极图说》："二气交感，化生万物。万物生生而变化无穷焉，惟人也得其秀而最灵。形既生矣，神发知矣。五性感动而善恶分，万事出矣。圣人定之以中正仁义而主静，立人极焉。"

说明

通过对《易传》"天下何思何虑？天下同归而殊途，一致而百虑。天下何思何虑"的仔细剖析，王阳明指出，"所思所虑只是一个天理，更无别思别虑耳，非谓无思无虑也"。心之本体，即是天理，天理只是一个，更有何可思虑得？"何思何虑"，正是明白本体工夫；学者用功，只不过是要恢复心之光明本体。

【原 文】

来书云："凡学者，才晓得做工夫，便要识认得圣人气象。盖认得圣人气象，把做准的，乃就实地做工夫去，才不会差，才是作圣工夫。未知是否？"

"先认圣人气象"，昔人尝有是言矣①，然亦欠有头脑。圣人气象，自是圣人的，我从何处识认？若不就自己良知上真切体认，如以无星之称而权轻重，未开之镜而照妍媸，真所谓"以小人之腹而度君子之心"②矣。圣人气象，何由认得？自己良知，原与圣人一般。若体认得自己良知明白，即圣人气象不在圣人而在我矣。程子尝云："觑着尧，学他行事，无他许多聪明睿智，安能如彼之动容周旋中礼？"③又云："心通于道，然后能辨是非。"④今且说"通于道"在何处？"聪明睿智"从何处出来？

【译 文】

来信写道："为学之人，刚刚明白做工夫，就要认识圣人的气象。因为只有把圣人的气象，当成具体标准，脚踏实地下工夫，才不会出差错，才是学做圣人的工夫。是不是这样？"

为学，"先认圣人气象"，从前也有人这样认为，然而这样做的话便缺少了为学的宗旨。圣人的气象，自然是圣人的，我们从哪里可认识到呢？如果不是从自己的良知上真切体认，就好像用没有准星的秤去称轻重，用没有打磨的铜镜去照美丑，真是所谓"以小人之腹而度君子之心"了。圣人的气象，怎么可以认识到呢？自己的良知，本来与圣人是一样的。如果能够体认明白自己的良知，那么圣人的气象就不在圣人那里，而在我们身上了。程颐曾说过："觑着尧，学他行事，无他许多聪明睿智，安能如彼之动容周旋中礼？"他又说："心通于道，然后能辨是非。"现在你且说说，"通于道"在哪里？"聪明睿智"又是从哪里来的？

注释

❶ "先认圣人气象"，昔人尝有是言矣：程颐语，见《二程遗书》卷二十二上："凡看文字，非只是要理会语言，要识得圣贤气象，如孔子曰：'盍各言尔志。'而由曰'愿车马、衣轻裘，与朋友共，蔽之而无憾！'颜子曰：'愿无伐善，无施劳。'孔子曰：'老者安之，朋友信之，少者怀之。'观此数句，便见圣贤气象大段不同。若读此不见得圣贤气象，他处也难见，学者须要理会得圣贤气象。"　❷ "以小人之腹而度君子之心"：语出《左传·昭公二十八年》："愿以小人之腹为君子之心，属厌而已。"　❸ "觑着尧，学他行事，无他许多聪明睿智，安能如彼之动容周旋中礼"：程颐语，见《二程遗书》卷十八："子以诚敬为可勉强，且恁地说，到底须是知了方行得。若不知，只是觑却尧学他行事，无尧许多聪明睿智，怎生得如他动容周旋中礼？有诸中，必形诸外，德容安可妄学。如子所言，是笃信而固守之，非固有之也。"　❹ "心通于道，然后能辨是非"：语本程颐《答朱长文书》："夫心通乎道，然后能辨是非，如持权衡以较轻重，孟子所谓'知言'是也。揆之以道，则是非了然，不待静思而后见也。学者当以道为本。心不通乎道，而较古人之是非，犹不持权衡而酌轻重，竭其目力，劳其心智，虽使时中，亦古人所谓'亿则屡中'，君子不贵也。"

说明

在这里，王阳明不同意程颐关于"学者须要理会得圣贤气象"的做法。因为，圣凡平等，学者自己的良知，原与圣人一般。若体认得自己"良知"明白，即圣人气象不在圣人而在我的"心体"。易言之，真切体认自家"良知"，才是学者为学头脑。阳明心学的自作主宰，由此可见。

【原文】

来书云："事上磨炼，一日之内，不管有事无事，只一意

【译文】

来信写道："事上磨炼，就是一天之内，无论有事无事，都要专心致

培养本原。若遇事来感，或自己有感，心上既有觉，安可谓无事？但因事凝心一会，大段觉得事理当如此，只如无事处之，尽吾心而已。然乃有处得善与未善，何也？又或事来得多，须要次第与处，每因才力不足，辄为所困。虽极力扶起，而精神已觉衰弱。遇此未免要十分退省①，宁不了事，不可不加培养。如何？”

所说工夫，就道通分上，也只是如此用，然未免有出入在。凡人为学，终身只为这一事，自少至老，自朝至暮，不论有事无事，只是做得这一件，所谓“必有事焉”者也。若说“宁不了事，不可不加培养”，却是尚为两事也。“必有事焉，而勿忘勿助”②，事物之来，但尽吾心之良知以应之，所谓“忠恕违道不远”③矣。凡处得有善有未善，及有困顿失次之患者，皆是牵于毁誉得丧，不能实致其良知耳。若能实致其良知，然后见得平日所谓善者，未必是善；所谓未善

志地培养心的本体。如果遇到事情有所感动，或者自己心中产生念头，心中既然有所想法，怎么能认为是无事呢？但是根据事情再认真考虑一下，就会觉着事情的道理也理应如此，只是把它当成没什么事一样看待，尽自己的本心罢了。然而为什么还有事情处理得好与不好的情况呢？此外，有时事情特别多，需要一件一件地处理，时常因为才力不够而被事情搅昏了头脑。虽竭力坚持，但精神已疲惫不堪。遇到这种的情况，难免要静下来反省自己，宁可不做事，也不能不培养心体。这样对吗？”

所说工夫，对于道通你来说，也就只能这样了，但难免还有些出入。做学问的人，终身只做这一件事，自少到老，从早到晚，不管有事无事，也都做这一件事，这就是“必有事焉”的意思。如果说“宁不了事，不可不加培养”，那么还是把它当成两件事了。“必有事焉，而勿忘勿助”，事情一来，只是尽自己心中的良知去应对，这就是所谓的“忠恕违道不远”。处理事情会有时好时坏的情况，且有困顿失序的毛病，都是因为被毁誉得失的心所牵累，无法切实地推致自己的良知。如果能够切实地致良知，然后就能看到，平常所谓的善，不一定就是善；所谓的不善，恐怕正

者，却恐正是牵于毁誉得丧，自贼其良知者也。

是因为在意毁誉得失所致，自己毁掉了自己的良知。

注 释

❶ 退省：退下来反省。语出《论语·为政》："吾与回言终日，不违如愚，退而省其私，亦足以发。回也不愚。"　❷ "必有事焉，而勿忘勿助"：语出《孟子·公孙丑上》："必有事焉而勿正，心勿忘，勿助长也。"　❸ 忠恕违道不远：语出《中庸》："忠恕违道不远，施诸己而不愿，亦勿施于人。"

说 明

阳明良知心学主张"事上磨炼"，日常应事接物之时，尽吾心之良知以应之，即是"培养本原"进而"实致其良知"的工夫实践。

【原 文】

来书云："'致知'之说，春间再承诲益①，已颇知用力，觉得比旧尤为简易。但鄙心则谓，与初学言之，还须带'格物'意思，使之知下手处。本来'致知''格物'一并下，但在初学，未知下手用功，还说与'格物'，方晓得'致知'"云云。

【译 文】

来信写道："有关'致知'的观点，今年春天再次承蒙您的不倦教诲，已深知应该在何处着力了，觉得比从前更加简易。然而，我认为，在与初学者讲致知时，还应该加上'格物'的意思，让他们明白下功夫的地方。本来'致知''格物'是不可分割的，但初学者，不知道功夫的入手处，还是要先跟他们说'格物'，才能明白'致知'的意思"等等。

格物是致知的工夫，明白了致

格物是致知工夫，知得致知，便已知得格物；若是未知格物，则是致知工夫亦未尝知也。近有一书②，与友人论此颇悉，今往一通，细观之，当自见矣。

知，自然就能明白格物；如果不明白格物，那么致知的工夫就不曾知道。最近在给朋友的一封信中，我对这个问题有较为详细的讨论，现将它抄录一份寄给你，你仔细看看，就会明白。

注 释

❶ 春间再承诲益：嘉靖三年（1524）春，周冲至绍兴听闻王阳明的"致良知"之说。　❷ 近有一书：指《答顾东桥书》，亦有作《答人论学书》，成文于嘉靖三年春夏之际，即在这通《答周道通书》之前。

说 明

这是王阳明对"格物"与"致知"关系的解读，"格物是致知工夫，知得致知，便已知得格物"。学者为学，当"先立乎其大者"，"致良知"才是本体工夫。

【原文】

来书云："今之为朱、陆之辨①者尚未已。每对朋友言，正学不明已久，且不须枉费心力，为朱、陆争是非，只依先生'立志'二字点化人，若其人果能办

【译文】

来信写道："如今为朱、陆争辩的现象依然存在。我经常对朋友们说，圣学不昌明已经很久了，更不必枉费心力为朱、陆争辩是非，只要按照您的'立志'两字来指点教育人，如果这个人果能办得成这

得此志来，决意要知此学，已是大段明白了，朱、陆虽不辨，彼自能觉得。又尝见朋友中，见有人议先生之言者，辄为动气。昔在朱、陆二先生所以遗后世纷纷之议者，亦见二先生工夫有未纯熟，分明亦有动气之病。若明道则无此矣，观其与吴师礼②论介甫③之学，云'为我尽达诸介甫，不有益于他，必有益于我也'④，气象何等从容！尝见先生与人书⑤中亦引此言。愿朋友皆如此，如何？"

此节议论得极是极是。愿道通遍以告于同志，各自且论自己是非，莫论朱、陆是非也。以言语谤人，其谤浅；若自己不能身体实践，而徒入耳出口，呶呶度日⑥，是以身谤也，其谤深矣。凡今天下之论议我者，苟能取以为善，皆是砥砺切磋我也，则在我无非警惕修省进德之地矣。昔人谓"攻吾之短者是吾师"⑦，师又可恶乎？

个志向，决意要学习圣学，那么他大体上已经明白了。朱、陆的是非虽不能辨明，他自己也能感觉出对与错。又曾经在朋友中看到有人批评指责您的言论，就非常生气。朱熹与陆象山两位先生之所以招致后世的众多议论，可见他们的工夫尚未精炼、纯熟，难免有感情用事的成分。而程颢则没有这个弊端，他与吴师礼谈论王安石学问时说：'为我尽述诸介甫，不有益于他，必有益于我也。'这种气度胸襟是何等从容啊！我曾经看到您写给别人的信中也引用过这句话。我希望朋友们都能如此，您认为怎样？"

通道，你的这番议论精彩极了。希望你能告诉各位同道，各自只管自己的对错，不要议论朱、陆的是非。用言语诋毁他人，这种诋毁是肤浅的；如果自己不能身体力行，只是道听途说，整天唠唠叨叨，这是用行动在诽谤自己，这样就严重了。现在，天下议论我的人，如果有人能从中得到益处，那么都是在与我砥砺切磋，对我而言，无非都是提高警惕、反省自己、增进道德之地。古人云"攻吾之短者是吾师"，难道我要去厌恶自己的老师吗？

注 释

❶ 朱、陆之辨：亦称"朱陆之争"，朱熹是南宋理学"道问学"派的代表人物，主张格物穷理，通过对事物的不断学习，最终穷理尽性；陆九渊是南宋理学"尊德性"派的代表人物，主张发明本心，然后加以扩充的简易功夫。朱熹、陆九渊围绕"无极太极""人心道心""天理人欲""为学之方"等议题通过论辩、书信等方式展开了多场、多轮争论；之后，朱陆两派门人、后学也是争辩不断，绵延数百年。　❷ 吴师礼：《王文成公全书》本《传习录》误作"吴涉礼"。吴师礼，字安仲，浙江钱塘（今杭州）人。　❸ 介甫：王安石，字介甫，号半山，江西临川人。　❹ "为我尽达诸介甫，不有益于他，必有益于我也"：语出《二程遗书》卷一。　❺ 先生与人书：指《答汪石潭内翰》。　❻ 呶呶（náonáo）：多言；喋喋不休。　❼ "攻吾之短者是吾师"：语见《荀子·修身》："故非我而当者，吾师也；是我而当者，吾友也；谄谀我者，吾贼也。"

说 明

基于圣人之学，王阳明在"朱陆之辨"的问题上，反对动气以"论朱、陆是非"。同时，王阳明也欢迎善意的批评，因为"攻吾之短者是吾师"，这就是"责善"的重要性。

【原文】

来书云："有引程子'人生而静，以上不容说，才说性，便已不是性'①，何故不容说？何故不是性？晦庵答云：'不容说者，未有性之可言；不是性者，已不能无气质之杂矣。'②二先生之言

【译文】

来信写道："有人引用程子的'人生而静，以上不容说，才说性，便已不是性'这句话来问朱熹，为什么不容说？为什么不是性？朱熹回答说：'不容说者，未有性之可言；不是性者，已不能无气质之杂矣。'对两位先生的对话，我始终

皆未能晓，每看书至此，辄为一惑，请问。"

"生之谓性"③，"生"字即是"气"字，犹言"气即是性"也。气即是性，"人生而静，以上不容说"，才说"气即是性"，即已落在一边，不是性之本原矣。孟子"性善"，是从本原上说，然性善之端，须在气上始见得。若无气，亦无可见矣。恻隐、羞恶、辞让、是非，即是气。程子谓"论性不论气，不备；论气不论性，不明"④，亦是为学者各认一边，只得如此说。若见得自性明白时，气即是性，性即是气，原无性气之可分也。

不能理解，每次读到此处便感疑虑丛生，特向您请教。"

"生之谓性"，"生"字就是"气"字，也就是说"气即是性"。气就是性，"人生而静，以上不容说"，刚说"气即是性"时，人性就已偏向一边了，不再是性的本原了。孟子讲"性善"，是就本原而言的，但是性善的端倪，只有在气上方能看到。如果没有气也就无法看到性。恻隐、羞恶、辞让、是非，就是气。程子讲"论性不论气，不备；论气不论性，不明"，也是因为学者各自看到了一面，所以他们只能这样解释。如果能清楚地看到自己的本性，那么气就是性，性就是气，原本就没有性气之分。

注释

❶"人生而静，以上不容说，才说性，便已不是性"：语见《二程遗书》卷一："生之谓性，性即气，气即性，生之谓也。人生气禀，理有善恶，然不是性中元有此两物相对而生也。有自幼而善，有自幼而恶，是气禀有然也。善固性也，然恶亦不可不谓之性也。盖'生之谓性'，人生而静，以上不容说，才说性时，便已不是性也。凡人说性，只是说'继之者善也'，孟子言'人性善'是也。"　❷"不容说者，未有性之可言；不是性者，已不能无气质之杂矣"：语本朱熹《晦庵先生朱文公续集》第九卷《答刘韬仲问目》（黎业明《传习录译注》，上海古籍出版社2021年版，第276页）。　❸"生之谓性"：告子语，见

《孟子·告子上》。 ❹ "论性不论气，不备；论气不论性，不明"：语见《二程遗书》卷六。

说 明

这是王阳明"气即是性，性即是气"的人性论主张，在宋明儒者的人性论体系中也是独创。

答陆原静书

解 题

陆原静，即浙江归安（湖州）人陆澄，正德九年至十年间（1514—1515）在南京侍从王阳明，系统学习阳明心学，详见《传习录·上》"陆澄录"。正德十二年（1517）中进士，官至刑部主事，因"大礼议"不合，罢归；复官后又被罢免。黄宗羲《明儒学案》卷十四《浙中王门学案·主事陆原静先生澄》云："（陆澄）先生以多病，从事于养生，文成（王阳明）语之以'养德、养身只是一事，果能戒慎恐惧，则神住、气住、精住，而长生久视之说，亦在其中矣'。有议文成之学者，先生条为六辨，欲上奏，文成闻而止之。《传习录》自曰仁发端，其次即为先生所记。朋友见之，因此多有省悟，盖数条皆切问，非先生莫肯如此吐露，就吐露亦莫能如此曲折详尽也。故阳明谓：'曰仁殁，吾道益孤，致望原静者不浅。'"嘉靖三年（1524），陆澄先后有两封书信，就"致良知"之具体教法请教时在越地讲学的王阳明，阳明复函逐一予以解读，是为通行本《传习录·中》所收录的两封《答陆原静书》。

【原文】

来书云："下手工夫，觉此心无时宁静。妄心①固动也，照心②亦动也。心既恒动，则无刻暂停也。"

是有意于求宁静，是以愈不宁静耳。夫妄心则动也，照心非动也。恒照，则恒动恒静，天地之所以恒久而不已也③。照心固照也，妄心亦照也。"其为物不贰，则其生物不息"④，有刻暂停则息矣，非"至诚无息"⑤之学矣。

【译文】

来信写道："着手做工夫时，感到心中没有片刻宁静。烦乱之心固然在动，澄明之心也在动。心既然是无时不动的，那么也就没有片刻宁静了。"

你这是刻意去追求宁静，所以就愈加不能宁静。烦乱之心自然是动的，澄明之心实则不动。永远维持，心就一直处于即动即静的状态，这正是天地万物永恒不息的原因。澄明之心固然使得心体明澈，烦乱之心也能使得心体明澈。《中庸》说"其为物不贰，则其生物不息"，只要有片刻的停息，就会灭亡，也就不是"至诚无息"的学问了。

注释

❶ 妄心：佛教语，谓妄生分别之心，即有私念的心，烦乱的心。　❷ 照心：指明觉之心、澄明之心。　❸ 天地之所以恒久而不已也：语本《周易·恒卦·象传》："天地之道，恒久而不已也。"　❹ "其为物不贰，则其生物不息"：语本《中庸》："天地之道，可一言而尽也。其为物不贰，则其生物不测。"　❺ "至诚无息"：语出《中庸》："故至诚无息。不息则久，久则征，征则悠远，悠远则博厚，博厚则高明。"

说明

天地万物，生生不息。"存天理、灭人欲"的修身工夫，对于学者而言，没有片刻的停息。"诚意"永不止息，则澄明之"心体"就会长久保持。

【原　文】

来书云"良知亦有起处"云云。

此或听之未审。良知者，心之本体，即前所谓"恒照"者也。心之本体，无起无不起。虽妄念之发，而良知未尝不在，但人不知存，则有时而或放耳；虽昏塞之极，而良知未尝不明，但人不知察，则有时而或蔽耳。虽有时而或放，其体实未尝不在也，存之而已耳；虽有时而或蔽，其体实未尝不明也，察之而已耳。若谓"良知亦有起处"，则是有时而不在也，非其本体之谓矣。

【译　文】

来信写道"先生说良知也有个起点"等等。

这也许你听得不明白。良知是心的本体，也就是前面说到的"恒照"。心的本体，是无所谓有个起点，也无所谓没有个起点。即使妄念产生了，良知也依然存在，但人们不知道去存养，所以良知有时就会放失了；即使糊涂闭塞到了极点，良知也依旧光明澄澈，只是人们不知道去体察，所以有时就会被蒙蔽。即使有时良知放失了，但良知的本体并未消失，只要存养它就可以了；即使有时良知被蒙蔽，但良知的本体仍旧光明澄澈，只要体察它也就可以了。如果说"良知也有个起点"，就是认为良知有时不存在，这样，良知就不是心之本体了。

说　明

良知作为"心之本体"，没有边际，没有起点，也没有终点，具有连续性、永恒性。

【原文】

来书云："前日'精一'①之论，即作圣之功否？"②

"精一"之"精"以理言，"精神"之"精"以气言。理者气之条理，气者理之运用；无条理则不能运用，无运用则亦无以见其所谓条理者矣。精则精，精则明，精则一，精则神，精则诚；一则精，一则明，一则神，一则诚，原非有二事也。后世儒者之说与养生之说各滞于一偏，是以不相为用。前日"精一"之论，虽为原静爱养精神③而发，然而作圣之功实亦不外是矣。

【译文】

来信写道："前段时间您说到'精一'的论点，是不是做圣人的功夫？"

"精一"的"精"是从理上说的，"精神"的"精"是从气上说的。理为气的条理，气为理的运用；没有条理就不能运用，没有运用就无法看到所谓的条理。做到了"精"，就可以精致、澄明、专一、神圣、诚心；做到了"一"，就可以精致、澄明、神圣、诚心，"精"与"一"原本就不能当两件事看。但是，后世儒生的主张，与道家养生的学说各执一词，偏于一端，所以不能彼此取长补短。前段时间我对"精一"的看法，虽然是针对原静你喜欢存养精神而讲的，然而做圣人的功夫也不过如此。

注 释

❶精一：指精纯专一，语出《尚书·大禹谟》中的"惟精惟一"。　❷来书云："前日'精一'之论，即作圣之功否"：《王文成公全书》本《传习录》中不见此句话，兹据清人王贻乐编刻《王阳明先生全集》补录（黎业明《传习录译注》，上海古籍出版社2021年版，第280页）。　❸原静爱养精神：在阳明门人中，陆澄因多病，对道家道教的养生、养精神之法多有偏爱。故而王阳明给他的书信中多用道学术语以释惑。

说 明

这段文字涉及王阳明对"精一"功夫的阐述，并引发出王阳明对"理气"关系的看法。众所周知，"理气"是程朱理学的核心范畴，朱子说："天地之间，有理有气。理也者，形而上之道也，生物之本也。气也者，形而下之器也，生物之具也。"如此看来，理是第一性的，气是第二性的，是可视可见的，也是创造万物的材料。而阳明对理气关系的理解，有别于朱子，"理者气之条理，气者理之运用；无条理则不能运用，无运用则亦无以见其所谓条理者矣"。这是王阳明的"理气合一"论，在阳明这里，良知本体的意义借助"气"的发用流行得以呈现。

【原 文】

来书云"元神、元气、元精①，必各有寄藏发生之处，又有真阴之精、真阳之气②"云云。

夫良知，一也。以其妙用而言谓之神，以其流行而言谓之气，以其凝聚而言谓之精，安可以形象方所求哉？真阴之精，即真阳之气之母；真阳之气，即真阴之精之父。阴根阳，阳根阴，亦非有二也。苟吾良知之说明，即凡若此类，皆可以不言而喻。不然，则如来书所云"三关、七返、九还"③之属，尚有无穷可疑者也。

【译 文】

来信写道"元神、元气、元精，各自一定是有寄托、隐藏、发端的地方，又有真阴之精，真阳之气"，等等。

良知只有一个。就它的妙用而言称之为神，就它的流行而言称之为气，就它的凝聚而言称之为精，怎么能从形象、方位、场所上来求得良知呢？真阴之精，就是真阳之气的母体；真阳之气，也就是真阴之精的父体。阴生阳，阳生阴，阴阳不可分为二。如果理解了我的良知学说，那么与此类似的，都可以不言自明。否则，像你信中所说的"三关、七返、九还"之类，也还有无穷无尽的疑问。

注 释

❶ 元神、元气、元精：道教养生术语。　❷ 真阴之精、真阳之气：道教术语。
❸ "三关、七返、九还"：道教修炼术语，见于《黄庭经》《周易参同契》。

说 明

　　正德九年（1514）至南都师从阳明的陆澄，以多病之故，曾从事于道教养生。正德十六年（1521）七月，尚在南昌的王阳明在一封《答陆原静书》中告以"养德、养身只是一事"："闻以多病之故，将从事于养生，区区往年盖尝弊力于此矣。后乃知其不必如是，始复一意于圣贤之学。大抵养德、养身，只是一事。原静所云真我者，果能戒谨不睹，恐惧不闻，而专志于是，则神住、气住、精住，而仙家所谓长生久视之说，亦在其中矣。"这里，阳明希望陆澄能坚持从事"戒慎恐惧"的儒者修行工夫，则神住、气住、精住，而仙家所言"长生久视之说"一并兼顾。在《传习录·中》的《答陆原静书》中，阳明从"精"和"神"、"阴"与"阳"两个方面再次论证"良知唯有一个"的论点。他认为，良知就是"心体"，亦即"天理"，是一个无形象、无方所、超时空、越古今的绝对本体，它在人心之中，又是"天地鬼神的主宰"，万事万物的生成者，因此天下万事万物及其变化，都"不出于此心之一理"，都统一在良知之中。这里，王阳明反对陆澄通过道教炼丹术来寻求"吾心之良知"。

又

解 题

　　这封书信的题目可作《又答陆原静书》，或作《答陆原静书（二）》，其成文时间也是嘉靖三年（1524）。钱德洪在这封书函结尾处附有跋文："《答原静书》出，读者皆喜。澄尝问，师尝答，得闻所未闻。师曰：'原静所问，只是知解上转，不得已，与之逐节分疏。若信得良知，只在良知上用功，虽千经万典，无不吻合；异端曲学，一勘尽破矣，何必如此节节分解？佛家有"扑人逐块"之喻，见块扑人，则得人矣，见块逐块，于块奚得哉？'在座诸友，闻之惕然，皆有惺悟。此学贵反求，非知解可入也。"这里，王阳明提出了"信得良知"以及"此学（良知心学）贵反求，非知解可入"的良知心学工夫论，值得关注。

【原　文】

来书云："良知，心之本体，即所谓性善①也、未发之中②也、寂然不动③之体也、廓然大公④也，何常人皆不能，而必待于学邪？中也、寂也、公也，既以属心之体，则良知是矣。今验之于心，知无不良，而中、寂、大公，实未有也。岂良知复超然于体用之外乎？"

性无不善，故知无不良。良知即是未发之中，即是廓然大公、寂然不动之本体，人人之所同具者也。但不能不昏蔽于物欲，故须学以去其昏蔽。然于良知之本体，初不能有加损于毫末也。知无不良，而中、寂、大公未能全者，是昏蔽之未尽去，而存之未

【译　文】

来信写道："良知是心的本体，也就是所谓的性善、未发之中、寂然不动之体、廓然大公之类，为什么普通人都不能做到，而一定要经过学习呢？中和、寂静、大公的品德，既然都属于心的本体，就是良知。此时到心中去省察体验，可见知无不良，然而中和、寂静、大公的品德却没有。难道良知是超然于体用之外的吗？"

性无不善，因此知无不良。良知就是未发之中、廓然大公、寂然不动的本体，人人都具有的。但是良知不可能不被物欲所蒙蔽，所以就需要通过后天的学习来去除蒙蔽。然而对于良知的本体，不会有丝毫的损伤。知无不良，而中和、寂静、大公的品德不能彻底显现，是由于没有完全去除蒙蔽，良知的存养还不够纯洁而

纯耳。体即良知之体，用即良知
之用，宁复有超然于体用之外
者乎？

已。体就是良知的本体，用就是
良知的作用，哪有超然于体用之
外的良知呢？

注 释

❶ 性善：孟子的观点，认为人生之初其本性是善良的。语出《孟子·告子
上》："人性之善也，犹水之就下也。人无有不善，水无有不下。" ❷ 未发之
中：语出《中庸》："喜怒哀乐之未发，谓之中；发而皆中节，谓之和。" ❸ 寂
然不动：语出《周易·系辞上》："《易》无思也，无为也，寂然不动，感而遂
通天下之故。" ❹ 廓然大公：语出程颢《定性书》："廓然而大公，物来而
顺应。"

说 明

"性无不善，故知无不良。"良知作为"心之本体"，就是孟子所说的"性
善"、《中庸》所讲的"未发之中"，《易传》所言的"寂然不动"，程颢所追求的
"廓然大公"。除去附着在心体之上的昏蔽，良知的本然状态即可呈现。同时，在
王阳明看来良知具有"体用合一"的特质，"体即良知之体，用即良知之用"。

【原文】

来书云："周子曰'主静'①，
程子曰'动亦定，静亦定'②，先
生曰'定者，心之本体'③。是静
定也，决非不睹不闻④、无思无
为⑤之谓，必常知常存、常主于

【译文】

来信写道："周濂溪主张'主
静'，程颢主张'动亦定，静亦
定'，您主张'定者，心之本体'。
所谓的静与定，绝不是指不看不
听、无思无为的意思，而是要时常
认知、存养、遵从天理。然而，时

理之谓也。夫常知常存、常主于理，明是动也、已发也，何以谓之静？何以谓之本体？岂是静定也，又有以贯乎心之动静者邪？"

理无动者也。"常知常存、常主于理"，即"不睹不闻、无思无为"之谓也。"不睹不闻、无思无为"，非槁木死灰之谓也。睹、闻、思、为一于理，而未尝有所睹、闻、思、为，即是动而未尝动也。所谓"动亦定，静亦定""体用一原"⑥者也。

常认知、存养、遵从天理，明显是动的，属于已发，为什么称之为静、本体呢？难道这个静与定是贯通于心的动静吗？"

天理是静止不动的。"常知常存、常主于理"，就是"不睹不闻，无思无为"。"不睹不闻、无思无为"，并不是如同槁木死灰一般。而是说看、听、思、为全部依循天理，而再也没有其他的看、听、思、为，这也就是动而未曾动。这也就是"动亦定，静亦定""体用一原"的本意。

注 释

❶ 周子曰"主静"：语本周敦颐《太极图说》："圣人定之以中正仁义，而主静立人极焉。"　❷ 程子曰"动亦定，静亦定"：语出程颢《定静书》："所谓定者，动亦定，静亦定，无将迎，无内外。"　❸ 先生曰"定者，心之本体"：语出《传习录·上》"陆澄录"："定者心之本体，天理也。动静，所遇之时也。"　❹ 不睹不闻：语出《中庸》："是故君子戒慎乎其所不睹，恐惧乎其所不闻。"　❺ 无思无为：语出《易传·系辞上》："《易》无思也，无为也，寂然不动，感而遂通天下之故。"　❻ "体用一原"：语出《伊川易传·序》："体用一源，显微无间。"

说 明

"天理"抑或"良知"作为"心之本体"，具有"动亦定，静亦定""体用一原”的属性或特质。

【原　文】

来书云："此心'未发'之体，其在'已发'①之前乎？其在'已发'之中而为之主乎？其无前后内外而浑然一体者乎？今谓心之动静者，其主有事无事而言乎？其主寂然感通②而言乎？其主循理从欲而言乎？若以循理为静、从欲为动，则于所谓'动中有静，静中有动'③'动极而静，静极而动'④者，不可通矣。若以有事而感通为动、无事而寂然为静，则于所谓'动而无动，静而无静'⑤者，不可通矣。若谓'未发'在'已发'之先，静而生动，是至诚有息⑥也、圣人有复⑦也，又不可矣。若谓'未发'在'已发'之中，则不知'未发''已发'俱当主静乎？抑'未发'为静，而'已发'为动乎？抑'未发''已发'俱无动无静乎？俱有动有静乎？幸教。"

未发之中，即良知也，无前

【译　文】

来信写道："此心'未发'的本体，具体是在'已发'之前呢？还是在'已发'之中并主导着'已发'呢？或是'未发''已发'不分先后、内外而浑然一体呢？如今所说的心的动静，主要是针对有事无事而言的，还是针对寂然不动、感应相通而言的，或是针对遵循天理、服从私欲而言的呢？如果认为遵循天理是静、服从私欲是动，那么所谓的'动中有静，静中有动''动极而静，静极而动'就说不过去了。如果认为有事感通是动、无事寂然是静，那么所谓的'动而无动，静而无静'就说不过去了。如果认为'未发'在'已发'之前，静而生动，那么至诚的心就会有所停息，圣人也就需要通过功夫才能恢复德性了，这是错误的。如果认为'未发'在'已发'之中，那么不知道是'未发''已发'都主导静呢？还是'未发'是静、而'已发'是动呢？或是'未发''已发'都是无动无静、有动有静呢？以上疑惑，还望赐教。"

未发之中，就是良知，没有先

后内外而浑然一体者也。有事无事可以言动静，而良知无分于有事无事也。寂然感通，可以言动静，而良知无分于寂然感通也。动静者，所遇之时，心之本体固无分于动静也。理无动者也，动即为欲。循理，则虽酬酢万变而未尝动也；从欲，则虽槁心一念而未尝静也。"动中有静，静中有动"，又何疑乎？有事而感通，固可以言动，然而寂然者未尝有增也；无事而寂然，固可以言静，然而感通者未尝有减也。"动而无动，静而无静"，又何疑乎？无前后内外而浑然一体，则"至诚有息"之疑，不待解矣。"未发"在"已发"之中，而"已发"之中未尝别有"未发"者在；"已发"在"未发"之中，而"未发"之中未尝别有"已发"者存。是"未尝"无动静，而不可以动静分者也。凡观古人言语，在以意逆志，而得其大旨。若必拘滞于文义，则"靡有孑遗"者，是周果无遗民也⑧。周子"静极而动"之说，苟不善

后、内外之别而浑然一体的。就有事、无事而言可以分动、静，但良知不能分为有事、无事。就寂然、感通而言可以分动、静，但良知不能分为寂然、感通。动与静是因时而异的，心的本体原本就没有动、静之分。天理是不动的，动就变为私欲。只要遵循天理，即使千变万化也不曾动；如果服从私欲，即使死心无念也未必静。"动中有静，静中有动"，有什么值得怀疑呢？遇事时的感应相通固然可以说是动，但是寂然不动的良知并没有增加什么；无事时寂然不动，固然可以说是静，但是感应相通的良知也并没有减少什么。"动而无动，静而无静"，有什么值得怀疑呢？良知是浑然一体的，没有先后、内外之分，那么对于"至诚有息"的疑问也就不解自明了。"未发"在"已发"之中，而"已发"之中未尝还有一个"未发"存在。"已发"在"未发"之中，而"未发"之中未尝还有一个"已发"存在。这里不能说没有动、静，只是不能用动、静来区分"未发""已发"。凡是读古人的言论，应该用心去斟酌、推敲其中的意思，从而明白其要旨。如果一味拘泥于文字，那么"靡有孑遗"难道要理解为周朝确实没有遗民了吗？周濂溪"静极而

观，亦未免有病，盖其意从"太极动而生阳，静而生阴"⑨说来。太极生生之理，妙用无息而常体不易。太极之生生，即阴阳之生生。就其生生之中，指其妙用无息者而谓之动，谓之阳之生，非谓动而后生阳也。就其生生之中，指其常体不易者而谓之静，谓之阴之生，非谓静而后生阴也。若果静而后生阴，动而后生阳，则是阴阳动静截然各自为一物矣。阴阳，一气也，一气屈伸而为阴阳；动静，一理也，一理隐显而为动静。春夏可以为阳为动，而未尝无阴与静也；秋冬可以为阴为静，而未尝无阳与动也。春夏此不息，秋冬此不息，皆可谓之阳，谓之动也；春夏此常体，秋冬此常体，皆可谓之阴，谓之静也。自元、会、运、世⑩、岁、月、日、时，以至刻、秒、忽、微⑪，莫不皆然。所谓"动静无端，阴阳无始"⑫，在知道者默而识之，非可以言语穷也。若只牵文泥句、比拟仿像，则所谓"心从法华转，非是转法华"⑬矣。

动"的论点，如果不能正确理解，难免也会出错，因为他的意思是从"太极动而生阳，静而生阴"来说的。太极运动变化的道理，妙用无穷，但其本体却永恒不变。太极的运动变化，就是阴阳的运动变化。在其运动变化之中，就其妙用无穷而言就是动，就是阳的产生，而不是运动之后才产生阳；在其运动变化之中，就其本体永恒不变而言就是静，就是阴的产生，而不是静止之后才产生阴。如果真的是静止之后产生阴，运动之后产生阳，那么，阴阳、动静就是截然不同的两个事物了。阴阳是同一个气，因气的收缩、伸展而产生阴阳；动静是同一个理，因理的隐藏、显现而产生动静。春夏可以说是阳、是动，但未尝没有阴和静；秋冬可以说是阴、是静，但未尝没有阳和动；春夏秋冬变化不息，都是阳、是动。春夏秋冬的本体永恒不变，都是阴、是静。从元、会、运、世、岁、月、日、时，一直到刻、秒、忽、微，无不如此。程颐曾言"动静无端，阴阳无始"，这句话对于明白天道的人来说，可以默默体认而致，却无法用语言来表达。如果一味拘泥于文字，比拟模仿，那就是所谓的"心从法华转，非是转法华"了。

注　释

❶ "未发""已发"：语出《中庸》："喜怒哀乐之未发，谓之中；发而皆中节，谓之和。"　❷ 寂然感通：语出《周易·系辞上》："《易》无思也，无为也，寂然不动，感而遂通天下之故。"　❸ "动中有静，静中有动"：语出《二程遗书》："静中便有动，动中自有静。"　❹ "动极而静，静极而动"：语出周敦颐《太极图说》："太极动而生阳，动极而静；静而生阴，静极复动。"　❺ "动而无动，静而无静"：语出周敦颐《通书》："动而无静，静而无动，物也。动而无动，静而无静，神也。动而无动，静而无静，非不动不静也。"　❻ 至诚有息：语出《中庸》："至诚无息。"　❼ 圣人有复：语出周敦颐《通书》："性焉安焉之谓圣，复焉执焉之谓贤。"　❽ 凡观古人言语，在以意逆志，而得其大旨。若必拘滞于文义，则"靡有孑遗"者，是周果无遗民也：语出《孟子·万章上》："故说《诗》者，不以文害辞，不以辞害志，以意逆志，是为得之。如以辞而已矣，《云汉》之诗曰：'周余黎民，靡有孑遗。'信斯言也，是周无遗民也。"以意逆志，意为用自己的心思去揣度他人的心思。　❾ "太极动而生阳，静而生阴"：语出周敦颐《太极图说》。　❿ 元、会、运、世：根据北宋易学家邵雍的算法，一世三十年，一运十二世，一会三十运，一元十二会。　⓫ 刻、秒、忽、微：古代较小的计时单位。　⓬ "动静无端，阴阳无始"：语出程颐《周易程氏传》。　⓭ "心从法华转，非是转法华"：语出《六祖坛经·机缘品》。意为尚未参透《法华经》究竟义谛的人会拘泥于该经的文句，在文字上打转，这就是被《法华》所转。

说　明

这段文字由动静之辨与天理、人欲之别的相似处入手，讨论了天理与人欲、动与静之间的多重辩证关系，论证了"未发之中，即良知也，无前后内外而浑然一体者也"。

【原文】

来书云："尝试于心，喜怒忧惧①之感发也，虽动气之极，而吾心良知一觉，即罔然消阻，或遏于初，或制于中，或悔于后。然则良知常若居优闲无事之地而为之主，于喜怒忧惧若不与焉者，何欤？

知此，则知"未发之中""寂然不动"之体，而有"发而中节之和""感而遂通之妙"矣。然谓"良知常若居于优闲无事之地"，语尚有病。盖良知虽不滞于喜怒忧惧，而喜怒忧惧亦不外于良知也。

【译文】

来信写道："我曾经在心中体验证明，喜、怒、忧、惧等情感的产生，即便动气愤怒到极点，只要我心中的良知一旦觉醒，就能缓解或消失，有时在动气最初之时就能遏止，有时在动气发作中途才被扼制，有时动气发作之后才悔悟。但是良知好像经常在清闲无事之处主导着自己的情感，与喜、怒、忧、惧等情感似乎无关，这是怎么回事？"

你理解了这一点，就能明白"未发之中""寂然不动"的本体，已拥有"发而中节之和""感而遂通之妙"了。然而，你认为"良知常若居于优闲无事之地"，这句话有问题。因为，良知虽然不停滞在喜、怒、忧、惧的情感上，但喜、怒、忧、惧等情感也不在良知之外。

注 释

❶ 喜怒忧惧：语本《礼记·礼运》："喜、怒、哀、惧、爱、恶、欲，七者弗学而能。"

说 明

这段文字意在论述"良知"与"喜、怒、忧、惧"等情感之间的"不滞""不外"的逻辑关联，即情感与良知有着紧密的内在联系，并非与良知相互分离的独立存在。

【原 文】

来书云："夫子昨以良知为照心。窃谓，良知，心之本体也；照心，人所用功，乃戒慎恐惧①之心也，犹'思'②也。而遂以戒慎恐惧为良知，何欤?"

能戒慎恐惧者，是良知也。

【译 文】

来信写道："您从前认为良知就是照心。我以为，良知是心的本体；照心，是人所用的功夫，就是戒慎恐惧的心，就是'思'。而您为什么却将戒慎恐惧当成良知呢?"

能够让人戒慎恐惧的那个东西，就是良知。

注 释

❶ 戒慎恐惧：语本《中庸》："戒慎乎其所不睹，恐惧乎其所不闻。"　❷"思"：即《孟子》"心之官则思"之"思"（参见黎业明《传习录译注》，上海古籍出版社 2021 年版，第 291 页）。

说 明

戒慎恐惧就是"致良知"的功夫。

【原 文】

来书云："先生又曰'照心非动也'，岂以其循理而谓之静欤？'妄心亦照也'，岂以其良

【译 文】

来信写道："您又认为'照心非动也'，难道是因为照心遵循天理才是静的吗？'妄心亦照也'，难道是因

知未尝不在于其中，未尝不明于其中，而视听言动之不过则者皆天理欤？且既曰妄心，则在妄心可谓之照，而在照心则谓之妄矣。妄与息何异？今假妄之照，以续至诚之无息，窃所未明，幸再启蒙。"

"照心非动"者，以其发于本体明觉之自然，而未尝有所动也。有所动即妄矣。"妄心亦照"者，以其本体明觉之自然者未尝不在于其中，但有所动耳。无所动即照矣。无妄无照，非以妄为照、以照为妄也。照心为照，妄心为妄，是犹有妄有照也。有妄有照，则犹贰也，贰则息矣。无妄无照，则不贰，不贰则不息矣。

为良知未曾不在烦乱之心当中、又未曾不在烦乱之心中明细体察，而人的视听言动符合准则的全是天理呢？既然说是烦乱之心，那么良知对它来说就是明澈的，而对于明澈之心来说就是烦乱的。妄动与止息有什么区别？如今将妄心有照与至诚无息结合起来，我还是有不明白的地方，敬请赐教。"

"照心非动"，是因为它来自心之本体的天然明觉，所以不曾有动。有动便是妄了。"妄心亦照"，是因为心之本体的天然明觉未曾不在妄心中，只是有动而已，无动便是照了。说无妄、无照，并不是把妄心看成照心，把照心看成妄心。如果说照心为明澈，妄心为烦乱，这依然是有妄与照的区分。有妄与照的区分就是将心一分为二，一心分为二，良知就会有所停息。没有妄与照的区分就不会将心分为二，心为一，良知就运动不止了。

说　明

这段文字，是王阳明对"照心""妄心"之间关系的进一步疏解，意在说明"良知"具有运动不息的属性。

【原　文】

来书云："养生①以清心寡欲为要。夫清心寡欲，作圣之功毕矣。然欲寡则心自清，清心，非舍弃人事而独居求静之谓也，盖欲使此心纯乎天理，而无一毫人欲之私耳。今欲为此之功，而随人欲生而克之，则病根常在，未免'灭于东而生于西'②。若欲刊剥洗荡于众欲未萌之先，则又无所用其力，徒使此心之不清。且欲未萌而搜剔以求去之，是犹'引犬上堂而逐之'③也，愈不可矣。"

必欲此心纯乎天理，而无一毫人欲之私，此作圣之功也。必欲此心纯乎天理，而无一毫人欲之私，非防于未萌之先而克于方萌之际不能也。防于未萌之先而克于方萌之际，此正《中庸》"戒慎恐惧"、《大学》"致知格物"之功。舍此之外，无别功矣。夫谓"灭于东而生于西""引犬上堂而逐之"者，是自私自利、将迎④意必之为累，而非

【译　文】

来信写道："养生最关键的就是清心寡欲。能清心寡欲，做圣人的功夫也就完成了。人的欲望少了，心自然会清净，清心并不是要远离尘世而独求宁静，而是使得心纯为天理，没有一丝一毫的人欲之私念。如今，想要清心寡欲，就要私欲一出现时就克制掉，但病根依旧存在，不免会有'灭于东而生于西'的毛病。如果说想在私欲还没有萌芽的时候就消除干净，却不知道从何下手着力用功，反而使自己的心不清净，况且想在私欲萌生之前就去寻找铲除它，这好比'引犬上堂而逐之'，如此更讲不通了。"

一定要使得此心纯为天理，没有一丝一毫的人欲之私念，这是做圣人的功夫。而要做到如此，就必须在私欲未萌生之前加以防范，在私欲萌生时加以扼制。在私欲萌生之前就加以防范，在私欲萌生时加以扼制，正是《中庸》中"戒慎恐惧"、《大学》中"致知格物"的功夫。除此而外，再无其他的功夫。你所说的"灭于东而生于西""引犬上堂而逐之"的现象，是自私自利、刻意追求造成的结果，并

克治、洗荡之为患也。今曰"养生以清心寡欲为要",只"养生"二字,便是自私自利、将迎意必之根。有此病根潜伏于中,宜其有"灭于东而生于西""引犬上堂而逐之"之患也。

不是克治荡涤本身的问题。如今说"养生以清心寡欲为要",这"养生"二字便是自私自利、刻意追求的根源。有这个病根隐藏在心中,自然而然会产生"灭于东而生于西""引犬上堂而逐之"的毛病。

注 释

❶ 养生:这里指道家、道教的休养生息之法。　❷ "灭于东而生于西":语本程颢《定性书》:"苟规规于外诱之除,将见灭于东而生于西也。非惟日之不足,顾其端无穷,不可得而除也。"　❸ "引犬上堂而逐之":语出《二程遗书》卷二。　❹ 将迎:语出《庄子·知北游》:"无有所将,无有所迎。"将,送;迎,来。将迎,就是迎来送往的意思。阳明这里的"将迎"是贬义词,是指曲意逢迎(黎业明《传习录译注》,上海古籍出版社2021年版,第294页)。

说 明

在王阳明看来,学者致良知以成圣的工夫,也就是要"此心纯乎天理,而无一毫人欲之私"的基本路径是《中庸》中的"戒慎恐惧"、《大学》中的"致知格物"。

【原文】

来书云:"佛氏于'不思善、不思恶时,认本来面目'①,于吾儒'随物而格'②之功不同。

【译文】

来信写道:"佛家说的在'不思善、不思恶时,认本来面目',不同于我们儒家的'随物而格'的功夫。

吾若于'不思善、不思恶时'用致知之功，则已涉于思善矣。欲善恶不思，而心之良知清静自在，惟有寐而方醒之时耳。斯正孟子'夜气'③之说。但于斯光景不能久，倏忽之际，思虑已生。不知用功久者，其常寐初醒而思未起之时否乎？今澄④欲求宁静，愈不宁静；欲念无生，则念愈生。如之何而能使此心前念易灭，后念不生⑤，良知独显，而与造物者游⑥乎？"

"不思善、不思恶时，认本来面目"，此佛氏为未识本来面目者设此方便。"本来面目"，即吾圣门所谓"良知"。今既认得良知明白，即已不消如此说矣。"随物而格"，是"致知"之功，即佛氏之"常惺惺"⑦，亦是常存他本来面目耳。体段⑧工夫，大略相似。但佛氏有个自私自利之心，所以便有不同耳。今欲"善恶不思，而心之良知清静自在"，此便有自私自利、将迎意必之心。所以有"不思善、不思恶时，用致知之

我要是在'不思善，不思恶时'用致知的功夫，就已经坠入思善了。想要善也不思，恶也不思，而让内心的良知清静自在，只有在睡后刚醒之时才能做到。这正是孟子所说的'夜气'。但是这种光景不能持久，刹那之间，心中已有思虑产生。不知道用功久的人，是否能常常处于刚醒而思虑还没有产生的时候？现在我想要求静，却愈不能静；想要杂念不产生，杂念却愈发产生。怎么做才能让此心前念易灭而后念不生，良知独显而（此心）和造物者一起遨游呢？"

"不思善、不思恶时，认本来面目"，这是佛家针对那些还不认识本来面目的人说的方便之法。佛家所说的"本来面目"就是我们儒家所说的"良知"，现在既然已经认清了良知，也就不用按佛家的这种说法了，"随物而格"，是"致知"所用的功夫，也就是佛家所说的"常惺惺"，其意思也是指常常保存他的本来面目。佛家、儒家所用的工夫，大体上是相似的。但佛家有一个自私自利的心思，所以就有不同了。现在想要"善恶不思，而心之良知清静自在"，这恰好就有了自私自利、将迎意必的心，所以才有"不思善，不思恶时，用致知之功，则已涉于思善"的毛病。孟子说的

功，则已涉于思善"之患。孟子说"夜气"，亦只是为失其良心之人，指出个良心萌动处，使他从此培养将去。今已知得良知明白，常用"致知"之功，即已不消说"夜气"。却是得兔后不知守兔，而仍去守株⑨，兔将复失之矣。欲求宁静、欲念无生，此正是自私自利、将迎意必之病，是以念愈生而愈不宁静。良知只是一个良知，而善恶自辨，更有何善何恶可思？良知之体，本自宁静，今却又添一个求宁静；本自生生，今却又添一个欲无生；非独圣门"致知"之功不如此，虽佛氏之学，亦未如此将迎意必也。只是一念良知，彻头彻尾，无始无终，即是"前念不灭，后念不生"。今却欲前念易灭，而后念不生，是佛氏所谓"断灭种性"⑩，入于"槁木死灰"之谓矣。

"夜气"，也只是为那些失去良心的人，指出一个良心萌生的地方，让他从这个地方着手去培养。现在已经完全明白良知，常常用"致知"的功夫，也就不用说"夜气"了。如果此时还固守于"夜气"之说就像得到了兔子后不去守着兔子，而仍去守着兔子撞上去的那棵树一样，这样兔子将又会失去了。想要求宁静，想要求杂念不生，这正是自私自利、将迎意必的毛病，所以才会杂念更加产生而心中更加不能宁静。良知只是一个良知，而善和恶自然而然能被良知判断出来，还有什么善和恶需要去思呢？良知的本体本来就是宁静的，现在却又添了一个求宁静的用心；良知本来就是生生不息的，现在却又添了一个想要不生的用心；不单单儒家的"致知"功夫不是这样，就算佛家的学说也不是这般将迎意必的。只要一个念头在良知上，彻头彻尾，无始无终，也就能做到"前念不灭，后念不生"。现在你却想做到前念易灭，而后念不生，也就成了佛家所说的"断灭种性"，沦入了所谓的"槁木死灰"中去了。

注 释

❶ "不思善、不思恶时，认本来面目"：语本《六祖坛经·行由品》："惠能遂出，坐盘石上。惠明作礼云：'望行者为我说法。'惠能曰：'汝既为法而来，可屏息诸缘，勿生一念，吾为汝说。'明良久，惠能曰：'不思善，不思恶，正与么时，那个是明上座本来面目。'惠明言下大悟。"　　❷ "随物而格"：语出《大学》："致知在格物，物格而后知至。"　　❸ "夜气"：语见《孟子·告子上》："其日夜之所息，平旦之气，其好恶与人相近也者几希，则其旦昼之所为，有梏亡之矣。梏之反覆，则其夜气不足以存；夜气不足以存，则其违禽兽不远矣。"　　❹ 澄：陆原静之名。　　❺ 前念易灭，后念不生：语本《六祖坛经·机缘品》："问曰：'即心即佛，愿垂指谕。'师曰：'前念不生即心，后念不灭即佛，成一切相即心，离一切相即佛。'"　　❻ 与造物者游：语出《庄子·天下》："上与造物者游，而下与外死生无终始者为友。"　　❼ 常惺惺：语见《明觉禅师语录》："玄沙问僧：'近离甚处？'云：'瑞岩。'沙云：'瑞岩有何言句？'僧云：'长唤主人公，自云诺惺惺着，他后莫受人瞒。'"　　❽ 体段：体统；举止。　　❾ 守株：语出《韩非子·五蠹》，曰："宋人有耕田者，田中有株。兔走触株折颈而死。因释其耒而守株，冀复得兔。兔不可复得，而身为宋国笑。"　　❿ 断灭种性：语出玄奘《成唯识论》卷五。种性，系佛教用语，谓种子和性分，引申为宇宙万物其本身的特性。宋人张商英《护法论》云："如斯人也，使之侍君，则佞其君，绝佛种性，断佛慧命。"

说 明

这里，王阳明采用儒佛交涉的方式，来阐释佛家的"不思善、不思恶时，认本来面目"与儒学"随物而格"的功夫论的异同。在阳明心学语境中，良知只是一个，善恶自辨，本自宁静，本自生生；一念良知，彻头彻尾，无始无终。

【原 文】

来书云："佛氏又有'常提念头'①之说，其犹孟子所谓'必有事'②、夫子所谓'致良知'之说乎？其即'常惺惺、常记得、常知得、常存得'者乎？于此念头提在之时，而事至物来，应之必有其道。但恐此念头提起时少，放下时多，则工夫间断耳。且念头放失，多因私欲客气③之动而始，忽然惊醒而后提。其放而未提之间，心之昏杂，多不自觉。今欲日精日明，常提不放，以何道乎？只此常提不放，即全功乎？抑于常提不放之中，更宜加省克之功乎？虽曰常提不放，而不加戒惧克治之功，恐私欲不去。若加戒惧克治之功焉，又为'思善'之事，而于'本来面目'又未达一间也。如之何则可？"

戒惧克治，即是"常提不放"之功，即是"必有事焉"，岂有两事邪？此节所问，前一段已自说得分晓。末后却是自生迷

【译 文】

来信写道："佛教还有'常提念头'的观点，这与孟子讲的'必有事'、您说的'致良知'是否相似？是不是'常惺惺、常记得、常知得、常存得'的意思？当这个念头提起时，应付众多事物一定会有正确的办法。但只怕这念头提起的时候少而放失的时候多，那么工夫就有间断了。况且这念头的放失，多是因为人心的私欲和虚伪而引起的，只在猛然惊醒之后才再提起，但在放失而未提起时，往往由于内心的昏暗与杂乱而使自己不能觉察到。如今要想念头日益精进光明、常提不放，又有什么方法呢？只要这个念头常提不放就是全部功夫了吗？还是在这常提不放的同时，再加上省察克治的功夫？虽说念头常提不放，但如果不加上戒慎恐惧、克制私欲的功夫，恐怕私欲还是无法去除。如果加上戒慎恐惧、克制私欲的功夫，又成为'思善'的事情，这与'本来面目'又不相符。到底怎样做呢？"

戒慎恐惧、克制私欲就是"常提不放"的功夫，就是"必有事焉"，怎么会是两回事呢？你这一段所问的问题，我在前面已说得十分清楚。后

惑，说得支离，及有"本来面目未达一间"之疑，都是自私自利、将迎意必之为病。去此病，自无此疑矣。

来你自己却又产生迷惑，说得支离破碎，凌乱不堪。至于与'本来面目未达一间'的疑问，都是自私自利、刻意追求的毛病所引起的。克除这个毛病，这个疑问也就迎刃而解了。

注 释

❶"念头"：禅宗常用语，是指念起之时，心起一念的头，或者说是最开始。常提念头，就是让修禅人时刻关照自己一念起时，是从何而起？这样不断努力思考，便得摄心而入禅定，可得智慧。　❷"必有事"：语出《孟子·公孙丑上》："必有事焉而勿正，心勿忘，勿助长也。"　❸客气：宋明儒学把心作为人性的本体，把产生于血气的生理之性称为客气。客气也指受外界影响而生之骄傲、名誉、情欲等。

说 明

"师者，所以传道受业解惑也。"接续前文，王阳明继续为陆澄解惑。在阳明看来，"致良知"所提倡的"戒惧克治"的修身功夫，就是佛家的"常提（念头）不放"，更是孟子所讲的"必有事焉"。总之，修身是一个持续不断、循序渐进的过程，自私自利、刻意追求的想法，没必要、要不得。

【原 文】

来书云："'质美者明得尽，查滓便浑化'①，如何谓'明得尽'，如何而能'便浑化'？"
良知本来自明。气质不美

【译 文】

来信写道："程颢说'质美者明得尽，查滓便浑化'，'明得尽'指的是什么？怎样才能'便浑化'？"
良知原本就是纯净的。资质差的人，不但缺点较多，而且良知被遮蔽者，查滓多、障蔽厚，不易开明。质美者，查滓原少，无多障蔽，略加致知之功，此良知便自莹彻。些少查滓，如汤中浮雪，如何能作障蔽？此本不甚难晓，原静②所以致疑于此，想是因一"明"字不明白，亦是稍有欲速之心。向曾面论"明善"③之义，"明则诚"④矣，非若后儒所谓"明善"之浅也。

的程度也厉害，就不容易显现出光明。资质好的人，缺点本来就少，良知未被遮蔽太多，稍加致知的功夫，良知就能晶莹透彻。一点点小缺点，就像热水中漂浮的雪花，怎么遮蔽得了呢？这本来不难明白，原静你之所以对这个问题有疑问，大概是因为对"明"字还没理解明白，也是因为有急切的心思所致。我之前曾经与你当面探讨过"明善"的含义，"明则诚"，并非像后世儒生对"明善"解释得那样简单、浅陋。

注 释

❶"质美者明得尽，查滓便浑化"：二程语，见《论语集注》引程子曰："学要鞭辟近里，着己而已。博学而笃志，切问而近思；言忠信，行笃敬；立则见其参于前，在舆则见其倚于衡；只此是学。质美者明得尽，查滓便浑化，却与天地同体。其次惟庄敬以持养之，及其至则一也。"查滓，即渣滓。　❷原静：即陆澄。　❸"明善"：语出《中庸》："诚身有道，不明乎善，不诚乎身矣。"❹"明则诚"：语出《中庸》："自诚明，谓之性；自明诚，谓之教。诚则明矣，明则诚矣。"

说 明

这段文字涉及"质美者"与"气质不美者"两类人的"致良知"路径，"克己慎独""明善诚身"，则是最基本的要求。

【原文】

来书云："聪明睿知①，果质乎②？仁义礼智，果性乎？喜怒哀乐，果情乎？私欲客气，果一物乎？二物乎？古之英才，若子房③、仲舒④、叔度⑤、孔明⑥、文中⑦、韩⑧、范⑨诸公，德业表著，皆良知中所发也，而不得谓之闻道者，果何在乎？苟曰此特生质之美耳，则'生知安行'者，不愈于'学知困勉'⑩者乎？愚意窃云，谓诸公见道偏则可，谓全无闻，则恐后儒崇尚记诵训诂之过也。然乎，否乎？"

性，一而已。仁义礼知，性之性也；聪明睿知，性之质也；喜怒哀乐，性之情也；私欲客气，性之蔽也。质有清浊，故情有过不及，而蔽有浅深也。私欲客气，一病两痛，非二物也。张、黄、诸葛及韩、范诸公，皆天质之美，自多暗合道妙。虽未可尽谓之知学，尽谓之闻道，然亦自有其学、违道

【译文】

来信写道："聪明睿智，真的是人天生的资质吗？仁义礼智，真的是人的本性吗？喜怒哀乐，真的是人的情感吗？私欲与虚伪，到底是一回事还是两码事呢？古代许多伟大的人物，如张良、董仲舒、黄宪、诸葛亮、王通、韩愈、范仲淹等，他们功德卓著，都是他们的良知起作用，然而，为什么又不能说他们是通晓圣道的人？如果说这仅仅是因为他们天生的资质好，那么'生知安行'的人难道不如'学知困勉'的人吗？我以为，说他们对圣道的认识不全面还可以，说他们完全不通晓圣道，恐怕是后世儒生因推崇记诵训诂而对他们产生偏见。这样理解，对吗？"

人性只有一个。仁义礼智是人性的本质，聪明睿智是人性的资质，喜怒哀乐是人性的情感，私欲虚伪是人性的障蔽。资质有清浊之分，所以情感有过与不及，而蒙蔽有深与浅之别。私欲和虚伪是一种病引发的两种痛苦，并非两回事。古代的张良、黄宪、诸葛亮、韩琦、范仲淹等人，天资极好，自然与圣道的神妙有许多巧合之处。虽不能说他们是完全明白圣学、通晓圣道的人，然而他们的学问才识离圣道并不远。假如他们完全明

不远者也。使其闻学知道，即伊⑪、傅⑫、周⑬、召⑭矣。若文中子，则又不可谓之不知学者，其书虽多出于其徒，亦多有未是处，然其大略，则亦居然可见。但今相去辽远，无有的然凭证，不可悬断其所至矣。夫良知即是道，良知之在人心，不但圣贤，虽常人亦无不如此。若无有物欲牵蔽，但循着良知发用流行将去，即无不是道。但在常人多为物欲牵蔽，不能循得良知。如数公者，天质既自清明，自少物欲为之牵蔽，则其良知之发用流行处，自然是多，自然违道不远。学者，学循此良知而已。谓之知学，只是知得专在学循良知。数公虽未知专在良知上用功，而或泛滥于多岐，疑迷于影响，是以或离或合而未纯。若知得时，便是圣人矣。后儒尝以数子者，尚皆是气质用事，未免于"行不著、习不察"⑮，此亦未为过论。但后儒之所谓"著""察"者，亦是狃于闻见之狭，蔽于沿习之非，而依

白圣学、通晓圣道，就成了伊尹、傅说、周公、召公了。至于文中子王通，不能认为他不明白圣学，他的书虽多出自门人弟子之手，也有很多错误的地方，但他的学问大体上还是可以看得明白的。只是由于时代相隔久远，又没有真凭实据，不能妄断他的学问与圣道相差多少。良知就是道。良知自在人的心中，无论是圣贤，还是普通人都是如此。如果没有物欲引诱、蒙蔽，全凭良知去发挥作用，那将会无处无时不是道。然而，普通人往往被物欲所引诱、蒙蔽，不能遵循良知。像上述的那几位，天生的资质清纯澄明，自然较少受物欲的引诱、蒙蔽，良知发挥作用的地方就多一些，自然能够离道不远。所谓的学，就是要学会遵循良知。所谓的知学，只是能知道专一地去学习如何遵循良知。上述的那几位，不知道只在良知上用功，有的兴趣广泛，受到其他事物的影响和迷惑，所以他们与道就时偏时合，没有达到纯正的境界。假如他们明白了这一点，也就是圣人了。后世儒生曾认为上述的那几位都是凭天生的资质建功立业，恐怕是"行不著、习不察"的说法，这种评价他们的说法并不为过。只是后世儒生所说的"著"和"察"，也只拘泥于狭小的见闻之中，受到不良风气的蒙蔽，把似是而非的现

拟仿象于影响形迹之间，尚非圣门之所谓"著""察"者也。则亦安得以己之昏昏而求人之昭昭^⑯也乎？所谓"生知安行"，"知行"二字，亦是就用功上说。若是知行本体，即是良知良能。虽在困勉之人，亦皆可谓之"生知安行"矣。"知行"二字，更宜精察。

象加以比拟模仿，并不是圣学所讲的"著"和"察"。自己还没弄清楚，又怎么能够让别人通达明白呢？所谓"生知安行"，这"知行"二字也是从用功上而言的。至于知行的本体，就是良知良能。从这个角度讲，即便是困知勉行的人，也都可以说是"生知安行"。"知行"二字，就更应该细心体察了。

注 释

❶ 聪明睿知：语见《中庸》第三十一章："唯天下至圣，为能聪明睿知。" ❷ 果质乎：语出朱熹《中庸章句》注云："聪明睿知，生知之质。" ❸ 子房：张良，字子房，汉初三杰之一，刘邦的重要谋士，辅佐刘邦得天下，被封为留侯。 ❹ 仲舒：董仲舒，西汉今文经学大师，提出"推明孔氏，抑黜百家"的观点，被汉武帝采纳，对后世影响极大。著有《春秋繁露》。 ❺ 叔度：黄宪，字叔度，东汉高士，自幼家贫，德行彪炳当世，有颜回之称，终身不仕。 ❻ 孔明：诸葛亮，字孔明，号卧龙，三国时期蜀汉丞相。 ❼ 文中：文中子，即隋儒王通，字仲淹，号文中子。其死后，其弟子们为了纪念他，将其言行汇编成《文中子》一书。 ❽ 韩：韩琦，字稚圭，北宋名臣。 ❾ 范：范仲淹，字希文，苏州吴县人，北宋政治家、文学家。韩琦、范仲淹出将入相，同为北宋西北前线的统帅，世称"韩、范"。 ❿ "生知安行""学知困勉"：语出《中庸》："或生而知之，或学而知之，或困而知之，及其知之，一也。或安而行之，或利而行之，或勉强而行之，及其成功，一也。" ⓫ 伊：伊尹，商初重臣，出身奴隶，辅佐商汤灭夏。 ⓬ 傅：傅说，商王武丁时贤相，传说原为傅岩地方从事版筑的奴隶。 ⓭ 周：周公旦。 ⓮ 召：召公，文王的儿子。因封地在召，故称召公。与周公共同辅佐成王，功绩卓著，死后百姓作《甘棠》纪念他。 ⓯ "行

不著、习不察”：语出《孟子·尽心上》：“行之而不著焉，习矣而不察焉，终身由之而不知其道者，众也。”　⓰ 以己之昏昏而求人之昭昭：语出《孟子·尽心下》：“贤者以其昭昭使人昭昭，今以其昏昏使人昭昭。”

说 明

　　这段文字的核心是“良知即是道，良知之在人心，不但圣贤，虽常人亦无不如此。若无有物欲牵蔽，但循着良知发用流行将去，即无不是道”，“知行本体，即是良知良能”。“知行”就是学习如何依循良知行事，良知就是知行的本体。在这个意义上，无论是生知安行还是学知利行、困知勉行，都是致良知。

【原 文】

　　来书云：“昔周茂叔①每令伯淳②寻仲尼、颜子乐处③。敢问是乐也，与七情④之乐，同乎？否乎？若同，则常人之一遂所欲，皆能乐矣，何必圣贤？若别有真乐，则圣贤之遇大忧、大怒、大惊、大惧之事，此乐亦在否乎？且君子之心常存戒惧，是盖‘终身之忧’⑤也，恶得乐？澄平生多闷，未尝见真乐之趣，今切愿寻之。”

　　乐是心之本体，虽不同于七情之乐，而亦不外于七情之乐。虽则圣贤别有真乐，而亦常人之

【译 文】

　　来信写道：“从前，周敦颐经常让程颢寻找孔子与颜回的乐处。请问，这种乐趣与七情之乐是否相同？如果相同，普通人一旦满足了自己的欲望，就都能快乐了，何必还要学做圣贤？如果另有真正的快乐，那么圣贤遇到非常忧闷、生气、惊讶、恐惧的事时，这个乐还存在吗？更何况君子常怀戒慎恐惧之心，这大概就是《孟子》所说的‘终身之忧’，哪里还有快乐可言？我平素有很多的烦恼，还未曾体会到真正快乐的趣味，现在急切希望能找到这种乐趣。”

　　孔子与颜回的乐是心的本体，虽与七情之乐有所不同，但也不外乎七

所同有。但常人有之而不自知，反自求许多忧苦，自加迷弃。虽在忧苦迷弃之中，而此乐又未尝不存。但一念开明，反身而诚⑥，则即此而在矣。每与原静论，无非此意。而原静尚有"何道可得"之问，是犹未免于"骑驴觅驴"⑦之蔽也。

情之乐。圣贤虽有真正的快乐，但也是普通人所共同具有的，只不过普通人自己不知道，反而还要自寻烦恼忧苦，自己糊里糊涂遗弃了真正的乐。即便在烦恼迷弃之中，这种真正的乐也时刻存在。只要一念明朗，反求自身，就能体会到这种真乐。每次和你原静谈论的都是这个意思。而你还有"何道可得"的疑问，这难免有"骑驴觅驴"的弊病。

注 释

❶ 周茂叔：即周敦颐。　❷ 伯淳：即程颢。　❸ 仲尼、颜子乐处：即"孔颜乐处"，语出《论语·述而》："子曰：'饭疏食，饮水，曲肱而枕之，乐亦在其中矣。'"《论语·雍也》："子曰：'贤哉，回也。一箪食，一瓢饮，在陋巷。人不堪其忧，回也不改其乐。贤哉，回也。'"昔周茂叔每令伯淳寻仲尼颜子乐处：语见《二程遗书》："昔受学于周茂叔。每令寻颜子、仲尼乐处，所乐何事。"　❹ 七情：指的是喜、怒、哀、惧、爱、恶、欲。　❺ 终身之忧：语出《孟子·离娄下》："君子有终身之忧，无一朝之患。"　❻ 反身而诚：语出《孟子·尽心上》："万物皆备于我矣。反身而诚，乐莫大焉。"　❼ 骑驴觅驴：语出《景德传灯录》："不解即心即佛，真似骑驴觅驴。"比喻东西就在身边，却还到处去找。

说 明

　　王阳明认为，人如果通过"致良知"的具体工夫而达至"良知"之境，则就可以说是实现了传统儒家圣贤所独有之乐——"孔颜之乐"。阳明在这里提出了"乐是心之本体"。在阳明这里，"乐是心之本体"的实质就是以天地万物为一体的欣合和畅。乐的境界，就是无论在何种艰难境遇中都能保持"以天地万物为一体"的儒者胸怀，亦保持着"无入而不自得"的超然和畅的气象。"孔颜之乐"不仅是王阳明追寻的人生最高理想境界，亦在他人追求的人生过程之中。在阳明这里，如同"良知"的公共性、普适性所强调的"圣凡平等"，无论圣贤还是凡人，"乐"才是心体的本然状态，这是真正意义上的精神愉悦。进而言之，阳明所说的"乐"存在于日常生活之中，既不同于英国功利主义伦理学所说的幸福最大化，也不同于宗教修行所带来的神秘体验，而是"吾心之良知"流行发用于人伦日用之中，所谓的"一念开明，反身而诚"所带来的道德性、精神性的"乐"，这就是"孔颜之乐"、孟子"乐莫大焉"以及阳明心学所追求的"天地万物一体之仁"的精神世界。

【原文】

来书云："《大学》以'心有好乐、忿懥、忧患、恐惧'为'不得其正'①，而程子亦谓'圣人情顺万事而无情'②。所谓'有'者，《传习录》中以病疟譬之③，极精切矣。若程子之言，则是圣人之情不生于心而生于物也，何谓耶？且事感而情应，则是是非非，可以就格。事或未感时，谓之有，则未形也；谓之无，则病根在。有无之间，何以致吾知乎？学务无情，累虽轻，而出儒入佛矣，可乎？"

圣人致知之功，至诚无息。

【译文】

来信写道："《大学》中认为'心有好乐、忿懥、忧患、恐惧'为'不得其正'，程颢也说'圣人情顺万事而无情'。所谓的'有'情，《传习录》中以疟疾病症来比喻，特别贴切精当。如果按程颢所说，那么圣人的情是产生于物而不是产生于心了，为什么这样说呢？如果随着遇到的事而产生了相应的情，那么，其中的是非对错可以去格了。但在事情未来之时，说有情，却并未显露；说无情，可情就像病根一样存在着。若有若无，怎么能致良知呢？学习务必要做到无情，这样烦恼虽少了，但又脱离儒家而进入佛教了。无情能行吗？"

圣人致良知的功夫，是最为诚

其良知之体，皦如明镜，略无纤翳，妍媸之来，随物见形，而明镜曾无留染，所谓"情顺万事而无情"也。"无所住而生其心"④，佛氏曾有是言，未为非也。明镜之应物，妍者妍、媸者媸，一照而皆真，即是"生其心"处；妍者妍、媸者媸，一过而不留，即是"无所住"处。病疟之喻，既已见其精切，则此节所问，可以释然。病疟之人，疟虽未发而病根自在，则亦安可以其疟之未发，而遂忘其服药调理之功乎？若必待疟发而后服药调理，则既晚矣。致知之功，无间于有事无事，而岂论于病之已发未发邪？大抵原静所疑，前后虽若不一，然皆起于自私自利、将迎意必之为祟。此根一去，则前后所疑，自将冰消雾释，有不待于问辨者矣。

挚而又不息不止的。圣人的良知本体，就像明镜一样光亮，没有一丝纤尘遮蔽，美丑随时在镜中原形毕露，而镜子上什么也没留下，这正是所谓的"情顺万事而无情"。"无所住而生其心"，佛教这句话并不错。明镜照物，美的呈现为美，丑的呈现为丑，一照就是它的真实面目，也就是"生其心"。美的就是美，丑的就是丑，照过之后什么也未留下，这就是"无所住"。有关疟疾病症的比喻，既然你认为贴切精当，那么这里的问题自然也能解决了。患疟疾的人，病虽未发作，可病根却在，怎么能因为疟疾未发作而不去服药调治呢？如果一定要等到疟疾发作之后才服药调治，那就为时已晚。致知的功夫是不分有事无事，怎么能与是否发病来相比呢？你的疑虑，虽然前后不一，但都是自私自利、刻意追求在作怪。这个病根一旦克除，那你的诸多疑问，就自然会冰消雾散、云破天开，再也无须请教讨论了。

注　释

❶"心有好乐、忿懥、忧患、恐惧"为"不得其正"：语本《大学》："所谓修身在正其心者，身有所忿懥，则不得其正；有所恐惧，则不得其正；有所好

乐，则不得其正；有所忧患，则不得其正。"　❷"圣人情顺万事而无情"：语出程颢《答横渠先生定性书》："天地之常，以其心普万物而无心。圣人之常，以其情顺万事而无情。"　❸《传习录》中以病疟譬之：即赣州刻本《传习录》"陆澄录"："譬之病疟之人，虽有时不发，而病根原不曾除，则亦不得谓之无病之人矣。"　❹"无所住而生其心"：语见《金刚经》："应无所住而生其心。"

说　明

这段文字还是对"致良知"功夫的探讨。致良知的功夫就是"至诚无息"，不论有事无事都要省察克治、存心养性。

［钱德洪跋］①

【原　文】

《答原静书》出，读者皆喜澄善问、师善答，皆得闻所未闻。

师曰："原静所问，只是知解上转，不得已，与之逐节分疏。若信得良知，只在良知上用工，虽千经万典，无不吻合；异端曲学，一勘尽破矣。何必如此节节分解？佛家有'扑人逐块'②之喻，见块扑人，则得人矣；见块逐块，于块奚得哉？"在座诸友，闻之惕然，

【译　文】

阳明先生《答原静书》公开于世后，读者都很欣喜，认为陆原静问得好，先生答得精彩，都是我们过去未曾听过的内容。

先生说："陆原静所问的问题都是在认知、理解的层面上打转，无奈之下只得给他逐段讲解。如果真的相信良知，只在良知上用功，即使千经万典也会与之相符合，异端邪说将会不攻自破，又何必如此逐段解释呢？佛教有'扑人逐块'的比喻：狗看见石块而扑向人，这样才能咬住人；看到石块却去追逐石块，从石块那里又能得到什么呢？"其时，在座的各位学友听了这番话后，都心感警醒，并有所悟。致良知这一学问，贵在

皆有惺悟。此学贵反求，非知解可入也。

反身自求，并不是从认知、理解上就可以获得的。

❶［钱德洪跋］四字不见于《王文成公全书》本《传习录》，系本书编者所加。　❷"扑人逐块"：语出《大般涅槃经》："一切凡夫，惟观于果，不观因缘。如犬逐块不逐于人，凡夫之人亦复如是。"《祖庭事苑》："《大般若论》云：'有掷块于犬。犬逐块也，块终不止。有掷于狮子，狮子逐人，其块自止。'"

说　明

这段由钱德洪所作的《答陆原静书》跋文，特别要注意的是王阳明所说的"若信得良知，只在良知上用工，虽千经万典，无不吻合"，这就是王阳明"龙场悟道"所说的"圣人之道，吾性自足"。"致良知"就是作省察克治、涵养心体的工夫。

答欧阳崇一

解　题

欧阳德（1496—1554），字崇一，号南野，江西泰和人。正德十一年（1516）江西乡试中举。嘉靖二年（1523）进士及第，授（安徽）六安州知州。历官刑部员外郎、翰林院编修、《大明会典》纂修官、南京国子监司业等。嘉靖二十九年（1550），充会试主考官；母萧氏卒，丁内艰。嘉靖三十一年（1552），召拜礼部尚书兼翰林院学士，值无逸殿。嘉靖三十三年（1554）三月卒于官，年五十九。诏赠太子少保，谥文庄。著有《欧阳南野先生文集》三十卷，今有学者编校整理的《欧阳德集》。

正德十二年（1517），22岁的欧阳德在会试不中后，作为"年最少"者，从学王阳明于虔台（赣州）；嗣后，日侍阳明，阳明"呼为小秀才"，每遣服役，欣欣恭命，虽劳不怠，故受阳明器重。阳明在江西期间，欧阳德得以聆听师训，对"知行合一""致良知"等心学命题也颇为熟知。嘉靖二年（1523），会试策问阴诋阳明，欧阳德与魏良弼等直发师训无所阿，登进士第。出守六安州后，曾奉书阳明，"初政倥偬，后稍次第，始得于诸生讲学"。阳明复函："吾所讲学，正在政务倥偬中。岂必聚徒而后为讲学耶？"嘉靖三年（1524）十月，南大吉、南逢吉刊刻《传习录》上下两册（《续刻传习录》）于绍兴，阳明寄予时任六安州守的欧阳德；欧阳德对于《传习录》上册，也就是薛侃在赣州刊刻的《传习录》中的内容是熟悉的，然而在拜读下册所收录的《答人论学书》（《答顾东桥书》）、《答周道通书》中的阳明话语后产生了困惑，嘉靖五年（1526）春便致函时在越地讲学的阳明。同年四月，阳明复函，回答欧阳德对于这两封书信中关于"致良知"之教的四个困惑，即通行本《传习录》卷中的《答欧阳崇一》，阳明回信中也言及"良知"的诸多特质，诸如"良知即是天理""良知之在人心，亘万古，塞宇宙，而无不同""良知常觉、常照""良知自知、自在"等。也应该指出，《答欧阳崇一》并不见于嘉靖三年南大吉、南逢吉在绍兴刊刻的《传习录》中，而是后来《传习录》在增刻过程中加入的。

【原文】

崇一来书云："师云：'德性之良知，非由于闻见，若曰"多闻，择其善者而从之，多见而识之"①，则是专求之见闻之末，而

【译文】

欧阳崇一来信写道："您说'人的德性良知不依赖见闻，如果说"多闻，择其善者而从之，多见而识之"，那是只在见闻的细节上探求，这就成为次要的问题了。'

已落在第二义。'窃意良知虽不由见闻而有，然学者之知未尝不由见闻而发；滞于见闻固非，而见闻亦良知之用也。今曰'落在第二义'，恐为专以见闻为学者而言。若致其良知而求之见闻，似亦知行合一之功矣。如何?"

良知不由见闻而有，而见闻莫非良知之用，故良知不滞于见闻，而亦不离于见闻。孔子云："吾有知乎哉? 无知也。"②良知之外，别无知矣。故"致良知"是学问大头脑，是圣人教人第一义。今云专求之见闻之末，则是失却头脑，而已落在第二义矣。近时同志中盖已莫不知有"致良知"之说，然其功夫尚多鹘突③者，正是欠此一问。大抵学问功夫，只要主意头脑是当，若主意头脑专以"致良知"为事，则凡多闻多见，莫非"致良知"之功。盖日用之间，见闻酬酢④，虽千头万绪，莫非良知之发用流行，除却见闻酬酢，亦无良知可致矣。故只是一事。若曰致其良知而求之见闻，则语意之间未免

我以为良知虽然不是来自见闻，但学者的知识，未尝不是从见闻中所产生的；拘泥于见闻固然错误，但见闻也是良知的作用。如今，您却说见闻'落在第二义'，恐怕是针对专门将见闻作为学问的人而言的吧。如果为了致良知而在见闻上探求，似乎也是知行合一的功夫。这样理解，对吗?"

良知并不是从见闻上产生的，但见闻都是良知的作用，因此，良知既不滞留于见闻，却也离不开见闻。孔子说："吾有知乎哉? 无知也。"良知以外没有其他的知识。所以，"致良知"是做学问的关键所在，是圣人教人为学的第一要义。如今说只在见闻的细节上探求，那就失去了为学的重点，关注的只是次要的问题。近来，大家没有不知道"致良知"的学问，但功夫仍然有许多糊涂之处，正是因为欠缺你的这一疑问。一般而言，做学问的功夫一定要在最关键之处抓住核心问题，如果把"致良知"看成最关键的事情，那么多闻多见也不过是"致良知"的功夫。在日常生活中，见闻应酬虽然繁多，但也都是良知的作用发挥，除了见闻应酬，也没有良知可致。因此，良知与见闻就是一件事。如果说致良知要从见闻上探求，那么言语之间就

为二。此与专求之见闻之末者虽稍不同，其为未得"精一"之旨，则一而已。"多闻，择其善者而从之，多见而识之"，既云"择"，又云"识"，其良知亦未尝不行于其间，但其用意乃专在多闻多见上去"择""识"，则已失却头脑矣。崇一⑤于此等处见得当已分晓，今日之问，正为发明此学，于同志中极有益。但语意未莹，则毫厘千里，亦不容不精察之也。

难免将良知与见闻看成两件事了。这虽然与只在见闻的细节上探求良知的人稍有不同，但他们都不理解"惟精惟一"的宗旨，则是相同的。"多闻，择其善者而从之，多见而识之"，既然说了"择"与"识"，可见良知也在其中发挥了作用，只是其用意还是在多闻多见上去"择""识"，这就失去了做学问最为关键的东西。崇一，你对这些问题的认识已经很清楚了，今日一问，正是为了阐明良知学说，相信对大家非常有益。只是意思表达得不够清楚，为了避免出现差之毫厘、失之千里的谬误，也得认真仔细地考察。

注释

❶"多闻，择其善者而从之，多见而识之"：语出《论语·述而》。　❷"吾有知乎哉？无知也"：语见《论语·子罕》："吾有知乎哉？无知也。有鄙夫问于我，空空如也，我叩其两端而竭焉。"　❸鹘突：模糊、混沌，疑惑不定。　❹酬酢：宾主互相敬酒，泛指交际应酬。　❺崇一：即欧阳德。

说明

据王阳明《答欧阳崇一》，欧阳德的第一个困惑是针对阳明《答顾东桥书》中对"德性之知"与"闻见之知"，也就是"良知"（道德）与"知识"关系的阐释。对此疑问，阳明回答："良知不由见闻而有，而见闻莫非良知之用，故良知不滞于见闻，而亦不离于见闻。孔子云：'吾有知乎哉？无知也。'良知之外，别无知矣。故'致良知'是学问大头脑，是圣人教人第一义。今云专求之见闻之末，则是失却头脑，而已落在第二义矣。"也就是说，在阳明这里，圣人教学的第一义即学问的大头脑便是"致良知"。良知本体扩充到日常生活经验中，则为良知之用，是为致良知的工夫。但良知不是从经验中得来，故曰"良知不滞于见闻"；但良知必定要落实到经验生活中去，故曰良知"亦不离于见闻"。阳明在这里警示欧阳德不可忘记"致良知"之教，因为求"良知"于闻见之末，则会陷入枝叶之学。同时，在阳明看来，如果不忘记"致良知"这一根本的话，它才是"学问大头脑""圣人教人第一义"。"多闻多见"仅仅是"致良知"的路径之一，其实就是强调"良知"与知识之间也是不滞不离，但是又以"良知"为体、以知识为用的"体用一源"思想。

【原文】

来书云："师云《系》言'何思何虑'，是言所思所虑只是天理，更无别思别虑耳，非谓无思无虑也。心之本体，即是天理，有何可思虑得？学者用功，虽千思万虑，只是要复他本体，不是以私意去安排思索出来。若安排思索，便是自私用智矣。①学者之蔽②，大率非沉空守寂③，则安排思索。德辛壬之岁④着前一病，近又着后一病。但思索亦是良知发用，其与私意安排者，何所取别？恐认贼作子⑤，惑而不知也。"

【译文】

来信写道："您认为《易传·系辞》中所讲的'何思何虑'，是指所思所虑的只是天理，再没有别的思想，而不是无思无虑。心的本体就是天理，还有什么可思虑的？为学之人用功，即便千思万虑，也都只是要恢复他的本体，并不是靠私意去安排思考一个什么出来。如果安排思考，就是自私用智弄巧了。为学之人的弊病，多数不是死守空寂，就是去安排思考。我在辛巳到壬午期间（正德十六年到嘉靖元年，1521—1522）犯有前一种毛病，最近又犯有后一种毛病。但思考也是良知的作用，这与凭私意安排的思考有何区别呢？我担心自己认贼作子，因糊涂而不知道其间的区别。"

"思曰睿，睿作圣"⑥ "心之官则思，思则得之"⑦，思其可少乎？"沉空守寂"与"安排思索"，正是自私用智，其为丧失良知，一也。良知是天理之昭明灵觉处，故良知即是天理。思是良知之发用，若是良知发用之思，则所思莫非天理矣。良知发用之思，自然明白简易，良知亦自能得。若是私意安排之思，自是纷纭劳扰，良知亦自会分别得。盖思之是非邪正，良知无有不自知者。所以认贼作子，正为致知之学不明，不知在良知上体认之耳。

"思曰睿，睿作圣""心之官则思，思则得之"，可见，怎么能够没有思考呢？"沉守空寂"与"安排思索"，正是自私用智弄巧，同样都丧失了良知。良知是天理的昭明灵觉所在，因此，良知就是天理。思考是良知的作用，如果思考是从良知上产生的，那么所思考的也不过是天理。从良知上产生的思考，自然简易明白，良知自然也就能够知道。如果凭私意安排的思考，自然是纷纭烦扰，良知自然能够分辨清楚。因而思考的是非正邪，良知没有不知道的。之所以会认贼作子，正是由于还不理解致良知的学问，不懂得从良知上去体认、观察。

注释

❶ "师云"云云：语见嘉靖三年绍兴刻本《传习录》中的《答周道通书》。❷ 敝：当作"弊"。 ❸ 沉空守寂：指陷在空想中，拘束固守不切实际的想法。❹ 辛壬之岁：正德十六年"辛巳"（1521）、嘉靖元年"壬午"（1522）。 ❺ 认贼作子：语本《楞严经》："佛告阿难：'此是前尘虚妄相想，惑汝真性。由汝无始至于今生，认贼为子，失汝元常，故受轮转。'" ❻ "思曰睿，睿作圣"：语出《尚书·洪范》："五事：一曰貌，二曰言，三曰视，四曰听，五曰思。貌曰恭，言曰从，视曰明，听曰聪，思曰睿。恭作肃，从作乂，明作哲，聪作谋，睿作圣。" ❼ "心之官则思，思则得之"：语见《孟子·告子上》："心之官则思，思则得之，不思则不得也。此天之所与我者。"

说 明

阳明的这段文字涉及"良知发用之思"与"私意安排之思"之间的辨析。"良知是天理之昭明灵觉处，故良知即是天理。"良知发用之思，思索所得莫非天理，自然明白简易；私意安排之思，思索的都是天理之外的事情，自然纷纭劳扰。

【原 文】

来书又云："师云：'为学，终身只是一事。不论有事无事，只是这一件。若说宁不了事，不可不加培养，却是分为两事也。'①窃意觉精力衰弱，不足以终事者，良知也；宁不了事，且加休养，致知也。如何却为两事？若事变之来，有事势不容不了，而精力虽衰，稍鼓舞亦能支持，则持志以帅气可矣。然言动终无气力，毕事则困惫已甚，不几于'暴其气'②已乎？此其轻重缓急，良知固未尝不知。然或迫于事势，安能顾精力？或困于精力，安能顾事势？如之何则可？"

"宁不了事，不可不加培

【译 文】

来信接着写道："您曾说'为学，终身只是一件事。不论有事无事，也只是一件事。如果说宁可不处理事情，也不能不存养本心，这就分成两件事了'。我认为，感到精疲力竭而不能处理完事情的，是良知；宁可不处理事情也要存养本心的，是致知。怎么会是两件事呢？有时遇到了不能不处理的事情，即便精疲力竭，只要稍加振作也能坚持下来。可见，意志还是统领着气力的。但这时的言谈举止毕竟软弱无力，一旦处理完事情就疲惫不堪，这不是等于'暴其气'吗？其中的轻重缓急，良知固然明白。然而，有时为事势所迫，又怎么能顾及精力？有时精力疲惫不堪，又怎么能兼顾到事势呢？到底该怎么办才行呢？"

"宁不了事，不可不加培养"，

养"之意，且与初学如此说，亦不为无益。但作两事看了，便有病痛在。孟子言"必有事焉"③，则君子之学，终身只是"集义"④一事。义者，宜也，心得其宜之谓义。能致良知，则心得其宜矣，故"集义"亦只是致良知。君子之酬酢万变，当行则行，当止则止，当生则生，当死则死，斟酌调停，无非是致其良知以求自慊而已。故"君子素其位而行"⑤"思不出其位"⑥。凡谋其力之所不及，而强其知之所不能者⑦，皆不得为致良知。而凡"劳其筋骨，饿其体肤，空乏其身，行拂乱其所为，动心忍性，以增益其所不能"⑧者，皆所以致其良知也。若云"宁不了事，不可不加培养"者，亦是先有功利之心，较计成败利钝，而爱憎取舍于其间，是以将"了事"自作一事，而"培养"又别作一事。此便有是内非外之意，便是"自私用智"，便是"义外"，便有"不得于心，勿求于气"之病，

这句话对初学者来说也不是没有好处。但把处理事情与存养本心分成两件事来看待，就有问题了。孟子说："必有事焉"，那么君子做学问就是终身"集义"这一件事。义就是宜，心做到它应当做的叫作义。能够致良知，那么心就能做它该做的事。所以，"集义"也就是致良知。君子待人接物、应对事变，应当做的就去做，应当停的就停下，应当生存的就求生，应当死去的就去死，这样斟酌考虑，只不过是致其良知，以求得自我满足而已。因此，"君子素其位而行""思不出其位"。凡是谋求自己力所不能及的事，勉强做自己才智不能胜任的事，都不是致良知。只要是"劳其筋骨，饿其体肤，空乏其身，行拂乱其所为，动心忍性，以增益其所不能"的，都是为了致其良知。如果说"宁不了事，不可不加培养"，这是因为先有功利之心，在计较其中的利弊成败后，再做出爱憎取舍的选择，所以把"了事"当成一件事，又把"培养"当成另一件事。这就有了重视存养本心、轻视处理事情的心态，就是"自私用智"，还是"义外"，便会出现"不得于心，勿求于气"的弊病，就不是致良知以求自我满足的功夫。你所说的"鼓

便不是致良知以求自慊⑨之功矣。所云"鼓舞支持，毕事则困惫已甚"，又云"迫于事势，困于精力"，皆是把作两事做了，所以有此。凡学问之功，一则诚，二则伪。凡此，皆是致良知之意，欠诚一真切之故。《大学》言："诚其意者，如恶恶臭，如好好色，此之谓自慊。"曾见有恶恶臭、好好色，而须鼓舞支持者乎？曾有毕事则困惫已甚者乎？曾有迫于事势，困于精力者乎？此可以知其受病之所从来矣。

舞支持，毕事则困惫已甚"，你又说"迫于事势，困于精力"，这些都是因为将处理事情与存养本心看成两件事所产生的结果。所有做学问的功夫，只有始终如一，才能真实可靠；假如三心二意就会变得虚伪不可靠。你所说的情况都是由于致良知的心意还不够真诚确切。《大学》中说："诚其意者，如恶恶臭，如好好色，此之谓自慊。"你见过在讨厌恶臭、喜欢美色时，还要振作才能坚持下去的人吗？你见过做完这些事情后而精疲力竭的人吗？还有被事势所逼而精力不够用的人吗？由此可知病根所在之处了。

注　释

❶"师云"云云：语见阳明在嘉靖三年所作《答周道通书》。　❷"持志以帅气""暴其气"：语出《孟子·公孙丑上》："夫志，气之帅也；气，体之充也。夫志至焉，气次焉。故曰：'持其志，无暴其气。'"　❸"必有事焉"：语出《孟子·公孙丑上》："必有事焉而勿正，心勿忘，勿助长也。"　❹"集义"：语出《孟子·公孙丑上》："其为气也，配义与道，无是，馁也。是集义所生者，非义袭而取之也。"　❺"君子素其位而行"：语见《中庸》："君子素其位而行，不愿乎其外。"　❻"思不出其位"：语见《论语·宪问》："曾子曰：'君子思不出其位。'"又见《周易·艮卦·象传》。　❼凡谋其力之所不及，而强其知之所不能者：语本欧阳修《秋声赋》："而况思其力之所不及，忧其智之所不能。"　❽"劳其筋骨，饿其体肤，空乏其身，行拂乱其所为，动心忍性，以增益其所不能"：语见《孟子·告子下》。　❾自慊：《王文成公全书》本《传习录》作

"自谦"，兹据上下文意改。自慊是自足、自快的意思。

说 明

　　阳明这段文字是对《答周道通书》中"宁不了事，不可不加培养"，这二者是"一事"还是"两事"的再次辨析。在阳明看来，做事和存养，不是两件事。当然，在"致良知"的阳明心学语境中，君子终身为学，只是孟子所言"集义"一事，"义"的日积月累，就是一个诚一、真切以"致良知"的过程。

【原 文】

　　来书又有云："人情机诈百出，御之以不疑，往往为所欺；觉则自入于逆、亿。夫逆诈即诈也，亿不信即非信也，为人欺又非觉也。不逆不亿①而常先觉，其惟良知莹彻乎？然而出入毫忽之间，背觉合诈者多矣。"

　　"不逆不亿而先觉"，此孔子因当时人专以逆诈、亿不信为心，而自陷于诈与不信，又有不逆、不亿者，然不知致良知之功，而往往又为人所欺诈，故有是言。非教人以是存心，而专欲先觉人之诈与不信

【译 文】

　　来信又写道："人情诡诈多变，如果不加怀疑地对待，往往会被欺骗；要想发现他人的诡诈，自己便会事先怀疑他人、猜度他人。逆诈就是欺诈，亿不信就是不诚信，被他人欺骗又没有觉察到。能够不事先怀疑他人欺诈、不无故猜度他人，且又能事先觉察一切的，只有良知晶莹剔透的人才能做到吧？然而欺诈与诚实之间的差别十分微妙，因此不能明觉和欺诈不实的人都很多。"

　　"不逆不亿而先觉"，这是孔子针对当时的社会情况而言的，当时，许多人一心欺诈他人、待人不诚实、深陷欺诈和不诚实的泥潭；也有人虽不欺诈、不随意猜度他人，但不懂得致良知的功夫，往往又被人欺骗。孔子因此有感而发，说了这番话。孔子的

也。以是存心，即是后世猜忌险薄者之事。而只此一念，已不可与入尧舜之道矣。不逆、不亿而为人所欺者，尚亦不失为善，但不如能致其良知，而自然先觉者之尤为贤耳。崇一谓"其惟良知莹彻"者，盖已得其旨矣。然亦颖悟所及，恐未实际也。盖良知之在人心，亘万古、塞宇宙而无不同。"不虑而知"，"恒易以知险"；"不学而能"②，"恒简以知阻"③。"先天而天不违，天且不违，而况于人乎？况于鬼神乎？"④夫谓"背觉合诈"者，是虽不逆人，而或未能无自欺也；虽不亿人，而或未能果自信也。是或常有求先觉之心，而未能常自觉也。常有求先觉之心，即已流于逆、亿，而足以自蔽其良知矣。此"背觉合诈"之所以未免也。君子学以为己⑤，未尝虞人之欺己也，恒不自欺其良知而已；未尝虞人之不信己也，恒自信其良知而已；未尝求先觉人之诈与不

话并不是教人存心去事先发现别人的欺诈和不诚实。存心去发现别人的欺诈和不诚实，是后世猜忌险薄的人所做的事。只要存有这个念头，就已经远离了尧、舜的圣人之道。不欺诈、不随意猜度他人却被人欺骗的人，还没有丧失善良的本心，但比不上那些能致其良知而能事先明觉奸伪的人更为贤明。你认为"其惟良知莹彻"的人才能做到，可见你已领悟了孔子的宗旨。但这恐怕只是你的聪明所领悟到的，而在实际生活中还未落实。良知自在人心，恒通万古，充盈宇宙，无不相同。所以古人说"不虑而知"，"恒易以知险"；"不学而能"，"恒简以知阻"。"先天而天不违，天且不违，而况人乎？况于鬼神乎？"你所说的"背觉合诈"的人，即便不欺诈他人，却也不能不自欺；即便不随意猜度他人，却也不能真的相信自己。这使得他们常常有寻求先知先觉的心思，却不能常常自我明觉。常有寻求先知先觉的心思，便已堕入怀疑猜度他人欺诈和不诚实的心态之中，而这就足以蒙蔽他们的良知。这正是他们无法克除"背觉合诈"的原因。对于君子而言，修学是为了提高自己的素养，从不忧虑被他人欺骗，只要永远不欺骗自己的良知便可；不担心他人对自己不诚实，只要永远相信自己的良知便

信也，恒务自觉其良知而已。是故不欺，则良知无所伪而诚，诚则明矣；自信，则良知无所惑而明，明则诚矣。明诚相生，是故良知常觉常照。常觉常照，则如明镜之悬，而物之来者，自不能遁其妍媸矣。何者？不欺而诚，则无所容其欺，苟有欺焉，而觉矣；自信而明，则无所容其不信，苟不信焉，而觉矣。是谓"易以知险""简以知阻"，子思所谓"至诚如神""可以前知"⑥者也。然子思谓"如神"，谓"可以前知"，犹二而言之。是盖推言思诚者之功效，是犹为不能先觉者说也。若就至诚而言，则至诚之妙用，即谓之"神"，不必言"如神"；至诚则"无知而无不知"，不必言"可以前知"矣。

可；不去寻求事先明觉他人的欺诈与不诚实，只要永远努力明觉自己的良知便可。所以，君子不自欺，良知就能诚敬而不虚假，这样，良知就能澄明；君子自信，良知就能澄明而不受迷惑，这样，良知就能诚敬。澄明和诚敬彼此促进，因此良知能不断觉悟、不断澄明。不断觉悟、不断澄明的良知，就像高悬的明镜，任何事物的美丑都无法在镜前有丝毫的隐瞒。为什么呢？因为良知没有欺骗而诚实，也就无法容忍他人的欺骗，遇到欺骗便能觉察；良知自信而澄明，也就不能容忍不诚实，遇到不诚实便能觉察。这就是所谓的"易以知险""简以知阻"，也就是子思所讲的"至诚如神""可以前知"。但子思说的"如神""可以前知"，还是当两件事看待了。因为他是从思、诚的功效上说的，也还是给不能事先觉知的人说的。如果从至诚上来说，那么至诚的妙用就称为"神"，而不必说"如神"了；至诚就能"无知而无不知"，也就不必说"可以前知"了。

注 释

❶ 不逆不亿：语出《论语·宪问》，"子曰：'不逆诈，不亿不信，抑亦先觉者，是贤乎！'"逆，是预先揣度；逆诈，预先怀疑别人欺诈。亿，揣度别人不

信任自己；亿不信，猜想别人不诚信。孔子的意思是，不预先怀疑别人欺诈自己，不揣度别人不信任自己，自己心体澄澈，遇事时自然可以觉察，这样的人可以称为贤者。　❷ 不虑而知、不学而能：语出《孟子·尽心上》："人之所不学而能者，其良能也；所不虑而知者，其良知也。"　❸ "恒易以知险""恒简以知阻"：语出《周易·系辞下》："夫乾，天下之至健也，德行恒易以知险。夫坤，天下之至顺也，德行恒简以知阻。"大意是说，乾坤天地，大道至简，道德行为的力量，就是始终简易平常，自然知道何处有险阻。　❹ "先天而天不违，天且不违，而况于人乎？况于鬼神乎"：语出《周易·乾卦·文言传》，意思是，与天地万物为一体的圣人，能够通晓天地万物的道理，先于天道而天道的运行不会与他违背。天道都不会与他的德行相违背，何况人呢？何况鬼神呢？　❺ 君子学以为己：语出《论语·宪问》："古之学者为己，今之学者为人。"　❻ "至诚如神""可以前知"：语出《中庸》："至诚之道，可以前知。国家将兴，必有祯祥；国家将亡，必有妖孽。见乎蓍龟，动乎四体。祸福将至，善，必先知之；不善，必先知之。故至诚如神。"

说　明

　　这段文字是王阳明从良知心学对《论语·宪问》中"不逆诈，不亿不信，抑亦先觉者，是贤乎"语句的解读。君子学以为己，就是不自欺良知，自信良知，自觉良知。以良知心学疏解四书五经，即"以心解经"是阳明学经典诠释的基本范式。

答罗整庵少宰书

解　题

　　罗钦顺（1465—1547），字允升，号整庵，江西泰和人。弘治六年（1493）进士，授翰林院编修，迁南京国子监司业。正德中，因乞终养，刘瑾怒，夺职为民。瑾被杀，复官，累迁至南京吏部右侍郎。世宗即位，转吏部左侍郎。嘉靖元年（1522）四月升任南京吏部尚书，嘉靖二年（1523）三月改任礼部尚书。不久丁忧归里。嘉靖六年（1527）二月，服除复原官，五月迁吏部尚书，皆辞不就；七月致仕。里居二十余年，潜心格物致知之学，专力于穷理、存心、知性。嘉靖二十六年（1547）卒，赠太子太保，谥文庄。有《困知记》《整庵先生存稿》传世，其中保存有不少阳明学文献，比如王阳明于正德十三年所撰《大学古本序》文（载《困知记》"三续"），罗钦顺与王阳明的两封书信（《困知记》附录）。阳明生前与罗钦顺系学术诤友，多有书信论辩；阳明辞世后，江西泰和籍阳明弟子欧阳德在"良知""格物"等问题上与罗钦顺有论辩，撰《辨整庵〈困知记〉》以反诘。

正德十五年（1520）春，王阳明呈送正德十三年（1518）在赣州刊刻的《朱子晚年定论》《大学古本傍释》与友人罗钦顺，先是正德十四年（1519）又有友人以《传习录》见示罗钦顺；时家居江西泰和的罗钦顺，因恪守程朱学统而对阳明所撰《大学古本傍释》《朱子晚年定论》予以质疑，遂在正德十五年夏有《与王阳明书》（见《困知记》附录《论学书信》）。正德十五年六月，王阳明因公务走赣江水路从南昌至赣州；二十日，行至泰和县境，恰好罗钦顺的《与王阳明书》先一天收到，阳明遂有《答罗整庵少宰书》。值得注意的是，王阳明的这封《答罗钦顺少宰书》手迹尚存世间，首句为："侍生王守仁顿首启复太宰整庵罗老先生大人执事：昨承教及《大学》，发舟匆匆，未能奉答。晚来江行稍暇，复取手教而读之。恐至赣后，人事复纷沓，先具其略以请。"落款为："秋尽东还，必求一面，以卒所请，千万终教。泰和舟次，王守仁顿首。六月廿日。余。"时年55岁的罗钦顺先后任南京吏部右侍郎、左侍郎（少宰）、南京吏部尚书（太宰），而48岁的王阳明在年岁、职务上低于罗钦顺，故有"侍生王守仁""太宰整庵罗老先生大人执事"的称呼。

【原文】

某顿首启：昨承教及《大学》，发舟匆匆，未能奉答。晓来江行稍暇，复取手教而读之，恐至赣后，人事复纷沓，先具其略以请。

来教云："见道固难，而体道尤难。道诚未易明，而学诚不可不讲，恐未可安于所见，而遂以为极则①也。"

幸甚幸甚！何以得闻斯言乎？其敢自以为极则而安之乎？正思就天下之有道以讲明之耳。而数年以来②，闻其说而非笑之者有矣，诟訾③之者有矣，置之不足较量辨议之者有矣。其肯遂以教我乎？其肯遂以教我而反复晓谕，恻然惟恐不及救正之乎？然则天下之爱我者，固莫有如执事之心深且至矣。感激当何如哉！夫"德之不修，学之不讲"④，孔子以为忧，而世之学者，稍能传习训诂，即皆自以为知学，不复有所谓讲学之求，可悲矣！夫道必体而后见，非已见

【译文】

鄙人顿首谨启：昨天幸蒙教诲《大学》，匆匆登船，未能及时答复。今早，趁在船上稍有空闲，又取出您的信拜读一遍，恐怕到了赣州后事务纷繁，先在此略作答复，请您赐教。

您在信中教导说："认识大道固然困难，然而要体认大道就更为困难。道的确不容易理解，但学问也确实不能不讲。恐怕不能满足于自己的所见所闻，认为这就是学问的最高标准了。"

十分荣幸！我怎能聆听到这样的教诲呢？我怎敢自以为达到最高标准而心安理得呢？我正想着如何讲明天下之大道呢。这些年来，对于我的学说，人们有的讥讽，有的辱骂，有的不屑一顾甚至懒得一辩。而这些人，有愿意教导我的吗？有愿意一再开导使我明白，担心不能救正我的吗？然而，天下关心爱护我的人中，没有谁像您这样对我如此悉心教诲。我该如何感激您是好！孔子对"德之不修，学之不讲"深感忧虑，但今天的学者只要读了几天书，略懂一点训诂，就自以为能够明白学问，不再去讲究探求了，这是多么可悲啊！大道，必须深切体认才能有所明白，并非明白道之后再下体察道的功夫；大道，必须

道而后加体道之功也；道必学而后明，非外讲学而复有所谓明道之事也。然世之讲学者有二：有讲之以身心者，有讲之以口耳者。讲之以口耳，揣摸测度，求之影响者也；讲之以身心，行著习察⑤，实有诸己者也。知此，则知孔门之学矣。

通过学习才能理解，并非在讲求学问之外还有其他明道的事业。然而现在讲学的人有两种：一是用身心来讲学，二是用口耳来讲学。用口耳讲学的，揣测估摸，讲的尽是捕风捉影、似是而非的内容；用身心讲学的，所言所行，的确都是来自自己的良知。明白了这些，就能通晓孔圣的学问。

注 释

❶ 极则：犹言最高准则。　❷ 数年以来：正德九年（1514）王阳明在南京讲学以来。　❸ 诟訾（zǐ）：辱骂；说人坏话。　❹ "德之不修，学之不讲"：语出《论语·述而》："子曰：'德之不修，学之不讲，闻义不能徙，不善不能改，是吾忧也。'"意为对品德不进行修养，对学问不进行钻研。　❺ 行著习察：语出《孟子·尽心上》："行之而不著焉，习矣而不察焉，终身由之而不知其道者，众也。"

说 明

这段文字涉及王阳明、罗钦顺对"孔门之学"大义的整体把握。其中特别提到，儒家学者在学道、体道、明道后，以身心为主的讲学的重要性。

【原文】

来教谓某"《大学》古本之复，以人之为学但当求之于

【译文】

您在信中说我："之所以要恢复《大学》古本，是认为做学问只应当

内，而程、朱'格物'之说不免求之于外，遂去朱子之分章而削其所补之传"①。

非敢然也。学岂有内外乎？《大学》古本②乃孔门相传旧本耳，朱子疑其有所脱误而改正补缉之③，在某则谓其本无脱误，悉从其旧而已矣。失在于过信孔子则有之，非故去朱子之分章而削其传也。夫学贵得之心，求之于心而非也，虽其言之出于孔子，不敢以为是也，而况其未及孔子者乎？求之于心而是也，虽其言之出于庸常，不敢以为非也，而况其出于孔子者乎？且旧本之传数千载矣，今读其文词，既明白而可通；论其工夫，又易简而可入。亦何所按据而断其此段之必在于彼、彼段之必在于此，与此之如何而缺，彼之如何而补，而遂改正补缉之，无乃重于背朱而轻于叛孔已乎？

在内心探求，而程、朱'格物'的观点未免要在心外探求，所以否定了朱子重分章节的做法，删掉了他所增补的传文。"

我不敢这样做。学问难道有内外之分吗？《大学》古本是孔门相传下来的旧本，朱子怀疑旧本有遗漏错误之处而重新加以改正、补订，我则认为《大学》旧本并没有遗漏错误之处，完全遵从旧本而已。我或许有过分相信孔子的过失，并非刻意要否定朱熹重分章节的做法，并删掉他所增补的传文。做学问在心中有所获得最可贵，如果心中认为是错误的，即便是孔子的言论，我也不敢认为是正确的，何况那些不如孔子的人呢？如果心里认为是正确的，即便是普通人讲的话，我也不敢认为是错误的，更何况还是出自孔子之口呢？况且《大学》旧本已经流传了几千年，现在去读那些文词，依然明白通顺；讨论其中的工夫，又简明可行。又凭借什么依据来断定这一段应该在那里、那一段应该在这里，这里缺了什么、那里需要补充什么，于是加以改正增补呢？这难道不是将背离朱子看得过重，而对违背孔子却看得很轻了吗？

说　明

在这段文字中，王阳明为自己编辑、刊刻《大学古本傍释》的缘由予以解释。先是正德十年（1515）王阳明与罗钦顺同在南都任职，二人之间多有交往，而阳明在这一年为应对魏校等朱子学者的"责难"而编辑《朱子晚年定论》（其中收录朱子的 34 封书信）之事，罗钦顺当是知晓的。早年对《礼记》（其中有《大学》）用功颇多，且又深谙朱子文献比如《四书章句集注》的王阳明，自然对《大学》古本深信不疑。这里，阳明以"学贵得之心"为基调，提出了惊世骇俗的言论："求之于心而非也，虽其言之出于孔子，不敢以为是也，而况其未及孔子者乎？求之于心而是也，虽其言之出于庸常，不敢以为非也，而况其出于孔子者乎？"在权威主义、教条主义面前，他不迷信任何权威的批判精神，无疑具有现代意义上思想启蒙性与文化主体性。故而刘宗周评论王阳明的"致良知"之说"可谓震霆启寐，烈耀破迷，自孔孟以来，未有若此之深切著明者也"。刘宗周又说"（王阳明）与朱子牴牾处，总在《大学》一书。朱子之解《大学》也，先格致，而后授之以诚意。（阳明）先生之解《大学》也，即格致为诚意。其于工夫似有分合之不同，然详二先生所最吃紧处，皆不越慎独一关，则所谓因明至诚，以进于圣人之道，一也。故先生又有《朱子晚年定论》之说"（详见黄宗羲《明儒学案·师说》）。

【原文】

来教谓："如必以学不资于外求，但当反观内省以为务，则'正心诚意'四字，亦何不尽之有？何必于入门之际，便困以'格物'一段工夫也？"[①]

诚然诚然！若语其要，则"修身"二字亦足矣，何必又言

【译文】

您在信中教导我说："如果认为做学问根本不必到心外探求，只要专心反身自省内求就行了，那么'正心诚意'四字，还有什么没有说明白的吗？为什么在初学入门时，还要用'格物'这一功夫使人迷惑不解呢？"

正是！正是！如果说学问的关

"正心"？"正心"二字亦足矣，何必又言"诚意"？"诚意"二字亦足矣，何必又言"致知"，又言"格物"？惟其工夫之详密，而要之只是一事，此所以为"精一"之学，此正不可不思者也。夫理无内外，性无内外，故学无内外。讲习讨论，未尝非内也；反观内省，未尝遗外也。夫谓学必资于外求，是以己性为有外也，是"义外"也，"用智"者也；谓反观内省为求之于内，是以己性为有内也，是"有我"也，"自私"者也。是皆不知性之无内外也，故曰"精义入神，以致用也；利用安身，以崇德也"②；"性之德也，合内外之道也"③。此可以知"格物"之学矣。"格物"者，《大学》之实下手处④，彻首彻尾，自始学至圣人，只此工夫而已，非但入门之际有此一段也。夫"正心""诚意""致知""格物"，皆所以"修身"；而"格物"者，其所用力，日可见之地。故"格物"者，格其心之物也，格其意之物

键，"修身"二字已经足够了，为什么还要说"正心"呢？"正心"二字也足够了，为什么还要说"诚意"呢？"诚意"二字也足够了，为什么还要说"致知""格物"呢？之所以这样，是因为做学问的工夫详尽周密，概括起来只是一件事，所以称之为"精一"的学问，对此不能不认真思考。天理没有内外之分，人性没有内外之分，所以学问也没有内外之分。讲习讨论，不能说不是内；反身自省，也未必就摒弃了外。如果认为学问一定要到心外探求，那就是认为自己的人性还有外在的部分，这就是"义外""用智"。如果认为反身自省是在心中内求，那就是认为自己的人性还有内在的部分，这就是"有我""自私"。这两种见解都没弄懂人性无内外之分，所以说："精义入神，以致用也；利用安身，以崇德也"；"性之德也，合内外之道也"。由此便可明白"格物"的学问了。"格物"是《大学》切实下工夫的地方，自始至终，从初学到成圣，唯此工夫而已，并非只在入门时才有这一工夫。"正心""诚意""致知""格物"，都是为了"修身"；而"格物"是人们每天下工夫中可以看得见的方面。因此，"格物"，就是格其心之物，格

也，格其知之物也；"正心"者，正其物之心也；"诚意"者，诚其物之意也；"致知"者，致其物之知也。此岂有内外彼此之分哉？理一而已。以其理之凝聚而言，则谓之"性"；以其凝聚之主宰而言，则谓之"心"；以其主宰之发动而言，则谓之"意"；以其发动之明觉而言，则谓之"知"；以其明觉之感应而言，则谓之"物"。故就物而言谓之"格"，就知而言谓之"致"，就意而言谓之"诚"，就心而言谓之"正"。正者，正此也；诚者，诚此也；致者，致此也；格者，格此也；皆所谓穷理以尽性也。天下无性外之理，无性外之物。学之不明，皆由世之儒者认理为外，认物为外，而不知"义外"之说，孟子盖尝辟之⑤，乃至袭陷其内而不觉，岂非亦有似是而难明者欤？不可以不察也。

其意之物，格其知之物；"正心"，就是正其物之心；"诚意"，就是诚其物之意；"致知"，就是致其物之知。这里哪有内外、彼此的区分？天理只有一个。从天理凝聚在具体的对象上来说，称之为"性"；从天理主宰这个凝聚的现象来说，称之为"心"；从天理主宰心的作用来说，称之为"意"；从心体作用的明觉上来说，称之为"知"；从知的明觉之处能够感应外在的对象来说，称之为"物"。所以，从物而言叫作"格"，从知而言叫作"致"，从意而言叫作"诚"，从心而言叫作"正"。正，就是正心；诚，就是诚意；致，就是致知；格，就是格物，全是为了穷尽天理而充分彰显人性。天下没有人性之外的天理，也没有人性之外的事物。圣人的学说之所以不彰明于天下，都是因为世上的儒生将理和物看成外在的，却不明白"义外"的观点正是孟子曾经批评过的，以至于重蹈覆辙而不自觉，这难道不是似是而非、难以明白吗？所以不能不认真体察。

注 释

❶ 来教谓某云云：见正德十五年夏罗钦顺的《与王阳明书》（罗钦顺《困知

记》附录《论学书信》）。　❷ "精义入神，以致用也；利用安身，以崇德也"：
语见《周易·系辞上》。　❸ "性之德也，合内外之道也"：语见《中庸》："诚
者，非自成己而巳也，所以成物也。成己，仁也；成物，知也。性之德也，合
内外之道也。"　❹ "格物" 者，《大学》之实下手处：详参《大学》："物格，
而后知至；知至，而后意诚；意诚，而后心正；心正，而后身修；身修，而后
家齐；家齐，而后国治；国治，而后天下平。"　❺ "义外" 之说，孟子盖尝辟
之：孟子辟告子 "义外" 之说，见《孟子·告子上》。

说　明

　　这段文字是王阳明有别于朱子，对以 "格物" 为起点的《大学》"八条目"
各目之间内在逻辑关联的解读。"理无内外，性无内外，故学无内外"，内外合
一、仁义合一、天人合一，是孔孟儒学也是阳明心学的基本思维与根本精神。

【原　文】

　　凡执事所以致疑于 "格物"
之说者，必谓其是内而非外也；
必谓其专事于反观内省之为，而
遗弃其讲习讨论之功也；必谓其
一意于纲领本原之约，而脱略于
支条节目之详也；必谓其沉溺于
枯槁虚寂之偏，而不尽于物理人
事之变也。审如是，岂但获罪于
圣门，获罪于朱子？是邪说诬民，
叛道乱正，人得而诛之也，而况
于执事之正直哉？审如是，世之

【译　文】

　　您怀疑我的 "格物" 主张，一
定是认为我肯定内求而反对外求；
认为我专门致力于反身自省而摒弃
了讲习讨论的功夫；认为我只注重
简约的纲领本源，而忽视了详细的
细节条目；认为我深陷于枯槁虚空
的偏执，而不能穷尽人情事理的变
化。如果真是如此，不仅仅只是圣
学的罪人、朱子的罪人，而且是用
异端邪说欺骗百姓，背道离经，人
人都可讨伐诛灭，更何况您这样正
直的人呢？如果真是如此，世上略
懂一些训诂，知晓一点先哲言论的

稍明训诂，闻先哲之绪论者，皆知其非也，而况执事之高明哉？凡某之所谓"格物"，其于朱子"九条"之说①，皆包罗统括于其中，但为之有要，作用不同，正所谓毫厘之差耳。然毫厘之差，而千里之缪实起于此，不可不辨。

人，也都能知道我说的是错的，更何况您这样高明的人呢？我所说的"格物"，涵盖了朱子所谓的"九条"，但我的"格物"学说自有关键之处，其作用与朱熹所论的不同，这正所谓的有毫厘之差。但在此处，差之毫厘即可产生失之千里的错误，所以不得不辨明。

注释

❶ 朱子"九条"之说：详见朱熹《大学或问》所摘录的程子所言格物致知所当用力之地与其次第工夫。

说明

这是王阳明为自己"格物"新说的辩护。

【原文】

孟子辟杨、墨，至于"无父无君"①。二子亦当时之贤者，使与孟子并世而生，未必不以之为贤。墨子"兼爱"，行仁而过耳；杨子"为我"，行义而过耳。此其为说，亦岂灭理乱常之甚，而足以眩天下哉？而其流之弊，

【译文】

孟子批评杨朱、墨子是"无父无君"。其实这两人也是当时的贤士，如果与孟子同处一个时代，未必不被称为贤者。墨子主张"兼爱"，是行仁过了头；杨朱主张"为我"，是行义过了头。他们的学说，难道是要泯灭天理、扰乱纲常而迷惑天下吗？但其所产生的弊端，孟

孟子至比于禽兽夷狄，所谓以"学术杀天下后世"②也。今世学术之弊，其谓之学仁而过者乎？谓之学义而过者乎？抑谓之学不仁不义而过者乎？吾不知其于洪水猛兽何如也。孟子云："予岂好辩哉？予不得已也。"③杨、墨之道塞天下，孟子之时，天下之尊信杨、墨，当不下于今日之崇尚朱说，而孟子独以一人呶呶于其间。噫！可哀矣。韩氏云："佛、老之害，甚于杨、墨。韩愈之贤不及孟子，孟子不能救之于未坏之先，而韩愈乃欲全之于已坏之后，其亦不量其力，且见其身之危，莫之救以死也。"④呜呼！若某者，其尤不量其力，果见其身之危，莫之救以死也矣。夫众方嘻嘻之中，而独出涕嗟若⑤；举世恬然以趋，而独疾首蹙额以为忧。此其非病狂丧心，殆必诚有大苦者隐于其中，而非天下之至仁，其孰能察之？

某⑥为《朱子晚年定论》，盖亦不得已而然。中间年岁早晚，诚有所未考，虽不必尽出于

子比作是禽兽、夷狄，这也就是所谓的用"学术杀天下后世"。当今学术的弊病，能说是学仁太过呢？还是学义太过呢？或是学不仁、不义太过呢？我真不知道他们同洪水猛兽有何不同！孟子说："予岂好辩哉？予不得已也。"在孟子的时代，杨朱、墨子的学说充盈天下，受人推崇，并不亚于如今的人们推崇朱子的学说，而孟子独自一人与众人争辩。唉！真可悲。韩愈说："佛、老之害，甚于杨、墨。韩愈之贤不及孟子，孟子不能救之于未坏之先，而韩愈乃欲全之于已坏之后，其亦不量其力，且见其身之危，莫之救以死也。"哎！至于我，更是不自量力，的确看到了自身面临的危险，至死也无法挽救这种情况。正当众人在欣喜欢悦之时，而唯独我却流泪叹息；正当世人都心安理得地趋炎附势之际，而唯独我却愁眉痛心。这如果不是我神经错乱而丧失理智，就一定是有极大的痛苦深藏心中。如果不是达到天下至仁的人，谁人又能明察到这一点呢？

我编撰《朱子晚年定论》，也是不得已而为之。其中书信年代的早晚，的确有些未经考证，虽然不全是朱子晚年的文章，但大部分是他晚年的著述。我的本意在于婉转地

晚年，固多出于晚年者矣。⑦然大意在委曲调停以明此学为重，平生于朱子之说如神明蓍龟，一旦与之背驰，心诚有所未忍，故不得已而为此。"知我者，谓我心忧；不知我者，谓我何求"⑧，盖不忍抵牾朱子者，其本心也；不得已而与之抵牾者，道固如是，"不直则道不见"⑨也。执事所谓"决与朱子异"者，仆敢自欺其心哉？夫道，天下之公道也；学，天下之公学也，非朱子可得而私也，非孔子可得而私也。天下之公也，公言之而已矣。故言之而是，虽异于己，乃益于己也；言之而非，虽同于己，适损于己也。益于己者，己必喜之；损于己者，己必恶之。然则某今日之论，虽或与⑩朱子异，未必非其所喜也。"君子之过，如日月之食。其更也，人皆仰之"，而"小人之过也必文"。⑪某虽不肖，固不敢以小人之心事朱子也。

调停朱陆的论争，重在彰明圣学。我一生始终将朱子的学说奉若神明，一旦与它背道而驰，心里的确也很难受，因此，我无奈之下才编了《朱子晚年定论》。"知我者，谓我心忧；不知我者，谓我何求"，不忍心与朱子的学说相抵触，这是我的本心；无奈之下与它抵触，是因为圣道原本如此，"不直则道不见"。您认为我是"决与朱子异"的人，我怎么敢自我欺骗？大道，原本是天下共同的道；圣学，原本是天下共同的学，并非朱子可以自己私有的，也并非孔子可以自己私有的。对天下共有的东西，应当秉公而论。所以只要讲得正确的，即便与自己的见解不同，也是对自己有益；讲得错误的，即便与自己的见解相同，也对自己有损害。对自己有益的，一定会喜欢它；对自己有害的，一定会厌恶它。这样，我今天所讲的，即使与朱子不同，未必不是他所喜欢的。"君子之过，如日月之食。其更也，人皆仰之"，然而，"小人之过也必文"。我虽然不够贤明，但也不敢用小人之心来对待先贤朱子。

注 释

❶ 孟子辟杨、墨，至于"无父无君"：语本《孟子·滕文公下》："杨氏为我，是无君也；墨氏兼爱，是无父也。无父无君，是禽兽也。" ❷ "学术杀天下后世"：语本陆九渊《与曾宅之书》："此岂非以学术杀天下哉？" ❸ "予岂好辩哉？予不得已也"：语本《孟子·滕文公下》。"辩"，《王文成公全书》本《传习录》作"辨"，兹据《孟子》改。 ❹ "佛、老之害，甚于杨、墨。韩愈之贤不及孟子，孟子不能救之于未坏之先，而韩愈乃欲全之于已坏之后，其亦不量其力，且见其身之危，莫之救以死也"：韩愈语，见《与孟简尚书书》。 ❺ 涕嗟若：语出《周易·离卦·爻辞》："出涕沱若，戚嗟若。" ❻ 某：《王文成公全书》本《传习录》作"其"，兹据上下文意改。 ❼ 中间年岁早晚，诚有所未考，虽不必尽出于晚年，固多出于晚年者矣：这里是罗钦顺对王阳明编辑的《朱子晚年定论》中《答何叔京书》等四封书信具体编年的质疑，认为这四封书信是朱子46岁之前所作。 ❽ "知我者，谓我心忧；不知我者，谓我何求"：语出《诗经·王风·黍离》。 ❾ "不直则道不见"：语出《孟子·滕文公上》："吾今则可以见矣。不直，则道不见。我且直之。" ❿ 或与：底本作"或于"，兹据王阳明这封书信存世墨迹改。 ⓫ "君子之过，如日月之食。其更也，人皆仰之"，而"小人之过也必文"：语见《论语·子张》："子贡曰：'君子之过也，如日月之食焉。过也，人皆见之；更也，人皆仰之。'""子夏曰：'小人之过也必文。'"

说 明

在这段文字中，王阳明为自己编辑、刊刻《朱子晚年定论》的缘由予以解释。先是正德十年（1515）王阳明与罗钦顺同在南都任职，二人之间多有交往，而阳明在这一年为应对魏校等朱子学者的"责难"而编辑《朱子晚年定论》并于正德十三年（1518）在赣州雩都由门人刊刻。在罗钦顺看来，《答何叔京书》等四封书信是朱子46岁之前所作，非朱子"晚年定论"；另外，王阳明认定的《四书章句集注》《四书或问》为朱子"中年未定之说"也不免是"考之欠详，而立论之太果也"（见罗钦顺《与王阳明书》）。这里，王阳明也承认自己编辑的《朱子晚年定论》书信中的确有若干封非朱子晚年所作，但是这并不妨碍他作出的朱子晚年思想已经改变的判断。这段话的核心议题是："夫道，天下之公道也；学，天下之公学也，非朱子可得而私也，非孔子可得而私也。天下之公也，公言之而已矣。"在阳明这里，"道""学"的话语权并不是掌握在孔子、朱子等权威主义者的手中。这无疑具有思想解放的启蒙性质。当然并不是说，阳明学是对朱子学的彻底否定，只不过是一场"道学革新运动"罢了，也就是儒家内部的修正主义。也应该指出，正德十五年夏王阳明在泰和县域的这场与罗钦顺之间的"学术论辩"，其中所涉的对"心意知物""格致诚正"的"心解"以及对朱子学的彻底"解构"，也是同年秋王阳明在赣州通天岩正式提出"致良知"之说的一个学术诱因。

【原文】

执事所以教，反复数百言，皆以未悉鄙人"格物"之说。若鄙说一明，则此数百言，皆可以不待辨说而释然无滞。故今不敢缕缕，以滋琐屑之渎。然鄙说非面陈口析，断亦未能了了于纸笔间也。嗟乎！执事所以开导启迪于我者，可谓恳到详切矣！人之爱我，宁有如执事者乎？仆虽甚愚下，宁不知所感刻佩服？然而不敢遽舍其中之诚然①而姑以听受云者，正不敢有负于深爱，亦思有以报之耳。秋尽东还②，必求一面，以卒所请，千万终教。

【译文】

您的谆谆教诲，反复数百言，都是因为不能完全理解我的"格物"学说。如果一旦明白了我的学说，那么，您所讲的都不用辩论，也能毫无疑问。所以我现在不敢再详细述说，以免累赘。然而，我的学说如果不当面陈述，用纸笔一下子是很难说清楚的。哎！您对我的开导启迪，可以说是恳切而又周详的！在爱护我的人中，哪有像您这样对我好的？我虽然很愚笨，怎么能不感激佩服您呢？但我不敢断然舍弃心中真诚的想法来听从您的教诲，这正是不敢辜负您的厚爱，也想以此来报答您。待到秋后从赣州返程，一定前去拜见您，以当面请教，万望不吝赐教。

注 释

❶ 然：王阳明这封书信的存世墨迹无此"然"字。　❷ 秋尽东还：孙应奎本《传习录》作"秋尽冬还"。

说 明

书信结尾，王阳明再次对诤友道以感激，同时不忘为自己的"格物"说正名。施邦曜《阳明先生集要》"理学编卷四"收录《答罗整庵少宰书》，并有跋文："此书论朱子而举杨、墨、佛、老以为证，词未免过激。然朱子自有朱子之得力处，不必强而同也。盖人之资禀不齐，即孔门诸弟子，颜、曾、游、夏、冉、闵，得力人人殊，只是趋向皆正耳。要晓得先生谆谆然不得已于辩者，非是讦朱子之短。只因后之学者，溺于训诂，俱借口朱子为重，故作《晚年定论》，以明朱子之心，以挽末学之病，即朱子亦当欣然于廊庑也。学者不可不知。"

答聂文蔚

解 题

聂豹（1487—1563），字文蔚，号双江，江西永丰人。正德十二年（1517）进士。正德十五年（1520），知华亭县，有政绩。嘉靖四年（1525）召为监察御史，劾奏大阉及权臣，有能谏名。嘉靖五年（1526）夏巡抚福建，建养正书院，刻王阳明《传习录》《大学古本傍释》、湛若水《二业合一论》以示学者。嘉靖十年（1531），遭嫉，出为苏州知府。后因丁内外艰，家居十年。嘉靖二十年（1541）复出，知平阳府，升陕西按察司副使，为辅臣夏言所恶，罢归，下狱。嘉靖二十九年（1550），荐拜都察院右佥都御史，巡抚顺天，迁兵部右侍郎。嘉靖三十一年（1552），升任兵部尚书。嘉靖三十四年（1555），以疾老致仕。嘉靖四十二年（1563）十一月卒，年七十七。隆庆元年（1567）赠少保，谥贞襄。著有《双江聂先生文集》等，今有学者编校整理成《聂豹集》。

对于聂豹与王阳明的交往，黄宗羲《明儒学案·江右王门学案·贞襄聂双江先生豹》有论：嘉靖五年夏，聂豹以御史按闽，过武林（杭州）而渡江拜见阳明；犹疑阳明居越讲学，接人太滥，有书函与阳明，阳明复函云："吾之讲学，非以蕲人之信己也，行吾不得已之心耳。若畏人之不信，必择人而与之，是自丧其心也。"聂豹从中省悟，为之惕然。通行本《传习录》卷中的《答聂文蔚一》，即是聂豹在嘉靖五年夏离开绍兴后，进一步拜读阳明赠送的嘉靖三年南大吉刻本《传习录》后，对自己在接受良知心学过程中遇到的困惑致函阳明，阳明在八月间复函予以授业解惑。阳明的这封书信当与王阳明在嘉靖三年（1524）所成的《答顾东桥书》中的"拔本塞源论"等量齐观，它们集中体现了王阳明晚年在越地讲学的"万物同体"也就是"天地万物一体之仁"的思想与境界。

【原　文】

夏间①，远劳迂途枉顾，问证惓惓②，此情何可当也？已期二三同志更处静地，扳留旬日，少效其鄙见，以求切劘③之益；而公期俗绊，势有不能。别去极怏怏，如有所失。忽承笺惠，反复千余言，读之无甚浣慰④。中间推许太过，盖亦奖掖之盛心，而规砺真切，思欲纳之于贤圣之域。又托诸崇一⑤，以致其勤勤恳恳之怀，

【译　文】

有劳您在夏天自远方绕道光临寒舍，不知疲倦地询问论证，如此真情，我怎能承担得起呢？本来已与几位同道相约，想找一个安静的处所，住上十天半月，一起探讨我的观点，以便在相互切磋中有所受益；然而您因公务在身，不能久留。离别之后，我心中十分惆怅，若有所失。忽然之间收到您的来信，洋洋千言，读后甚感欣慰。信中对我的过奖之处，也是对我的一片鼓励提携之情，其中的规劝砥砺，真切感人，是希望我能步入圣贤的行列。此外又嘱托欧阳崇一转

此非深交笃爱，何以及是？知感知愧，且惧其无以堪之也。虽然，仆亦何敢不自鞭勉，而徒以感愧辞让为乎哉？其谓思、孟、周、程，无意相遭于千载之下，与其尽信于天下，不若真信于一人。道固自在，学亦自在，天下信之不为多，一人信之不为少者，斯固君子"不见是而无闷"⑥之心，岂世之谫谫⑦屑屑者，知足以及之乎？乃仆之情，则有大不得已者存乎其间，而非以计人之信与不信也。

达您的殷切关怀之情，如果不是深交厚爱的朋友，怎能做到这样呢？我既感激又愧疚，唯恐辜负您的一片心意。即便这样，我又怎敢不鞭策勉励自己，而只在那里感愧谦让呢？您认为"子思、孟子、周敦颐、程子等人，并不期望千年之后能被世人理解，与其让天下人都相信，倒不如让一个人笃信。大道自然存在，圣学也依然存在，天下的人都相信也不算多，只有一人笃信也不算少"。这固然是君子"不见是而无闷"的心态，但世上浅薄鄙陋的人，又怎能明白这一点呢？对我来说，其中有许多万不得已的情况，并不是计较他人是否相信。

注 释

❶ 夏间：《王文成公全书》本《传习录》作"春间"，兹据胡宗宪本《传习录》以及《阳明先生年谱》"是年夏，豹以御史巡按福建，渡钱塘来见先生"，改为"夏间"。　❷ 惓惓（quánquán）：恳切的样子，深挚关切的心意。　❸ 切劘（mó）：切磋相正。　❹ 浣慰（huànwèi）：宽慰；快慰。　❺ 崇一：即欧阳德，聂豹与欧阳德关系要好。　❻ "不见是而无闷"：得不到被人称许，也不会感到苦闷。语出《周易·文言传》："不成乎名，遁世无闷。"孔颖达疏："谓逃遁避世，虽逢无道，心无所闷。"　❼ 谫谫（jiǎnjiǎn）：浅薄庸陋。

说 明

嘉靖五年（1526）夏，聂豹因公赴闽，途经杭州，当时王阳明在绍兴讲学，聂豹不顾别人劝阻，渡江前往就教。聂豹离开绍兴后，给阳明先生写信"千余言"，其中有言"思、孟、周、程，无意相遭于千载之下，与其尽信于天下，不若真信于一人。道固自在，学亦自在，天下信之不为多，一人信之不为少"，表示对王阳明及其良知心学的敬仰与笃信。同时，阳明复函再予"传道受业解惑"。

【原 文】

夫人者，天地之心①。天地万物，本吾一体者也。生民之困苦荼毒，孰非疾痛之切于吾身者乎？不知吾身之疾痛，无是非之心者也。是非之心，不虑而知，不学而能，所谓良知也。良知之在人心，无间于圣愚，天下古今之所同也。世之君子，惟务致其良知，则自能公是非、同好恶，视人犹己、视国犹家，而以天地万物为一体，求天下无治，不可得矣。古之人所以能见善不啻若己出，见恶不啻若己入，视民之饥溺犹己之饥溺②，而一夫不获若己推而纳诸沟中者③，非故为

【译 文】

人，就是天地万物的心。天地万物，与我原本是一体。平民百姓遭受的困苦荼毒，哪一件不是自己的切肤之痛？不知道自身的痛苦，便是没有是非之心的人。人的是非之心，根本无须思虑就能知道，无须学习就能具备，这就是所谓的良知。良知自在人心，无论圣贤还是愚人，从古到今都是一样的。世上的君子，只要一心致其良知，就自然能辨别是非，具有共同的好善厌恶之心，视他人如同自己，爱国如同爱家，甚至视天地万物与自己是融为一体的，这样就使得天下得到良好的治理。古人之所以能够看到他人行善就像自己行善，看到他人为恶就像自己为恶，把百姓的饥饿困苦看成是自己的饥饿困苦，有一人没有过上好生活就觉得是自己把他推

是而以蕲天下之信己也，务致其良知，求自慊④而已矣。尧、舜、三王之圣，"言而民莫不信"者，致其良知而言之也；"行而民莫不说"⑤者，致其良知而行之也。是以其民熙熙皞皞，"杀之不怨，利之不庸"⑥，"施及蛮貊，而凡有血气者莫不尊亲"⑦，为其良知之同也。呜呼！圣人之治天下，何其简且易哉！

后世良知之学不明，天下之人用其私智以相比轧，是以人各有心，而偏琐僻陋之见、狡伪阴邪之术，至于不可胜说。外假仁义之名，而内以行其自私自利之实，诡辞以阿俗，矫行以干誉；掩人之善而袭以为己长，讦人之私而窃以为己直⑧，忿以相胜而犹谓之徇义，险以相倾而犹谓之疾恶；妒贤忌能而犹自以为公是非，恣情纵欲而犹自以为同好恶。相陵相贼，自其一家骨肉之亲，已不能无尔我胜负之意，彼此藩篱⑨之形，而况于天下之大、

进了深渊，这并不是想以此来获得天下人的信任，而是一心一意致其良知以求自己心安理得而已。尧、舜、禹、汤和文王等圣人，"言而民莫不信"，这是因为他们所说的都是出于自己良知而说的话；"行而民莫不说"，这是因为他们所做的也都是出于自己良知而做的事。所以，他们的百姓和乐而满意，"杀之不怨，利之不庸"，"施及蛮貊，而凡有血气者莫不尊亲"，因为人的良知是相同的。哎！圣人治理天下是多么简单易行啊！

后来，良知的学问不再昌明，天下的人，各用自己的私心才智彼此倾轧。人人各怀一己之私的心，于是那些偏狭浅陋的见解、阴险诡诈的手段，就多得不可胜数。有的人，假以仁义为招牌却干着自私自利的勾当，用诡辩的言辞来迎合世俗的要求，用虚伪的行为来博取自己的名誉；把损害他人的善行来作为自己的长处，用攻击他人的隐私来显示自己的正直，因为怨恨而相互争斗却说成是追求正义，阴谋陷害而相互倾轧却说成是疾恶如仇；妒忌贤能却自认为是秉持公道，恣纵情欲却自认为是爱憎分明。人与人之间相互欺凌、互相残害，即使是骨肉至亲的一家人，彼此之间也要分出胜负、藩篱隔阂，更何况对于广大的天下、众多的百姓、纷繁的事

民物之众，又何能一体而视之？则无怪于纷纷籍籍，而祸乱相寻于无穷矣！

物，又怎能把他们看作是与我一体呢？这就难怪天下纷扰动荡不安，战乱频发不止了！

注 释

❶ 夫人者，天地之心：语出《礼记·礼运》："人者，天地之心也，五行之端也。" ❷ 饥溺：语出《孟子·离娄下》："禹思天下有溺者，由己溺之也；稷思天下有饥者，由己饥之也。" ❸ 一夫不获：语出《尚书·说命下》："一夫不获，则曰时予之辜。"纳诸沟中：语出《孟子·万章上》："匹夫匹妇，有不被尧舜之泽者，若己推而内之沟中。""内"同"纳"。 ❹ 自慊：自足；自快。 ❺ "言而民莫不信""行而民莫不说"：语出《中庸》："溥博如天，渊泉如渊。见而民莫不敬，言而民莫不信，行而民莫不说。" ❻ "杀之不怨，利之不庸"：语本《孟子·尽心上》："霸者之民，欢虞如也；王者之民，皞皞如也。杀之而不怨，利之而不庸，民日迁善而不知为之者。" ❼ "施及蛮貊，而凡有血气者莫不尊亲"：语本《中庸》："是以声名洋溢乎中国，施及蛮貊。舟车所至，人力所通，天之所覆，地之所载，日月所照，霜露所队，凡有血气者莫不尊亲。故曰'配天'。" ❽ 讦人之私而窃以为己直：语本《论语·阳货》："恶徼以为知者，恶不孙以为勇者，恶讦以为直者。" ❾ 藩篱：本意指用竹木编成的篱笆或栅栏，这里引申为边界、屏障。

说 明

这里，王阳明先是以"万物一体"为道德逻辑的出发点，从而推论出"良知"自在于每一个人的心中，不论贤愚，从古到今都是相同的，这就是良知的公共性与普遍性，随后又阐述了"致良知"运用于社会治理领域的重大意义。阳明认为，尧、舜、三王之所以能治理天下并保证其政治活动的正当性，其实道理非常简单，那就是本着"良知"而言行。政治家作为掌握政治资源进行政治统治和社会治理的一方，如果按照"良知"处理政治事务，必然符合民众的愿望，因为不管是政治人物还是一般民众，他们所具有的"公是非""同好恶"的良知是一样的。这就是"内圣外王"得以实现的学理性依据。因为基于一个"良知"，万物一体，上下一致，圣凡同心，天下便可得而治也。这个境界，也是包括王阳明在内的传统儒者梦寐以求的大同社会。

在阳明看来，"后世良知之学不明，天下之人用其私智以相比轧"，导致天下祸乱不断的根源，就在于不能将人我与万物视为一体。他用了一个很形象的词——"彼此藩篱之形"来形容这种状况，当时的人个个囿于一己之私，无形之中就是和世间其他万物产生了隔离与疏远，这是一切"恶"得以产生的病根。找到了病因，自然而然就引出了医治此病的药方，那就是人人要去"致良知"。

【原文】

仆诚赖天之灵，偶有见于良知之学，以为必由此，而后天下可得而治。是以每念斯民之陷溺，则为之戚然痛心，忘其身之不肖，而思以此救之，亦不自知其量者。天下之人见其若是，遂相与非笑而诋斥之，以为是病狂丧心之人耳。呜呼！是奚足恤哉？吾方疾痛之切体，而暇计人之非笑乎？人固有见其父子兄弟之坠溺于深渊者，呼号匍匐，裸跣颠顿，扳悬崖壁而下拯之。士之见者，方相与揖让谈笑于其傍，以为是弃其礼貌衣冠而呼号颠顿若

【译文】

依赖上苍眷顾，我偶然间对良知学说有所见解，认为只有致良知而后天下才能得到治理。所以，我每当想到百姓的困苦就心痛不已，忘了自己才智浅薄，却不自量力，想用良知学说来挽救百姓、拯治天下。世上的人看到我这样做，纷纷讥讽、诽谤我，认为我是精神失常的人。哎！这有什么值得顾虑？我正处在切肤之痛中，哪有空闲去计较别人的讥讽呢？如果有人看到他的父子兄弟坠入深渊，一定会大喊大叫，弃鞋丢帽，奋不顾身地下去解救。而那些士人看到这种场景，却在一旁作揖相让，谈笑风生，认为那个丢弃衣帽、大喊大叫的人，一定是个精神失常的人。看到有人

此，是病狂丧心者也。故夫揖让谈笑于溺人之傍而不知救，此惟行路之人、无亲戚骨肉之情者能之，然已谓之"无恻隐之心，非人矣"①。若夫在父子兄弟之爱者，则固未有不痛心疾首、狂奔尽气、匍匐而拯之。彼将陷溺之祸有不顾，而况于病狂丧心之讥乎？而又况于蕲人之信与不信乎？呜呼！今之人虽谓仆为病狂丧心之人，亦无不可矣。天下之人心，皆吾之心也。天下之人，犹有病狂者矣，吾安得而非病狂乎？犹有丧心者矣，吾安得而非丧心乎？

昔者孔子之在当时，有议其为谄者②，有讥其为佞者③；有毁其未贤④，诋其为不知礼⑤，而侮之以为"东家丘"者⑥；有嫉而沮之者⑦，有恶而欲杀之者⑧。晨门、荷蒉之徒，皆当时之贤士，且曰"是知其不可而为之者欤"⑨，"鄙哉，硁硁乎！莫己知也，斯己而已矣"⑩。虽子路在升堂之列⑪，尚不能无疑于其所见⑫，不悦于其所欲往⑬，而且以

落水，依然在那里礼让谈笑而不去救落水之人，这是那些没有骨肉亲情的路人才会做出来的事，也就是孟子所谓"无恻隐之心，非人矣"。如果是有父子兄弟亲情的人，就一定会感同身受，痛心疾首，奔走呼号，竭尽全力，乃至连滚带爬地跑去救人，已将自己的生命置之度外，哪里还会在乎被讥笑为精神失常呢？又怎么会在意别人的信或不信呢？唉！如今即使有人认为我精神失常，我也无所谓了。天下人的心，都是我的心。天下的人中也有精神失常的，我又怎么不能精神失常呢？天下的人也有丧心的，我又怎么能不丧心呢？

春秋末年，孔子推行他的政治主张，当时，有人数落他阿谀奉承，有人讥讽他花言巧语；有人诽谤他不是圣贤，有人诋毁他不懂礼节，有人侮辱他是"东家丘"；有人因妒忌而败坏他的名声，有人憎恨他而要他的命。即使当时像晨门、荷蒉这样的贤者，也说他"是知其不可而为之者欤""鄙哉，硁硁乎！莫己知也，斯己而已矣。"他的弟子子路虽学有所成，但对孔子的学说也怀有疑问，对孔子想去见南子表示不满，而且认为孔子的"先正名"是迂腐。可见，当时不

之为迂⑭。则当时之不信夫子者，岂特十之二三而已乎？然而夫子汲汲遑遑，若求亡子于道路，而不暇于暖席者，宁以蕲人之知我、信我而已哉？盖其天地万物一体之仁，疾痛迫切，虽欲已之，而自有所不容已。故其言曰："吾非斯人之徒与而谁与？"⑮"欲洁其身而乱大伦"⑯，"果哉，末之难矣。"⑰呜呼！此非诚以天地万物为一体者，孰能以知夫子之心乎？若其"遁世无闷""乐天知命"⑱者，则固"无入而不自得"⑲"道并行而不相悖"⑳也。

相信孔子的人何止十分之二三呢？但是孔子依然急急忙忙，像是在路上寻找失去的孩子一样四处奔波，坐不暖席，难道只是为了让世人了解自己、相信自己而已吗？究其原因是他有天地万物一体的仁爱之心，痛切至深，即使不想管也身不由己。因此他说："吾非斯人之徒与而谁与？""欲洁其身而乱大伦""果哉！末之难矣！"哎！除了真确将天地万物与自己视为一体的人，又有谁能理解孔子的心思呢？至于那些"遁世无闷""乐天知命"的人，当然可以做到"无入而不自得"和"道并行而不相悖"了。

注　释

❶ "无恻隐之心，非人矣"：语出《孟子·公孙丑上》。　❷ 有议其为谄者：语出《论语·八佾》：子曰："事君尽礼，人以为谄也。"　❸ 有讥其为佞者：语出《论语·宪问》："微生亩谓孔子曰：'丘何为是栖栖者与？无乃为佞乎？'孔子曰：'非敢为佞也，疾固也。'"　❹ 有毁其未贤：语出《论语·子张》："叔孙武叔毁仲尼。子贡曰：'无以为也！仲尼不可毁也。他人之贤者，丘陵也，犹可逾也。仲尼，日月也，无得而逾焉。'"　❺ 诋其为不知礼：语出《论语·八佾》："子入太庙，每事问。或曰：'孰谓鄹人之子知礼乎？入太庙，每事问。'子闻之，曰：'是礼也。'"　❻ 侮之以为"东家丘"者："东家丘"即孔丘。孔子的西邻不知孔子的学问，称孔子为"东家丘"。指对人缺乏认识、缺乏了解。　❼ 有嫉而沮之者：语出《论语·微子》："齐人归女乐，季桓子受之，三

日不朝。孔子行。"　　❽有恶而欲杀之者：孔子适宋，司马桓魋欲杀之。语出《论语·述而》："子曰：'天生德于予。桓魋其如予何？'"　　❾"是知其不可而为之者欤"：语本《论语·宪问》："子路宿于石门。晨门曰：'奚自？'子路曰：'自孔氏。'曰：'是知其不可而为之者与！'"　　❿"鄙哉，硁硁乎！莫己知也，斯己而已矣"：语出《论语·宪问》："子击磬于卫。有荷蒉而过孔氏之门者，曰：'有心哉！击磬乎！'既而曰：'鄙哉，硁硁乎！莫己知也，斯己而已矣。深则厉，浅则揭。'子曰：'果哉！末之难矣。'"　　⓫子路在升堂之列：语本《论语·先进》："由也，升堂矣，未入于室也。"　　⓬其所见：语本《论语·雍也》："子见南子，子路不说。夫子矢之曰：'予所否者，天厌之！天厌之！'"　　⓭其所欲往：语本《论语·阳货》："公山弗扰以费畔。召，子欲往。子路不说，曰：'末之也已，何必公山氏之之也？'子曰：'夫召我者，而岂徒哉？如有用我者，吾其为东周乎！'"　　⓮以之为迂：语本《论语·子路》："子路曰：'卫君待子而为政，子将奚先？'子曰：'必也正名乎。'子路曰：'有是哉？子之迂也。奚其正？'子曰：'野哉，由也。君子于其所不知，盖阙如也。名不正，则言不顺；言不顺，则事不成……'"　　⓯"吾非斯人之徒与而谁与"：语出《论语·微子》："子路行以告，夫子怃然曰：'鸟兽不可与同群，吾非斯人之徒与而谁与？天下有道，丘不与易也。'"　　⓰"欲洁其身而乱大伦"：语出《论语·微子》："子路曰：'不仕无义。长幼之节不可废也，君臣之义如之何其废之？欲洁其身而乱大伦。君子之仕也，行其义也，道之不行已知之矣。'"　　⓱"果哉，末之难矣"：语见《论语·宪问》。　　⓲"乐天知命"：语出《周易·系辞上》："乐天知命，故不忧。"　　⓳"无入而不自得"：语出《中庸》："君子素其位而行，不愿乎其外。素富贵行乎富贵，素贫贱行乎贫贱，素夷狄行乎夷狄，素患难行乎患难。君子无入而不自得焉。"　　⓴"道并行而不相悖"：语出《中庸》："万物并育而不相害，道并行而不相悖。"

说　明

孔子生在春秋乱世，他四处奔波，意在推行仁政，因为他有视天地万物为一体的仁爱之心。王阳明意欲效法孔子，以孔子之道为己任，以天地万物为一体，进而推行其良知之学与致良知之教。这也是阳明晚年拖着病躯前往两广勘抚"思田之乱"的根本原因。

【原文】

　　仆之不肖，何敢以夫子之道为己任？顾其心亦已稍知疾痛之在身，是以彷徨四顾，将求其有助于我者，相与讲去其病耳。今诚得豪杰同志之士扶持匡翼，共明良知之学于天下，使天下之人皆知自致其良知，以相安相养，去其自私自利之蔽，一洗谗妒胜忿之习，以济于大同①，则仆之狂病固将脱然以愈，而终免于丧心之患矣，岂不快哉！嗟乎！今诚欲求豪杰同志之士于天下，非如吾文蔚②者而谁望之乎？如吾文蔚之才与志，诚足以援天下之溺者。今又既知其具之在我而无假于外求矣，循是而充，若决河注海，孰得而御哉？文蔚所谓"一人信之不为少"，其又能逊以委之何人乎？

　　会稽③素号山水之区，深林长谷，信步皆是，寒暑晦明④，

【译文】

　　我才疏学浅，怎敢以孔子的圣道为己任？只是我的心也稍稍知道身上的病痛，所以心中彷徨，茫然四顾，四处寻找能帮助我的人，与我一起想方设法除去病痛。如今，如果真有志同道合的豪杰志士来扶持、匡助我，共同努力，使得良知学说昌明于天下，让全天下的人都懂得致其良知，在互相帮助、启发中，去除自私自利的弊病，摒弃诋毁、嫉妒、好胜、忿恨等恶习，以实现天下大同，那么我的精神失常将会立刻痊愈，再也不会有心理反常的毛病了。多么痛快啊！唉！现在真的要在天下寻找志同道合的豪杰志士，除了像文蔚您这样的人，还能指望谁呢？像文蔚您这样的才能与志向，确实足以拯救天下受难的劳苦大众。如今又明白了良知就在自己心中，不必向外索求，只要遵循这样的原则并加以发展，就如同江河决口汇入大海，还有什么能抵御的呢？就像文蔚您所说的"一人信之不为少"，为昌明良知学说，还能寄希望于谁呢？

　　会稽素有山清水秀之美称，深谷幽林，随处可见，寒暑阴晴，气候宜

无时不宜，安居饱食，尘嚣无扰，良朋四集，道义日新，优哉游哉！天地之间宁复有乐于是者？孔子云："不怨天，不尤人，下学而上达。"⑤仆与二三同志，方将请事斯语，奚暇外慕？独其切肤之痛，乃有未能恝然者，辄复云云尔。咳疾暑毒，书札绝懒。盛使远来，迟留经月，临岐执笔，又不觉累纸。盖于相知之深，虽已缕缕至此，殊觉有所未能尽也。

人，生活安定而不受世俗尘嚣干扰，良朋好友聚集一起，切磋道义，日有新进，多么悠闲自在！天地之间，还有比这更快乐的吗？孔子说："不怨天，不尤人，下学而上达。"我与数位同道想要按照孔子的话去做，哪有空余时间去向外探求呢？唯独这切肤之痛，却不能无动于衷，就写了上面这番话。我一直咳嗽，再加上天气炎热，懒于书信。文蔚您派人远来，逗留月余，临别提笔，不知不觉间又写了这么多。毕竟我们相知甚深，虽谈了这么多，仍觉言不尽兴。

注释

❶ 大同：《礼记·礼运》对大同世界的描述。 ❷ 文蔚：聂豹。 ❸ 会稽：绍兴会稽山区。 ❹ 晦明：指阴晴。 ❺ "不怨天，不尤人，下学而上达"：语见《论语·宪问》。

说明

这两段文字体现了王阳明作为一个儒者的情怀，那就是以孔子为榜样，秉持"一体之仁"的淑世情怀，追求并向往"天下为公"的大同理想世界。子曰："德之不修，学之不讲，闻义不能徙，不善不能改，是吾忧也。"而聚徒讲学，与豪杰同志之士"共明良知之学于天下，使天下之人皆知自致其良知"，以"一体之仁"的道德人文精神来建构大同世界，也是阳明作为一个儒者的使命。

答聂文蔚二

解题

嘉靖七年（1528）春，时巡抚福建的聂豹有《启阳明先生书》，其中有"邈违道范，丙戌之夏，迄今两易寒暑"云云。聂豹于嘉靖五年夏在绍兴拜会阳明之后，欣然接受良知心学。然而这两年间，也遇到不少疑惑，遂致函出征两广的阳明先生，问"勿忘勿助"之功。此时的阳明已经卧病在床，仍写成了"传道受业解惑"式的长篇回信——《答聂文蔚》。这一书信成文于嘉靖七年十月，距离阳明去世大约只有一个月时间，所以，基本可以判定，此封《答聂文蔚书》系阳明先生的"论学书"绝笔，也代表了阳明良知心学的晚年定论。

【原文】

得书，见近来所学之骤进，喜慰不可言。谛视数过，其间虽亦有一二未莹彻处，却是致良知之功尚未纯熟，到纯熟时自无此矣。譬之驱车，既已由于康庄大道之中，或时横斜迂曲者，乃马性未调，衔勒不齐之故。然已只在康庄大道中，决不赚入傍蹊曲径矣。近时海内同志，到此地位者曾未

【译文】

来信已悉，得知您近来学问大有进步，欣喜之情难以言表。我仔细阅读了数遍，发现您心中还有一两处未能理解透彻，恐怕是因为致良知的功夫尚未纯熟，当功夫纯熟时，自然就不会有这样的问题了。比如赶马车，已经行走在康庄大道上，有时出现迂回曲折的现象，那是马性没有调好，或是缰绳没有勒齐的缘故。但已在康庄大道之上，绝对不会误入歧途，拐进旁径小道。近来，在众多学友同道中，能达到文蔚您这种境界的还不多见，甚感欣慰，难以言表，

多见，喜慰不可言，斯道之幸也！贱躯旧有咳嗽畏热之病，近入炎方，辄复大作。主上圣明洞察，责付甚重，不敢遽辞。地方军务冗沓，皆舆疾从事。今却幸已平定，已具本乞回养病。得在林下，稍就清凉，或可瘳耳。人还，伏枕草草，不尽倾企。外惟濬①一简，幸达致之。

这是圣道的一大幸事啊！我之前就有咳嗽怕热的疾病，现在到了炎热的地方，病情复发得很厉害。皇上圣明洞察，托付的责任重大，又不敢推辞。地方上军务十分繁杂，我只得带病处理。所幸现在动乱已平，已向皇上奏请准我回家养病。如果能在家乡的山林清凉之处避暑调养，或许可以痊愈。信使就要回去了，我趴在枕上草草写信，匆忙间诉不尽企盼之情。另外，给惟濬（陈九川）的书信，烦请代为转达。

注释

❶ 惟濬：陈九川（1494—1562），字惟濬，号明水，江西抚州府临川县人。正德九年（1514）进士，授太常博士。武宗南巡寻欢作乐，其与赣籍官员修撰舒芬、考功员外郎夏良胜、礼部主事万潮等，连疏谏反对，触怒武宗，入狱，罚跪午门五昼夜，几死廷杖，削为民。此四人被称为"江西四谏"。世宗即位后，复任礼部主客司郎中，又因改革旧制，"正贡献名物，节贡使犒赏费数万"，得罪权贵，遭诬陷入狱，嘉靖五年（1526）三月，流放镇海卫（今福建漳州市龙海区）。嘉靖八年（1529）左右，遇赦复官，后辞官归乡，家中迭遭变故，父母兄弟俱亡，精神颓丧，先后移居临川明水山及县城拟岘台等处，以读书、讲学自遣，易号明水，周游讲学名山以终。陈九川崇尚良知心学，拜王阳明为师，是江右王门的代表人物，《传习续录》中有"陈九川录"。著有《明水陈先生集》等。如上所言，嘉靖五年，陈九川谪戍福建镇海卫，而聂豹因公巡按福建，二人因与王阳明有缘，故而于嘉靖七年（1528）在福州养正书院刊刻《传习录》《大学古本傍释》等阳明学文献。

说 明

王阳明在这封书信开篇，称赞了聂豹的勤奋好学及其对"致良知"之教的领悟，同时告知广西征战近况与身体欠安诸事，自己也希望早日回到越地调养身体。因嘉靖七年（1528）左右，陈九川仍在福建镇海卫流放，王阳明也有一封书信与陈九川，希望聂豹代为转达。

【原 文】

来书所询，草草奉复一二。近岁来山中讲学者，往往多说"勿忘勿助"①，工夫甚难。问之则云："才着意便是助，才不着意便是忘，所以甚难。"区区因问之云："忘是忘个甚么，助是助个甚么？"其人默然无对，始请问。区区因与说，我此间讲学，却只说个"必有事焉"，不说"勿忘勿助"。"必有事焉"者，只是时时去"集义"。若时时去用"必有事"的工夫，而或有时间断，此便是"忘"了，即须"勿忘"；时时去用"必有事"的工夫，而或有时欲速求效，此便是"助"了，即须"勿助"。其工夫全在"必有事焉"上用，"勿忘勿助"，只就其间提撕警觉而已。若是工夫原不间断，即

【译 文】

来信所询的问题，草草略作答复一下。近年来到山中讲学的人，常常提及"勿忘勿助"的工夫很难。我向他们询问原因，他们以为："才着意便是助，才不着意便是忘，所以甚难。"我接着问："忘是忘个甚么，助是助个甚么？"他们默然答不上来，反过来问我。跟他们说，我在这里讲学，只讲一个"必有事焉"，而不说"勿忘勿助"。"必有事焉"，就是每时每刻去"集义"。如果时时刻刻都用"必有事"的工夫，其间偶尔出现中断，这就是"忘"了，就需要"勿忘"的工夫；时时刻刻都用"必有事"的工夫，偶尔想要快速见效，这就是"助"了，就需要"勿助"的工夫。这些工夫都用在"必有事焉"上，而"勿忘勿助"，只在其中起着提醒警觉的作用而已。

不须更说"勿忘";原不欲速求效,即不须更说"勿助"。此其工夫,何等明白简易,何等洒脱自在!今却不去"必有事"上用工,而乃悬空守着一个"勿忘勿助"。此正如烧锅煮饭,锅内不曾渍水下米,而乃专去添柴放火,不知毕竟煮出个甚么物来!吾恐火候未及调停,而锅已先破裂矣。近日一种专在"勿忘勿助"上用工者,其病正是如此。终日悬空去做个"勿忘",又悬空去做个"勿助",漭漭荡荡②,全无实落下手处。究竟工夫,只做得个沉空守寂,学成一个痴騃汉③,才遇些子事来,即便牵滞纷扰,不复能经纶宰制。此皆有志之士,而乃使之劳苦缠缚,担阁一生,皆由学术误人之故,甚可悯矣!

如果工夫原本没有中断,就不需要说"勿忘";原本不求速效,就不需要说"勿助"。如此这般工夫是多么简易明白,多么洒脱自在啊!如今却不在"必有事"上用工,反而空守着一个"勿忘勿助"。这就好比生火煮饭,锅里还没添水下米,却一味去添柴烧火,真不知最后能煮出个什么东西!恐怕火候还没调好,而锅早已烧裂了。最近,那些专门在"勿忘勿助"上用工的人,他们犯的毛病正是如此。整天凭空去做一个"勿忘"的工夫,又凭空去做一个"勿助"的工夫,空荡渺茫,完全没有下手落实的地方。最终只做个死守空寂的工夫,学成了个痴呆汉,遇到一点难题,就心烦意乱,不能妥善应付,及时做处理。这些人都是有志之士,却由此忧劳困苦,耽误一生,这都是错误的学术耽误了他们,真让人惋惜啊!

注 释

❶"勿忘勿助"及下文"必有事焉""集义":语见《孟子·公孙丑上》:"'敢问夫子恶乎长?'"曰"'我知言,我善养吾浩然之气。''敢问何谓浩然之气?''难言也。其为气也,至大至刚,以直养而无害,则塞于天地之间。其为气也,配义与道;无是,馁也。是集义所生者,非义袭而取之也。行有不慊于

心，则馁矣。我故曰，告子未尝知义，以其外之也。必有事焉而勿正，心勿忘，勿助长也。'"　❷ 漭漭荡荡：渺渺茫茫。　❸ 痴騃汉：痴呆汉。

说明

　　这里，王阳明对聂豹及当时不少阳明弟子所困惑的"勿忘勿助""必有事焉"之间的用功路数予以揭示，那就是只说"必有事焉"，只时时去"集义"；不说"勿忘勿助"，因为后者到头来所下工夫的结果，也只是落个死守空寂。

【原文】

　　夫"必有事焉"，只是"集义"①，"集义"只是'致良知'。说"集义"则一时未见头脑，说"致良知"即当下便有实地步可用功，故区区专说"致良知"。随时就事上致其良知，便是"格物"；着实去致良知，便是"诚意"；着实致其良知而无一毫意必固我②，便是"正心"。着实致良知，则自无忘之病；无一毫意必固我，则自无助之病。故说"格、致、诚、正"，则不必更说个"忘助"③。孟子说"忘助"，亦就告子得病处立方。告子强制其心，是助的病痛，故孟子专说

【译文】

　　"必有事焉"就是"集义"，"集义"也就是"致良知"。说到"集义"时，也许一时还把握不住关键；说到致良知，当下就可实地用功了。所以，我专门只讲"致良知"的工夫。随时在事上致其良知，就是"格物"；实实在在去致良知，就是"诚意"；实实在在致良知而没有一丝一毫的私意妄意，就是"正心"。实实在在致良知，自然没有忘的毛病；没有一丝一毫的私意妄意，也自然没有助的毛病。所以说到"格、致、诚、正"时，便不用再说"勿忘勿助"了。孟子主张"勿忘勿助"，也是针对告子的毛病对症下药而言的。告子主张强制人心，这是犯了助的毛病，所以孟子只讲助长的危害。告子之所以犯助

助长之害。告子助长，亦是他以义为外，不知就自心上"集义"，在"必有事焉"上用功，是以如此。若时时刻刻就自心上"集义"，则良知之体洞然明白，自然是是非非纤毫莫遁，又焉有"不得于言，勿求于心；不得于心，勿求于气"④之弊乎？孟子"集义""养气"之说，固大有功于后学，然亦是因病立方，说得大段，不若《大学》"格、致、诚、正"之功，尤极精一简易，为彻上彻下、万世无弊者也。

长的毛病，也是因为他认为义是外在的东西，不知道在自己的心上"集义"、在"必有事焉"上用功，因此才会这样。如果时时刻刻从自己心上去"集义"，那么良知本体就会豁然明朗，自然能够明辨是非，丝毫也不能逃脱，又怎么会有"不得于言，勿求于心；不得于心，勿求于气"的毛病呢？孟子"集义""养气"的学说，对后学固然有很大功劳，然而这也是因病施药，只说个大概，不像《大学》所说的"格、致、诚、正"的功夫，精一简练，彻头彻尾，上下贯通，永无弊病。

注 释

❶"必有事焉""集义"：语出《孟子·公孙丑上》。 ❷意必固我：语出《论语·子罕》："子绝四：毋意，毋必，毋固，毋我。" ❸"忘助"：是"勿忘勿助"的节语。 ❹"不得于言，勿求于心；不得于心，勿求于气"：语出《孟子·公孙丑上》之告子语。

说 明

王阳明首先肯定"集义"对于"致良知"的作用。他认为，孟子的"集义""养气"之说，是大有功于后学的。所谓"必有事焉"，在阳明看来，就是"随时就事""持敬集义工夫，直是要得念念省察"。"致良知"就是要在自心上"集义"，在"必有事焉"上用功，则良知之体洞然明白，自然会是是非非、一丝一毫无所遁形。孟子所谓的"集义"，就是养吾浩然正气，他提出了"勿正、勿忘、勿助长"的"三勿"原则。"勿正"者，勿待也，勿预期其效；"勿忘"者，勿忘以集义为事也；"助长"者，是出于私意而逆其天理以"养气"，犹如拔苗助长。从孟子的这一论述可知，所谓养"浩然之气"，即"集义"，就是一切言行要处处时时循理合义，积义既久，此气自生，便能"不勉而中，不思而得，从容中道"。总之，在阳明这里，"必有事焉""集义""养气"等儒家工夫都可以统摄于"致良知"的工夫头脑中来。

【原 文】

圣贤论学，多是随时就事，虽言若人殊，而要其工夫头脑，若合符节。缘天地之间，原只有此性，只有此理，只有此良知，只有此一件事耳。故凡就古人论学处说工夫，更不必挽和兼搭而说，自然无不吻合贯通者；才须挽和兼搭而说，即是自己工夫未明彻也。近时有谓"集义"之功，必须兼搭个"致良知"而后备者，则是"集义"之功尚未了彻也。"集义"之功尚未了彻，适足以为"致良知"之累而已矣。谓"致良知"之功，必须兼搭一个"勿忘勿助"而后明者，则是"致良知"之功尚未了彻也。"致良知"之功尚未了彻，适足以为"勿忘

【译 文】

圣贤讲学，常常是因时因事而论，虽然他们的说法好像不一，但其中工夫的根本却是一致的。因为天地之间，原本只有一个本性，只有一个天理，只有一个良知，只有这一件事而已。所以凡是在古人论学上讨论工夫，就不用牵强附会、掺杂搭配，自然能够融会贯通；如果觉得需要掺杂搭配来解释，那就是自己的工夫还没有明白透彻。近来，有人认为"集义"的功夫必须搭配"致良知"，才算完备，这是因为对"集义"这一功夫的理解还不透彻，正好成了"致良知"的负担。主张"致良知"的功夫必须与"勿忘勿助"搭配起来才能明白，这是因为"致良知"的功夫还不明白透彻。"致良知"的功夫不明白透彻，又正好成了"勿忘勿助"的负担。这些都是在

"勿助"之累而已矣。若此者，皆是就文义上解释牵附，以求混融凑泊，而不曾就自己实工夫上体验，是以论之愈精而去之愈远。文蔚之论，其于"大本达道"①，既已沛然无疑，至于"致知""穷理"及"忘助"等说，时亦有搀和兼搭处，却是区区所谓康庄大道之中，或时横斜迂曲者。到得工夫熟后，自将释然矣。

文义上勉强地解释，以求融会贯通，却没有在自己的实际工夫上去体验，所以讨论得越细致，偏离得就越远。文蔚您的观点，在"大本达道"上已经没有疑问了，至于"致知""穷理""勿忘勿助"等观点，有时也会有搀杂搭配之处，这就是我上面所讲的，走在康庄大道上，有时还会出现的迂回曲折的现象。等到工夫纯熟后，这种现象自然会消失。

注 释

❶ "大本达道"：语出《中庸》："中也者，天下之大本也。和也者，天下之达道也。"

说 明

如同"天地之间，原只有此性，只有此理，只有此良知，只有此一件事"，在阳明看来，"集义""致良知""勿忘勿助"的修身体证工夫无须搀杂搭配着进行。而"致良知"则是学者为学第一等的工夫，必须牢牢把握这一宗旨。因为王阳明本人也说："吾平生讲学，只是'致良知'三字。"

【原 文】

文蔚谓"致知之说，求之事

【译 文】

文蔚您说"致知之说，求之事

亲、从兄之间，便觉有所持循"者，此段最见近来真切笃实之功。但以此自为，不妨自有得力处；以此遂为定说教人，却未免又有因药发病之患，亦不可不一讲也。盖良知只是一个天理自然明觉发见处①，只是一个真诚恻怛，便是他本体。故致此良知之真诚恻怛以事亲便是孝，致此良知之真诚恻怛以从兄便是弟，致此良知之真诚恻怛以事君便是忠，只是一个良知，一个真诚恻怛。若是从兄的良知不能致其真诚恻怛，即是事亲的良知不能致其真诚恻怛矣；事君的良知不能致其真诚恻怛，即是从兄的良知不能致其真诚恻怛矣。故致得事君的良知，便是致却从兄的良知；致得从兄的良知，便是致却事亲的良知。不是事君的良知不能致，却须又从事亲的良知上去扩充将来，如此又是脱却本原，着在支节上求了。良知只是一个，随他发见流行处，当下具足，更无去求，不须假借。然其发见流行处，却自有轻重厚薄，毫发

亲、从兄之间，便觉有所持循"，由此可见您近来功夫的真切笃实。您自己从这里下功夫倒也无妨，有一个切实着力之处；但如果将此当成教导他人的定论，难免出现用药不当反而致病的情况，对此必须讲个明白。良知只是一个天理自然的明觉显现，就是一个真诚恳切，这便是良知的本体。所以，用致良知的真诚恳切去侍奉父母就是孝，去尊敬兄长就是悌，去辅佐君主就是忠，这一切都只是一个良知，一个真诚恳切。如果尊敬兄长的良知不能达到真诚恳切，也就是侍奉父母的良知不能达到真诚恳切；如果辅佐君主的良知不能达到真诚恳切，也就是尊敬兄长的良知不能达到真诚恳切。因此，能实现辅佐君主的良知，就是能实现尊敬兄长的良知；能实现尊敬兄长的良知，就是能实现侍奉父母的良知。但并不是说如果辅佐君主的良知不能致，就必须从侍奉父母的良知上去延伸、扩充出辅佐君主的良知，如果这样，就又脱离了良知的本原，而局限于细枝末节上了。良知只是一个，随着良知的显现与作用，自身就是完善的，不用再去探求，也不用向外假借。然而，良知显现与作用的地方，却有轻重厚薄的区别，

不容增减者，所谓"天然自有之中"②也。虽则轻重厚薄，毫发不容增减，而原又只是一个；虽则只是一个，而其间轻重厚薄，又毫发不容增减。若可得增减，若须假借，即已非其真诚恻怛之本体矣。此良知之妙用，所以无方体，无穷尽，"语大天下莫能载，语小天下莫能破"③者也。

不容丝毫的增减，这正是程颐所谓的"天然自有之中"。虽然轻重厚薄不容丝毫增减，但良知本体原本只是一个；虽然本体只是一个，但其中的轻重厚薄又不容增减丝毫。如果可以增减，如果需要外借，那就不是真诚恳切的本体了。之所以良知的妙用无方位、无形体，无穷无尽，"语大天下莫能载，语小天下莫能破"，其原因正在于此。

注 释

❶ 恻怛：恻隐；恳切。　❷ "天然自有之中"：程颐语，语出《二程遗书》卷十七："识得则事事物物上，皆天然有个中在那上，不待人安排也。"　❸ "语大天下莫能载，语小天下莫能破"：语见《中庸》。

说 明

聂豹在致阳明的求教信中写道："致知之说，求之事亲、从兄之间，便觉有所持循。"对此，阳明先生表示认同，认为此句话语最能体现聂豹近两年来于"圣学"所下的真切笃实工夫。于是，阳明进一步阐释"良知只有一个"这个原则，举了事亲、从兄、事君三个例子，从形式上看，这是三种不同的事情，但其中的共同点是"真诚恻怛"，如果没有这个"真诚恻怛"，三件事就全成了伪行。正是从这个最核心的"真诚恻怛"出发，阳明得出了"良知只有一个"的结论，这里强调的是"良知"最重要的性质——"诚意"，"意"诚了，良知自然能得其用；"意"诚了，良知显现和作用之处自然会恰中事理，不需要增减和外借他物。所以说，"良知只是一个天理自然明觉发见处，只是一个真诚恻怛，便是他本体"。"良知"只是一种灵妙而明智的天理,且是自然发出的,只是一种发自真心的同情恻隐之心。而这,正是良知本体工夫的"当下具足""不须假借"。

上文提到,《答聂文蔚书二》系阳明的"论学书"绝笔,所以说"良知只是一个天理自然明觉发见处,只是一个真诚恻怛,便是他本体"的说法,是阳明在生命的最后阶段对他一辈子苦心孤诣所建构的"致良知"之说的高度概括。这里需要我们注意的有两点:第一,良知的本体即为"天理自然明觉发见处"。换言之,"良知即天理",如若不能真正意识到"良知即天理",那么良知说必定会陷入肆意放纵的弊端之中。第二,"真诚恻怛"是良知的本体,也就是要把真诚、恻隐之心作为根本。真诚恻隐之心即仁心,若能把它"推己及人",也就是推及至天下黎民百姓的话,那么就能达成视天地万物为一体的"仁"了。再进一步,若每个生命个体切实做到了"致良知",那么自然也就能做到事亲、忠君、交友、仁民、爱物了。总之,在阳明看来,良知不仅具有理性地分辨是非的作用,并且其本质就是"一念真诚恻怛之良知"("仁义之心")这一基本的道德情感。

阳明在给聂豹的回信中还写道:"良知只是一个随他发见流行处,当下具足,更无去来,不须假借。"也就是说,良知只有一个,它的呈现和流传之处,完美无缺,不会忽隐忽现;也无须向外假借,是人心所固有。阳明还认为:"此良知之妙用,所以无方体,无穷尽,'语大天下莫能载,语小天下莫能破'者也。"这正是良知的无穷妙用。对于聂豹的提问,生命晚期的阳明卧病在床,虽备受病痛煎熬,依然热情洋溢地为仅见过一面、并无深交的聂豹"授业""解惑"。日本著名阳明学者冈田武彦在《王阳明大传》中,这样写道:读到这里,即使不是聂豹本人也会深受感动吧。阳明对于宣扬圣学的热情,着实令人钦佩。

【原文】

孟氏"尧、舜之道,孝弟而已"①者,是就人之良知发见得最真切笃厚、不容蔽昧处提省人,使人于事君处友、仁民爱物,与

【译文】

孟子说的"尧、舜之道,孝弟而已",是从人的良知最真切笃实、不容蒙蔽的地方提醒人,让人在辅佐君主、结交朋友、仁爱百姓、爱惜事物以至于动静语默中,

凡动静语默间，皆只是致他那一念事亲从兄、真诚恻怛的良知，即自然无不是道。盖天下之事，虽千变万化，至于不可穷诘，而但惟致此事亲从兄一念真诚恻怛之良知以应之，则更无有遗缺渗漏者，正谓其只有此一个良知故也。事亲从兄一念良知之外，更无有良知可致得者，故曰"尧、舜之道，孝弟而已矣"。此所以为"惟精惟一"②之学，"放之四海而皆准""施诸后世而无朝夕者"③也。文蔚云"欲于事亲从兄之间，而求所谓良知之学"，就自己用工得力处如此说，亦无不可；若曰"致其良知之真诚恻怛，以求尽夫事亲从兄之道焉"，亦无不可也。明道云："行仁自孝弟始，孝弟是仁之一事，谓之行仁之本则可，谓是仁之本则不可。"④其说是矣。

都只是专心地去实现自己那一念侍奉父母、尊敬兄长的真诚恳切的良知，也就自然处处都符合大道。天下之事虽然千变万化，乃至无穷无尽，但只要用实现侍奉父母、尊敬兄长的一念真诚恳切的良知去应对，就没有任何疏漏缺失的地方，这正是因为只有一个良知的原因。除了侍奉父母、尊敬兄长的一念良知之外，再也没有其他的良知可致。因此，孟子才说"尧、舜之道，孝悌而已矣"。这正是"惟精惟一"的学问，也正是"放之四海而皆准"，"施诸后世而无朝夕者"的道理。文蔚您说"欲于事亲从兄之间，而求所谓良知之学"，就自己用工的着手处而言，也无不可；如果说要"致其良知之真诚恻怛，以求尽夫事亲从兄之道焉"，也没什么不可。程颢说："行仁自孝弟始，孝弟是仁之一事，谓之行仁之本则可，谓是仁之本则不可。"这句话讲得很正确。

注　释

❶ "尧、舜之道，孝弟而已"：语出《孟子·告子下》。　❷ "惟精惟一"：语出《尚书·大禹谟》。　❸ "放之四海而皆准""施诸后世而无朝夕者"：语出《礼记·祭义》："曾子曰：'夫孝，置之而塞乎天地，溥之而横乎四海，施诸后

世而无朝夕。推而放诸东海……西海……南海……北海而准。'"　❹"行仁自孝弟始，孝弟是仁之一事，谓之行仁之本则可，谓是仁之本则不可"：语见《二程遗书》卷十八，实程颐（伊川）语，非程颢（明道）语。

说　明

致良知的下手处，就是于事亲从兄之间。因为在事亲从兄这件事上，人之良知发现得最为真切笃厚。

【原　文】

"亿、逆、先觉"之说①，文蔚谓"诚，则旁行曲防，皆良知之用"，甚善甚善！间有搀搭处，则前已言之矣。惟濬之言，亦未为不是。在文蔚须有取于惟濬之言而后尽，在惟濬又须有取于文蔚之言而后明。不然，则亦未免各有倚着之病也。舜察迩言②而询刍荛③，非是以迩言当察、刍荛当询而后如此，乃良知之发见流行，光明圆莹，更无罣碍遮隔处，此所以谓之"大知"。才有执着意必，其知便小矣。讲学中自有去取分辨，然就心地上着实

【译　文】

关于"亿、逆、先觉"等观点，文蔚你认为"诚，则旁行曲防，皆良知之用"这话很对！对于其中有些搀杂搭配的问题，我在前面已作讨论了。惟濬（陈九川）的说法，也未必是错的。就文蔚您而言，应该汲取惟濬的观点才能完备，而就惟濬而言，也应该汲取你的观点才能更澄明。不然，难免有各执一词的偏执弊病。舜思考浅显的道理并向樵夫请教，并不是浅显的道理应当思考，而是认为应当向樵夫请教，所以舜才这样做，这正是舜的良知显现作用，自然光明晶莹剔透，没有丝毫障碍和遮蔽，这就是所谓的"大知"。只要存有一丝的执着和私意，认知就变狭隘了。在讲学中自然有取舍分辨，但在心中必须踏踏实实地着实用工，只有这样才

用工夫，却须如此方是。 | 可以。

注 释

❶"亿、逆、先觉"之说：语出《论语·宪问》："子曰：'不逆诈，不亿不信，抑亦先觉者，是贤乎！'" ❷舜察迩言：语本《中庸》："子曰：'舜其大知也与！舜好问而好察迩言，隐恶而扬善，执其两端，用其中于民。其斯以为舜乎！'" ❸询刍荛（chúráo）：语本《诗经·大雅·生民之什》："先民有言，询于刍荛。"刍荛，指割草打柴的人。

说 明

阳明心学的修证体悟，既需要师友之间的相互砥砺，更需要从心地上着实用工夫。

【原文】

"尽心"三节①，区区曾有生知、学知、困知之说②，颇已明白，无可疑者。盖尽心、知性、知天者，不必说存心、养性、事天，不必说夭寿不贰、修身以俟，而存心养性与修身以俟之功已在其中矣。存心、养性、事天者，虽未到得尽心知天的地位，然已是在那里做个求到尽心

【译文】

关于《孟子·尽心上》"尽心"三节（尽心知性，存心事天，夭寿不贰、修身以俟），我曾用生而知之、学而知之和困而知之的观点来解释，已经很清楚，无可怀疑。对于尽心、知性、知天的人，无须再讲存心、养性、事天，也无须再讲夭寿不贰、修身以俟，因为存心养性和修身以俟的功夫已包含在尽心、知性、知天之中。能够存心、养性、事天的人，虽没有达到尽心知天的

知天的工夫，更不必说夭寿不贰、修身以俟，而夭寿不贰、修身以俟之功已在其中矣。譬之行路，尽心知天者，如年力壮健之人，既能奔走往来于数千百里之间者也。存心事天者，如童稚之年，使之学习步趋于庭除之间者也。夭寿不贰、修身以俟者，如襁抱之孩，方使之扶墙傍壁，而渐学起立移步者也。既已能奔走往来于数千里之间者，则不必更使之于庭除之间而学步趋，而步趋于庭除之间自无弗能矣。既已能步趋于庭除之间，则不必更使之扶墙傍壁而学起立移步，而起立移步自无弗能矣。然学起立移步，便是学步趋庭除之始；学步趋庭除，便是学奔走往来于数千里之基。固非有二事，但其工夫之难易，则相去悬绝矣。心也，性也，天也，一也，故及其知之、成功则一③。然而三者④人品力量，自有阶级，不可躐等⑤而能也。细观文蔚之论，其意似恐尽心知天者，废却存心修身之功，而反为尽心知天之病。是盖

境界，但已经在那里做探求尽心知天的工夫了，更不用说夭寿不贰、修身以俟了。因为夭寿不贰、修身以俟的功夫已包含在存心、养性、事天之中。比如走路这件事，尽心知天的人，如同年轻力壮的人，能够往返奔走于数千里的路程之间。存心事天的人，如同年少的儿童，只能在院子里学习走路。夭寿不贰、修身以俟的人，如同襁褓中的婴孩，只可让他扶着墙壁慢慢学习站立移步。既然已经能往返奔走数千里的路程，就没有必要再让他在院子里学习走路，因为在院子里走路已不成问题。既然已经能在院子里走路，就没有必要再让他扶着墙壁学习站立移步，因为站立移步已不成问题。然而，学习站立移步，是在院子里学习走路的基础；在院子里学习走路，是数千里往返奔走的基础。原本这并非是两回事，只不过其间工夫的难易程度相差悬殊。心、性、天的本质是一样的，所以等到生知安行、学知利行、困知勉行这三类人各自修养、行道功成后，效果也是相同的。但这三类人的人品、才能有高低之分，不能超越自身能力去修养。我认真琢磨你的观点后，认为文蔚你是担心尽心知天的人，摒弃了存心修身的功夫，反而会妨

为圣人忧工夫之或间断，而不知为自己忧工夫之未真切也。吾侪用工，却须专心致志，在夭寿不贰、修身以俟上做。只此，便是做尽心知天功夫之始。正如学起立移步，便是学奔走千里之始。吾方自虑其不能起立移步，而岂遽虑其不能奔走千里？又况为奔走千里者而虑其或遗忘于起立移步之习哉？文蔚识见，本自超绝迈往，而所论云然者，亦是未能脱去旧时解说文义之习。是为此三段书分疏比合，以求融会贯通，而自添许多意见缠绕，反使用工不专一也。近时悬空去做"勿忘勿助"者，其意见正有此病，最能担误人，不可不涤除耳。

所谓"尊德性而道问学"⑥一节，至当归一，更无可疑。此便是文蔚曾着实用工，然后能为此言。此本不是险僻难见的道理，人或意见不同者，还是良知尚有纤翳潜伏。若除去此纤翳，即自无不洞然矣。

碍了尽心知天。这是担忧圣人的工夫会有中断，却不知道担忧自己的工夫还不够真切。我们这类人用工，必须一心一意地在"夭寿不贰、修身以俟"上着力。这样，就是尽心、知天工夫的开端。正如学习站立移步，是学习奔走千里的开端。如今，我担忧的是不能站立移步，又怎会去考虑不能奔走千里呢？又怎会去担忧那些已能奔走千里的人忘了站立移步的工夫呢？文蔚你的见识本来就超然出众，但就你所论而言，还是没能摆脱从前解说文义的习气，所以你才把知性、事天、夭寿不贰看成三部分，并加以分析、比较、综合，以求融会贯通，结果是自己添加了许多纠缠不清的想法，反而使自己的用工不能专一。近来，凭空去做"勿忘勿助"工夫的人，也正是犯了同样的毛病，这毛病误人匪浅，不能不彻底根除。

你认为"尊德性而道问学"应当是统合为一的，这不必怀疑。这就是文蔚你切实用工后才能说出的话。这原本不是艰涩难懂的道理，有的人持不同意见，主要是因为其良知中还隐藏着细微的尘埃。如果将这些尘埃荡涤干净，良知自然会豁然洞见了。

注 释

❶ "尽心" 三节：语本《孟子·尽心上》："尽其心者，知其性也。知其性，则知天矣。存其心，养其性，所以事天也。夭寿不贰，修身以俟之，所以立命也。"　❷ 区区曾有生知、学知、困知之说：王阳明在《传习录·上》"徐爱录"、《传习录》中《答顾东桥书》中有论生知、学知、困知的内容。　❸ 及其知之、成功则一：语本《中庸》："或安而行之，或利而行之，或勉强而行之，及其成功，一也。"　❹ 三者：指生知安行、学知利行、困知勉行三类人。　❺ 躐（liè）等：逾越等级；不按次序。　❻ "尊德性而道问学"：语出《中庸》："君子尊德性而道问学，致广大而尽精微，极高明而道中庸。"

说 明

这几段文字是王阳明对《孟子》"尽心知性""存心事天""夭寿不贰、修身以俟"与《中庸》"生知安行、学知利行、困知勉行"等儒家工夫次第的详细阐释，也体现了作为教育家的王阳明诲人不倦的师者风范。

【原 文】

已作书后，移卧檐间，偶遇无事，遂复答此。文蔚之学，既已得其大者，此等处，久当释然自解，本不必屑屑如此分疏。但承相爱之厚，千里差人远及，谆谆下问，而竟虚来意，又自不能已于言也。然直戆①烦缕已甚，恃在信爱，当不为罪。

【译 文】

信写完后，我到屋檐下躺着，正好闲来无事，就又再写几句。文蔚你的学问已将关键问题抓住了，这些问题待时间久了之后自会理解明白，原本无须作这样琐细的讲解。但承蒙你的厚爱，不远千里派人前来虚心请教，为了不辜负你的一片心意，当然不可不说。然而，我又说得过于直率、琐碎了，自恃你对我如此信任，我想应该不会怪罪于我吧。还烦请将惟濬②处及谦之③、崇一④处，各得转录一通寄视之，尤承一体之好也。

右南大吉录⑤

这封信转录几份，分别寄给陈九川、邹守益、欧阳德等人阅览，让他们一同分享。

以上由南大吉记录

注 释

❶ 直戆（zhígàng）：憨直，刚直而愚笨。　❷ 惟濬：即陈九川。　❸ 谦之：邹守益（1491—1562），字谦之，号东廓，江西安福人。正德六年（1511）会试第一，廷试第三（探花），授翰林院编修。任职一年，辞职归乡，研究学问，对二程、朱熹的"格物致知"说久思不得其解。正德十三年（1518），王阳明在赣州讲学，邹守益前往谒见，并师从阳明。正德十四年（1519），协助王阳明平定宁藩叛乱。嘉靖元年（1522）朝廷起用邹守益。嘉靖二年（1523）春，转道到绍兴拜会阳明。嘉靖三年（1524），邹守益上疏，力谏世宗"大礼议"的行为违背礼教古训，下诏狱并被贬为广德州判官。在广德任职期间，以教化治郡，罢淫祠，建复初书院，延请王艮和其他学者来讲学，并作《谕俗礼要》在百姓中宣讲。嘉靖六年（1527）升为南京礼部郎中。嘉靖七年（1528），阳明病卒，邹守益与钱德洪、王畿、薛侃等在杭州建天真书院，集同仁讲学。嘉靖十七年（1538）任南京吏部考功郎中，次年为司经局洗马，充经筵讲官。不久，又改任太常少卿兼侍读学士，掌南京翰林院。任南京国子监祭酒后，后又因犯颜直谏，被贬谪归乡。回到安福，更以"觉人垂后为己任"，四处讲学。嘉靖四十一年（1562）去世。隆庆初，赠南京礼部右侍郎，谥"文庄"。邹守益把阳明的"致良知"学说作为道德教育的根本，"惩忿窒欲""改过迁善""慎独戒惧"是学者达至良知的途径。著有《东廓邹先生遗稿》，今有学者编校整理的《邹守益集》。　❹ 崇一：即欧阳德。　❺ 其实，上文《答欧阳崇一》《答聂文蔚（一）》《答聂文蔚（二）》，并非嘉靖三年绍兴南大吉刊本《传习录》中文字。故此处记"右南大吉录"，有争议。

说　明

嘉靖七年（1528）十一月，阳明因病辞世于返乡途中；聂豹颇憾于未及拜入阳明先生门下，因此有追执弟子礼之事。据《明儒学案》载，聂豹官苏州，曰："昔之未称门生者，冀再见耳，今不可得矣。"于是设位，北面再拜，始称门生，以钱德洪为证，刻两书于石以识之。聂豹之学，以"归寂"为宗，罗洪先认同其说，而王畿、黄弘纲、陈九川、邹守益、刘文敏等阳明学者则责其背离师说，目之为"禅悟"，与他颇多论难。黄宗羲在《明儒学案》中分析此一阳明学史上的公案后，叹曰："先生亦何背乎师门？乃当时群起而难之哉！"

训蒙大意示教读刘伯颂等

解　题

正德十三年（1518），王阳明平定南赣叛乱后，在南赣各县兴立社学，兴举社学牌，颁行社学教条，"务在隆师重道，教训子弟"。正德十五年（1520）秋，阳明在赣州通天岩与陈九川、邹守益等讲学之时正式揭"致良知"之教，对以刘伯颂为代表的教读（教师）如何开展社学、蒙学教育，也就是如何在童子中涵养"良知"又有新的思考。于是乎，在这年秋冬之际，即将返回南昌的王阳明（《答罗整庵少宰书》中就有"秋尽东还"云云），写下了《训蒙大意示教读刘伯颂等》这篇短文。

对于刘伯颂的籍贯等信息无从考证，王阳明在正德十五年十一月成文的《颁行社学教条》公移中有云"教读刘伯颂等"："先该本院据岭北道选送教读刘伯颂等，颇已得人，但多系客寓，日给为难。"此外，邹守益《王阳明先生图谱》在"正德十五年"条下有"立《南赣乡约》，修举社学，申谕《十家牌法》于列郡"的记载。正德十五年秋冬之时，邹守益也在赣州，当认识刘伯颂此人，而刘伯颂也从阳明这里得闻"致良知"之教。

【原文】

古之教者，教以人伦①，后世记诵词章之习起，而先王之教亡。今教童子，惟当以孝弟忠信、礼义廉耻②为专务。其栽培涵养之方，则宜诱之歌诗，以发其志意；导之习礼，以肃其威仪；讽③之读书，以开其知觉。今人往往以歌诗习礼为不切时务，此皆末俗庸鄙之见，乌足以知古人立教之意哉？

大抵童子之情，乐嬉游而惮拘检。如草木之始萌芽，舒畅之则条达，摧挠之则衰痿。今教童子，必使其趋向鼓舞，中心喜悦，则其进自不能已。譬之时雨春风，沾被卉木，莫不萌动发越，自然日长月化；若冰霜剥落，则生意萧索，日就枯槁矣。故凡诱之歌诗者，非但发其志意而已，亦所以泄其跳号呼啸于咏歌，宣其幽抑结滞于音节也；导之习礼者，非但肃其威仪而已，亦所以周

【译文】

古时候的教育，讲授的是人伦道德，后来兴起了记诵词章的风气，先王的人伦教化便消亡了。现在教育学生，应该把孝、弟、忠、信、礼、义、廉、耻作为唯一的内容。至于教育培养的具体方法，则应当以吟咏诗歌，来激发他们的志向、兴趣；以引导学习礼仪，来端正他们的仪表、容貌；以劝勉读书讽诵，来开发他们的心智、脑力。如今的人们往往认为吟咏诗歌、学习礼仪是不务正业，这种观点极其庸俗鄙陋，他们又怎么能明白古人推行教育的本意呢？

大致说来，儿童的习性是喜欢嬉戏玩耍而讨厌约束。犹如草木刚萌芽时，让它舒展地生长就能茁壮成长，以至枝繁叶茂，如果对其摧残压抑就会枯萎衰败。如今教育儿童，应该让他们欢欣鼓舞，内心愉悦，这样就会不断进步。好比春天的和风细雨，滋润了花草树木，抽枝发芽，自然一天天成长起来；如果经过冰霜的侵袭冻结，花草树木的生气受到挫伤，就会逐渐枯萎。所以，通过吟咏诗歌，不仅可以激发他们的志向、兴趣，还可以在吟咏诗歌中发泄蹦跳呼喊的情绪，在抑扬顿挫的音节中抒发忧郁的感情；引导学习礼仪，不仅可以端正

旋揖让而动荡其血脉，拜起屈伸而固束其筋骸也；讽之读书者，非但开其知觉而已，亦所以沉潜反复而存其心，抑扬讽诵以宣其志也。凡此，皆所以顺导其志意，调理其性情，潜消其鄙吝④，默化其粗顽，日使之渐于礼义而不苦其难，入于中和而不知其故。是盖先王立教之微意也。

若近世之训蒙稚者，日惟督以句读课仿⑤，责其检束，而不知导之以礼；求其聪明，而不知养之以善；鞭挞绳缚，若待拘囚。彼视学舍如囹狱而不肯入，视师长如寇仇而不欲见，窥避掩覆以遂其嬉游，设诈饰诡以肆其顽鄙，偷薄⑥庸劣，日趋下流。是盖驱之于恶，而求其为善也，何可得乎？

凡吾所以教，其意实在于此。恐时俗不察，视以为迂，且吾亦将去，故特叮咛以告。尔诸教读，其务体吾意，永以为训，毋辄因时俗之言，改废其绳墨，庶成"蒙以养正"⑦之

他们的仪表、容貌，还可以在作揖叩拜中活动血脉，强筋健骨；劝勉读书讽诵，不仅可以开发他们的心智、脑力，还可以在反复研讨中修身养性，在抑扬的诵读中明确志向。所有这一切，都是顺着他们的习性引导志趣，调理性情，通过潜移默化，消除他们的见识短浅，化去他们的顽劣愚笨，使得他们的行为日渐符合礼仪规范而不感到难受，性情在不知不觉中达到中正平和。这就是先王推行教育的深刻内涵。

近来那些教育儿童的人，每天只是督促学生句读和课业练习，严格约束，却不知以礼仪引导；只希望聪明灵巧，却不知用善来培养；对犯错的学生，鞭打绳捆，如同对待囚犯一般。这样，孩子们将学校视为监狱而不肯去，把老师视如仇人而不想见，想尽一切办法以求逃学去嬉戏耍闹，撒谎捣蛋，以便能肆意顽皮，变得庸俗低下，日渐堕落。这就是无意中驱使他们作恶，却还要求他们向善，怎么行得通？

我的教学主张正在于此。我担忧世人不理解，认为我很迂腐，何况我即将离开这里（赣州），所以特地再三叮嘱。希望你们这些为人师表者，一定要理解我的用意，并永远遵守，不要因为世俗的言论而更改了我制订的规矩，也许可以收到"蒙以养正"

功矣。念之念之！

的功效。千万谨记在心！

注 释

❶ 教以人伦：指以人伦道德为内容教化童蒙以及百姓。语见《孟子·滕文公上》："人之有道也，饱食暖衣，逸居而无教，则近于禽兽，圣人有忧之，使契为司徒，教以人伦：父子有亲、君臣有义、夫妇有别、长幼有序、朋友有信。" ❷ 礼义廉耻：出自《管子》。 ❸ 讽：引导。 ❹ 鄙吝：见识短浅。 ❺ 课仿：科举考试程文。 ❻ 偷薄：浇薄；不敦厚。 ❼ "蒙以养正"：语出《周易·蒙卦·象传》："蒙以养正，圣功也。"

说 明

《训蒙大意示教读刘伯颂等》作为传统蒙学教育的经典名篇，告诉教读（老师）怎样以"人伦教育"为核心开展童蒙教育。启发儿童要懂得儿童喜欢游戏、喜欢玩、不受拘束的特点，所以儿童教育一定要遵循寓教于乐的基本教法，从各种各样的游戏中让他们学到做人、做事的道理，遵守一定的礼仪规范。否则的话，这些学生就会把学校看作牢狱，把老师看作仇寇。总之，要顺着儿童的本性循循善诱地引导他们，寓教于乐。

教 约

解 题

教约，就是具体的童蒙教学条例，在王阳明看来，共有五条。

【原文】

　　每日清晨，诸生参揖毕，教读以次遍询诸生：在家所以爱亲敬长之心，得无懈忽，未能真切否？温清定省之仪，得无亏缺，未能实践否？往来街衢，步趋礼节，得无放荡，未能谨饬否？一应言行心术，得无欺妄非僻，未能忠信笃敬①否？诸童子务要各以实对，有则改之，无则加勉。教读复随时就事，曲加诲谕开发，然后各退，就席肄业。

　　凡歌诗，须要整容定气，清朗其声音，均审其节调，毋躁而急，毋荡而嚣，毋馁而慑。久则精神宣畅，心气和平矣。每学量童生多寡，分为四班，每日轮一班歌诗，其余皆就席，敛容肃听。每五日，则总四班递歌于本学；每朔望②，集各学会歌于书院。

　　凡习礼，须要澄心肃虑。审其仪节，度其容止，毋忽而惰，毋沮而怍③，毋径而野④。

【译文】

　　每天清晨，学生参拜行礼完毕，老师要依序向每位学生提问：在家时热爱亲人、尊敬长辈之心，是否情真意切而没有松懈疏忽？温清定省的礼仪，是否能躬身实践而没有不足之处？在路上行走时，是否遵守礼制而没有放荡不羁？一切言行心思，是否忠信笃实而没有欺妄怪僻？每位学生都应如实回答，有则改之，无则加勉。老师要随时随地针对具体问题，委婉加以教导启发，然后再让学生各自回到座位上读书。

　　凡唱歌咏诗，一定要仪容整洁，心气安定，声音明朗，节奏匀称，不急不躁，不狂不闹，不因畏难而气馁。久而久之，学生一到学校就会感到精神舒畅，心平气和。每所学校根据学生的多少分成四班，每天轮流安排一个班唱歌咏诗，其余的学生都收敛仪容，正坐聆听。第五天，就让四个班一起一个班接一个班依次地唱歌咏诗；每月初一、十五，召集各个学校到书院一起唱歌咏诗。

　　凡练习礼仪，一定要澄明内心，肃清杂念。老师要仔细观察学生的礼仪细节，审查学生的容貌举止，不容疏忽、不容懒惰，不容拘谨、不容羞怯，不容随意、不容粗野。让他们做从容而不失之迂缓，修谨而不失之拘局。久则体貌习熟，德性坚定矣。童生班次，皆如歌诗。每间一日，则轮一班习礼，其余皆就席，敛容肃观。习礼之日，免其课仿。每十日，则总四班递习于本学；每朔望，则集各学会习于书院。

凡授书，不在徒多，但贵精熟。量其资禀，能二百字者，止可授以一百字，常使精神力量有余，则无厌苦之患，而有自得之美。讽诵之际，务令专心一志，口诵心惟，字字句句，䌷绎反复，抑扬其音节，宽虚其心意。久则义理浃洽，聪明日开矣。

每日工夫，先考德⑤，次背书诵书，次习礼或作课仿，次复诵书讲书，次歌诗。凡习礼歌诗之类，皆所以常存童子之心，使其乐习不倦，而无暇及于邪僻。教者知此，则知所施矣。虽然，此其大略也，"神而明之，则存乎其人"⑥。

到从容不迫但不迂腐迟缓，修行谨慎但不拘束紧张。久而久之，体态仪貌自能纯熟，德性自能坚定。学生的班次如同唱歌咏诗一般，每隔一天就轮到一个班练习礼仪，其余的学生都收敛仪容，正坐观看。练习礼仪的那一天，可免去其他的课业。每十天就让四个班在学校依次练习礼仪；每月初一、十五，召集各学校到书院一起练习礼仪。

凡教书授课，不在量多，而贵在精熟。根据学生的资质秉性，能认识两百字的，就只教他认一百字，让学生的精神力量常有富足，便不会因为学习辛苦而产生厌烦情绪，反而会因有所收获而愿意自学。诵读时，一定要让学生专心致志，口读心想，一字一句，反复体会，音节要抑扬顿挫，心思要宽广虚静。久而久之，学生自会礼貌待人，日渐聪明。

老师每天的功课，一定要先考查学生的德性，其次为背书、诵读，练习礼仪或练习课业，再次是读书、讲课，最后是咏诵诗歌。凡是练习礼仪、咏诵诗歌之类，都是为了保养学生的童心，使他们乐于学习而不感到厌倦，这样就没有心思去干歪门邪道的事。老师们认识到这一点，也就知道该如何教育学生了。即便如此，这里也只说了一个大概，"神而明之，则存乎其人"。

注 释

❶ 忠信笃敬：语出《论语·卫灵公》。　❷ 朔望：每月初一、十五　❸ 沮而怍：气阻而色变，拘谨害羞。　❹ 径而野：率直而粗野。　❺ 考德：考查德行。❻ "神而明之，则存乎其人"：语出《周易·系辞上》："化而裁之，存乎变；推而行之，存乎通；神而明之，存乎其人。"意为要真正明白某一事物的奥妙，在于各人的领会。

说 明

　　在《教约》中，王阳明系统地阐述了关于童蒙教育的方法。他首先强调，教育必须以"德"为基，每日清晨正式读书之前要考查蒙童的"言行心术""无欺妄非僻""能忠信笃敬"。同时，在课程设置上，王阳明认为，蒙学当设歌诗、习礼、读书三门课程，唱歌和吟诗可以激发儿童的志向，消除儿童顽皮的习性，同时学习上又会使孩子精力有余；习礼不仅可以养成良好的礼仪风范，还可以锻炼身体；读书则有利于儿童智力发展，同时也有利于存心宣志"致良知"。总之，《教约》一文体现了王阳明重视德育、劳逸结合、因材施教、强调乐学等宝贵的蒙学教育思想，其寓教于乐、潜移默化的高明之处，可为现代儿童教育提供有益的指导。

　　阳明讲"致良知"，重点要求每个人能自觉、自发地去"致"自己心中的良知，但是，在对待儿童教育这个问题上，阳明并没有迂阔地要求每个儿童自觉自发"致"每个人的良知，这并不是说阳明认为儿童没有良知可以"致"，而是儿童的实际情况让他们很难自觉主动地向"致良知"的方面靠拢，反而一些发自私欲的诱惑很容易让他们步入歧途，此时，老师和家长对孩子的引导和教育就显得至关重要。因此，我们要呵护好、开发好每个儿童天赋的"童心""良知"，让这些"童心""良知"像春雨之苗一样，苗壮生长，使他们将来成为社会的有用之才。而南大吉、钱德洪等《传习录》的编辑者，把《训蒙大意示教读刘伯颂等》《教约》收录其中，也有深度的考量。

传习录卷下

门人

余姚	余姚	钱德洪	续录
临川	陈九川	茸录
泰和	欧阳德	校正
山阴	王畿	增茸
余姚	严中	校阅

陈九川录

解　题

陈九川（1494—1562），字惟濬，初号竹亭，后改明水，学者称明水先生。江西临川人。正德八年（1513）江西乡试中举，正德九年（1514）春登进士第，观政礼部。正德十年（1515）二月在南京寻访到王阳明（当时湛若水也在场），得闻圣人之学，跃然曰："道在是矣"，并自焚旧作。正德十四年（1519）因忤上，被杖除名，归里之后再至南昌，与诸友侍从尚在江西讲学的阳明，学益精邃。正德十五年（1520）秋，王阳明至赣州通天岩讲学并正式揭"致良知"之教，陈九川、邹守益、夏良胜与焉。正德十六年（1521），王阳明在南昌继续宣讲良知之教，陈九川与夏良胜、舒芬等侍从。《阳明先生年谱》载：一日，（阳明）先生喟然发叹。九川问曰："先生何叹也？"曰："此理简易明白若此，乃一经沉埋数百年。"九川曰："亦为宋儒从知解上入，认识神为性体，故闻见日益，障道日深耳。今先生拈出'良知'二字，此古今人人真面目，更复奚疑？"（阳明）先生曰："然。譬之人有冒别姓坟墓为祖墓者，何以为辨？只得开圹将子孙滴血，真伪无可逃矣。我此'良知'二字，实千古圣圣相传一点滴骨血也。"如此看来，陈九川很可能是第一个完整听闻王阳明讲述"致良知"之教的门人。通行本也就是《王文成公全书》卷三《传习录·下》，也作《传习续录》（最终由钱德洪编审），共收录陈九川于正德十年至正德十六年间（1515—1521）在南都、南昌、赣州侍从阳明期间，听闻阳明讲学而辑录的阳明语录21条。其中言及"致良知""亲民""事上磨炼"等阳明学命题，集中反映了王阳明在正德十四至正德十六年（1519—1521）提出、宣讲"致良知"之教的全过程。

【原 文】

正德乙亥①，九川初见先生于龙江②。先生与甘泉先生论"格物"之说③，甘泉持旧说，先生曰："是求之于外了。"甘泉曰："若以格物理为外，是自小其心也。"九川甚喜旧说之是。先生又论"尽心"④一章，九川一闻，却遂无疑。

后家居，复以"格物"遗质。先生答云："但能实地用功，久当自释。"山间乃自录《大学》旧本读之，觉朱子"格物"之说非是，然亦疑先生以"意之所在为物"，"物"字未明。

己卯⑤，归自京师，再见先生于洪都⑥。先生兵务倥偬，乘隙讲授，首问："近年用功何如？"九川曰："近年体验得'明明德'功夫，只是'诚意'。自'明明德于天下'，步步推入根原，到'诚意'上再去不得，如何以前又有'格致'工夫？后又体验，觉得'意'

【译 文】

明正德十年（1515）春，九川（惟濬）在南京龙江关首次与阳明先生见面。当时，先生正与甘泉（湛若水）先生探讨《大学》"格物"学说，甘泉一再坚持朱子的见解，先生说："这是在心外探求了。"甘泉说："如果认为探求事物的理是外求，那就把自心看小了。"九川我当时对朱子的见解持赞同态度。先生接着谈到《孟子·尽心》章，我听后，对先生关于"格物"的阐释就没有疑问了。

后来闲居家中，我再次向先生请教"格物"学说。先生说："只要能实实在在用功，久而久之，自然就会清楚明白。"在山中小住时，我自己抄录了《大学》古本来读，觉得朱子的"格物"学说不太正确，但也怀疑先生"意之所在为物"的说法，觉得这个"物"字的含义还不明白。

明正德十四年（1519），九川我自京城回乡，在洪都（今江西南昌）再次拜见先生。先生当时因平宁藩而军务缠身，只能抽空给九川我讲授，他先问我近年来用功的情况。九川我说："近年来，领悟到'明明德'的功夫只是'诚意'。从'明明德于天下'，一步一步追溯本源，只到'诚意'就推不下去了，'诚意'之前怎之诚、伪，必先知觉乃可，以颜子'有不善未尝不知，知之未尝复行'⑦为证，豁然若无疑，却又多了'格物'功夫。又思来吾心之灵，何有不知意之善恶？只是物欲蔽了，须格去物欲，始能如颜子'未尝不知'耳。又自疑功夫颠倒，与'诚意'不成片段。后问希颜⑧，希颜曰：'先生谓格物致知是诚意功夫，极好。'九川曰：'如何是诚意功夫？'希颜令再思体看，九川终不悟，请问？"

先生曰："惜哉！此可一言而悟，惟濬所举颜子事便是了。只要知身、心、意、知、物是一件。"

九川疑曰："物在外，如何与身、心、意、知是一件？"

先生曰："耳、目、口、鼻、四肢，身也，非心，安能视听言动？心欲视、听、言、动，无耳、目、口、鼻、四肢亦不能。故无心则无身，无身则无心。但指其充塞处言之谓之身，指其主宰处言之谓之心，

么会有'格物、致知'的工夫呢？又经过一番体会，我认为'意'是否真诚，必须先有知觉才行，从颜回'有不善未尝不知，知之未尝复行'的话语中可得到证明。于是，我豁然开朗，确信不疑，但怎么又多了一个'格物'的功夫。后来我又想到，凭着我心的灵明，怎么会不知道意念的善恶呢？只是因为被物欲蒙蔽了，只有格除物欲，才能像颜回那样'未尝不知'。我又开始怀疑自己下功夫的次序是否颠倒了，使得'诚意'的功夫脱节。后来我问蔡希颜，希颜说：'先生主张格物、致知是诚意的功夫，十分正确。'九川我又问：'诚意的功夫到底指什么呢？'希颜让我再仔细体察思考。但我还是不能领悟，特请先生指教。"

先生说："真可惜啊！一句话就能说明这个问题，九川你所举的颜回事例就能说明问题。只要理解身、心、意、知、物是一回事就可以了。"

九川我仍疑惑地问："物在身外，怎么会与身、心、意、知是一回事呢？"

先生说："耳、目、口、鼻、四肢，都是身体的一部分，如果没有心，怎么能视、听、言、动？心想要视、听、言、动，没有耳、目、口、鼻、四肢也不行。所以没心就没有

指心之发动处谓之意，指意之灵明处谓之知，指意之涉着处谓之物，只是一件。意未有悬空的，必着事物。故欲诚意，则随意所在某事而‘格’之，去其人欲而归于天理，则良知之在此事者无蔽而得‘致’矣。此便是‘诚意’的功夫。”

九川乃释然破数年之疑。又问：“甘泉近亦信用《大学》古本，谓‘格物犹言造道’[9]，又谓‘穷理如穷其巢穴之穷，以身至之也’[10]，故‘格物’亦只是‘随处体认天理’[11]。似与先生之说渐同。”

先生曰：“甘泉用功，所以转得来。当时与说‘亲民’字不须改，他亦不信。今论‘格物’亦近，但不须换‘物’字作‘理’字，只还他一‘物’字便是。”

后有人问九川曰：“今何不疑‘物’字？”曰：“《中庸》曰‘不诚无物’[12]，程子曰‘物来顺应’[13]，又如‘物各付物’[14]‘胸中无物’[15]之类，皆古人常

身体，没有身体也就没有心。从它充塞空间上来说称之为身，从它主导行动上来说称之为心，心的发动就是意，意的灵明就是知，意所涉及的就是物，都是一回事。意是不能悬空存在的，必然涉及事物。所以要想诚意，就跟随意所涉及的某件事去‘格’，去除私欲使其归于天理，那么良知在这件事上，就不会被蒙蔽而能够‘致’了。这就是‘诚意’的功夫。”

听了先生这番话，九川我积存在心中多年的疑虑终于释然了。我又接着问：“甘泉先生最近也深信《大学》古本，认为‘格物犹言造道’，又认为‘穷理如穷其巢穴之穷，以身至之也’，因此‘格物’也只是‘随处体认天理’。这好像与您的学说逐渐接近了。”

先生说：“甘泉肯用功，所以能转过弯来。之前我对他说‘亲民’不必改为‘新民’，他也不相信。如今他所讲的‘格物’也基本上正确了，只是不必将‘物’改成‘理’，仍然用‘物’字就可以。”

后来有人问我九川：“现在怎么不怀疑‘物’字了？”我回答：“《中庸》上说‘不诚无物’，程颢说‘物来顺应’，又如程颐的‘物各付物’、邵雍的‘胸中无物’等，可知‘物’字是古人常用的字。”一天，先生也

用字也。"他日，先生亦云然。　│　说是这样。

注 释

❶ 正德乙亥：正德十年（1515）。　❷ 龙江：指南京龙江关。正德十年（1515），王阳明时任南京鸿胪寺卿，并在南京讲学。　❸ 甘泉先生即湛若水（1466—1560），字元明，号甘泉，广东增城人，系明代岭南心学开篇者陈献章（世称陈白沙）的衣钵传人，提倡"随处体认天理"的为学宗旨。湛若水弟子也甚众，有"甘泉学派"之称，著有《甘泉先生集》，今有学者整理的《湛若水全集》。弘治十八年（1505），湛若水与王阳明在京师正式定交并成为道友，二人共执明代中叶理学界之牛耳，时人并称为"王湛之学"。正德十年正月，湛若水母亲陈太孺人在京师病故；二月，湛若水沿水路扶柩南下，王阳明逆吊于南京龙江关。其时，二人就"格物"之说有辩论。　❹ "尽心"一章：《孟子·尽心上》第一章。　❺ 己卯：正德十四年（1519）。　❻ 洪都：指南昌。正德十四年（1519），平定宁王朱宸濠叛乱之后，王阳明在兵务倥偬之际乘隙讲学。❼ "有不善未尝不知，知之未尝复行"：出自《周易·系辞下》："子曰：'颜氏之子，其殆庶几乎？有不善未尝不知，知之未尝复行也。'"　❽ 希颜：即蔡宗兖，浙江绍兴籍阳明弟子，正德二年（1507）秋浙江乡试中举后在杭州师从阳明，正德十二年（1517）中进士，正德十四年（1519）左右在江西南康任教职。❾ "格物犹言造道"：语本湛若水《答阳明书》："格物者，即造道也。"　❿ "穷理如穷其巢穴之穷，以身至之也"：语出湛若水《寄陈惟濬》。　⓫ "随处体认天理"：是湛若水的为学宗旨，大意是说，人即使在不同的处境中也要体会、实践自己心中的天理。　⓬ "不诚无物"：语出《中庸》："诚者物之终始，不诚无物。是故君子诚之为贵。"　⓭ "物来顺应"：语出程颢《定性书》："君子之学，莫若廓然而大公，物来而顺应。"　⓮ "物各付物"：语本《二程遗书》程颐语，程颐说："盖人万物皆备，遇事时各因其心之所重者，更互而出，才见得这事重，便有这事出，若能物各付物，便自不出来也。"大致意思是说，要按照事物的本来面目去认识对待事物，不能夹杂人的主观臆断。　⓯ "胸中无物"：语本邵雍《追和王常侍登郡楼望山》："天下有名难避世，胸中无物漫居山。"

说 明

陈九川记录的这几则材料，一方面陈述了自己侍从阳明的详细经过（正德十年二月初见阳明于南京，家居之时与阳明通信问学；正德十四年从京师返乡之后，再至南昌侍从阳明），以及自己由深信朱子新本《大学》到笃信王阳明所推崇的古本《大学》的转变过程，另一方面，也以一个旁观者的角色简述了湛甘泉对龙场悟道之后的阳明学的态度（先是质疑，再是认可古本《大学》），以及湛甘泉"随处体认天理"说的提出经过。在与阳明的交谈中，陈九川明白了"身心意知物是一件""意未有悬空的，必着事物"以"诚意的工夫"等阳明心学的基本术语。

对于"身心意知物是一件"，这里涉及阳明心学对身、心、意、知、物诸概念的理解以及五者之间的关系："但指其充塞处言之谓之身，指其主宰处言之谓之心，指心之发动处谓之意，指意之灵明处谓之知，指意之涉着处谓之物，只是一件。意未有悬空的，必着事物。"类似的表述在《传习录》中还有多处："身之主宰便是心，心之所发便是意，意之本体便是知，意之所在便是物。"还有，王阳明的学生问："身之主为心，心之灵明是知，知之发动是意，意之所着为物，是如此否？"王阳明回答："亦是。"在阳明看来，人所参与、从事的每一项活动都是有意识、有目的的活动，而人的意识总是指向具体的事物、活动事件，所以便有"意之所在便是物""意之涉着处谓之物"的说法。与此同时，身、心、意、知、物，两两交涉，相互关联，"只是一件"。

另外，正德己卯也就是正德十四年（1519），陈九川再至南昌侍从阳明，而阳明讲述的"故欲诚意，则随意所在某事而格之，去其人欲而归于天理，则良知之在此事者无蔽而得致矣"话语中的"良知之在此事者无蔽而得致"，其中，阳明这里关于"诚意"的阐释中已经蕴含着"致良知"的话头，在平定宁藩叛乱再经历"忠、泰之变"的王阳明，终于在正德十五年（1520）秋提出了"致良知"的学说。而对古本《大学》的坚持，也是王阳明"致良知"之教最终揭示的经典依据，而陈九川也成为王阳明的忠实弟子与致良知心学的坚定捍卫者。

【原文】

九川问："近年因厌泛滥之学,每要静坐,求屏息念虑。非惟不能,愈觉扰扰,如何?"

先生曰："念如何可息,只是要正。"

曰："当自有无念时否?"

先生曰："实无无念时。"

曰："如此,却如何言静?"

曰："静未尝不动,动未尝不静。戒谨恐惧①即是念,何分动静?"

曰："周子何以言'定之以中正仁义而主静'②?"

曰："'无欲故静'③,是'静亦定,动亦定'④的'定'字,'主'其本体也。戒惧之念,是活泼泼地,此是天机不息处,所谓'维天之命,於穆不已'⑤。一息便是死。非本体之念,即是私念。"

【译文】

九川问："这几年因厌倦流行的泛滥学问,总想独自静坐,以求摒弃思虑念头。然而非但不能做到,反而更觉得心神不宁,这是什么原因?"

先生说："思虑念头怎么能打消呢?只是要让它归于中正而已。"

九川问："是否存在没有思虑念头的时候?"

先生说："的确没有无念之时。"

九川又问："既然如此,为什么又说静呢?"

先生说："静并非不动,动也并非不静。戒慎恐惧就是念头,怎么能区分动与静?"

九川说："周敦颐为什么说'定之以中正仁义而主静'呢?"

先生说："'无欲故静',周敦颐说的'定'就是'静亦定,动亦定'中的'定','主'就是指本体。戒慎恐惧的念头是活泼泼的,正体现了天机的流动不息,也就是所谓的'维天之命,於穆不已'。一有停息便是死亡。不是从本体发出的念头,便是私心杂念。"

注 释

❶ 戒谨恐惧:语出《中庸》:"戒慎乎其所不睹,恐惧乎其所不闻。"　❷ "定

之以中正仁义而主静"：语出周敦颐《太极图说》："五性感动而善恶分，万事出矣。圣人定之以中正仁义而主静，立人极焉。""主静"，是周敦颐强调道德修炼，从而达到"纯粹至善"之最高境界的基本功夫。　❸ 无欲故静：语出《老子》："不欲以静，天下将自正（定）。"　❹ "静亦定，动亦定"：语出程颢《定性书》："所谓定者，动亦定，静亦定，无将迎，无内外。"　❺ "维天之命，於穆不已"：语出《诗经·周颂·维天之命》："维天之命，於穆不已。於乎不显，文王之德之纯。假以溢我，我其收之。骏惠我文王，曾孙笃之。"这是周人赞叹文王德行纯正的诗句。

说 明

　　这几段文字涉及王阳明对"念""正念""静亦定，动亦定"等概念命题的理解，主要论述了"戒惧之念"作为"本体之念"正当性及对涵养心体的必要性。

【原文】

　　又问："用功收心时，有声色在前，如常闻见，恐不是专一？"

　　曰："如何欲不闻见？除是槁木死灰、耳聋目盲则可。只是虽闻见而不流去，便是。"

　　曰："昔有人静坐，其子隔壁读书，不知其勤惰。程子称其甚敬①，何如？"

　　曰："伊川恐亦是讥他。"

【译文】

　　九川又问："当专心用功的时候，如果眼前出现声、色，还如同平常那样去听、去看，恐怕就不是专一了吧？"

　　先生说："怎么能不想听、不想看呢？除非是身如槁木、心如死灰、耳聋眼瞎的人才能做到。虽然听见、看见，只要心不随着去就行了。"

　　九川说："从前有人静坐，他的儿子在隔壁读书，他却不知道儿子是否在读书。程颐赞扬他很能持敬，这是为什么？"

　　先生说："程颐大概是在讥讽他。"

注 释

❶程子称其甚敬：语出《二程遗书》卷二："许渤与其子隔一窗而寝，乃不闻其子读书与不读书。先生谓：'此人持敬如此。'"

说 明

学者用功收心，抑或静坐息心，是在日常生活中进行，并不是要刻意远离声色闻见。

【原 文】

又问："静坐用功，颇觉此心收敛。遇事又断了，旋起个念头，去事上省察；事过又寻旧功，还觉有内外，打不作一片。"

先生曰："此'格物'之说未透。心何尝有内外？即如惟濬今在此讲论，又岂有一心在内照管？这听讲说时专敬，即是那静坐时心，功夫一贯，何须更起念头？人须在事上磨炼，做功夫乃有益。若只好静，遇事便乱，终无长进。那静时功夫，亦差似收敛，而实放溺也。"

【译 文】

九川又问："静坐用功时，特别能感到内心的收敛。一旦遇到事情就中断，立马会起个念头到所遇事上去反省体察；待事情过后回头寻找原来的功夫，依然觉得有内外之分，无法打成一片。"

先生说："这是对'格物'的学说还没理解透彻。心怎么会有内外之分呢？就像九川（惟濬）你现在在这里讨论学问，难道还有一个心在里面起作用吗？这个专心听讲、说话的心就是那静坐时的心，功夫是一贯的，哪里需要再起一个念头？人必须在事上磨炼，功夫才会有所长进。如果只喜欢静，遇到事情就会慌乱，终究不会有长进。那静时的功夫，看似收敛，实际上却是放纵沉溺。"

后在洪都，复与于中①、国裳②论内外之说，渠皆云："物自有内外，但要内外并着功夫，不可有间耳。"以质先生。曰："功夫不离本体，本体原无内外。只为后来做功夫的分了内外，失其本体了。如今正要讲明功夫不要有内外，乃是本体功夫。"是日俱有省。

后来在洪都（南昌）时，我（陈九川）又与夏于中、舒国裳探讨内外的问题，于中、国裳两人都说："事物本身有内有外，但要内外一起用功夫，不能有所间隔。"于是，向先生请教这个问题。先生说："功夫离不开本体，本体原无内外之分。只是因为后来做功夫的人将其分成内外，也就丧失了本体。现在正要讲明功夫不分内外，这才是本体功夫。"这一天，大家都有所省悟。

注 释

❶ 于中：夏良胜（1480—约 1538），字于中，江西南城人。正德三年（1508）进士，官吏部考功员外郎。夏良胜、陈九川、万潮、舒芬，并称"江西四谏"。正德十四年（1519）南巡诏下，夏良胜与陈九川连署进言，下诏狱；廷杖，除名。正德十五、十六年间（1520—1521），与陈九川等侍阳明于赣州、南昌，听闻良知心学。　❷ 国裳：舒芬（1484—1527），字国裳，号梓溪，江西进贤人。正德十二年（1517）状元，授翰林院修撰。正德十四年（1519），与夏良胜等谏武宗南巡，命跪门五日，杖三十，谪福建市舶副提举。世宗即位后复官，又因"大礼议"廷杖下狱。母丧归乡后不久，因哀毁过度而卒。谥"文节"。正德十五、十六年间（1520—1521），随阳明讲学于南昌，得闻良知心学。

说 明

本体功夫是宋明理学中的重要哲学范畴。功夫不离本体，本体原无内外。心无内外，无论是静坐收心，还是讲说谈论，内外功夫，一以贯之。所以，修身的道德实践与"事上磨炼，做功夫"须一体进行，这就是阳明学所言的本体功夫。

【原文】

又问："陆子之学何如？"

先生曰："濂溪、明道之后，还是象山，只还粗些。"

九川曰："看他论学，篇篇说出骨髓，句句似针膏肓，却不见他粗。"

先生曰："然。他心上用过功夫，与揣摹依仿、求之文义自不同。但细看有粗处，用功久，当见之。"

【译文】

九川接着问："先生如何评价陆象山的学问？"

先生说："自周濂溪、程明道之后，也就只有陆象山了，只是稍显粗糙一些。"

九川说："看他讨论学问，篇篇都能说到了骨髓上，句句都如针刺入膏肓，却看不出粗糙之处。"

先生说："是的。他曾在心体上下过功夫，与只在文义上揣测摹仿的自然不同。但只要细看就能发现有粗糙的地方，用功久了就能认识到。"

说　明

这是王阳明对陆象山心学的整体评价。阳明学的产生一定程度上得益于象山心学，比如王阳明在"朱陆之辨"的问题上是支持"陆学"的，"心即理"的本体论理念源于象山心学。但是阳明心学在"知行合一"的认识论、"致良知"的功夫论、"万物同体"的境界论上，对象山心学又有极大的超越与拓展。

【原文】

庚辰①，往虔州②再见先生，问："近来功夫，虽若稍知头脑，然难寻个稳当快乐处。"

先生曰："尔却去心上寻个

【译文】

正德十五年秋，九川我到赣州再次拜见先生，问道："最近，功夫虽稍微掌握了一些要领，但很难找到一个安心愉悦的境界。"

先生说："你是要到心上去寻找

天理，此正所谓'理障'③。此间有个诀窍。"

曰："请问如何？"

曰："只是致知。"

曰："如何致？"

曰："尔那一点良知，是尔自家底准则。尔意念着处，他是便知是，非便知非，更瞒他一些不得。尔只不要欺他，实实落落，依着他做去，善便存，恶便去。他这里何等稳当快乐！此便是'格物'的真诀，'致知'的实功。若不靠着这些真机，如何去'格物'？我亦近年体贴出来，如此分明，初犹疑只依他恐有不足，精细看来，无些小欠阙。"

一个天理，这就是所谓的'理障'。这当中有个诀窍。"

九川问："请问是什么诀窍？"

先生说："就是致知。"

九川问："如何致知？"

先生说："你的那点良知，正是你自己的行为准则。你的意念所到之处，对的便知道是对，错的便知道是错，不可能有丝毫的隐瞒。你只要不欺骗自己的良知，真真切切地遵循着良知去做，善念就可存养，恶念就可去除。这是多么安心愉悦啊！这便是'格物'的真正秘诀，'致知'的实在功夫。如果不依靠这真正的关键，怎么去'格物'呢？关于这点，我也是近年才领悟体认的，起初还怀疑仅凭良知恐怕还不够，经过仔细体会，感到没有一丝缺陷。"

注 释

❶ 庚辰：正德十五年（1520）。 ❷ 虔州：今江西省赣州市。 ❸ "理障"：佛教用语，谓由邪见等理惑障碍真知、真见。语见《圆常经》："云何二障？一者理障，碍正知见；二者事障，续诸生死。"

说　明

陈九川记录下来的这条语录，清楚地告诉我们，正德十五年（1520）秋王阳明在赣州通天岩讲学之时，正式提出了"致良知"这一阳明心学的标志性概念。"近年体贴出来"的"致良知"，一经提出后，王阳明的喜悦与兴奋如同正德三年龙场悟道后的感受，"尔那一点良知，是尔自家底准则。尔意念着处，他是便知是，非便知非，更瞒他一些不得。尔只不要欺他，实实落落，依着他做去，善便存，恶便去。他这里何等稳当快乐"。这里也有"孔颜之乐"以及"理义之悦我心"的情感意蕴。以"良知"为准则，辨别是非，为善去恶，就是"格物"的真诀与"致知"的实功。也应该指出，"致良知"成为阳明心学的标志性命题之后，"诚意"工夫在阳明心学的地位，就退而居其次了。而陈九川、邹守益、夏良胜则是王阳明揭示"致良知"之教的在场者。

【原　文】

在虔，与于中①、谦之②同侍。先生曰："人胸中各有个圣人③，只自信不及，都自埋倒了。"因顾于中曰："尔胸中原是圣人。"

于中起："不敢当。"

先生曰："此是尔自家有的，如何要推？"

于中又曰："不敢。"

先生曰："众人皆有之，况在于中，却何故谦起来？谦亦不得。"于中乃笑受。

【译　文】

在赣州时，九川我与夏于中、邹谦之一起侍从先生。先生说："每个人的胸中都有个圣人，只因自信心不足，自己将圣人埋没了。"看着于中说："你的胸中原本有圣人。"

于中连忙站起来说："不敢当，不敢当。"

先生说："这是你自己所有的，为何要推辞？"

于中还说："不敢当，实在不敢当。"

先生说："每个人都有，更何况你呢？你为什么要谦让？这是谦让不得的。"于中笑着接受。

又论："良知在人，随你如何，不能泯灭。虽盗贼亦自知不当为盗，唤他做贼，他还忸怩。"

于中曰："只是物欲遮蔽。良心在内，自不会失。如云自蔽日，日何尝失了？"

先生曰："于中如此聪明，他人见不及此。"

先生又说："良知在人心中，不管你怎样也泯灭不了。即使是盗贼也知道不应该去偷窃，说他是贼，他也会羞愧而不好意思。"

于中说："那只是被物欲蒙蔽了。良知在人的心中，自然不会丧失。就像乌云遮住了太阳，太阳又何尝消失不见了？"

先生说："于中你如此聪明，其他人的见识达不到这样的境界。"

注释

❶ 于中：即夏良胜。　❷ 谦之：即邹守益。　❸ 人胸中各有个圣人：孟子有"人皆可以为尧舜"的提法，见《孟子·告子下》："曹交问曰：'人皆可以为尧舜，有诸？'孟子曰：'然。'"

说明

这是正德十五年秋，王阳明在赣州与陈九川、夏良胜、邹守益等门人一同谈论"良知"与"致良知"的一个场景。每个人的心中都有个"圣人"，这个"圣人"就是自己心中的良知。

【原文】

先生曰："这些子看得透彻，随他千言万语，是非诚伪，到前

【译文】

先生说："把这些道理都理解透彻了，不管千言万语，是非真假，一

便明。合得的便是，合不得的便非，如佛家说'心印'①相似，真是个试金石、指南针。"

看便明明白白。符合的就对，不相符的便错，这与佛教所谓的'心印'相似，的确是个试金石、指南针。"

注 释

❶"心印"：佛教禅宗语，见《六祖坛经》。谓不用语言文字，直接以心相印证，以期顿悟。

说 明

在阳明心学中，良知被视为每个人内在、自觉的道德判断和认知能力，它是辨别是非善恶、指导日常行为的根本。

【原 文】

先生曰："人若知这良知诀窍，随他多少邪思枉念，这里一觉，都自消融。真个是'灵丹一粒，点铁成金'①。"

【译 文】

先生接着说："人如果深谙良知这个诀窍，不管有多少歪思邪念，只要被良知发觉，自然会消融。真是'灵丹一粒，点铁成金'。"

注 释

❶"灵丹一粒，点铁成金"：语出《景德传灯录》："还丹一粒，点铁成金；至理一言，点凡成圣。"

说　明

　　王阳明这句话强调了"良知"的重要性以及通过觉察就可以消除内心歪思邪念的力量。

【原　文】

　　崇一^①曰："先生'致知'之旨，发尽精蕴，看来这里再去不得。"

　　先生曰："何言之易也？再用功半年，看如何？又用功一年，看如何？功夫愈久，愈觉不同，此难口说。"

【译　文】

　　崇一（欧阳德）说："先生把'致（良）知'这一宗旨阐释得淋漓尽致，看来在这个问题上已没有深入的余地了。"

　　先生说："怎能轻易这样说？你再用半年的功夫，看看会怎样？再用一年的功夫，看看又会怎样？下功夫的时间越长，感觉越不同，这很难用语言表达出来。"

注　释

　　❶ 崇一：即欧阳德。

说　明

　　这是正德十六年（1521）王阳明与欧阳德在南昌讲学的一个场景。"致良知"对于学者而言，是一个需要自家体贴，并持续精进、永不间断的道德实践功夫。如同正德三年（1508）王阳明"龙场悟道"，正德十五年（1520）提揭"致良知"，嘉靖三年（1524）提倡"万物同体"，嘉靖六年（1527）提出"四句教"，这足以说明心性修养是一个学无止境的过程。"知行合一""致良知"，永远是进行时，没有完成时。

【原文】

先生问九川："于'致知'之说，体验如何？"

九川曰："自觉不同。往时操持，常不得个恰好处，此乃是恰好处。"

先生曰："可知是体来与听讲不同。我初与讲时[1]，知尔只是忽易，未有滋味。只这个要妙，再体到深处，日见不同，是无穷尽的。"

又曰："此'致知'二字，真是个千古圣传之秘，见到这里，'百世以俟圣人而不惑'[2]。"

【译文】

先生问九川："对'致知'之学，近来体验如何？"

九川说："自己觉得与以前有所不同。之前操持时，常常找不到一个恰好处，现在感到这致良知就是恰好处。"

先生说："由此可见，亲身体会到的与听讲到的确实不一样。当初（正德十五年秋在赣州），我给九川你讲的时候，知道你是稀里糊涂的，没有体会到个中滋味。从这个恰好处再深入去体会，每天都会有新的见识，这是没有止境的。"

先生接着又说："这'致知'二字，的确是千百年来圣贤相传的秘诀，懂得了'致知'这个道理，便能'百世以俟圣人而不惑'。"

注　释

❶ 我初与讲时：正德十五年秋，王阳明在赣州首次向陈九川讲授"致良知"之教。　❷ "百世以俟圣人而不惑"：语出《中庸》："故君子之道，本诸身，征诸庶民，考诸三王而不缪，建诸天地而不悖，质诸鬼神而无疑，百世以俟圣人而不惑。"

说　明

这是正德十六年（1521）陈九川在南昌侍学王阳明的一个场景。陈九川作为王阳明"致良知"之说提出的见证者与真正"体验"者，从中受益颇多。在生命个体的内心世界中，时时处处地坚守"良知"、呵护"良知"，也不是一件容易的事，需要日积月累地修行与体悟，"功夫愈久，愈觉不同"。当然，王阳明也自信地认为，"致知"二字，真是个千古圣传之秘。也就是钱德洪在《阳明先生年谱》中所记载的"自经宸濠、忠泰之变，益信良知真足以忘患难、出生死"。这个"知是知非""知善知恶"的"致良知"的发掘，也就是王阳明对儒家学脉与道统的最大贡献。

【原文】

九川问曰："伊川说到'体用一原，显微无间'①处，门人已说是泄天机②。先生'致知'之说，莫亦泄天机太甚否？"

先生曰："圣人已指以示人，只为后人掩匿，我发明耳，何故说泄？此是人人自有的，觉来甚不打紧一般。然与不用实功人说，亦甚轻忽，可惜彼此无益。与实用功而不得其要者提撕之，甚沛然得力。"

【译文】

九川问："当程颐说'体用一原，显微无间'时，门人说他泄露天机。您的'致知'学说，是否也过多地泄露天机？"

先生说："圣人早已将致良知的学说告诉了世人，只是被后人所隐匿，我只不过是把它重新揭示而已，怎能说是泄露天机呢？致知是每个人与生俱来的，人们虽有觉察却未能引起重视。因而，我如果对那些不肯切实用功的人说致知，他们也不屑一顾，可惜的是对彼此都没有益处。如果对切实用功但把握不住要领的人揭示致知，他们会感到获益匪浅。"

注 释

❶"体用一原，显微无间"：程颐《易传序》用语，说："至微者，理也；至著者，象也。体用一源，显微无间。"体，指本原、本体；用，指显现、作用。

隐微的理与显著的象，二者统一，没有间隙。　❷ 门人已说是泄天机：语出《二程外书》卷十二："（尹）和靖尝以《易传序》请问曰：'至微者，理也；至著者，象也。体用一源，显微无间。'莫太泄露天机否？伊川曰：'如此分明说破，犹自人不解悟。'"

说 明

　　王阳明认为，"良知"是儒家圣人早就昭示世人的，而且是人与生俱来的，他只是发掘人人原本固有的"良知"让它放出光明而已，因此不存在泄露天机之说。而"致良知"说，对于切实用功不得其要者而言，更具醍醐灌顶的作用。

【原 文】

　　又曰："知来本无知，觉来本无觉。然不知则遂沦埋。"

【译 文】

　　先生接着说："认知了，才明白本来没有认知；感觉了，才明白本来没有感觉。然而，如果不能认知，那么自己的良知就会沉沦、埋没。"

说 明

　　良知是"百姓日用而不知"之学。

【原 文】

　　先生曰："大凡朋友，须箴规指摘处少、诱掖奖劝意多，方是。"后又戒九川云：

【译 文】

　　先生又说："与朋友相处，彼此之间应当少一些指责批评抨击，多一点开导鼓励劝勉，这样才是对的。"后来，先生

"与朋友论学，须委曲谦下，'宽以居之'①。"

又告诫九川说："与朋友一起探讨学问，应该委婉谦让，'宽以居之'。"

注 释

❶"宽以居之"：指要宽厚待人，语出《周易·乾卦·文言传》："君子学以聚之，问以辩之，宽以居之，仁以行之。"

说 明

独学而无友，则孤陋而寡闻。这是王阳明一再强调的朋友相处之道。

【原 文】

九川卧病虔州。先生云："病物亦难格，觉得如何？"

对曰："功夫甚难。"

先生曰："常快活，便是功夫。"

【译 文】

九川在赣州生病。先生说："对病这一事物，很难格正，你觉得怎样？"

九川说："这个功夫的确很难。"

先生说："时常保持快活，就是功夫。"

说 明

快活的心态、乐观的精神，也是修身养性的一个重要功夫。

【原文】

九川问："自省念虑，或涉邪妄，或预料理天下事，思到极处，井井有味①，便缱绻②难屏。觉得早则易，觉迟则难，用力克治，愈觉扞格③，惟稍迁念他事，则随两忘。如此廓清，亦似无害？"

先生曰："何须如此！只要在良知上着功夫。"

九川曰："正谓那一时不知。"

先生曰："我这里自有功夫，何缘得他来？只为尔功夫断了，便蔽其知。既断了，则继续旧功便是，何必如此？"

九川曰："直是难鏖，虽知，丢他不去。"

先生曰："须是勇。用功久，自有勇，故曰'是集义所生者'④。胜得容易，便是大贤。"

【译文】

九川问："我反省自己的念头思虑，有时觉得邪妄歪曲，有时又思考治理天下大事，想得最深时，觉得津津有味，便难分难舍而不易摒弃。这种情况发现得早还容易去除，发现得晚了就很难以去除，用力去克制，越发觉得格格不入，只有转移念头去想些别的事，才能忘掉。这样清除思虑，好像也没有什么害处吧？"

先生说："何必如此！只要在良知上着力用功就可以了。"

九川说："我说的是良知不在的时候。"

先生说："我这里自然有功夫，怎么会出现良知一时不在的现象呢？只是因为你的功夫间断了，蒙蔽了你的良知。既然功夫有所间断，还得继续用功便可，为什么非要像你说的那样做呢？"

九川说："那真是一场恶战，虽然明白，但仍驱除不掉。"

先生说："这必须要有勇气。用功久了，自然会有勇气，因此孟子说'是集义所生者'。如果能轻易战胜思虑，便是大贤之人。"

注 释

❶ 井井有味：津津有味。　❷ 缱绻（qiǎnquǎn）：用来形容事物或感情之间的纠结、纷扰不断的状态。　❸ 扞格：互相抵触，格格不入。　❹ "是集义所生者"：语出《孟子·公孙丑上》："'敢问何谓浩然之气？'曰：'难言也。其为气也，至大至刚，以直养而无害，则塞于天地之间。其为气也，配义与道；无是，馁也。是集义所生者，非义袭而取之也。行有不慊之心，则馁矣。'"

说 明

"力行近乎仁""知者不惑，仁者不忧，勇者不惧"，致良知的功夫实践也是如此，"知行合一""致良知"，更要勇猛精进。

【原 文】

九川问："此功夫却于心上体验明白，只解书不通。"

先生曰："只要解心。心明白，书自然融会。若心上不通，只要书上文义通，却自生意见。"

【译 文】

九川问："致良知的功夫虽能在心上体验得清楚明白，却解释不通书本上的文义。"

先生说："只需要在心上解释便可。内心理解明白了，书本上的文义自然融会贯通。如果心中理解不了，只求去理解书本上的文义，反而会产生一些牵强附会的意思来。"

说 明

以"心"解经（书），是阳明心学的一大特色。

【原文】

有一属官，因久听讲先生之学，曰："此学甚好，只是簿书讼狱①繁难，不得为学。"

先生闻之，曰："我何尝教尔离了簿书讼狱，悬空去讲学？尔既有官司之事，便从官司的事上为学，才是真格物。如问一词讼，不可因其应对无状，起个怒心；不可因他言语圆转，生个喜心；不可恶其嘱托，加意治之；不可因其请求，屈意从之；不可因自己事务烦冗，随意苟且断之；不可因旁人谮毁罗织，随人意思处之。这许多意思皆私，只尔自知。须精细省察克治，惟恐此心有一毫偏倚，枉人是非，这便是'格物致知'。簿书讼狱之间，无非实学。若离了事物为学，却是着空。"

【译文】

有一位长期聆听先生讲学的下属官员说："您所讲的学说确实很好，只是平日文书、案件极其繁重，没有时间去学习。"

先生听后，说："我什么时候教你撇开文书、案件，凭空去讲求学习？你既然需要处理官司，就从处理官司的事上去学习，这才是真正的格物。比如在断案时，不能因为当事人的无礼而发怒，不能因为当事人言语婉转而高兴，不能因为讨厌当事人的嘱托而故意惩罚，不能因为当事人的苦苦哀求而屈意宽容，不能因为自己事务的繁杂冗多而草率结案，不能因为旁人的诋毁和陷害而听之任之。这些情况都是私欲的表现，只有你自己清楚。必须仔细体察、反省克治，唯恐心中有一丝一毫的偏差而错断了案件的是非，这就是'格物致知'。处理文书与断案，都是切实的学问。如果离开事物去做学问，反而会不着边际。"

注　释

❶ 簿书讼狱：起草官署文书，诉讼牢狱案件。

说 明

阳明心学所揭示的"格物致知"，并不是空谈心性的无用之学，而是提倡学政合一、经世致用的内圣外王之"实学"。

【原 文】

虞州将归，有诗别先生，云："良知何事系多闻，妙合当时已种根。好恶从之为圣学，将迎无处是乾元。"

先生曰："若未来讲此学，不知说'好恶从之'，从个甚么？"

敷英①在座，曰："诚然！尝读先生《大学古本序》②，不知所说何事，及来听讲许时，乃稍知大意。"

【译 文】

陈九川将要离开赣州时，写了一首诗向先生告别："良知何事系多闻，妙合当时已种根。好恶从之为圣学，将迎无处是乾元。"

先生说："你若没来这里跟我讲习、讨论良知，就理解不了'好恶从之'的'从'到底是个什么？"

在座的王敷英接着说："是的！我曾研读过您所作的《大学古本序》，但不知道所说的是什么，来到这里经过一段时日的听讲，才稍微懂得其中的大意。"

注 释

❶敷英：即王时柯，生卒年不详，江西吉安府万安县人。正德十二年（1517）中进士，授行人；嘉靖三年（1524）为监察御史，因"大礼议"而去职。明穆宗即位，复官，卒，赠光禄少卿。由陈九川记载的这条语录可知，正德十五年（1520）秋，王时柯在赣州侍从阳明，并得闻"致良知"之教。❷《大学古本序》：正德十三年（1518）七月，王阳明在赣州刊刻《大学古本》（《大学古本傍释》）并作"序"。

说　明

　　陈九川在听闻王阳明宣讲良知心学并有亲身体验之后，深谙"良知"之妙用。也应该指出，王阳明的"致良知"之教，有宗教神秘主义，确切说有"密契主义""冥契主义"（Mysticism）的意蕴。"良知"的体验，使得人身与心体相契合、接应，反映在现象层面，常表现为某些"超现实"的体验，如王阳明就有"乐是心之本体"的看法。当然，王阳明所体悟出来的"良知"，来自对儒家经典——古本《大学》"格物致知"的阐释与升华，也是儒家修身传统的一个案例。对于"致良知"之说，王阳明是"不得已，与人一口说尽。只恐学者得之容易，把作一种光景玩弄，不实落用功"，这是他的担忧。也应该指出，从事"致良知"的修身实践，并不是要放弃一切世俗事务，去做"苦行僧"式的宗教体验生活。对于官员而言，"簿书讼狱之间，无非实学"，因为"若离了事物为学，却是着空"。

【原文】

　　于中、国裳辈同侍食。先生曰："凡饮食，只是要养我身，食了要消化。若徒蓄积在肚里，便成痞①了，如何长得肌肤？后世学者，博闻多识，留滞胸中，皆伤食之病也。"

【译文】

　　夏于中、舒国裳等陪同先生就餐。先生说："饮食只是为了补充我们身体的营养，吃了就要消化。如果把吃的食物全部存积在肚子里，就会积食成疾，怎么能促进身体的生长发育？孔孟之后的学者主张博闻多记，将知识全部装在胸中，就都是患了吃而不消化的毛病。"

注　释

❶ 痞（pǐ）：痞块，肚子里可以摸得到的硬块。

说 明

这是正德十五年（1520）冬或正德十六年（1521）上半年，王阳明与夏良胜、舒芬在南昌一起就餐论学的一个场景，体现了王阳明良知之教的灵活与机动。

【原 文】

先生曰："圣人亦是学知，众人亦是生知。"

问曰："何如？"

曰："这良知人人皆有，圣人只是保全，无些障蔽，兢兢业业，亹亹翼翼①，自然不息，便也是学，只是生的分数多，所以谓之'生知安行'。众人自孩提之童，莫不完具此知，只是障蔽多，然本体之知自难泯息，虽问学克治，也只凭他，只是学的分数多，所以谓之'学知利行'②。"

【译 文】

先生说："圣人也是'学而知之'，普通人也是'生而知之'。"

问："为什么？"

先生说："良知是人人都具有的，圣人只是保全得好而没有遭受任何蒙蔽，兢兢业业，勤勤恳恳，良知自然常存不息，这也是学习，只是圣人天生的成分多，所以称之为'生知安行'。普通人从小时候开始也都具有完备的良知，只是后天的障碍、遮蔽太多，但那本体的良知却难以泯灭、止息，即便求学克治，也只是遵循良知，只是通过后天学习的成分多，所以称其为'学知利行'。"

注 释

❶ 亹亹（wěiwěi）翼翼：精神饱满，勤勉不倦，小心谨慎，典出《诗经·大雅·文王》："亹亹文王，令闻不已。""世之不显，厥犹翼翼。"   ❷ "生知安行""学知利行"：语本《中庸》："或生而知之，或学而知之，或困而知之，及其知之，一也。或安而行之，或利而行之，或勉强而行之，及其成功，一也。"

说 明

　　众人的良知与圣人的良知具有同一性，差别只是被私欲遮蔽的多少。把尚未遮蔽的良知扩充开来，去除遮蔽，良知之光就会呈现。

黄直录

解 题

　　黄直（生卒年待考），字以方，号卓峰，江西抚州金溪人。明正德十一年（1516）中举，翌年（1517）至京师参加会试失利；卒业于北雍，正德十五年（1520）再次参加会试失利后返乡。正德十五年至十六年间，王阳明在南昌宣讲"致良知"之说，黄直从金溪至南昌，侍从阳明并得闻"致良知"之教、"知行合一"之说，以及"儒佛之辨""为善去恶""格物"等阳明学论题和朱子学与阳明学的分疏。嘉靖二年（1523）中进士后，任漳州府推官，《明史》有小传。《王文成公全书》本《传习录·下》，也就是钱德洪编辑定稿的《传习续录》中，既有署名为"黄直录"的语录15条，也有署名为"黄以方录"的语录21条（见下文），"黄直，字以方"，毫无疑问，"黄直"就是"黄以方"。这些语录的内容接续"陈九川录"，反映了王阳明对"良知"之学与"致良知"之教的集中阐释。

【原文】

　　黄以方问："先生'格致'之说，随时格物以致其知，则知是一节之知，非全体之知也。何以到得'溥博如天，渊泉如渊'①

【译文】

　　黄直问："您的'格物致知'学说，是以随时格物的方式来呈现良知，那么这个知就只是一部分的知，而不是全体的知了。怎么能达到《中庸》所说'溥博如天，渊泉地位?"

先生曰:"人心是天、渊。心之本体,无所不该,原是一个天,只为私欲障碍,则天之本体失了;心之理无穷尽,原是一个渊,只为私欲窒塞,则渊之本体失了。如今念念致良知,将此障碍窒塞一齐去尽,则本体已复,便是天、渊了。"乃指天以示之,曰:"比如面前见天,是昭昭之天;四外见天,也只是昭昭之天。只为许多房子墙壁遮蔽,便不见天之全体;若撤去房子墙壁,总是一个天矣。不可道眼前天是昭昭之天,外面又不是昭昭之天也。于此便见一节之知,即全体之知;全体之知,即一节之知,总是一个本体。"

　　　　　　已下门人黄直录

如渊'的境界呢?"

先生说:"人心就是天、就是渊。心的本体无所不容,原本就是一个天,只是被私欲蒙蔽,才丧失了天的本来面目;心中的天理无穷无尽,原本就是一个渊,只是被私欲阻塞,才丧失了渊的本来面目。如今念念不忘致良知,将这些蒙蔽、阻塞一并去除干净,那么心的本体得以恢复,便又是天、渊了。"于是指着天开示说:"比如现在所看见的天,是明朗的天;在四周所看见的天,也是这明朗的天。只因为被许多房子墙壁阻挡了,就看不到天的全貌;如果将房子的墙壁全部拆除,就是一个天而已。不能以为眼前的天是明朗的天,而外面的天就不是明朗的天了。由此可见,部分的良知就是全体的良知,全体的良知也是部分的良知,良知的本体始终是一个。"

　　　　　　以下由弟子黄直记录

注 释

❶"溥(pǔ)博如天,渊泉如渊":语出《中庸》:"溥博渊泉,而时出之。溥博如天,渊泉如渊。"这里的"溥博"指的是广大和高远的天空,"渊泉"则是指深不可测的泉水。

说　明

　　心即理，良知即天理。良知是心之本体，无所不该，因是一个"理"，因为私欲障碍，则良知之本体不能完全呈现。《中庸》说，孔子的美德广博无垠，像深不可测的泉水，时时涌出；像天空一样广博，像潭水一样深沉。同理，如果每一个生命个体都能随时随地"格物"以致其"良知"，"念念致良知"，及时消除个体私欲，良知本体便可随时呈现。

【原　文】

　　先生曰："圣贤非无功业气节①，但其循着这天理，则便是道，不可以事功气节名矣。"

　　"'发愤忘食'，是圣人之志如此，真无有已时；'乐以忘忧'②，是圣人之道如此，真无有戚时。恐不必云'得''不得'③也。"

【译　文】

　　先生说："圣贤并不是没有功业和气节，只是他们能遵循天理，这就是道。圣贤不是以功业气节而闻名的。"

　　"'发愤忘食'，这是圣人的志向，始终没有停止的时候；'乐以忘忧'，这是圣人的道行，始终没有忧郁的时候。恐怕不必用'得'与'不得'来阐释。"

注　释

　　❶ 气节：《王文成公全书》本《传习录》作"节气"，据上下文意改。　❷ "发愤忘食""乐以忘忧"：语出《论语·述而》："叶公问孔子于子路，子路不对。子曰：'女奚不曰，其为人也，发愤忘食，乐以忘忧，不知老之将至云尔。'"　❸ "得""不得"：语出朱熹《论语集注》："未得，则发愤而忘食；已得，则乐之而忘忧。"这里，已经体会到良知之"乐"的王阳明，不认同朱熹的解读。

说 明

古语用"立德、立功、立言"来评价圣贤的功业与气节。毫无疑问,王阳明做到了"立德、立功、立言":"立言"指提出"知行合一""致良知""四句教"的学术思想体系;"立功"指平定南赣民乱、平定宁藩叛乱、抚定广西思田之乱;"立德"指王阳明作为真儒所具有的浩然正气,这在宁肯廷杖被贬贵州龙场也要仗义上疏、不计个人生死荣辱也要起兵平定宁藩叛乱中,有充分的体现。在阳明看来,只要遵循"良知"这个最大的"道"去行事,功业、气节自可成就。当然,也不能完全以事功、气节来界定"圣贤"。孔子作为儒家圣贤的榜样,毕生以求道、弘道为志业,发愤忘食,乐以忘忧。总之,对于后世学者而言,"致良知"更是永远在路上。

【原 文】

先生曰:"我辈致知,只是各随分限①所及。今日良知见在如此,只随今日所知扩充到底;明日良知又有开悟,便从明日所知扩充到底,如此,方是'精一'②功夫。与人论学,亦须随人分限所及。如树有这些萌芽,只把这些水去灌溉,萌芽再长,便又加水。自拱把以至合抱③,灌溉之功,皆是随其分限所及。若些小萌芽,有一桶水在,尽要倾上,便浸坏他了。"

【译 文】

先生说:"我们这些人致良知,只是根据各自的能力而尽力为之。今天的良知明白到这样的程度,就根据今天所理解的内容扩充到底;明天的良知又有新的体悟,那就从明天所理解的内容扩充到底,这就是'精一'的功夫。与别人探讨学问,也必须根据对方的能力所及。这就好比树木刚萌芽,只用少量的水去浇灌;树芽再长大一点,便多浇些水。树木从一把粗到双臂合抱,浇水的多少,都要根据树木的粗细、高矮来决定。如果刚萌芽时,就用一桶水去浇灌,便会把树木浸泡坏了。"

注 释

❶ 分限（fènxiàn）：本分；天分。　❷ "精一"：指道德修养的精粹纯一，语出《尚书》："人心惟危，道心惟微，惟精惟一，允执厥中。"　❸ 拱把：指径围大如两手合围；合抱：是指两臂可以抱拢。

说 明

"致良知"是一个循序渐进的过程。同样的道理，在自己"致"得"良知"，掌握了"致良知"的功夫路数之后，帮助他人"致"得他人自家的"良知"，也必须坚守"随人分限所及"的原则。这也是"随材成就""因材施教"的儒家教育理念。

【原 文】

问"知行合一"。

先生曰："此须识我立言宗旨。今人学问，只因知行分作两件，故有一念发动，虽是不善，然却未曾行，便不去禁止。我今说个'知行合一'，正要人晓得一念发动处，便即是行了。发动处有不善，就将这不善的念克倒了。须要彻根彻底，不使那一念不善潜伏在胸中。此是我立言宗旨。

【译 文】

问"知行合一"。

先生说："这就必须先了解我立论的宗旨。如今的人做学问，把知与行看成是两回事，所以当有一个念头产生，即便是个恶念，只因没有践行，就容忍其存在而不去禁止。我现在主张的'知行合一'，正是要让人们明白一有念头萌发，便已经是践行了。如果产生了不善的念头，就要把这个不善的念头克除。而且要彻底根除，不让那不善的念头潜伏在心中。这就是我立论的宗旨。

说 明

当代学者贺麟先生说过这样的话："知行合一与王阳明的名字，可以说是分不开的。王阳明之提出知行合一说，目的在为道德修养或致良知的功夫，建立理论的基础。"也如前文所说，王阳明的"知行合一"是道德修养意义上的德性之知（忠、孝、节、义）与道德行为的统一，是针对"知而不行"的补偏救弊之说。还有，贵州龙场悟道之后提出的"知行合一"与经历"百死千难"揭示的"致良知"相互补充，故而无论是在北京、南京、南昌讲学，还是晚年在越地讲学，乃至于在两广期间，王阳明均有对"知行合一"的"立言宗旨"的强调。在王阳明克己慎独、省察克治的修身功夫中，要时时刻刻在事上磨炼进而体察内心之良知，体察到精微之处就是即知即行的"一念发动处，便即是行了"。这是儒家修身学的一个特色。

【原 文】

"圣人无所不知，只是知个天理；无所不能，只是能个天理。圣人本体明白，故事事知个天理所在，便去尽个天理；不是本体明后，却于天下事物都便知得，便做得来也。天下事物，如名物度数、草木鸟兽之类，不胜其烦，圣人虽是本体明了，亦何缘能尽知得？但不必知的，圣人自不消求知；其所当知的，圣人自能问人，如'子入太庙，每事问'①之类。先儒谓'虽知亦问，敬谨

【译 文】

（先生说：）"圣人无所不知，只是知道一个天理；无所不能，也只能发扬一个天理。圣人的本心是明白的，所以他在每一件事上都能知道天理的所在，便去穷尽其中的天理；并不是等到心体明白之后，对于天下的事物都能知道，都能够做得来。天下的事物，比如名物、度数、草木、鸟兽等，不计其数，即使圣人的心体再明白，又怎能对所有事物全都知道呢？只是那些无须知道的，圣人自然不想知道；对于那些应该知道的，圣人自然会向人请教明白，比如'子入太庙，每事问'之类的事。朱子《论语集注》中说'虽知亦问，敬谨之

之至'②，此说不可通。圣人于礼乐名物，不必尽知，然他知得一个天理，便自有许多节文度数出来。不知能问，亦即是天理节文所在。"

至'，其实这种说法讲不通。圣人对于礼乐、名物方面的事不必都知道，但他心里只要知道一个天理，就自然会明白许多规矩法则。不知就问，这也是天理法则的所在之处。"

注 释

❶"子入太庙，每事问"：语本《论语·八佾》："子入太庙，每事问。或曰：'孰谓鄹人之子知礼乎？入太庙，每事问。'子闻之，曰：'是礼也。'" ❷先儒谓"虽知亦问，敬谨之至"：朱熹《论语集注》引尹和靖之语："礼者，敬而已矣。虽知亦问，谨之至也，其为敬莫大于此。"

说 明

圣人的无所不知、无所不能，是因其本心至诚无息，能以本心之良知去学习、探究、穷尽蕴含天下事物之中的天理。

【原 文】

问："先生尝谓'善恶只是一物'。善恶两端，如冰炭相反，如何谓只一物？"

先生曰："至善者，心之本体。本体上才过当些子，便是恶了。不是有一个善，却又有一个恶

【译 文】

黄直问："您曾认为'善恶只是一物'。然而善与恶如同冰与炭一样，互不相容，怎么能说同是一物呢？"

先生说："至善，是心的本体。本体上稍有些过分，就是恶了。并不是有了一个善，就又要有一个恶

来相对也。故'善恶只是一物'。"

直①因闻先生之说，则知程子所谓"善固性也，恶亦不可不谓之性"②，又曰"善恶皆天理，谓之恶者，本非恶，但于本性上过与不及之间耳"③，其说皆无可疑。

来与它相对。所以说'善恶只是一物'。"

黄直听了先生的这番解释，就明白了程颢所讲的"善固性也，恶亦不可不谓之性"以及"善恶皆天理，谓之恶者，本非恶，但于本性上过与不及之间耳"，都不再有任何疑问了。

注 释

❶直：这条语录的记录者黄直。　❷"善固性也，恶亦不可不谓之性"：语见《二程遗书》，又载《近思录》。　❸"善恶皆天理，谓之恶者，本非恶，但于本性上过与不及之间耳"：语见《二程遗书》卷二，程颢语。

说 明

这是王阳明对"善""恶"发生学的辨析。"至善者，心之本体。""善"的本体、本性才有些"过"或"不及"，便是"恶"。尽管如此，"善""恶"还只是一物。

【原文】

先生尝谓："人但得好善如好好色，恶恶如恶恶臭，便是圣人。"

直①初时闻之，觉甚易，

【译文】

先生曾说："人只要像喜爱美色那样好善，讨厌恶臭那样憎恶，就是圣人了。"

黄直刚听到这话时，认为很简单，后来经过亲身体会，才觉得这个后体验得来，此个功夫着实是难。如一念，虽知好善恶恶，然不知不觉，又夹杂去了；才有夹杂，便不是好善如好好色、恶恶如恶恶臭的心。善能实实的好，是无念不善矣；恶能实实的恶，是无念及恶矣，如何不是圣人？故圣人之学，只是一"诚"而已。

功夫实在太难。比如心里的念头虽然知道应该好善憎恶，但在不知不觉中又会夹杂别的意念掺进去；一旦掺杂别的意念，就不是如同喜爱美色那般好善、讨厌恶臭那般憎恶的心了。对善能切切实实地喜爱，就没有一念为善；对恶能切切实实地憎恨，就没有一念为恶了，这样又怎能不是圣人呢？因此，圣人的学问也只是一个"诚"字罢了。

注　释

❶ 直：这条语录的记录者黄直。

说　明

"至善者，心之本体"，这是王阳明在《大学古本序》中的原话。王阳明为便于门人弟子区分道德意义上的"善""恶"，就借用"好善如好好色，恶恶如恶恶臭"的方便说法，来讲述"为善去恶"成就"圣人"的具体做法。知易行难，说起来容易做起来难，弟子门人在从事具体的"为善去恶"般的修身过程中，难免走样。尽管如此，"诚意"之"诚"就是圣人之学的核心要义。因为"工夫到诚意，始有着落处，然诚意之本，又在于致知也"。这里，黄直已经通过自己的修身实践，把"致知"与"诚意"两者打通，这就是王阳明所说的"致知者，意诚之本"。

【原 文】

　　问："《修道说》①言'率性之谓道'②，属圣人分上事；'修道之谓教'，属贤人分上事。"

　　先生曰："众人亦'率性'也，但'率性'在圣人分上较多，故'率性之谓道'属圣人事；圣人亦'修道'也，但'修道'在贤人分上多，故'修道之谓教'属贤人事。"

　　又曰："《中庸》一书，大抵皆是说'修道'的事。故后面凡说君子、说颜渊、说子路，皆是能'修道'的；说小人、说贤知愚不肖、说庶民，皆是不能'修道'的；其他言舜、文、周公、仲尼至诚至圣之类，则又圣人之自能'修道'者也。"

【译 文】

　　问："您在《修道说》一文中讲'率性之谓道'，是属于圣人的分内事；而'修道之谓教'，是属于贤人的分内事。我有点疑惑，特请赐教。"

　　先生说："平常人也能'率性'，只是'率性'在圣人身上的分量多，所以'率性之谓道'是圣人的事；圣人也'修道'，只是'修道'在贤人身上的分量多，所以'修道之谓教'是贤人的事。"

　　先生又说："关于《中庸》这本书，大部分是讲'修道'的事。所以，后面所讲的君子、颜回、子路等，都是能'修道'的人；所讲的小人、贤者、智者、愚者、不肖者、平民百姓，都是不能'修道'的人；另外所讲的虞舜、周文王、周公、孔子等至诚至圣的人，则自然属于能'修道'的圣人。"

注 释

　　❶《修道说》：见《王文成公全书》卷七"文录"四。　❷"率性之谓道"：语出《中庸》："天命之谓性，率性之谓道，修道之谓教。"大意是说，人的自然禀赋叫作"性"，顺着本性行事叫作"道"，按照"道"的原则修养叫作"教"。

说　明

这是王阳明对自己《修道说》一文宗旨——"修道"的集中阐释，也是王阳明《中庸》学的重要组成部分。

【原文】

问："儒者到三更时分，扫荡胸中思虑，空空静静，与释氏之静只一般，两下皆不用，此时何所分别？"

先生曰："动静只是一个。那三更时分空空静静的，只是存天理，即是如今应事接物的心；如今应事接物的心，亦是循此天理，便是那三更时分空空静静的心。故动静只是一个，分别不得。知得动静合一，释氏毫厘差处，亦自莫掩矣。"

【译文】

问："儒家学者在半夜三更时分，扫清心中思虑，空荡安静，这与佛教所说的静相同。这时，儒佛两家都没有应事接物，心不发挥作用，怎样区别其中的不同呢？"

先生说："动与静只是一回事。三更时分的心空荡安静，只要是存养天理，那也就是现在应事接物的心；现在这应事接物的心，只要是遵循天理，也就是三更时分空荡安静的心。因此动与静只是一回事，不能分开。理解了动静合一，儒家与佛教的细微区别也就自然清楚明白了。"

说　明

动静合一，动静只是一个，无论是在动还是在静的状态中，心都是遵循天理而行，不因动静而有分别。

【原 文】

门人在座，有动止甚矜持者，先生曰："人若矜持太过，终是有弊。"

曰："矜持太过，何如有弊?"

曰："人只有许多精神，若专在容貌上用功，则于中心照管不及者多矣。"

有太直率者，先生曰："如今讲此学，却外面全不检束，便又分心与事为二矣。"

【译 文】

在座的众弟子中，有人举止过于矜持，先生说："人如果过于矜持，最终是存有弊端。"

问："为什么说过于矜持会存有弊端?"

先生说："人的精力毕竟有限，如果一味在容貌上用功，往往就照顾不到内心了。"

有人过于直率，先生这样说："如今讲求致良知学说，如果在容貌礼仪上不加检点、约束，又是把心与事一分为二了。"

说 明

过于矜持，过于直率，是身心修养的两个极端，在良知之学的修证中应予摒弃。在内外兼顾中努力做到"心事合一""知行合一"，就是"致良知"。

【原 文】

门人作文送友行。问先生曰："作文字不免费思，作了后又一二日，常记在怀。"

曰："文字思索亦无害。但作了常记在怀，则为文所累，心中有一物矣，此则未可也。"

【译 文】

有一个弟子写文章为朋友送行。问先生："写文章难免劳心费神，写成之后一两天又还挂记在心。"

先生说："写文章时的思考并无害处。只是写完之后常记在心，则是被文章所拖累，心中存有一个事物，这就不好了。"

又作诗送人。先生看诗毕，谓曰："凡作文字，要随我分限所及。若说得太过了，亦非'修辞立诚'①矣。"

又有人作诗送人。先生看完诗后，对他说道："写诗作文固然好，但要根据自己的能力所及。如果说得太过，也就不是'修辞立诚'了。"

注　释

❶ 修辞立诚：建立言辞以表现自己的美好品德，写文章应表现出作者的真实意图，语出《周易·乾卦·文言传》："子曰：'君子进德修业。忠信所以进德也。修辞立其诚，所以居业也。'"

说　明

"修辞立诚"，这是王阳明所主张的诗文观，对学者而言也是"致良知"的一种功夫。

【原　文】

"文公① '格物'之说，只是少头脑。如所谓'察之于念虑之微'，此一句不该与'求之文字之中''验之于事为之著''索之讲论之际'②混作一例看，是无轻重也。"

【译　文】

（先生又说：）"朱子关于'格物'的主张，只是缺少头绪。比如他讲的'察之于念虑之微'这句话，就不该与'求之文字之中''验之于事为之著''索之讲论之际'等混为一谈，这样就无轻重之分了。"

注 释

❶ 文公：朱熹的谥号。　❷ "察之于念虑之微""求之文字之中""验之于事为之著""索之讲论之际"：语出朱熹《大学或问》："若其用力之方，则或考之事为之著，或察之念虑之微，或求之文字之中，或索之讲论之际。"

说 明

对于朱子"格物"学的四个着力点，王阳明认为在心体上用功的"察之于念虑之微"才是最关键的，其他的三点都是求之于心外。心体良知相对于文字、事为和讲论来说，更具有决定作用和超越地位。

【原 文】

问"有所忿懥"①一条。

先生曰："忿懥几件②，人心怎能无得？只是不可有耳。凡人忿懥，着了一分意思，便怒得过当，非'廓然大公'之体了，故'有所忿懥'，便不得其正也。如今于凡忿懥等件，只是个'物来顺应'③，不要着一分意思，便心体'廓然大公'，得其本体之正了。且如出外，见人相斗，其不是的，我心亦怒。然虽怒，却此心廓然，不曾动些子气。如今怒人，亦得如此，方才

【译 文】

问《大学》中的"有所忿懥"。

先生说："诸如愤怒、恐惧、好乐、忧患等情绪，人心中怎会没有呢？只是不应该有而已。普通人在愤怒时，较容易感情用事，便会愤怒过当，失去了'廓然大公'的本体了，因此心中'有所忿懥'，心就不能保持中正。如今对于愤怒等情绪，只要'物来顺应'，任其自然，不要过分在意，心体自然会'廓然大公'，从而实现本体的中正了。比如外出，看见有人斗气打架，对有错的一方，我心中也会感到气愤。我虽然气愤，但心中坦然，不生更多的气。现在对别人发怒时，也应

是正。"

该如此，这才是中正。"

注　释

❶有所忿懥（zhì）：怨恨发怒，语出《大学》："所谓修身在正其心者，身有所忿懥，则不得其正；有所恐惧，则不得其正；有所好乐，则不得其正；有所忧患，则不得其正。"　❷忿懥几件：指忿懥、恐惧、好乐、忧患。　❸"廓然大公""物来顺应"：语出程颢《定性书》："廓然而大公，物来而顺应。""廓然大公"意味着心胸宽阔，公正无私，对待事物能够客观公平。"物来顺应"则是指当事物或情况出现时，能够顺应其自然发展的规律，不作过多的人为干预或主观臆断。

说　明

愤怒、恐惧、好乐、忧患等情绪的发泄，应以保持"心体"的中正为出发点，以"廓然大公""物来顺应"为目标。

【原　文】

先生尝言："佛氏不着相①，其实着了相；吾儒着相，其实不着相。"请问。

曰："佛怕父子累，却逃了父子；怕君臣累，却逃了君臣；怕夫妇累，却逃了夫妇。都是为个君臣、父子、夫妇着了相，便须逃避。如

【译　文】

先生曾经说："佛教对表相不执着，其实却对表相执着；我们儒家对表相貌似执着，其实却对表相不执着。"请问应该如何理解？

先生说："佛教徒害怕被父子关系连累，于是抛弃了父子；害怕被君臣关系连累，于是抛弃了君臣；害怕被夫妻关系连累，于是抛弃了夫妻。这些都是执着于君臣、父子、夫妻的相，所以才想

吾儒有个父子，还②他以仁；有个君臣，还他以义；有个夫妇，还他以别。何曾着父子、君臣、夫妇的相?"

要逃避。我们儒家有个父子关系，就待之以仁爱；有个君臣关系，就待之以忠义；有个夫妻关系，就待之以礼节。什么时候执着于父子、君臣、夫妻的相呢?"

注 释

❶ 着相：佛教术语，意思是执着于外相、虚相或个体意识而偏离了本质。"相"指某一事物在我们脑中形成的认识，或称概念，它可分为有形的（可见的）和无形的（也就是意识）。 ❷ 还：回应。

说 明

这是王阳明"儒佛之辨"的一个面向。事不避难、义不逃责、积极有为，是儒者的道义与使命。

黄修易录

解 题

黄修易，字勉叔，生平事迹不详。通行本《传习录·下》记载有"黄修易录"的阳明语录 11 条，内容涉及"为善去恶""致良知"以及王阳明对《论语》《孟子》《周易》《尚书》中具体语句的解读。这些语录体现了嘉靖初年王阳明的学术走向与思想阐释。其中，一条语录是嘉靖初年，余姚人范引年（正德十六年秋在余姚中天阁拜师王阳明）同王阳明一同出游绍兴城外禹穴的场景。缘此，也可推断出，嘉靖初年，黄修易也到越地师从阳明，并有这条语录的记载。

另外，钱德洪撰《阳明先生年谱》中多次出现一个叫"王修易"的人名，江浙地区"黄、王"之音多不分，而游阳明之门、日讲良知之学的衢州江山人"王修易"（号西山），就是《传习录·下》"黄修易录"中的"黄修易"。嘉靖八年（1529），阳明先生灵柩过衢州，王修易参与迎榇，又到绍兴参加阳明葬礼。嘉靖三十三年（1554），王修易以贡生身份任新建县学训导，"终日对诸生讲解，贫者辄周恤之"；还与时任江西巡抚、也是王阳明弟子的山阴人张元冲为友。一日，张元冲遣人召见，王修易曰："为公事乎？为讲学乎？讲学当以折束相命，即公事明日趋谒。"（程相主编：《衢州历史文献集成》第十二册《同治江山县志》，中华书局 2009 年版，第 460 页）张元冲如礼延请，乃赴。盖其以学问气节自励，耿直清介。晚年居乡的王修易，积极参与同乡也是同为阳明门人徐霈组织的"东溪讲会"。

【原 文】

黄勉叔问："心无恶念时，此心空空荡荡的，不知亦须存个善念否？"

先生曰："既去恶念，便是善念，便复心之本体矣。譬如日光被云来遮蔽，云去光已复矣。若恶念既去，又要存个善念，即是日光之中添燃一灯。"

已下门人黄修易录

【译 文】

黄修易（字勉叔）问："心中没有恶念时，这个心就空空荡荡的，不知道是否需要存养一个善念？"

先生说："既然除去了恶念，就是善念，也就恢复了心的本体。比如阳光被乌云遮挡，当乌云散后，阳光就会重现。如果恶念已经除去，又要存养一个善念，这就像在阳光下又添一盏明灯。"

以下由弟子黄修易记录

说　明

　　在阳明心学语境中，至善是心的本体。为善去恶，克去恶念，就是善念，也就是良知充盈的"心体"。这条语录中的"善念""恶念"云云，也是王阳明晚年"四句教"的前奏，值得关注。

【原　文】

　　问："近来用功，亦颇觉妄念不生，但腔子里黑窣窣①的，不知如何打得光明？"

　　先生曰："初下手用功，如何腔子里便得光明？譬如奔流浊水，才贮在缸里，初然虽定，也只是昏浊的。须俟澄定既久，自然渣滓尽去，复得清来。汝只要在良知上用功，良知存久，黑窣窣自能光明矣。今便要责效，却是助长，不成功夫。"

【译　文】

　　黄修易问："近来用功，颇有妄念不生的感觉，然而内心深处却是漆黑一片，不知怎样才能让它光明起来？"

　　先生说："刚开始用功时，心里怎么会立刻光明呢？就像奔流着的浊水刚倒入缸中，开始即使静止不动，但也是浑浊的。只有经过一定时间的澄清，水中的渣滓才会慢慢沉淀下去，浊水才会变清。你只要在良知上用功，良知存养时间长了，心中的黑暗自然能光明起来。如今你想要立刻见效，反而是揠苗助长，不能看成是功夫。"

注　释

❶黑窣窣（sūsū）：黑乎乎的，引申义是懵懵懂懂。

说 明

致良知进而涵养良知以求心体光明，是一个循序渐进的过程，不可急于求成。

【原 文】

先生曰："吾教人致良知，在格物上用功，却是有根本的学问，日长进一日，愈久愈觉精明。世儒①教人事事物物上去寻讨，却是无根本的学问。方其壮时，虽暂能外面修饰，不见有过；老则精神衰迈，终须放倒。譬如无根之树，移栽水边，虽暂时鲜好，终久要憔悴②。"

【译 文】

先生说："我教人致良知，并在格物上用功，这是有根基的学问，所以会一天比一天有所进步，时间越长就觉得越精进、明白。朱子教人到事事物物上去寻求探讨，那是没有根基的学问。人们年轻的时候，虽然还能暂时修饰外表，即使有闪失也看不出；但到了老年时，精力衰竭，最终支撑不住而倾倒下去。比如将一株无根的树木移栽到水边，树虽然暂时能生机勃勃，但时间一久，自然会枯萎而死。"

注 释

❶世儒：这里特指程朱一系的理学家。　❷憔悴：枯萎；凋零。

说 明

晚年在越地讲学的王阳明，认为"致良知"之教，是根本之学；而"世儒"也就是程朱以及程朱理学的追随者，以"即物穷理"为入门处，教人事事物物上去寻讨"天理",是无根本的学问。这也是阳明学与朱子学的根本分歧。

【原 文】

问"志于道"一章①。

先生曰:"只'志道'一句,便含下面数句,功夫自住不得。譬如做此屋,'志于道'是念念要去择地鸠材,经营成个区宅。'据德'却是经画已成,有可据矣。'依仁'却是常常住在区宅内,更不离去。'游艺'却是加些画采,美此区宅。艺者②,义也,理之所宜者也。如诵诗、读书、弹琴、习射之类,皆所以调习此心,使之熟于道也。苟不'志道'而'游艺',却如无状小子,不先去置造区宅,只管要去买画挂、做门面,不知将挂在何处?"

【译 文】

问《论语》中的"志于道"这一章。

先生说:"'志道'这句话包含了以下几句的功夫,不能仅停留在'志道'上。比如建房屋这件事,'志于道',就是要挑好地方,用好材料,将房子建起来。'据德',就是房子建成后,有地方可以居住。'依仁',就是长期居住在这间房子里,不再离去。'游艺',就是将房子进行装饰美化。艺就是义,是天理的最恰当之处。比如诵诗、读书、弹琴、习射之类,都是为了调养本心,使其能够纯熟于道。如果不先'志道'就去'游艺',就像一个糊涂小伙子,不先去建造房屋,只管去买画挂来装饰门面,却不知道要将画挂在什么地方?"

注 释

❶"志于道"一章:即《论语·述而》:"子曰:志于道,据于德,依于仁,游于艺。"　❷艺者:礼、乐、射、御、书、数等六艺之学。

说 明

这是王阳明对《论语·述而》中"志于道，据于德，依于仁，游于艺"递进式为学功夫的阐释，尤其突出了"立志"即"志于道"的优先性与根基性。

【原 文】

问："读书所以调摄此心，不可缺的。但读之之时，一种科目意思牵引而来，不知何以免此？"

先生曰："只要良知真切，虽做举业，不为心累。总有累，亦易觉，克之而已。且如读书时，良知知得强记之心不是，即克去之；有欲速之心不是，即克去之；有夸多斗靡之心不是，即克去之。如此，亦只是终日与圣贤印对，是个纯乎天理之心。任他读书，亦只是调摄此心而已，何累之有？"

曰："虽蒙开示，奈资质庸下，实难免累。窃闻，穷通有命。上智之人，恐不屑此；不肖为声利牵缠，甘心为此，

【译 文】

问："读书是为了调节修养内心，是不可缺少的。但在读书的时候，难免又有科举成名的念头产生，不知道怎样才能避免？"

先生说："只要良知真切，即便是为了科举考试，也不会成为内心的牵累。就是有了牵累，也容易察觉并得以克除。比如读书时，良知明白死记硬背的心是不对的，就克除它；良知明白追求快速的心是不对的，就克除它；良知明白有争强好胜的心是不对的，就克除它。这样一来，只是终日与圣贤的心相印证，就是一个纯乎天理的心。无论如何读书，也只是调节修养此心而已，怎么会有牵累呢？"

问："承蒙您的开导，无奈我资质愚钝，的确很难克除这一牵累。我曾听说，人的穷困与通达都是天命注定。天资聪颖的人，对科举等事情不屑一顾；而资质愚钝的我被声名利禄所吸引，心甘情愿为科举而读书，却又为此烦恼。想要放弃科举，又迫于父母的压力，无

徒自苦耳。欲屏弃之，又制于亲，不能舍去，奈何?"

先生曰："此事归辞于亲者多矣，其实只是无志。志立得时，良知千事万为，只是一事。读书作文，安能累人?人自累于得失耳!"因叹曰："此学不明，不知此处担阁了几多英雄汉。"

法舍弃，这该怎么办?"

先生说："将科举之累归罪于父母的人并不少见，说到底还是自己没有志向。志向立得坚定，在良知的主宰下，千样事物、万般作为，也只是一件事。读书写文章，怎么会成为人的牵累呢?是人被自己计较得失的心所牵累啊!"因此，先生感慨地说："良知的学问不彰明，不知道在这里耽搁了多少英雄好汉!"

说　明

这几段文字涉及"为何读书""如何读书"两个问题。读"四书五经"等儒家经典的意义在于与圣贤对话，进而调摄身心，涵养一颗纯乎天理的心。但学者读书，也有参加科举应试的功利需求，故而需要在良知的统摄下，妥善处理好圣贤之学与科举之业两者之间的关系。王阳明年少时即以做圣贤为人生第一等事，尽管先后两次会试不中，但"以不得第动心为耻"，第三次参加会试并中进士后，仍不改初心，经"龙场悟道"而悟出"知行合一""心即理"，又经"宸濠之乱""忠泰之变"而揭示"致良知"之说，终成一代大儒。王阳明的求学悟道经历，就是学者励志的榜样。

【原文】

问："'生之谓性'①，告子亦说得是，孟子如何非之?"

先生曰："固是性，但告子认得一边去了，不晓得头脑。若

【译文】

问："我认为告子所讲的'生之谓性'，是对的，孟子为什么要否定呢?"

先生说："性固然是与生俱来

晓得头脑，如此说亦是。孟子亦曰'形色，天性也'②，这也是指气说。"

又曰："凡人信口说，任意行，皆说此是依我心性出来，此是所谓'生之谓性'，然却要有过差。若晓得头脑，依吾良知上说出来，行将去，便自是停当。然良知亦只是这口说，这身行，岂能外得气，别有个去行、去说？故曰'论性不论气，不备；论气不论性，不明'③。气亦性也，性亦气也，但须认得头脑是当。"

的，然而告子只认知了一个方面，没有完全明白性的本质。如果明白了性的本质，他的话也是正确的。孟子也说：'形色，天性也。'这也是针对气而说的。"

先生接着说："如果一个人信口胡言、肆意行事，都说这是根据我的心性而做的，这就是所谓的'生之谓性'，但这样会犯错误的。如果明白了性的本质，依照自己的良知去说、去做，就自然正确。然而良知也只是依靠嘴巴来说、身体来做，又怎能离开气，另外有个东西去说、去做呢？所以程颐说：'论性不论气，不备；论气不论性，不明。'气也就是性，性也就是气，但只有明白性的本质才可以。"

注 释

❶"生之谓性"：天生具备的东西就叫作本性，语本《孟子·告子上》："告子曰：'生之谓性。'孟子曰：'生之谓性也，犹白之谓白与？'曰：'然。''白羽之白也，犹白雪之白；白雪之白，犹白玉之白与？'曰：'然。''然则犬之性犹牛之性，牛之性犹人之性与？'"　❷"形色，天性也"：语出《孟子·尽心上》："形色，天性也；惟圣人，然后可以践形。"　❸"论性不论气，不备；论气不论性，不明"：语出《二程遗书》，是宋代理学家程颐的观点。他认为，人性（性）和人的气质（气）是相互联系、不可分割的两个方面。单独讨论其中一个方面，都会导致对人性的理解不全面或不清楚。

说 明

王阳明在宇宙本体论方面主张"良知即天理""心即性、性即理"，在人性论这个问题上，既不排斥告子的"生之谓性"，也不否定孟子的"形色，天性"，而是以良知为"头脑"，引入"气"的元素，以为"气亦性也，性亦气也"。这是一种"气性论"。程颐说"论性不论气，不备；论气不论性，不明"，旨在表明"气"和"性"是互相补充、相辅相成的关系。

【原文】

又曰："诸君功夫，最不可助长①。上智绝少，学者无超入圣人之理。一起一伏，一进一退，自是功夫节次。不可以我前日用得功夫了，今却不济，便要矫强做出一个没破绽的模样。这便是助长，连前些子功夫都坏了，此非小过。譬如行路的人，遭一蹶跌②，起来便走，不要欺人，做那不曾跌倒的样子出来。诸君只要常常怀个'遁世无闷，不见是而无闷'③之心，依此良知忍耐做去，不管人非笑，不管人毁谤，不管人荣辱。任他功夫有进有退，我只是这致良知的主宰不息，久久自然有得力处，一切外事

【译文】

先生又说："各位做功夫时千万不要揠苗助长。天资卓著的人非常少，为学没有一步登天成为圣人的道理。起起伏伏，进进退退，是做功夫的节度次序。不能因为我前些日子用了功夫，而现在却不用了，就要勉强装出一个没有破绽的模样。这就是揠苗助长，连之前的那点功夫也给遗弃了，这可是不小的过错。好比走路的人不小心跌了一跤，站起来就继续走，不要假装一副没有跌倒的模样来欺骗人。各位只要经常怀着一个'遁世无闷，不见是而无闷'的心态，遵循良知耐心做下去，不在乎别人的嘲笑、诽谤、称誉、侮辱。任凭功夫有进有退，我只坚持致良知一刻不停，时间久了，自然感到有得力的地方，也自然不被外面的任何事情所动摇。"

先生又说："人如果能够实实在

亦自能不动。"

又曰："人若着实用功，随人毁谤，随人欺慢，处处得益，处处是进德之资。若不用功，只是魔也，终被累倒。"

在地用功，不论别人如何诽谤和侮辱，依然会处处受益，处处是助长德性的资本。如果自己不用功，别人的诽谤和侮辱就好比是魔鬼，最终会被牵累而倒垮。"

注　释

❶助长：语出《孟子·公孙丑上》："宋人有闵其苗之不长而揠之者，芒芒然归，谓其人曰：'今日病矣！予助苗长矣！'其子趋而往视之，苗则槁矣。天下之不助苗长者寡矣。以为无益而舍之者，不耘苗者也；助之长者，揠苗者也，非徒无益，而又害之。"　❷蹶跌（juédiē）：跌倒。　❸"遁世无闷，不见是而无闷"：语出自《周易·乾卦·文言传》。大意是，即使不追求名声，隐退于世也不会感到烦恼，即使不被认同也能保持内心的安宁。

说　明

王阳明这里所言的"不可助长"，强调在修养身心或者进行自我提升等功夫时，不能急于求成、拔苗助长。功夫的进展是有其自然的节奏和顺序的，会有起伏进退，这都是正常的功夫节次。以致良知为主宰，依循良知而行，久久为功，自然有得力处。

【原文】

先生一日出游禹穴①，顾田间禾曰："能几何时，又如此长了。"

【译文】

有一天，先生出游会稽山禹穴，路途环顾田间的禾苗说："才几天的时间，禾苗又长高了。"

范兆期②在傍曰："此只是有根。学问能自植根，亦不患无长。"

先生曰："人孰无根？良知即是天植灵根，自生生不息。但着了私累，把此根戕贼蔽塞，不得发生耳。"

在一旁的范兆期说："这是因为禾苗有根。做学问如果自己能够种下根，就不用担心不进步了。"

先生说："哪个人没有根呢？良知就是天生的灵根，自然会生生不息。但只因被私欲所牵累，将这个灵根残害、蒙蔽了，使它不能正常地生长发育罢了。"

注 释

❶ 禹穴：相传为夏禹的埋葬地，即今浙江绍兴市郊会稽山大禹陵，距离阳明洞天、南镇、香炉峰不远。王阳明友人郑善夫实地考证了禹穴之所在，时任绍兴知府南大吉（也是王阳明弟子）于嘉靖三年（1524）在禹穴所在处题刻"大禹陵"碑刻。今仍存。 ❷ 范引年：生卒年待考，字兆期，号半野，浙江余姚人。正德十六年（1521）九月，阳明归余姚省祖茔之时，范引年与钱德洪等七十余人于龙泉山中天阁从学阳明。嘉靖三年（1524）左右，范引年再至绍兴，侍从阳明。嘉靖七年（1528）阳明病逝，范引年参与丧事。嘉靖九年（1530），薛侃于杭州城郊建天真精舍以祀阳明，范引年参与其中；嘉靖二十一年（1542），范引年以经师为有司延聘主青田教事，建混元书院于青田太鹤山，祀阳明先生。

说 明

在阳明看来，如同禾苗有根才会苗壮成长，作为天植灵根的良知，必然也与天道一样生生不息。天地的造化力量与人的生命创造活力乃是一体不二的，所以良知本质上也是人的一切创造活力永不枯竭的动力与源泉。

【原文】

　　一友常易动气责人。先生警之曰："学须反己。若徒责人，只见得人不是，不见自己非。若能反己，方见自己有许多未尽处，奚暇责人？舜能化得象^①的傲，其机括^②只是不见象的不是。若舜只要正他的奸恶，就见得象的不是矣。象是傲人，必不肯相下，如何感化得他？"是友感悔。

　　曰："你今后只不要去论人之是非。凡当责辩人时，就把做一件大己私，克去方可。"

【译文】

　　一位学友时常容易生气而指责别人。先生告诫他说："做学问一定要反身自省。如果只去指责别人，就会只看到别人的错误，而看不到自己的缺点。如果能反身自省，便能看到自己有许多不足之处，哪还有时间去指责别人呢？舜之所以能感化象的傲慢，最为关键的是舜不去看象的过错。如果舜是想要去纠正象的奸恶，就只能看到象的许多不是。象又是一个傲慢的人，肯定不会认错，舜又怎能感化得了呢？"这位学友听了这番话，甚感后悔。

　　先生说："从今以后，你不要去议论别人的是非。凡是想要责备别人的时候，就将它当作自己的一大私欲，克除掉才可以。"

注释

　　❶象：舜的同父异母弟弟。舜感化象的事迹，详见《尚书·尧典》《孟子·万章上》。王阳明在贵州龙场期间，撰有《象祠记》文。　　❷机括：关键。

说明

　　"己所不欲，勿施于人"，不去盲目议论别人的是非，随意批评指责他人的不是；省察克己，也就是反省自己的不足，克除自己的私欲，才是与"本心"沟通、接近良知本体的一种修身功夫。

【原 文】

先生曰："凡朋友问难，纵有浅近粗疏，或露才扬己，皆是病发。当因其病而药之可也，不可便怀鄙薄之心，非君子'与人为善'①之心矣。"

【译 文】

先生说："朋友在一起为学辩论时，即便有浅显粗鄙的看法，或者想要表现才能标榜自己，都是毛病在发作。应当对症下药才可以，不能因此而怀有轻视别人的心，不然，就不是君子'与人为善'的心了。"

注 释

❶"与人为善"：语出《孟子·公孙丑上》："取诸人以为善，是与人为善者也，故君子莫大乎与人为善。"后指善意地帮助别人。

说 明

"君子莫大乎与人为善"，与人为善的心，就是良知的一种呈现。具体到与朋友相处，尤其不可怀鄙夷之心；改过、责善，相互学习，共同进步，才是正确的选择。

【原 文】

问："《易》，朱子主卜筮①，程《传》主理②，何如？"

先生曰："卜筮是理，理亦是卜筮。天下之理，孰有大于卜筮者乎？只为后世将卜筮专主在

【译 文】

问："朱子认为《周易》重在卜筮，而程颐则认为重在明理，哪个正确呢？"

先生说："卜筮就是天理，天理也是卜筮。天下的理，哪有比卜筮还大的呢？只因后世之人将卜筮

占卦上看了，所以看得卜筮似小艺，不知今之师友问答、博学、审问、慎思、明辨、笃行之类，皆是卜筮。卜筮者，不过求决狐疑、神明吾心而已。《易》是问诸天，人有疑，自信不及，故以《易》问天。谓人心尚有所涉，惟天不容伪耳。"

只看成占卦而已，所以认为卜筮是雕虫小技，却不知现在师友之间的问答、博学、审问、慎思、明辨、笃行之类，都是卜筮。卜筮只不过是为了决断疑惑，使得人心变得神妙清明罢了。《易》是向天请教，当人有疑问而自信心不足时，所以才用《易》来向天请教。所以说，人心或许还有偏私，唯有天，不容得任何虚假。"

注 释

❶《易》，朱子主卜筮：在朱熹看来，《周易》为卜筮之书。《朱子语类》云："《易》为卜筮而作，皆因吉凶以示训戒，故其言虽约，而所包甚广。""若不是占筮，如何说'明吉凶'？""若不是说卜筮，却是说一无底物。""《易》本卜筮之书，后人以为止于卜筮。至王弼用老庄解，后人便只以为理而不以为卜筮，亦非。"朱熹的《周易本义》《周易启蒙》就体现了他的"《易》为卜筮而作"的基本理念。　❷程《传》主理：指程颐所撰《周易程氏传》以为《易》是说理之书，借解释《易》卦辞、爻象来阐明义理，旨在弘扬儒家人伦道德、王道政治理念。程颐《易传序》云："易，变易也，随时变易以从道也。其为书也，广大悉备，将以顺性命之理，通幽明之故，尽事物之情，而示开物成务之道也。圣人之忧患后世，可谓至矣。"

说 明

"卜筮是理，理亦是卜筮"，这是王阳明易学观之卜筮论的一个面向。朱熹主要强调《易》的实用功能，即通过卜筮来辅助决策；而程颐则更侧重于从《易》中探索和阐述其中蕴含的"天理"。在阳明心学中，卜筮的内涵包括师友问答、博学、审问、慎思、明辨、笃行，它们是心体澄明的功夫；"人有疑""以《易》问天"，是"自信不及"的表现；而"致良知"并"信得及良知"，凡事问诸"良知"，"自信良知"才是主体自信的表现。

黄省曾录

解 题

黄省曾（1490—1540），字勉之，号五岳山人，江苏吴县（今属苏州）人。正德十六年（1521）为王阳明所赠之《修道说》作"注"，进而心仪阳明心学；嘉靖三年（1524）春夏间，来越地拜见阳明并执弟子礼。在越期间，王阳明口授《论语》，黄省曾在旁聆听并予整理，惜不传世。嘉靖十年（1531），黄省曾以《诗经》乡试中举且名列榜首，后参加会试，累举不第，遂放弃科举，转攻诗词和绘画。著有《会稽问道录》（十卷，惜不传世）、《五岳山人集》。黄宗羲《明儒学案》将其列入《南中王门学案》。

钱德洪（1496—1574），名宽，字洪甫，号绪山。生于阳明先生昔日降生地——浙江余姚龙泉山北麓之瑞云楼。因龙泉山古名"绪山"，日后钱德洪遂以"绪山"为号，学者称绪山先生。正德十六年（1521）九月，王阳明归余姚省祖茔，钱德洪等七十余人于龙泉山中天阁从学于阳明。而后又至越地侍从阳明，在阳明门下与王畿并称为"教授师"。嘉靖六年（1527）秋，阳明出征广西，钱德洪与王畿居守越地阳明书院与余姚中天阁，继续宣讲良知心学。嘉靖七年（1528）冬，在与王畿赴京廷试途中闻阳明病故，遂奔丧江西，并扶柩归越；同时讣告同门，征集阳明先生遗言、遗著，是为《传习续录》也就是通行本《传习录》卷下的成书缘起。而后，钱德洪积极参与编刊《阳明先生文录》《阳明先生文录续编》《阳明先生年谱》等事宜，也是隆庆本《王文成公全书》的"执行主编"。

《王文成公全书》本《传习录·下》，也就是钱德洪编辑的《传习续录》，载有署名"黄省曾录"阳明语录69条，而其中的"何廷仁、黄正之、李侯璧、汝中、德洪侍坐"条，明显是钱德洪、王畿辑录。很大可能，这条（第13条）语录之后，直至下文"黄以方录"，皆为钱德洪所录（也包括王畿录）。易言之，嘉靖三年（1524）"黄省曾录"仅可能有前12条，后57条则主要由钱德洪所辑录。为保持《王文成公全书》本《传习录》卷下的原貌，本书对"黄省曾录""钱德洪录"不作剥离式处理，仅以[钱德洪、王畿录]形式添加标题，以示区分。而真正的"黄省曾录"阳明语录，主要涉及王阳明对《论语》中具体用语的解读，以及黄与江右王门学者刘邦采、浙中王门学者王畿一起在越地侍从阳明的场景，从中或可窥探王阳明注解《论语》（王氏《论语》），也就是王阳明以"良知"解《论语》的只言片语。

有研究表明，《王文成公全书》本《传习录》卷下，署名"黄以方录"的27条阳明语录中，仅有10条语录为"黄以方录"，另有2条"黄省曾录"（黎业明：《传习录译注》，上海古籍出版社2021年版，第516~517页）；另外15条语录皆是钱德洪所辑，故而《传习录》卷下"钱德洪录"（也包括"王畿录"）阳明语录有72条，记录了钱德洪在嘉靖元年至嘉靖六年（1522—1527）聆听的阳明教诲，内容涉及"立志""致良知""万物同体""四句教""本体工夫"等阳明学核心命题及其阳明晚年在越地讲学的场景。

【原　文】

　　黄勉之问："'无适也，无莫也，义之与比'①，事事要如此否？"

　　先生曰："固是事事要如此，须是识得个头脑乃可。'义'即是良知，晓得良知是个头脑，方无执着。且如受人馈送，也有今日当受的，他日不当受的；也有

【译　文】

　　黄省曾（字勉之）问："《论语》上说'无适也，无莫也，义之与此'，难道每件事都要这样吗？"

　　先生说："当然每件事都要这样，只是应当要先明白一个头绪才可以。'义'，就是良知，明白了良知就是头绪，才不会拘泥固执。好比接受别人的馈赠，有的今天可以接受，而其他时间不可接受的情

今日不当受的，他日当受的②。你若执着了今日当受的，便一切受去；执着了今日不当受的，便一切不受去；便是'適''莫'，便不是良知的本体，如何唤得做'义'？"

况；也有今天不该接受，而其他时间可以接受的情况。你如果执着地认为今天可以接受的，就接受所有的馈赠；或者今天不该接受的，就拒绝一切的馈赠。这就是'適'与'莫'了，便不是良知的本体，怎么能称之为'义'呢？"

注 释

❶"无適也，无莫也，义之与比"：语出《论语》："子曰：'君子之于天下也，无適也，无莫也，义之与比。'"大意是说，君子对于天下的事，没有规定一定要怎样做，也没有规定一定不要怎样做，而只考虑怎样做才恰当，符合"义"就行了。　❷且如受人馈送，也有今日当受的，他日不当受的；也有今日不当受的，他日当受的：语出《孟子》："陈臻问曰：'前日于齐，王馈兼金一百而不受；于宋，馈七十镒而受；于薛，馈五十镒而受。前日之不受是，则今日之受非也；今日之受是，则前日之不受非也。夫子必居一于此矣。'孟子曰：'皆是也。'"

说 明

嘉靖三年（1524）或稍晚，黄省曾在越地侍从王阳明期间，主要就自己阅读《论语》的困惑予以请教。有别于朱子《论语集注》"我注六经"的注经方式，王阳明则是"六经注我"，即用自己体验出来的良知心学对《论语》予以解读。比如对孔子"无適也，无莫也，义之与比"这句话的解读，王阳明把"义"当作"良知"，"义即是良知，晓得良知是个头脑，方无执着"。

【原 文】

问："'思无邪'①一言，如何便盖得三百篇之义②？"

先生曰："岂特三百篇！六经只此一言，便可该贯；以至穷古今天下圣贤的话，'思无邪'一言，也可该贯。此外更有何说？此是一了百当的工夫。"

【译 文】

问："孔子怎么能用'思无邪'一句话概括《诗经》三百篇的意思呢？"

先生说："何止可以涵盖《诗经》三百篇！整个'六经'用这一句话都能概括贯通；甚至古往今来的一切圣贤的言论，一句'思无邪'也能概括贯通。除此之外，还能有什么话可说的？这真是一了百了的工夫。"

注 释

❶"思无邪"：语见《诗经·鲁颂·駉》。　❷"思无邪"一言，如何便盖得三百篇之义：语本《论语·为政》："子曰：'《诗》三百，一言以蔽之，曰思无邪。'"

说 明

"思无邪"可以涵括《诗经》、"六经"以至所有圣贤的话，这就是一以贯之的"宗旨"。这是因为圣贤心脉相传，都是一个心思纯正，一个至诚无息，一个良知光明。

【原 文】

问"道心、人心"①。

先生曰："'率性之谓道'②，

【译 文】

问"道心""人心"。

先生说："'率性之谓道'，就

便是道心；但着些人的意思在，便是人心。道心本是无声无臭，故曰'微'；依着人心行去，便有许多不安稳处，故曰'惟危'。"

是道心；但如果在其中添加了一些人的欲望，就是人心。道心原本是无声无臭的，因此称之为'微'；按照人心去做，就有许多不稳妥的地方，因此称之为'惟危'。"

注 释

❶"道心、人心"：语出《尚书·大禹谟》："人心惟危，道心惟微，惟精惟一，允执厥中。"人心是危险难安的，道心却微妙难明；惟有精心体察，专心守住，才能坚持一条不偏不倚的正确路线。这"十六字心传"蕴含了儒家深刻的治国理念和人生哲学。　❷"率性之谓道"：语出《中庸》："天命之谓性，率性之谓道，修道之谓教。"

说 明

王阳明以《中庸》"率性之谓道"为切入点，来解释"道心""人心"的起源以及"道心""人心"的实质。其实，在阳明心学中，"道心"就是"天理""良知"，"人心"就是"欲望""人欲"，去得"人欲"，"天理"自存，"良知"便明。

【原文】

问："'中人以下，不可以语上'①，愚的人，与之语上尚且不进，况不与之语，可乎？"

先生曰："不是圣人终不

【译文】

问："《论语》说：'中人以下，不可以语上'，向资质愚钝的人讲解高深的学问，无法使他们进步，如果什么都不跟他们讲解，可以吗？"

先生说："并非圣人不给他们讲。

与语。圣人的心，忧不得人人都做圣人；只是人的资质不同，施教不可躐等②。中人以下的人，便与他说性、说命，他也不省得，也须谩谩③琢磨他起来。"

圣人心中，恨不得人人都能做得圣人；只是人的资质各不相同，所以施行教育时，不得不依次序因人施教。对于中等以下资质的人，即便给他讲人性、天命的道理，他们也无法理解，还是需要慢慢去开导、启发他们。"

注 释

❶ "中人以下，不可以语上"：语出《论语·雍也》："子曰：'中人以上，可以语上也；中人以下，不可以语上也。'" ❷ 躐等（lièděng）：逾越等级，不按次序。语出《礼记·学记》："幼者听而弗问，学不躐等也。" ❸ 谩谩：慢慢。谩，通"慢"。

说 明

传统儒家的性命、天理之教，多是针对学者即读书人而言，有的人天资聪慧，可以直悟本体；有的人须由"下学而上达"；而对于资质较差的人，更要因材施教，循序渐进，慢慢启发。

【原文】

一友问："读书不记得，如何？"

先生曰："只要晓得，如何要记得？要晓得，已是落第二义

【译文】

有位学友问："读书而记不住，怎么办？"

先生说："只要理解就可以，为什么非要记住？要知道理解已是次要的了，重要的是使自己的心性本

了，只要明得自家本体。若徒要记得，便不晓得；若徒要晓得，便明不得自家的本体。"

体明朗清楚。如果只是想要记住，就无法理解；如果只求得理解，就不能使自己的心性本体明朗清楚。"

说 明

"古之学者为己""君子之学求尽吾心焉尔"，记得、晓得、明得，这是学者读"四书五经"等儒家典籍的三种进阶方式。在阳明这里，对儒家典籍文本纯粹的理解、记忆，则是次要的；读书以"明得自家本体"，致良知以求自慊，才是最重要的。

【原 文】

问："'逝者如斯'①，是说自家心性活泼泼地否？"

先生曰："然。须要时时用致良知的功夫，方才活泼泼地，方才与他川水一般。若须臾间断，便与天地不相似。此是学问至极处，圣人也只如此。"

【译 文】

问："《论语》中的'逝者如斯'，是指自己心性本体生动活泼泼吗？"

先生说："是的。必须每时每刻用致良知的功夫，才能使得心性活泼泼的，与那滔滔江水一样。如果有片刻的间断，就与天地的生机活泼不一样了。这是学问的最高境界，圣人也只不过如此。"

注 释

❶"逝者如斯"：语出《论语·子罕》："子在川上曰：'逝者如斯夫，不舍昼夜。'"时间就像这奔腾的河水一样，不停地流逝。

说 明

在这条语录中，王阳明用"时时用致良知的功夫"来阐述对孔子"逝者如斯"的理解。心性如流水般活泼，道体流动不居，生命不息，故而学者"致良知的功夫"也不应有片刻的间断。

【原 文】

问"志士仁人"章①。

先生曰："只为世上人都把生身命子看得来太重，不问当死不当死，定要宛转委曲保全，以此把天理都丢去了。忍心害理，何者不为？若违了天理，便与禽兽无异，便偷生在世上百千年，也不过做了千百年的禽兽。学者要于此等处看得明白。比干②、龙逢③，只为他看得分明，所以能成就得他的仁。"

【译 文】

问《论语》中"志士仁人"这一章节。

先生说："只是因为世人将自己的身家性命看得过重，也不问是否应当赴死，一定要千方百计保全自己的性命，却把天理给丢弃了。能够忍心伤害天理，还有什么不能做的？如果违背了天理，那与禽兽就没有区别了，即便在世上苟且偷生成百上千年，也不过做了成百上千年的禽兽而已。为学之人应当要在这些地方看得明白清楚。比干（谏纣而死）、龙逢（谏桀而死），只因为把生命和天理看得分明，所以才能成就他们的仁。"

注 释

❶"志士仁人"章：即《论语·卫灵公》："子曰：'志士仁人，无求生以害人，有杀身以成仁。'"另外，王阳明早年撰写的"'志士仁人'一节"的制义文稿，尚存于《四库全书》中。　❷比干：是商代帝王文丁的次子，帝乙（纣

王之父）的弟弟。他因多次直谏纣王，被纣王剖心而死，是我国历史上以死谏君的忠臣。　❸龙逢（páng）：即龙逢、关龙逢。夏之贤人，因谏而被桀所杀，后用为忠臣的代称。

说　明

在生命和天理面前，志士仁人的选择是舍生取义，成就天理、仁德。

【原文】

问："'叔孙武叔毁仲尼'①，大圣人如何犹不免于毁谤？"

先生曰："毁谤自外来的，虽圣人如何免得？人只贵于自修，若自己实实落落是个圣贤，纵然人都毁他，也说他不着。却若浮云掩日，如何损得日的光明？若自己是个象恭色庄、不坚不介②的，纵然没一个人说他，他的恶慝③终须一日发露。所以孟子说'有求全之毁，有不虞之誉'④。毁誉在外的，安能避得？只要自修何如尔。"

【译文】

问："《论语》中记载有'叔孙武叔毁仲尼'，怎么连孔子这样的大圣人也免不了被人诽谤呢？"

先生说："诽谤都是从身外来的，虽是圣人又怎样能够避免？人只应注重自身修养，如果自己实实在在是个圣贤，纵然世人都诽谤他，也不能将他损害。这就好比浮云遮日，怎么能损害太阳的光辉呢？如果自己只是个外表恭敬端庄、内心却是空虚无德的人，纵然没有一个人诽谤他，而他内心隐藏的恶念终究有一天会暴露出来。因此，孟子说：'有求全之毁，有不虞之誉。'毁誉都是来自身外的，怎么能躲避呢？只要加强自身修养就可以了。"

注　释

❶ "叔孙武叔毁仲尼"：语出《论语·子张》："叔孙武叔毁仲尼。子贡曰：'无以为也！仲尼不可毁也。他人之贤者，丘陵也，犹可逾也；仲尼，日月也，无得而逾焉。人虽欲自绝，其何伤于日月乎？多见其不知量也。'"　❷ 不坚不介：语同"不间不界""不尴不尬"。　❸ 恶慝（tè）：邪恶。　❹ "有求全之毁，有不虞之誉"：语出《孟子·离娄上》，意为有过分苛求的诋毁，有意料不到的赞誉。

说　明

对于毁谤，王阳明是有亲身经历的，正德十四年（1519）夏秋之际，他几乎以一人之力平定宁藩叛乱，结果受到张忠、许泰等宵小陷害；他的学生冀元亨也受牵连而下诏狱，同他一起参与平叛之人也多不予应有的功劳。在阳明看来，赞誉、毁谤来自身外，君子唯有加强自修，使得此心光明，从而才能坦然面对一切。

【原文】

刘君亮①要在山中静坐。

先生曰："汝若以厌外物之心去求之静，是反养成一个骄惰之气了。汝若不厌外物，复于静处涵养，却好。"

【译文】

刘君亮要在山中静坐修行。

先生说："你如果是以厌弃外物的心去寻求安静，反而会养成骄横怠惰的恶习。你如果不厌弃外物，而又在静中涵养心体，那是挺好的。"

注　释

❶ 刘君亮：刘邦采（1492—1577），字君亮，号师泉，江西吉安安福人。初

为邑诸生，即以希圣为志，曰："学在求诸心，科举非吾事也。"嘉靖初年，即王阳明居越期间，刘邦采携好友刘文敏及弟侄九人一同入越拜见阳明；阳明契之，曰："君亮会得容易。"嘉靖七年（1528），乡试中举，先授寿宁教谕，又升嘉兴府同知；后弃官归乡，著书讲学。著有《意蕴》，为学主张"性命兼修"。生平学行详见《明儒学案》卷十九《江右王门学案四·同知刘师泉先生邦采》。

说　明

因厌恶外物而去山中静坐是逃避，不厌外物而去静坐是涵养心体的功夫。静坐涵养与事上磨炼功夫的统一，心事合一，这是王阳明对"静坐"功夫的理解。

【原　文】

王汝中①、省曾侍坐。先生握扇，命曰："你们用扇。"

省曾起，对曰："不敢。"

先生曰："圣人之学，不是这等捆缚苦楚的，不是妆做道学的模样。"

汝中曰："观'仲尼与曾点言志'一章②略见。"

先生曰："然。以此章观之，圣人何等宽洪包含气象！且为师者问志于群弟子，三子③皆整顿以对，至于曾点，飘飘然，不看那三子在眼，自

【译　文】

王汝中、黄省曾陪先生坐着。先生拿扇子给他们，说："你们用扇子吧。"

黄省曾站起来，说："学生不敢。"

先生说："圣人的学问，不是这样束缚痛苦的，不用装成一副道学的模样。"

王汝中说："这从《论语》'仲尼与曾点言志'这一章节中便可以看出大概。"

先生说："是的。从这一章节可以看出，圣人具有多么宽广博大的胸怀！老师询问弟子们的志向，子路、冉求、公西华都很庄重认真地回答，而曾点却飘飘然，全然不把三人放在

去鼓起瑟来，何等狂态！及至言志，又不对师之问目，都是狂言。设在伊川④，或斥骂起来了⑤。圣人乃复称许他，何等气象！圣人教人，不是个束缚他通做一般，只如狂者，便从狂处成就他；狷者，便从狷处成就他⑥。人之才气，如何同得？"

眼里，独自去弹瑟，这是多么狂傲的姿态！当他谈及志向的时候，又不针对老师的问题直接回答，口出狂言。如果是程颐，恐怕早就一番斥责。孔圣人却又称赞他，这是何等的气魄！圣人教育人，不是死守一个模式，对于狂放不羁的人，就从其狂处去成就他；对于洁身自好的人，就从狷处去成就他。人的才能、气质，怎么能完全相同呢？"

注　释

❶ 王汝中：王畿（1498—1583），字汝中，号龙溪，浙江山阴（今绍兴）人。年轻时豪迈不羁，嘉靖二年（1523），会试失利返乡后，受业于王阳明。嘉靖五年（1526）会试中第，未就廷试而归。在阳明门下，与钱德洪并称"教授师"。王畿认为，良知当下现成，知识与良知有别，知识不是良知，但在良知的作用下可以变为良知。其著述和语录，后人汇编为《王龙溪先生全集》，今有学者编校整理的《王畿集》。　❷ "仲尼与曾点言志"一章：见《论语·先进》"子路、曾皙、冉有、公西华侍坐"章："（曾皙）曰：'莫春者，春服既成，冠者五六人，童子六七人，浴乎沂，风乎舞雩，咏而归。'夫子喟然叹曰：'吾与点也。'"　❸ 三子：指子路、冉有、公西华。　❹ 伊川：指程颐。　❺ 或斥骂起来了：事见《二程外书》："韩持国与伊川善。韩在颍昌，欲屈致伊川、明道，预戒诸子侄，使置一室，至于修治窗户，皆使亲为之，其诚敬如此。二先生到，暇日与持国同游西湖，命诸子侍行。行次，有言貌不庄敬者，伊川回视，厉声叱之曰：'汝辈从长者行，敢笑语如此，韩氏孝谨之风衰矣。'持国遂皆逐去之。"　❻ 狂者、狷者：语出《论语·子路》："子曰：'不得中行而与之，必也狂狷乎！狂者进取，狷者有所不为也。'"

说 明

嘉靖三年（1524）夏，天气炎热，黄省曾、王畿在绍兴侍从王阳明。王阳明自己用扇降温的同时，也命两位弟子用扇。黄省曾答曰："不敢。"阳明借此发挥说："圣人之学，不是这等捆缚苦楚的，不是妆做道学的模样。"一旁的王畿说："观'仲尼与曾点言志'一章略见。"这里，王阳明称赞孔子的气象是何等宽洪广何等包容，其实也是他的自况之语。又以曾点言志为例，再言"圣人教人，不是个束缚他通做一般"。这里，王阳明也阐释了自己教育弟子的路径，就是"狂者，便从狂处成就他；狷者，便从狷处成就他"。这就是因材施教的典范，就各人不同的天赋去成就他。王阳明对曾点的"狂者"气象颇为赞许，而在阳明晚年弟子中，王畿也有曾点的气象。

【原 文】

先生语陆元静①曰："元静少年亦要解'五经'，志亦好博。但圣人教人，只怕人不简易，他说的皆是简易之规。以今人好博之心观之，却似圣人教人差了。"

【译 文】

先生对陆元静说："你在年轻时就想要注解'五经'，志向也是在博学。然而圣人教育人，只担心人做不到简单明白，所以讲的都是一些简单明白的方法。如果以现在的人喜好博学的心态来看，似乎圣人教育人的方法错了。"

注 释

❶陆元静：即阳明弟子陆澄，正德九年（1514）左右在南京问学王阳明事，详见《传习录·上》"陆澄录"。嘉靖初年，陆澄又有书信问学于阳明，详见《传习录·中》收录的王阳明《答陆原静书》。

说 明

　　正德九年（1514），30岁的陆澄至南京问学于王阳明；嘉靖三年（1524），40岁的陆澄再至绍兴侍从王阳明。王阳明由少年陆澄注解"五经"的好博之志讲起，意在说明儒家圣贤的教诲多是简洁明了，而后世学者的笺注疏解则是琐碎复杂。这也体现了王阳明"六经注我""以心解经"的经学观。

【原 文】

　　先生曰："孔子无不知而作①，颜子有不善未尝不知②，此是圣学真血脉路。"

【译 文】

　　先生说："孔子从来不写自己不清楚的事，颜子对做错的地方也没有自己不知道的，这正是圣学的真正精血脉络之所在。"

注 释

　　❶孔子无不知而作：语出《论语·述而》："子曰：'盖有不知而作之者，我无是也。多闻，择其善者而从之，多见而识之，知之次也。'"　　❷颜子有不善未尝不知：语出《周易·系辞下》："子曰：'颜氏之子，其殆庶几乎！有不善未尝不知，知之未尝复行也。'"

说 明

　　王阳明在这里称颂孔子、颜回的为学为道路数，其实也有自况的意味。王阳明多次发出"颜子没而圣人之学亡"的无限感慨。也就是说，在阳明这里，他坚信自己开创的"致良知"之教就是在接续孔子、颜回一系的圣人道统，也自觉担当起了"为天地立心，为生民立命，为往圣继绝学，为万世开太平"的儒者使命。

［钱德洪、王畿录］①

【原　文】

何廷仁②、黄正之③、李侯璧④、汝中⑤、德洪⑥侍坐。先生顾而言曰："汝辈学问不得长进，只是未立志。"

侯璧起而对曰："琪亦愿立志。"

先生曰："难说不立，未是必为圣人之志耳。"

对曰："愿立必为圣人之志。"

先生曰："你真有圣人之志，良知上更无不尽。良知上留得些子别念挂带，便非必为圣人之志矣。"

洪初闻时，心若未服，听说到此，不觉悚汗。

【译　文】

何廷仁、黄正之、李侯璧、王汝中、钱德洪陪先生坐着。先生看着大家说："你们的学问没有进步，主要原因是没有立志。"

李侯璧站起身来说道："我也愿意立志。"

先生说："也不能说你没有立志，只是你所立的不是必为圣人之志吧。"

李侯璧回答："我愿意立必为圣人之志。"

先生说："你要是真有做圣人的志向，在致良知时就一定会竭尽全力。如果良知上还留有一些其他的私心杂念，就不是必为圣人之志了。"

钱德洪刚听这些话的时候，内心还不服气，听到最后时，汗流遍体。

注　释

❶［钱德洪、王畿录］六字不见于《王文成公全书》本《传习录》，系本书

编者添加。　❷ 何廷仁：何秦（1486—1551），后改名廷仁，字性之，号善山，江西赣州雩都县人。正德十二年（1517）十月，他从同乡黄弘纲处听闻王阳明在赣州讲学，遂偕兄何春（字元之，号长松）、同乡管登（字弘升，号义泉）一道至赣州师事阳明。嘉靖元年（1522）乡试中举，翌年会试不第，再至越地侍从阳明。在阳明弟子中有一定影响，同门有"浙有钱、王，江有何、黄"云云，是指浙江的钱德洪、王畿，江西的何秦、黄弘纲。《明儒学案·江右王门学案》有传。　❸ 黄正之：黄弘纲（1492—1561），字正之，号洛村，学者称洛村先生，江西赣州于都县人。正德十二年（1517）秋乡试中举后，至赣州师从阳明；正德十四年（1519），追随王阳明参与平定宁藩叛乱。嘉靖初，阳明在越地讲学，继续侍从。　❹ 李侯璧：李珙（生卒年待考），字侯璧，号东溪，浙江永康人。嘉靖初，前往越中师从阳明，得授"致良知"之诀，遂立圣人之志，同门钱德洪、王畿亦推重之。推崇"见在良知"，著有《东溪语录》《质疑稿》。　❺ 汝中：即王畿。　❻ 德洪：即钱德洪。

说 明

本书以为，本条"语录"出现"汝中、德洪"的表述，显非"黄省曾录"，而是系"钱德洪、王畿录"；且本条以下至"黄以方录"前，均为"钱德洪、王畿录"。嘉靖三十三年刊刻的水西精舍本《传习续录》，于此条语录前标识"传习续录卷下""门人钱德洪、王畿录"字样，就是证据。

嘉靖三年（1524）左右，来自江西赣州的何秦、黄弘纲，来自浙江永康的李珙，余姚的钱德洪，山阴的王畿侍从阳明于绍兴，谈论学问如何长进的话题。在阳明学中，"立志"是一个十分重要的概念。"立志"成为圣人，也是阳明本人少年时代在京师私塾求学之时所立下的志向，更是其本人为学的起点，而在提出"致良知"之学后，阳明更是以"立志"鞭策弟子。基于良知的道德驱动，"立必为圣人之志"，因为"立志而圣则圣矣，立志而贤则贤矣"。真有做圣人的志向，在致良知时就一定会竭尽全力。嘉靖三年南大吉刻本《传习录》直至嘉靖三十七年（1558）胡宗宪刻本《传习录》中均收录有王阳明于正德九年（1514）所写的《示弟立志说》一文，隆庆六年（1572）钱德洪汇编《王文成公全书》时将《示弟立志说》从《传习录》中移至"文录"，即《王文成公全书》卷七《文录四》。

【原 文】

先生曰："良知是造化的精灵，这些精灵生天生地，成鬼成帝①，皆从此出，真是与物无对②。人若复得他完完全全，无少亏欠，自不觉手舞足蹈，不知天地间更有何乐可代。"

【译 文】

先生说："良知是造化的精灵，这些精灵，产生了天和地，化作了鬼神、天帝，所有一切都是由此而生出，真是任何事物都不能与它相比。人如果能完全彻底地恢复良知，没有一丝欠缺，自然会在不知不觉间手舞足蹈，不知天地之间还有什么乐趣可以代替它。"

注 释

❶ 生天生地，成鬼成帝：语出《庄子·大宗师》："夫道有情有信，无为无形；可传而不可受，可得而不可见；自本自根，未有天地，自古以固存；神鬼神帝，生天生地；在太极之先而不为高，在六极之下而不为深，先天地生而不为久，长于上古而不为老。"　❷ 与物无对：语出《二程遗书》："此道与物无对，大不足以名之，天地之用皆我之用。"

说 明

"生天生地，成鬼成帝""与物无对"都是用来描述良知是天地万物的主宰，就是老庄所说的宇宙生成的本源——"道"，是天地万物生成的本源性、本根性的存在物，无法用语言去描述。但是，生命个体在"悟道"也就是体验到"良知"真实存在之后，就会手舞足蹈，更以感悟心体原有的"良知"为天地间最大的"乐"。阳明这是现身说法，鼓励弟子后学通过读书、修行、事上磨炼等各种方式把握并体悟到心体中本来存在的"良知"之体。在阳明这里，"致良知"之乐就是孔颜之乐。

【原文】

一友静坐有见，驰问先生。

答曰："吾昔居滁①时，见诸生多务知解，口耳异同，无益于得，姑教之静坐。一时窥见光景，颇收近效。久之，渐有喜静厌动，流入枯槁之病，或务为玄解妙觉，动人听闻，故迩来只说'致良知'。良知明白，随你去静处体悟也好，随你去事上磨炼也好，良知本体原是无动无静的，此便是学问头脑。我这个话头，自滁州到今，亦较过几番，只是'致良知'三字无病。医经折肱②，方能察人病理。"

【译文】

有一位学友在静坐中有所领悟，就跑来向先生请教。

先生说："我之前在滁州讲学的时候，看到学生们大多注重在知识见闻上用力，争辩同异，对学问没有多大的帮助，于是就教他们静坐。他们很快就能领悟到一些道理的大概，短时间内颇有收获。久而久之，渐渐产生了喜静厌动、陷入枯槁的毛病，有的人只追求那种玄妙感觉的解读，并借此向人夸耀，因此，我近来只讲'致良知'。良知理解清楚明白，任凭你在静处体悟也好，或者去事上磨炼也可以，良知的本体原本就是没有动静之分的，这正是做学问的关键之处。针对这个问题，从滁州到现在，我经过再三思索，只有'致良知'这三个字没有任何弊病。好比医生要经历过较多的磨炼，才能了解病人的病理一样。"

注释

① 吾昔居滁：正德八年（1513）十月至正德九年（1514）四月，王阳明在滁州任南京太仆寺卿。 ② 医经折肱：比喻久经磨炼而富有经验，语出《左

传·定公十三年》："三折肱知为良医。"

说 明

　　静坐是儒家修身工夫之一种。先儒习练静坐的做法，可溯源至《庄子》记载的颜回"坐忘"。宋儒除了诵习辞章外，也把静坐作为重要的修身工夫。二程以静坐修身"第一要紧事"。程颐每见人静坐，便叹其善学。朱熹以为，静坐可存心，要学者"半日静坐，半日读书"，如此一二年后，不患不精进。在宋儒看来，借之静坐而观未发前气象、默识仁体。王阳明"龙场悟道"也是静坐玩易窝而得，因为静坐可收敛身心，澄息思虑，而与读书观理成为工夫两轮之一轮，或"补小学收放心一段工夫"。在滁州、南京讲学，包括从龙场到庐陵任职途经湖南辰州隆兴寺之时，王阳明多教人"静坐"，"只教学者存天理、去人欲，为省察克治实功"。钱德洪也有"师门未尝禁学者静坐""程门叹学者静坐为善学，师门亦然"云云。然后，王阳明在经过"宸濠之乱""忠泰之变"之后，便专提"致良知"三字教化门人。在他看来，良知本体原是无所谓动无所谓静的，因为良知是一种"无动无静"的本体存在，所以说："良知明白，随你去静处体悟也好，随你去事上磨炼也好。"易言之，静坐或事上磨炼仅是方便法门，而不是终极教义。一句话，"致良知"的工夫实践不应执着于动静。

【原 文】

　　一友问："功夫欲得此知时时接续，一切应感处反觉照管不及；若去事上周旋，又觉不见了。如何则可？"

　　先生曰："此只认良知未真，尚有内外之间。我这里功夫，不由人急心；认得良知头脑是当，

【译 文】

　　有一位学友问："做功夫时想让良知时刻不断，但在应付事物时却觉得良知照顾不到；如果在事物上周旋，又感觉不到良知，应该怎么办？"

　　先生说："这只是对良知的认识还不够真切，仍然存在内外之分。我这个致良知的功夫不能急于求成；如果能掌握良知的真谛，踏

去朴实用功，自会透彻。到此，便是'内外两忘'①，又何心、事不合一?"

实用功，自然能够体悟透彻。到了那个时候就自然会'内外两忘'，又怎么会有心、事不合一呢?"

注　释

❶"内外两忘"：语出程颢《定性书》："与其非外而是内，不若内外之两忘也。两忘则澄然无事矣。"

说　明

这是王阳明对门人如何"致良知"的功夫路径指导。首先不能急于求成，其次是掌握致良知的要领，再去笃实地用功，自然会达到"内外两忘""心事合一"的良知之境。

【原文】

又曰："功夫不是透得这个真机①，如何得他充实光辉②? 若能透得时，不由你聪明知解接得来。须胸中渣滓浑化③，不使有毫发沾带始得。"

【译文】

先生又说："如果不能在功夫上领悟良知的真谛，怎么能使内心充实而有光辉呢? 如果想领悟透彻，不是靠你的聪明才智解读知识就能得到的。只有将心中的私欲去除净化，使得心中没有丝毫沾染与滞留才可以。"

注　释

❶真机：玄妙之理；秘要。　❷充实光辉：语出《孟子·尽心下》："可欲

之谓善，有诸己之谓信，充实之谓美，充实而有光辉之谓大，大而化之之谓圣，圣而不可知之之谓神。" ❸渣滓浑化：意为私欲逐渐消除。语出朱熹《论语集注》："八音之节，可以养人之性情而荡涤其邪秽，消融其查滓。"

王阳明认为，良知之"致"，就是要净化涵养心体，使之超越私欲心智的束缚。

【原 文】

先生曰："'天命之谓性'，命即是性；'率性之谓道'，性即是道；'修道之谓教'①，道即是教。"

问："如何'道即是教'？"

曰："道即是良知。良知原是完完全全，是的还他是，非的还他非，是非只依着他，更无有不是处。这良知便是你的明师。"

【译 文】

先生说："'天命之谓性'，命就是性；'率性之谓道'，性就是道；'修道之谓教'，道就是教。"

问："为什么说'道即是教？'"

先生说："道就是良知。良知原本是完完全全的，正确的就给他个正确，错误的就给他个错误，对错只根据良知来判断，这样就不会再有差错。这良知也就是你的明师。"

注 释

❶"天命之谓性""率性之谓道""修道之谓教"：语出《中庸》。

说　明

王阳明在此借用《中庸》的核心范畴"命""性""道""教"来阐释"良知"，突出强调了"良知"系是非的价值判断、善恶的道德判断的唯一标准。同时，圆满无缺的良知，还是每个人的"明师"。个人的一言一行、一举一动，符合"良知"并接受"良知"的驱动，"是的还他是，非的还他非"，就是"知行合一致良知"。

【原文】

问："'不睹不闻'是说本体，'戒慎恐惧'①是说功夫否？"

先生曰："此处须信得本体原是'不睹不闻'的，亦原是'戒慎恐惧'的。'戒慎恐惧'，不曾在'不睹不闻'上加得些子。见得真时，便谓'戒慎恐惧'是本体，'不睹不闻'是功夫亦得。"

【译文】

问："《中庸》的'不睹不闻'是指本体，'戒慎恐惧'是指功夫吗？"

先生说："这里必须明白本体原本就是'不睹不闻'的，原本也是'戒慎恐惧'的。'戒慎恐惧'并不是在'不睹不闻'上再添加其他的东西。如果真切地明白到这一点，也可以说'戒慎恐惧'是本体，'不睹不闻'是功夫。"

注　释

❶"不睹不闻""戒慎恐惧"：语出《中庸》："是故君子戒慎乎其所不睹，恐惧乎其所不闻。"

说 明

在阳明良知教系统中，"不睹不闻""戒慎恐惧"两者互为本体功夫。

【原 文】

问"通乎昼夜之道而知"①。

先生曰："良知原是知昼知夜的。"

又问："人睡熟时，良知亦不知了。"

曰："不知，何以一叫便应?"

曰："良知常知，如何有睡熟时?"

曰："向晦宴息②，此亦造化常理。夜来天地混沌，形色俱泯，人亦耳目无所睹闻，众窍俱翕，此即良知收敛凝一时。天地既开，庶物露生，人亦耳目有所睹闻，众窍俱辟，此即良知妙用发生时。可见人心与天地一体，故'上下与天地同流'③。今人不会宴息，夜来不是昏睡，即是妄思魇寐。"

曰："睡时功夫如何用?"

【译 文】

问《周易·系辞上》中的"通乎昼夜之道而知"。

先生说："良知本来是知道昼夜的。"

又问："当人熟睡时，良知也就不知道了吧。"

先生说："如果不知道的话，为什么会一叫就应答呢?"

问："良知如果是时常知道的，怎么还会有睡熟的时候?"

先生说："夜晚需要休息，这是自然常理。夜晚之时，天地间一片朦胧混沌，万物的形状和颜色都消失了，人是什么也看不见、什么也听不见，于是，人的感官功能就暂时停止活动，此时正是良知收敛凝聚的时刻。白昼来临，天地分明，万物显现，人既能听到声音，看到形状、颜色，感官功能也恢复正常，此时正是良知发挥妙用的时刻。由此可见，人心与天体原本就是一体的。因此孟子说'上下与天地同流'。如今的人，夜晚不懂得好好休息，不是昏睡不醒，就是噩梦不断。"

先生曰："知昼即知夜矣。日间良知，是顺应无滞的；夜间良知，即是收敛凝一的，有梦即先兆。"

又曰："良知在夜气发的，方是本体，以其无物欲之杂也。学者要使事物纷扰之时，常如夜气一般，就是'通乎昼夜之道而知'。"

问："睡觉时如何用功夫？"

先生说："知道白天如何用功夫，也就知道夜晚如何用功夫了。良知在白天，是畅通无碍的；在夜晚则是收敛凝聚的，有梦就是先兆。"

先生又说："良知在夜气下生发的才是本体，因为它没有夹杂丝毫物欲。为学之人要想在事事物物纷扰纠缠时，仍然像夜气生发时一样持守，就是'通乎昼夜之道而知'。"

注　释

❶"通乎昼夜之道而知"：语出《周易·系辞上》："范围天地之化而不过，曲成万物而不遗，通乎昼夜之道而知，故神无方而易无体。"　❷"向晦宴息"：语出《周易·随卦·象传》："泽中有雷，随；君子以向晦入宴息。"　❸"上下与天地同流"：语出《孟子·尽心上》："夫君子所过者化，所存者神，上下与天地同流，岂曰小补之哉？"

说　明

这是王阳明对良知在昼夜如何存有如何用功夫的解读：人心与天地本为一体，白昼，良知运行顺应无滞、妙用发生；夜间，良知开始收敛凝聚，在"夜气"之中显示的良知才是心性之本体。

【原文】

先生曰："仙家说到'虚'，

【译文】

先生说："道家讲究'虚'，圣

圣人岂能虚上加得一毫'实'？佛氏说到'无'，圣人岂能'无'上加得一毫'有'？但仙家说'虚'，从养生上来；佛氏说'无'，从出离生死苦海上来；却于本体上加却这些子意思在，便不是他'虚''无'的本色了，便于本体有障碍。圣人只是还他良知的本色，更不着些子意在。良知之'虚'，便是天之太虚[1]；良知之'无'，便是太虚之无形。日月风雷、山川民物，凡有貌象形色，皆在太虚无形中发用流行，未尝作得天的障碍。圣人只是顺其良知之发用，天地万物俱在我良知的发用流行中，何尝又有一物超于良知之外，能作得障碍？"

人又怎能在'虚'上再添加分毫的'实'呢？佛教讲究'无'，圣人又怎能在'无'上再添加分毫的'有'呢？但是，道家讲究'虚'，是从养生上来说的；佛教讲究'无'，是从脱离生死苦海上来说的；佛、道两家在本体上又添加这些意思，就不是'虚''无'的本体了，对本体就有所妨碍。圣人只是还他一个良知的本体，而不添加其他任何意思。良知的'虚'，就是天的太虚；良知的'无'，就是太虚的无形。日月风雷、山川人物，只要是有相貌、形状、颜色的东西，都是在太虚无形中发生、运动，从未成为天的障碍。圣人只是遵循良知的生发作用，天地万物都在我良知的发用流行中，哪有一物能超出良知之外，而成为良知的障碍呢？"

注 释

❶ 太虚： 又名大虚，最早是道教术语。《庄子·知北游》："是以不过乎昆仑，不游乎太虚。"这里的太虚，指玄理，空寂玄奥之境。在宋明理学家这里，太虚用以指称宇宙万物最原始的实体——气。张载《正蒙·太和》："太虚无形，气之本体，其聚其散，变化之客形尔。"王夫之《张子正蒙注·太和》："太虚即气，絪缊之本体。"清代学者魏源《默觚·学篇》："太虚之精气流动，充盈于天地间。"

说　明

　　这段文字从"虚""无"之辨尤其是"本体"的角度对儒佛道三教之优劣予以评判，集中体现了王阳明的三教观。在儒教也就是圣人之学看来，良知即是天地万物的本体，追求的是天地万物的绝对"虚""无"，其中不含半点私欲。而佛、道二教虽然也都坚持"虚""无"，但他们追求的却是长生不老和脱离生死苦海，说到底追求的还是自己的私欲，所以他们并没有得到真正的"虚""无"之境。

【原文】

　　或问："释氏亦务养心，然要之不可以治天下，何也？"

　　先生曰："吾儒养心①，未尝离却事物，只顺其天则②自然，就是功夫。释氏却要尽绝事物，把心看做幻相③，渐入虚寂去了，与世间若无些子交涉，所以不可治天下。"

【译文】

　　有人问："佛教也重视心的修养，却不能用来治理天下，为什么呢？"

　　先生说："我们儒家修养心性，从来没有离开事物，只是顺应它的自然天性，这就是功夫。佛教却要灭绝抛弃事物，将心看成幻相，逐渐陷入虚妄寂静之中，与世间事物似乎毫无关系，所以佛教的学说无法用来治理天下。"

注　释

　　❶养心：语见《孟子·尽心下》："养心莫善于寡欲。"　❷天则：语见《周易·乾卦·文言传》："乾元'用九'，乃见天则。"天则，犹天道，自然的法则。　❸幻相：佛教用语，语见《大方广圆觉修多罗了义经》："彼观幻者，非同幻故，非同幻观，皆是幻故，幻相永离，是诸菩萨所圆妙行。"用以指称虚幻的形象或现象。

说 明

　　这里，王阳明从"养心"目的的不同来阐释"儒释之辨"。尽管儒释两家都讲究涵养心性本体，但功夫有所不同：儒家"养心"不离五伦等人世间诸事物，佛教则以事物为虚幻，其"养心"的指向是超脱人世间从而堕入虚寂，故而出世的佛教不可以用来治理天下。

【原 文】

　　或问"异端"①。
　　先生曰："与愚夫愚妇②同的，是谓'同德'；与愚夫愚妇异的，是谓'异端'。"

【译 文】

　　有人向先生请教"异端"的问题。
　　先生说："与平民百姓相同的，就叫作'同德'；与平民百姓不同的，就叫作'异端'。"

注 释

　　❶ 异端：语出《论语·为政》："攻乎异端，斯害也已。"朱熹《论语集注》："异端，非圣人之道，而别为一端。"与之不同的一端，喻不正确的言论。　❷ 愚夫愚妇：旧时称平民百姓。

说 明

　　"异端"是儒家对其他不符合自己学派理论、思想的泛称。王阳明这里用平民百姓之"良知"作为评判"同德"和"异端"的标准，还是为了强调人人皆有"良知"。

【原文】

先生曰："孟子不动心，与告子不动心①，所异只在毫厘间。告子只在不动心上着功，孟子便直从此心原不动处分晓。心之本体，原是不动的，只为所行有不合'义'，便动了。孟子不论心之动与不动，只是'集义'②。所行无不是义，此心自然无可动处。若告子只要此心不动，便是把捉此心，将他生生不息之根反阻挠了，此非徒无益，而又害之。孟子'集义'功夫，自是养得充满，并无馁歉；自是纵横自在，活泼泼地，此便是'浩然之气'。"

【译文】

先生说："孟子的不动心和告子的不动心，二者的区别极其细微。告子只是在不动心上用功夫，孟子则是直接从心的原本不动处用功夫。心的本体，原本是不动的，只在所作所为不符合'义'的时候，心才会动。孟子不论心的动与否，只管去'集义'。如果所作所为都符合'义'，此心自然也就没有可动之处。而告子只是要此心不动，也就是抓住了这个心不放，反而将心中生生不息的根源给阻挠了，这非但没有什么好处，反而又伤害了心。孟子所讲的'集义'功夫，自然可以把这个心修养得充实饱满，没有一丝缺憾；心自然能纵横自在，生机勃勃，这就是所谓的'浩然之气'。"

注　释

❶孟子不动心，与告子不动心：语出《孟子·公孙丑上》："敢问夫子之不动心与告子之不动心，可得闻与？""告子曰：'不得于言，勿求于心；不得于心，勿求于气。'不得于心，勿求于气，可；不得于言，勿求于心，不可。夫志，气之帅也；气，体之充也。夫志至焉，气次焉；故曰：'持其志，无暴其气。'""既曰：'志至焉，气次焉。'又曰：'持其志，无暴其气。'何也？"曰："志壹则动气，气壹则动志也。今夫蹶者趋者，是气也，而反动其心。"　❷集义：语出《孟子·公孙丑上》："其为气也，配义与道，无是，馁也。是集义所生者，非义袭而取之也。行有不慊于心，则馁矣。我故曰，告子未尝知义，以

其外之也。"

　　这是王阳明对《孟子·公孙丑上》所论告子、孟子"不动心"之区分以及对孟子"集义"功夫的阐释。详而言之，告子在"不动心"的表面上下功夫，而孟子是在"不动心"的实质上下功夫。孟子的"不动心"，指的是无论做什么事情，都按照内心的良知去做，时时刻刻"集义"，即做事符合道义、符合良知，因为符合道义与良知，自然就"不动心"了。

【原　文】

　　又曰："告子病源，从'性无善无不善'①上见来。'性无善无不善'，虽如此说亦无大差，但告子执定看了，便有个无善无不善的'性'在内。有善有恶，又在物感上看，便有个物在外，却做两边看了，便会差。无善无不善，'性'原是如此，悟得及时，只此一句便尽了，更无有内外之间。告子见一个性在内，见一个物在外，便见他于'性'有未透彻处。"

【译　文】

　　先生接着说："告子的病根，在于他认为'性无善无不善'。'性无善无不善'，这个观点虽然没有大的差错，但告子把它看得过于执着，这样就有一个无善无不善的'性'滞留在心中。有善有恶，又多从事物感觉上认知，就有一个事物在心外，这样就将心与事物视作两边，便会出差错。'性'原本就是无善无不善的，领悟得正是时候，只要这一句话就行了，没有内外的分别。告子认为一个性在心内，一个物在心外，可见他对'性'的认识还不够透彻。"

注 释

❶"性无善无不善"：语本《孟子·告子上》："告子曰：'性，无善无不善也。'或曰：'性可以为善，可以为不善。'"

说 明

孔子说"性相近也，习相远也"。孟子说性善。告子说"性无善无不善"，认为天生的人性无所谓善，也无所谓不善，没有善恶之别。荀子认为"人之性恶"，但可"化性起伪"。董仲舒有性三品论：一是情欲很少，不教自善的"圣人之性"；二是情欲很多，教也不能为善的"斗筲之性"；三是有情绪，而可以为善亦可以为恶的"中民之性"。扬雄认为，性中兼含善恶，"修其善则为善人，修其恶则为恶人"。宋代理学家有天命之性、气质之性的析分。这些观点反映了古代思想家们对人性本质的不同理解和看法。

在王阳明这里，告子的"性无善无不善"本身并无大错，只是告子执定这一点，把"善""恶"看成只是由外物引起的，便有了片面性。依照王阳明"心外无物"的观念，不能把心和物分成两边看。告子主张性在心内，物在心外，这足以看出他对"性"这个问题没有看透。

【原 文】

朱本思①问："人有虚灵②，方有良知。若草木瓦石之类，亦有良知否？"

先生曰："人的良知，就是草木瓦石的良知。若草木瓦石无人的良知，不可以为草木瓦石矣。岂惟草木瓦石为然？天地无

【译 文】

朱本思问："人先有虚明的灵觉，而后才有良知。像草木瓦石之类，也有良知吗？"

先生说："人的良知，也就是草木瓦石的良知。如果草木瓦石没有人的良知关注，就不可能成其为草木瓦石了。何止草木瓦石是这样？天地如果没有人的良知关注，

人的良知，亦不可为天地矣。盖天地万物，与人原是一体，其发窍之最精处，是人心一点灵明。风雨露雷、日月星辰、禽兽草木、山川土石，与人原只一体。故五谷禽兽之类，皆可以养人；药石之类，皆可以疗疾。只为同此一气，故能相通耳。"

也就不可能成其为天地了。天地万物与人原本是一体的，它最精妙的开窍处是人心的一点灵明。风雨露雷、日月星辰、禽兽草木、山川土石，与人原本是一体的。所以，五谷、禽兽之类，都可以滋养人的身体；药石之类都可以治疗疾病。只因为人与万物所禀的气是相同的，所以能够相通。"

注 释

❶ 朱本思：朱得之，生卒年待考，字本思，号近斋，南直隶（江苏）靖江人。嘉靖三年至嘉靖六年间（1524—1527）多次至越地师从阳明，究良知之旨，《明儒学案》列其入"南中王门"。朱得之在绍兴期间，效仿徐爱、陆澄、薛侃辑录《传习录》的做法，把自己听闻王阳明晚年讲学语录整理成《稽山承语》，收录于今台北"中研院"史语所藏明嘉靖三十四年间东序刊本《阳明先生文录》之"附录"。《稽山承语》有"嘉靖丁亥（嘉靖六年），得之将告归，请益。师曰"云云。另外，在嘉靖五年（1526）春，王阳明与朱得之、杨文澄讲论良知心学时，首次提出和阐释王门四句教，所谓"无善无恶者心也，有善有恶者意也，知善知恶者良知也，为善去恶者格物也"。 ❷ 虚灵：虚者，空；灵者，聪明。"虚""灵"二字合起来，就是虚明的灵觉。语出朱熹《大学章句》："'明德者'，人之所得乎天，而虚灵不昧，以具众理而应万事者也。"

说 明

据《阳明先生年谱》载，嘉靖三年（1524），王阳明在越地开展大规模的讲学活动。这条语录是阳明以良知为本体，向门人讲授"万物同体"之时，朱得之针对"草木瓦石之类，亦有良知否"的发问。王阳明基于良知的普遍性以及

"天地万物，与人原是一体"的理论前提，认为良知之体遍存于草木瓦石、风雨露雷、日月星辰、禽兽草木、山川土石。尽管如此，天地万物发窍之最精妙之处，就是人心的一点灵明，就是"良知"。另外，基于"一气相通"，五谷禽兽可以养人，药石可以疗疾，这也是"万物同体"的一种阐释。

【原文】

先生游南镇①，一友指岩中花树，问曰："天下无心外之物。如此花树，在深山中自开自落，于我心亦何相关？"

先生曰："你未看此花时，此花与汝心同归于寂②；你来看此花时，则此花颜色一时明白起来，便知此花不在你的心外。"

【译文】

先生游览南镇时，一位学友指着岩石中的花树，问："先生认为天下没有心外之物。而像这株树上的花，在深山中自开自落，与我的心又有什么关系呢？"

先生说："你还没见到这树上的花时，这花与你的心同样寂静；你来看到这树上的花时，这花的颜色一下子就显现出来。由此可知，这花并不在你的心外。"

注释

❶ 南镇：位于今绍兴会稽山之阴、香炉峰前，是会稽山神庙的所在地。王阳明晚年在越地讲学期间，各地前来学子甚多，以至城内居所无法容纳，南镇庙及南镇周边也是阳明弟子下榻游学之地。钱德洪《刻文录叙说》载："南镇、禹穴、阳明洞诸山，远近古刹，徒足所到，无非同志游寓之地。"　❷ 寂：这里的"寂"非"寂灭"之"寂"，而是"寂然不动"之"寂"。《周易·系辞上》："《易》无思也，无为也，寂然不动，感而遂通天下之故。"

说 明

嘉靖三年（1524）或四年（1525）春，王阳明与朋友一起到绍兴城郊会稽山附近的南镇游学。南镇岩石中的花树盛开，一位学友对阳明的"天下无心外之物"也就是"心外无物"的命题提出质疑，理由是，岩石上的花树，作为一种"物"的存在，在深山老林中自开自落，与我们的"心"没有任何关系。而王阳明的这样作答：当你没有看到这朵花的时候，你和花处于一种"寂然不动"的状态，互不影响地存在着；当你看到这朵花时，它的颜色在你心中一时明亮起来，而这朵花也因为你的存在，使得自己的颜色让人知晓。所以说，岩石中的花树并不是在你的心外存在，天下其他的事物也是一样。这就是"心外无物"的道理。

按照我们哲学原理教科书的解释，阳明的"南镇观花"理论是强词夺理，"物"之于"心"具有独立性，所以阳明的言论是所谓的意识决定物质，是主观唯心主义。其实，阳明心学的说法是基于"花树"，也是就"物"的存在价值、存在意义而言，"花树"存在的理由、价值、意义是因为有了"人心一点灵明"，才赋予它存在的意义，使得"花树"的颜色"一时明白起来"。但是，这并不意味着这棵"花树"或这个"物"不存在，它仍是一种客观存在物，而是说这棵"花树"的意义、价值没有呈现出来；没有了"心"，也就是没有"人"的关注，"花树"就处于"寂然不动"即寂静无声的状态而已。这就是"心外无物""心物同构"，"心"与"物"同处在一个意义世界的心学解释。

【原文】

问："大人与物同体，如何《大学》又说个'厚''薄'①？"

先生曰："惟是道理自有厚薄。比如身是一体，把手足捍头目，岂是偏要薄手足？其道理合如此。禽兽与草木同是爱的，把草木去养禽兽，又忍得？

【译文】

问："您说大人与万物同为一体，为什么《大学》却要分个'厚''薄'呢？"

先生说："只是因为道理本来就有厚薄的区分。比如人的身体是一个整体，如果用手、脚去保护头部和眼睛，难道是要故意薄待手、脚吗？这是道理当如此。同样，人对禽兽和草人与禽兽同是爱的，宰禽兽以养亲与供祭祀、燕宾客，心又忍得？至亲与路人同是爱的，如箪食豆羹，得则生，不得则死，不能两全，宁救至亲，不救路人，心又忍得？这是道理合该如此。及至吾身与至亲，更不得分别彼此厚薄。盖以仁民爱物，皆从此出，此处可忍，更无所不忍矣。《大学》所谓'厚''薄'，是良知上自然的条理，不可逾越，此便谓之'义'；顺这个条理，便谓之'礼'；知此条理，便谓之'智'；终始是这条理，便谓之'信'。"

木同样是热爱的，又怎么忍心用草木去饲养禽兽呢？人对禽兽同样是热爱的，又怎么忍心宰杀禽兽去奉养亲人、祭祀祖先、招待客人呢？人对至亲与路人一样有着爱，如果只有一碗饭、一碗汤，得到就能活，得不到就会死，又不能同时拯救两个人，这时又怎么忍心只救至亲而不救路人呢？这都是因为道理本当如此。至于对自己和骨肉至亲，更不能分厚此薄彼。因为对民的仁及物的爱，都从这里产生，如果这里能忍心，也就能无所不忍了。《大学》所说的'厚''薄'，是良知自然而有的秩序，不可逾越，这就称之为'义'；遵循这个秩序，就称之为'礼'；明白这个秩序，就称之为'智'；自始至终坚持这个秩序，就称之为'信'。"

注 释

❶《大学》又说个"厚""薄"：语本《大学》："自天子以至于庶人，壹是皆以修身为本。其本乱而末治者，否矣。其所厚者薄，而其所薄者厚，未之有也。此谓知本，此谓知之至也。"

说 明

"亲亲而仁民，仁民而爱物"，在孔孟儒家看来，在王阳明这里，仁爱之心是由近及远，由亲及疏地扩散开来的。由"仁"而有"义""礼""智""信"

的逻辑延伸。

【原文】

又曰:"目无体^①,以万物之色为体;耳无体,以万物之声为体;鼻无体,以万物之臭^②为体;口无体,以万物之味为体;心无体,以天地万物感应之是非为体。"

【译文】

先生又说:"眼睛没有对象,就以万物的颜色作为它的认识对象;耳朵没有对象,就以万物的声音作为它的认识对象;鼻子没有对象,就以万物的气息作为它的认识对象;嘴巴没有对象,就以万物的味道作为它的认识对象;心没有对象,就以天地万物相互感应中的是非作为它的认识对象。"

注 释

❶ 体:据黎业明《传习录注译》(上海古籍出版社 2021 年版,第 469~470 页),阳明此条语录所言之"体",非"本体",乃"客体",引申为"认识对象"。 ❷ 臭(xiù):气味;味道。

说 明

这是王阳明对眼、耳、鼻、舌、心等器官功能的界定,着眼点在"心无体,以天地万物感应之是非为体",实质是在讲"万物一体",心即天地万物之心,天地万物不外于心。

【原文】

问"夭寿不贰"①。

先生曰："学问功夫，于一切声利、嗜好，俱能脱落殆尽。尚有一种生死念头，毫发挂带，便于全体有未融释处。人于生死念头，本从生身命根上带来，故不易去。若于此处见得破、透得过，此心全体方是流行无碍，方是尽性至命②之学。"

【译文】

向先生请教"夭寿不贰"。

先生说："做学问的功夫，对于一切声色名利和嗜好，都能完全摆脱。但只要还有一丝贪生怕死的念头牵挂于心，就不能与整个本体融合。人的生死之念，原本是从生身的命根子上带来的，因此不能轻易去掉。如果对此能够看破识透，这个心的全体才是畅通无阻的，才是尽性至命的学问。"

注释

❶"夭寿不贰"：语出《孟子·尽心上》："尽其心者，知其性也；知其性，则知天矣。存其心，养其性，所以事天也。夭寿不贰，修身以俟之，所以立命也。"　❷尽性至命：语出《易经·说卦传》："穷理尽性以至于命。"大意为，穷究天下万物的根本原理，彻底洞明人类的心体自性，以达到改变人类命运的崇高目标，从而使人类行为与自然规律能够和谐平衡、生生不息。

说明

儒家的学问功夫，无非就是摆脱声色、名利、嗜好等欲望的束缚，进而把好学、好仁、好义，摆在第一位。另外，人只有把生死关参透，一切行为以良知为准则，才是彻底的尽性至命之学。这也是儒者王阳明的生死观。

【原文】

一友问："欲于静坐时，将好名、好色、好货等根，逐一搜寻，扫除廓清，恐是剜肉做疮①否？"

先生正色曰："这是我医人的方子，真是去得人病根。更有大本事人，过了十数年，亦还用得着。你如不用，且放起，不要作坏我的方子。"

是友愧谢。少间，曰："此量非你事，必吾门稍知意思者②为此说以误汝。"

在坐者皆悚然。

【译文】

有一位学友问："我想在静坐的时候，将好名、好色、好货等病根，逐一寻找出来，彻底荡涤去除干净，恐怕这是剜肉成疮的做法吧？"

先生严肃地说："这是我为人治病的药方，的的确确能够去除人的病根。即使本领再大的人，过了十几年之后，依然还能用得着。如果你不用，就收起来，不要糟蹋了我的药方。"

这位学友十分惭愧地向先生道歉。过了一会儿，先生说："想必这也许不是你的错，一定是我那些略懂皮毛的学生对你讲的，这也就耽误了你。"

这时，在座的学生都有所汗颜。

注释

❶ 剜肉做疮：犹剜肉成疮，比喻行事只顾一面，结果与预想适得其反。出自唐代僧人释惠然《镇州临济慧照禅师语录》："到凤林，林问：'有事相借问，得么？'师云：'何得剜肉作疮？'林云：'海月澄无影，游鱼独自迷。'" ❷ 稍知意思者：稍有见解，一知半解的人。

说明

《传习录·上》"陆澄录"有王阳明语："须教他省察克治。省察克治之功，则无时而可间，如去盗贼，须有个扫除廓清之意。无事时，将好色好货好名等私，逐一追究搜寻出来。定要拔去病根，永不复起，方始为快。""静坐时，将好名、好色、好货等根，逐一搜寻，扫除廓清。"这是王阳明自龙场静坐悟道后一再强调的"省察克治"的修身功夫。

【原　文】

一友问功夫不切。

先生曰："学问功夫，我已曾一句道尽。如何今日转说转远，都不着根？"

对曰："'致良知'，盖闻教矣，然亦须讲明。"

先生曰："既知'致良知'，又何可讲明？良知本是明白，实落用功便是。不肯用功，只在语言上转说转糊涂。"

曰："正求讲明致之之功。"

先生曰："此亦须你自家求，我亦无别法可道。昔有禅师，人来问法，只把麈尾①提起。一日，其徒将麈尾藏过，试他如何设法。禅师寻麈尾不见，又只空手提起。我这个良知，就是设法的麈尾，舍了这个，有何可提得？"

【译　文】

有一位学友向先生请教功夫不真切的问题。

先生说："有关学问功夫，我已经用一句话说尽了。现在怎么越说越远，连根源都抓不住呢？"

回答说："'致良知'是曾经听过，但还需进一步说明白透彻。"

先生说："既然知道'致良知'，还有什么可讲解明白的？良知本来就明明白白，只要切实用功就可以了。如果不肯用功，只在言语上说来说去，就越说越糊涂。"

那位学友说："我正是想请您讲明'致良知'的功夫。"

先生说："这也必须是你自己去探索寻求，我也没有其他的办法可以讲的。从前有人向一位禅师请教佛法，禅师只是将拂尘提起来。有一天，禅师的徒弟将拂尘藏起来，看他还有什么办法。禅师因找不到拂尘，只好用空手做出提拂尘的样子。我讲的这个良知学，就是启发人的拂尘，除此之外，还有什么可提的呢？"

过了一会儿，又有一位学友请教用

少间，又一友请问功夫切要。先生旁顾曰："我麈尾安在？"一时在坐者皆跃然。

功夫的关键。先生侧过头去，看着旁边的学生说："我的拂尘在哪儿？"一时间，在座的人哄堂大笑。

注释

❶麈尾（zhǔwěi）：拂尘，古人闲谈时执以驱蚊、掸尘的一种工具。拂尘，其实起源于古印度，是佛教人士专用，因为佛教讲究不杀生，所以拂尘的作用便是驱赶蚊蝇。

说明

这是王阳明对"良知"本体与"致良知"功夫的解读，富有禅趣。良知，人人心中本有，立志去"致"，切实用功，就会发掘出来。

【原文】

或问"至诚""前知"①。

先生曰："'诚'是实理，只是一个良知。实理之妙用流行就是'神'，其萌动处就是'幾'。'诚、神、幾，曰圣人。'②圣人不贵前知，祸福之来，虽圣人有所不免。圣人只是知几，遇变而通耳。良知无前后，只知

【译文】

有人向先生请教《中庸》里的"至诚""前知"。

先生说："'诚'是实在的道理，只是一个良知。实在道理产生的奇妙作用就是'神'，它的萌发处就是'幾'。所以周敦颐认为'诚、神、幾，曰圣人'。圣人并不怎么重视预知，对于祸福的降临发生，即便是圣人也在所难免。圣人只是明白事物发展的规律，遇到变化能够善于随机应变而已。良知则没有前后之分，只要能明白事物现在变化的规律，

得见在的几，便是一了百了。若有个前知的心，就是私心，就有趋避利害的意。邵子③必于前知，终是利害心未尽处。"

就能一了百了，解决所有问题。如果有一颗想要事先知道的心，那就是私心，就有了趋利避害的念头。邵雍一定要追求事先知道，是因为他那趋利避害的私心没有彻底去除。"

注 释

❶ "至诚""前知"：语出《中庸》："至诚之道，可以前知。国家将兴，必有祯祥；国家将亡，必有妖孽。见乎蓍龟，动乎四体。祸福将至，善必先知之；不善，必先知之。故至诚如神。"大意是说，达到至诚境界的人，如同神明一般，即可以预知事物未来的发展趋势。　❷ "诚、神、幾，曰圣人"：语出周敦颐《通书·圣第四》："寂然不动者，诚也；感而遂通者，神也；动而未形、有无之间者，幾也。诚精故明，神应故妙，幾微故幽。诚、神、幾，曰圣人。"至诚、神明、见于幽微之人，可以称为圣人。　❸ 邵子：北宋理学家邵雍（1011—1077），字尧夫，又称安乐先生、百源先生，谥康节，后世称邵康节。他生于河北范阳（今河北涿州），后随父移居共城（今河南辉县），晚年隐居在洛阳。《宋史》载：他对于"远而古今世变，微而走飞草木之性情"都能"深造曲畅"，通达不惑，而且"智虑绝人，遇事能前知"。程颐说"其心虚明，自能知之"。他用元、会、运、世等概念来推算天地的演化和历史的循环。著有《皇极经世》《伊川击壤集》等，今有学者整理的《邵雍全集》。

说 明

这是王阳明对《中庸》"至诚""前知"内涵的解读，也涉及王阳明对宋儒邵雍的评价。

【原文】

先生曰："无知无不知，本体原是如此。譬如日，未尝有心照物，而自无物不照。无照无不照，原是日的本体。良知本无知，今却要有知；本无不知，今却疑有不知。只是信不及耳。"

【译文】

先生说："心的本体原本是无知而无所不知的。比如太阳，从未有意去照耀宇宙万物，而实际上却是没有事物不在它的照耀之下。无照而无所不照，原本就是太阳的本体。良知本来是无知的，而今却要它有知；良知本来是无所不知的，而今却怀疑它有所不知。这只是因不能完全相信良知而已。"

说 明

良知原本就是"无知无不知"，"致良知"的一个重要前提就是"信得及良知"。

【原文】

先生曰："'惟天下至圣，为能聪明睿知'①，旧看何等玄妙，今看来原是人人自有的。耳原是聪，目原是明，心思原是睿知，圣人只是一能之尔，能处正是良知；众人不能，只是个不致知。何等明白简易！"

【译文】

先生说："以前读到《中庸》中的'惟天下至圣，为能聪明睿知'这句话，感觉十分玄妙莫测，如今看来却是人人都具有的。耳朵原本就聪闻，眼睛原本就明视，心思原本就睿智，圣人也只是有一种才能，就是致良知；普通人之所以不能做到这点，只是因为不去致良知。这是多么的明白简易啊！"

注释

❶ "惟天下至圣，为能聪明睿知"：语出《中庸》："唯天下至圣，为能聪明睿知，足以有临也。"

说明

尽管良知人人皆有，人人皆同，但是圣人与凡人之间有差异，前者能主动去"致良知"并能保任"良知"，后者却不去主动地"致良知"。

【原文】

问："孔子所谓'远虑'①、周公'夜以继日'②，与'将迎'③不同，何如？"

先生曰："'远虑'，不是茫茫荡荡去思虑，只是要存这天理。天理在人心，亘古亘今，无有终始。天理即是良知，千思万虑，只是要致良知。良知愈思愈精明，若不精思，漫然随事应去，良知便粗了。若只着在事上，茫茫荡荡去思，教做'远虑'，便不免有毁誉、得丧、人欲挽入其中，就是'将迎'了。周公终夜以思，只是'戒慎不睹、恐惧不

【译文】

问："孔子所谓的'远虑'，周公所谓的'夜以继日'，与程颢所谓的'将迎'，有什么区别？"

先生说："'远虑'并不是不着边际地去思考，是要存养这个天理。天理存于人心中，并且是从古至今，没有始终的。天理就是良知，千思万虑也只是要致良知。良知是越思虑越精明，如果不深思熟虑，只是随便依事应付，良知就会粗陋了。如果以为'远虑'就是在事情上不着边际地思考，就不免有毁誉、得失、私欲掺杂其间，就是有意地迎来送往（'将迎'）了。周公整夜思考，只是一个'戒慎不睹，恐惧不闻'的功夫。认识到这点，就能明白周公的境界与有意的

闻'④的功夫。见得时，其气象与'将迎'自别。"

迎来送往（'将迎'）自然是有区别的。"

注 释

❶孔子所谓"远虑"：语出《论语·卫灵公》："子曰：'人无远虑，必有近忧。'" ❷周公"夜以继日"：语出《孟子·离娄下》："周公思兼三王，以施四事；其有不合者，仰而思之，夜以继日；幸而得之，坐以待旦。" ❸"将迎"：送往迎来。语本《庄子·知北游》："颜渊问乎仲尼曰：'回尝闻诸夫子曰"无有所将，无有所迎"，回敢问其游？'仲尼曰：'……圣人处物，不伤物。不伤物者，物亦不能伤也，唯无所伤者，为能与人相将迎。'" ❹"戒慎不睹、恐惧不闻"：语本《中庸》："是故君子戒慎乎其所不睹，恐惧乎其所不闻。"

说 明

这里，王阳明借用孔子、周公的言行来阐释：天理就在人的心中，自古至今，无始无终；天理就是良知，千思万虑也只是要致良知。而"戒慎不睹、恐惧不闻"正是致良知的功夫。

【原文】

问："'一日克己复礼，天下归仁'①，朱子作效验说②，如何？"

先生曰："圣贤只是为己之学，重功夫不重效验。仁者以万物为体，不能一体，只是己

【译文】

问："朱子认为《论语》中的'一日克己复礼，天下归仁'这句话，是从效验上说的，对吗？"

先生说："圣人的学说是为了提升自己的修养，重视功夫而轻视效验。仁者以天地万物为一体，不能与万物一体的，只因自己的私欲未能忘

私未忘。全得仁体，则天下皆归于吾仁，就是'八荒皆在我闼'③意，'天下皆与其仁'④亦在其中。如'在邦无怨，在家无怨'⑤，亦只是自家不怨，如'不怨天，不尤人'⑥之意。然家邦无怨，于我亦在其中，但所重不在此。"

掉。如果能恢复仁的本体，那么天下就将归顺于我的仁体，也就是'八荒皆在我闼'的意思，'天下皆与其仁'也包括在其中。比如'在邦无怨，在家无怨'，只是自己没有怨恨，也就是'不怨天，不尤人'的意思。然而家邦都没有怨恨，我自然也是没有怨恨的，但这并不是该重视的地方。"

注 释

❶ "一日克己复礼，天下归仁"：《论语·颜渊》："颜渊问仁。子曰：'克己复礼为仁。一日克己复礼，天下归仁焉。为仁由己，而由人乎哉？'"　❷ 朱子作效验说：朱熹《论语集注》："一日克己复礼，则天下之人皆与其仁，极言其效之甚速而至大也。"　❸ "八荒皆在我闼"：吕大临《克己铭》："亦既克之，皇皇四达；洞然八荒，皆在我闼。"意思是指八方荒原之地即天际海角，都在我的掌握之中。闼（tà），指的是门槛，引申为门户、边界、权力范围。　❹ "天下皆与其仁"：即朱熹《论语集注》中的"天下之人皆与其仁"。　❺ "在邦无怨，在家无怨"：语出《论语·颜渊》："子曰：'出门如见大宾，使民如承大祭。己所不欲，勿施于人。在邦无怨，在家无怨。'"　❻ "不怨天，不尤人"：语出《论语·宪问》："子曰：'不怨天，不尤人。下学而上达，知我者其天乎！'"

说 明

这是王阳明的"仁者以万物为体"同朱熹的"天下之人皆与其仁"之间的区分，前者是重功夫的为己之学，后者则是侧重效验。

【原文】

问："孟子'巧、力、圣、智'之说①，朱子云'三子力有余而巧不足'②，何如？"

先生曰："三子固有力，亦有巧。巧、力，实非两事，巧亦只在用力处；力而不巧，亦是徒力。三子譬如射，一能步箭，一能马箭，一能远箭。他射得到，俱谓之力，中处俱可谓之巧。但步不能马，马不能远，各有所长，便是才、力分限有不同处。孔子则三者皆长，然孔子之和，只到得柳下惠而极；清，只到得伯夷而极；任，只到得伊尹而极，何曾加得些子？若谓'三子力有余而巧不足'，则其力反过孔子了。巧、力只是发明圣、知之义，若识得圣、知本体是何物，便自了然。"

【译文】

问："孟子主张'巧、力、圣、智'之说，而朱熹认为'三子力有余而巧不足'，对吗？"

先生说："伯夷、伊尹、柳下惠三人固然有力，也有巧。巧和力并非两件事，巧也只能是在用力处；有力而无巧，只是空有其力。他们三人就好比射箭，一人能步行射，一人能骑马射，一人能远射。他们能射到靶子，就可以称之为力，能射中靶子，就可以称之为巧。然而，步行射的不能骑马射，骑马射的不能远射，各有所长，这就是才、力各有所不同。孔子则兼有他们三人的长处，然而孔子的和，也只能达到柳下惠的程度；孔子的清，也只能达到伯夷的程度；孔子的以天下为己任的心，也只能达到伊尹的程度，不能再增添一丝半毫了。如果像朱子说的'三子力有余而巧不足'，那么他们的力反而比孔子还多。巧与力只是为了阐释圣与智，如果明白了圣、智的本体是什么，自然就能理解明白了。"

注　释

❶孟子"巧、力、圣、智"之说：孟子用"巧"比喻"智"，用"力"比喻"圣"。语出《孟子·万章下》："伯夷，圣之清者也；伊尹，圣之任者也；柳下惠，

圣之和者也；孔子，圣之时者也。孔子之谓集大成。集大成也者，金声而玉振之也。金声也者，始条理也；玉振之也者，终条理也。始条理者，智之事也；终条理者，圣之事也。智譬则巧也，圣譬则力也。由射于百步之外，其至，尔力也；其中，非尔力也。" ❷朱子云"三子力有余而巧不足"：朱熹《孟子集注》："此复以射之巧、力，发明智、圣二字之义，见孔子巧、力俱全而圣、智兼备。三子则力有余而巧不足，是以一节虽至于圣，而智不足以及乎时中也。"

说　明

　　这是王阳明对孟子笔下的四大圣人——伯夷、伊尹、柳下惠、孔子——的评述。阳明曾以"精金喻圣"，"三子"和孔子的区别，只是在分量上的不同，但是在纯乎天理方面，和孔子相比是毫不逊色的。

【原　文】

　　先生曰："'先天而天弗违'，天即良知也；'后天而奉天时'，①良知即天也。"

【译　文】

　　先生说："'先天而天弗违'，因为天就是良知；'后天而奉天时'，因为良知就是天。"

注　释

　　❶"先天而天弗违""后天而奉天时"：语出《周易·乾卦·文言传》。"天"，即天时、天道，指自然规律。"先天"，指人的行为先于自然规律；"后天"，即行为后于自然规律。"违"为违背，"奉"为奉行。此句话的大意是说：先于天道而行动，天不违背人意；后于天道而行动，人也是尊奉天道。

说 明

良知即天理，天理即良知，这就是"天人合一"的基本原理。

【原 文】

"良知只是个是非之心①，是非只是个好恶。只好恶就尽了是非，只是非就尽了万事万变。"又曰："是非两字，是个大规矩，巧处则存乎其人。"

【译 文】

（先生说:）"良知只是一个判别是非的心，是非只是一个好恶。明白好恶就穷尽了是非，懂得是非就穷尽了万事万物的变化。"先生又说："是非这两个字，只是个大的原则，其运用的精巧取决于运用的人。"

注 释

❶ 是非之心：指"心"具有分辨是非、得失的能力，语出《孟子·告子上》："是非之心，人皆有之。"

说 明

在孟子那里，"良知"作为一种先验的道德意识，具有甄别、判定是非的事实判断；而在王阳明这里，作为"心之本体"的"良知"又具有了好善恶恶的道德价值判断力，也是一种道德动力。进而言之，"良知"作为人内心的是非准则，具有"知善去恶"的能力，故而"阳明四句教"有一句即曰"知善知恶是良知"。人作为一个道德实践主体，能够凭借良知去辨明是非善恶，进而为善去恶。

【原文】

　　"圣人之知如青天之日，贤人如浮云天日，愚人如阴霾天日。虽有昏明不同，其能辨黑白则一。虽昏黑夜里，亦影影见得黑白，就是日之余光未尽处。困学①功夫，亦只从这点明处精察②去耳。"

【译文】

　　（先生说：）"圣人的良知如同晴空无云时的太阳，贤人的良知如同浮云遮日时的太阳，愚人的良知如同阴霾密布时的太阳。虽然有浑浊清明的程度不同，但能辨别黑白的地方则是一致的。即便在昏黑的夜晚，也能隐约看出黑白，这是因为太阳的余光还没有完全消失。在逆境中勤勉学习的功夫，也只是从这点光明之处去精细明察而已。"

注　释

　　❶困学：有所不通才学习，语出《论语·季氏》："困而学之，又其次也。"何晏《集解》引孔安国语曰："困，谓有所不通。"后用以指刻苦学习。　❷明处精察：王阳明也有"明觉精察"的用语，如"行之明觉精察处即是知"。精察，精细明察。

说　明

　　圣人、贤人、愚者三者所对应的功夫分别是"生知安行""学知利行""困知勉行"。良知虽人人同有，然其明觉的程度不同，对于愚者而言，更要下"致"的"困学"功夫。

【原文】

　　问："知譬日，欲譬云，云

【译文】

　　问："良知好比太阳，私欲就像

虽能蔽日，亦是天之一气合有的，欲亦莫非人心合有否？"

先生曰："喜、怒、哀、惧、爱、恶、欲，谓之七情①，七者俱是人心合有的，但要认得良知明白。比如日光，亦不可指着方所，一隙通明，皆是日光所在。虽云雾四塞，太虚中色象可辨，亦是日光不灭处。不可以云能蔽日，教天不要生云。七情顺其自然之流行，皆是良知之用，不可分别善恶。但不可有所着，七情有着，俱谓之欲，俱为良知之蔽。然才有着时，良知亦自会觉，觉即蔽去，复其体矣。此处能勘得破，方是简易透彻功夫。"

浮云，浮云虽能遮蔽太阳，但也是天气中所本该有的，难道私欲也是人心中本该有的吗？"

先生说："喜、怒、哀、惧、爱、恶、欲，是人的七情，这些都是人心本应该有的，但要把良知理解清楚。比如阳光，不能总是照在一个地方，无论何处，只要有一线光明，就是阳光所在之处。即便是云雾弥漫四处，只要天空中还能辨认出颜色与形象，也是阳光不灭之处。不能因为浮云能遮日，就让天不要产生浮云。七情顺其自然地流露产生，也都是良知在起作用，不能以七情来区分善恶。但对七情也不能太执着，执着七情都称之为私欲，都是遮蔽良知的。当然，一有执着，良知也自然会发觉，发觉了就会除去遮蔽，恢复本体了。这个地方能够识得破，看得清，才是简易透彻的致良知功夫。"

注　释

❶ 七情：语本《礼记·礼运》："何谓人情？喜、怒、哀、惧、爱、恶、欲七者，弗学而能。"

说　明

这是对天理"良知""七情"欲望之间关系的说明。"七情"欲望是人心本有的，但需要良知来引导"七情"的发动。良知心学并不否认情感，情感的发动，依循良知，就是正当合理的。另外，当良知受到外在欲望的干扰、遮蔽时，我们可以依靠良知自知、自觉的能力，当下除去遮蔽，及时恢复良知本体。

【原　文】

问："圣人生知安行①是自然的，如何有甚功夫？"

先生曰："知行二字即是功夫，但有浅深难易之殊耳。良知原是精精明明的，如欲孝亲，生知安行的，只是依此良知实落尽孝而已；学知利行者，只是时时省觉，务要依此良知尽孝而已；至于困知勉行者，蔽锢已深，虽要依此良知去孝，又为私欲所阻，是以不能。必须加'人一己百，人十己千'②之功，方能依此良知以尽其孝。圣人虽是生知安行，然其心不敢自是，肯做困知勉行的功夫。困知勉行的，却要思量做生知安行的事，怎生③成得？"

【译　文】

问："圣人的生知安行是自然就能如此的，还需要什么功夫呢？"

先生说："知行二字就是功夫，但有深浅难易的差别而已。良知原本是精察明白的，比如想要孝敬父母，生知安行的人只是遵循良知，实实在在地去尽孝道；学知利行的人只是时刻省察，努力按照良知去尽孝道；至于困知勉行的人，受的遮蔽太多，即便想依照良知去尽孝道，又会被私欲阻隔，因此不能尽孝道。只有'人一己百，人十己千'，才能依照良知去尽孝道。圣人虽然是生知安行的，但他的心里不敢自以为是，所以他宁肯做困知勉行人所做的功夫。困知勉行的人却想做生知安行的事，这怎么能行呢？"

注　释

❶ 生知安行：语出《中庸》："或生而知之，或学而知之，或困而知之，及

其知之，一也。或安而行之，或利而行之，或勉强而行之，及其成功，一也。"
❷"人一己百，人十己千"：语出《中庸》："人一能之，己百之；人十能之，己
千之。果能此道矣，虽愚必明，虽柔必强。"　　❸怎生：怎么；如何。

说 明

知行二字就是功夫。尽管圣人是生知安行的，仍然会去做困知勉行的功夫。
困知勉行的人，更应该去做"人一己百，人十己千"的修身功夫，知得良知、
寻得良知，尤其要行得良知。

【原文】

问："'乐是心之本体'①，不
知遇大故②，于哀哭时，此乐还
在否？"

先生曰："须是大哭一番了
方乐，不哭，便不乐矣。虽哭，
此心安处即是乐也。本体未尝
有动。"

【译文】

问："您认为'乐是心的本
体'，当遇到重大变故，而哀哭的
时候，这个乐还存在吗？"

先生说："只有痛哭一场之后
才能快乐，不哭就不快乐。虽然痛
哭，但此心却得到了安慰，因而也
就是乐。心的本体并没有因为痛哭
而有所改变。"

注 释

❶"乐是心之本体"：见《传习录》中《又答陆原静书》。　　❷大故：重大
变故，此指父母或祖辈的过世。

说　明

"乐是心之本体"，王阳明在《又答陆原静书》中有论述，是说精神上的快乐和愉悦就是良知"心体"本来的样子。心安，即是"乐"的实现。

【原文】

问："良知，一而已。文王作《象》①，周公系《爻》②，孔子赞《易》③，何以各自看理不同？"

先生曰："圣人何能拘得死格？大要出于良知同，便各为说，何害？且如一园竹，只要同此枝节，便是大同；若拘定枝枝节节，都要高下大小一样，便非造化妙手矣。汝辈只要去培养良知，良知同，更不妨有异处。汝辈若不肯用功，连笋也不曾抽得，何处去论枝节？"

【译文】

问："良知只有一个。而周文王作《卦辞》，周公旦作《爻辞》，孔夫子作《易传》，为什么他们所认识的理各有不同呢？"

先生说："圣人怎么会呆板地死守旧框框呢？大体上是出自相同的良知才是重要的，至于说法有所不同，又能妨碍什么呢？比如满园的青竹，只要枝节相差不多，也就是大同了；如果非要每株竹子的每一枝节高低大小都一样，那就不能体现自然造化的奇妙了。你们只要用心去培养良知，只要良知相同，其他也就不妨有不同之处。你们如果不肯用功，就好比竹笋还没生长出来，到哪里去谈论竹子的枝节呢？"

注　释

❶《象》：《传习录》此处"文王作《象》"的说法有误，应是"文王演《易》"，即周文王作六十四卦卦辞。而《象》指《易传》中的《象辞》，指用以说明卦名、卦义和卦辞的文辞，相传为孔子所作的"十翼"之《象》上下。

❷《爻》：指《爻辞》，《周易》六十四卦中说明各爻要义的文辞，系周公所作。
❸《易》：指《易传》。孔子对《周易》所作的各种解释。相对《经》而言，称《传》，包括《象》上下、《彖》上下、《系辞》上下、《文言》、《序卦》、《说卦》、《杂卦》共十篇，亦称"十翼"。

说 明

良知只是一个同质的良知，但是良知在每个个体这里，确有表现的差异性。当下之务，就是要用功去培养并致得良知。

【原 文】

乡人有父子讼狱，请诉于先生，侍者欲阻之，先生听之，言不终辞，其父子相抱恸哭而去。

柴鸣治①入，问曰："先生何言，致伊②感悔之速？"

先生曰："我言舜是世间大不孝的子，瞽瞍③是世间大慈的父。"

鸣治愕然，请问。

先生曰："舜常自以为大不孝，所以能孝；瞽瞍常自以为大慈，所以不能慈。瞽瞍只记得舜是我提孩④长的，今何不会豫悦

【译 文】

乡里有父子俩打官司，请先生断案，随从想要阻挡他们，先生听了他们的诉说，劝解的话还没讲完，父子俩就抱头痛哭，和好离去。

柴鸣治进来问道："先生您说了什么，使他们俩那么快就悔悟了？"

先生说："我说虞舜是世上最不孝顺的儿子，他的父亲瞽瞍是世上最慈祥的父亲。"

柴鸣治感到很惊讶，向先生请教。

先生说："舜时常自以为是最不孝的，因此才能做到孝顺；瞽瞍时常自以为是最慈祥的，因此不能做到慈爱。瞽瞍只记着舜是他从小拉扯养大的，而现在舜为什么不让他快乐，却不明白自己的心已被后妻迷惑而改变

我，不知自心已为后妻所移了，尚谓自家能慈，所以愈不能慈；舜只思父提孩我时如何爱我，今日不爱，只是我不能尽孝，日思所以不能尽孝处，所以愈能孝。及至瞽瞍底豫⑤时，又不过复得此心原慈的本体。所以后世称舜是个古今大孝的子，瞽瞍亦做成个慈父。"

了，还自认为很慈祥，所以就越来越无法做到慈爱；舜总是记着小时候父亲是多么疼爱他，而今之所以不爱了，是因为自己没有尽孝，整天想着自己没有尽孝的地方，所以就更加孝顺。等到瞽瞍高兴的时候，只不过是恢复了他心中原本就有的慈爱本体。所以，后世之人都称舜是一个古往今来的大孝子，瞽瞍也就成了一个慈祥的父亲。"

注释

❶柴鸣治：王阳明晚年的弟子，嘉靖三年（1524）或稍后至越地侍从阳明，余不详。黎业明《传习录译注》（上海古籍出版社2021年版，第488页）推测为曾主教杭州天真书院的浙江余姚人柴凤，"字鸣治"，号后愚。 ❷伊：表示第三人称，相当于"他""他们"。 ❸瞽瞍：虞舜之父。关于舜与瞽瞍（亦作"叟"）的故事，《史记·五帝本纪》载："舜父瞽叟盲，而舜母死，瞽叟更娶妻而生象，象傲。瞽叟爱后妻子，常欲杀舜，舜避逃；及有小过，则受罪。顺事父及后母与弟，日以笃谨，匪有解。" ❹提孩：抚育；抚养。 ❺瞽瞍底豫（dǐyù）：《孟子·离娄上》："舜尽事亲之道，而瞽瞍底豫。"赵歧注："底，致也；豫，乐也。"底豫，得以欢乐。

说明

父母都有慈爱之"心"（良知），子女都有孝敬之"心"（良知），不过有时候会被利益、情绪所遮蔽，只要善于激发，令其良知自我发觉而改进，心中本有的"善"（良知）就会恢复到原来的样子。

【原文】

先生曰："孔子有鄙夫①来问，未尝先有知识以应之，其心只空空而已。但叩他自知的是非两端，与之一剖决，鄙夫之心便已了然。②鄙夫自知的是非，便是他本来天则，虽圣人聪明，如何可与增减得一毫？他只不能自信，夫子与之一剖决，便已竭尽无余了。若夫子与鄙夫言时，留得些子知识在，便是不能竭他的良知，道体③即有二了。"

【译文】

先生说："普通人向孔子请教有关问题，孔子心里并非预先准备了多少知识来回答他，内心也是空无一物的。只是孔子根据普通人所问来判断是非，并加以分析，普通人的心里就能明白了。普通人知道自己的是非，就是他原本就有的天理准则，即便圣人再聪明，又怎能随便为普通人增减分毫？普通人只是自信心不足，孔子帮他稍加分析，是非曲直就十分清楚了。如果孔子跟普通人谈话时，想要灌输一些知识，就不能使他悟到自己的良知，反而将道体（良知）一分为二了。"

注 释

❶鄙夫：人品鄙陋、见识浅薄的人，这里可称其为普通人。　❷孔子有鄙夫来问，未尝先有知识以应之，其心只空空而已。但叩他自知的是非两端，与之一剖决，鄙夫之心便已了然：语本《论语·子罕》："子曰：'吾有知乎哉？无知也。有鄙夫问于我，空空如也。我叩其两端而竭焉。'"　❸道体：这里指是心体、良知。

说 明

圣凡平等，凡夫的良知与圣人的良知在本质上是一样的，都属于"本来天则"，均具有判断是非、辨别善恶、鉴定真伪的能力。

【原文】

先生曰："'烝烝乂，不格奸。'①本注说象已进进于乂，不至大为奸恶②。舜征庸③后，象犹日以杀舜为事，何大奸恶如之？舜只是自进于乂，以乂熏烝，不去正他奸恶。凡文过掩慝，此是恶人常态。若要指摘他是非，反去激他恶性。舜初时致得象要杀己，亦是要象好的心太急，此就是舜之过处。经过来，乃知功夫只在自己，不去责人，所以致得克谐④，此是舜'动心忍性，增益不能'⑤处。古人言语，俱是自家经历过来，所以说得亲切，遗之后世，曲当⑥人情。若非自家经过，如何得他许多苦心处？"

【译文】

先生说："《尚书》上所谓的'烝烝乂，不格奸'，《尚书》本注认为象（舜的弟弟）已渐接近乂，不至于去做大奸大恶的事。舜被尧征召为官后，象仍然每天想着要谋杀他，还有比这更奸邪的事吗？舜只是自己学会自治，并用自治去感化象，而不是直截了当去纠正他的奸邪。文过饰非，掩盖罪恶，这是恶人的常态。如果要去责备他的过错，反倒会激起他的恶性。舜当初招致象要杀害他，也是想要象变好的心太急了，这就是舜过错的地方。有了这段经历，舜终明白功夫只在自身，不去怪罪他人，所以才能与象和谐相处。这就是舜的'动心忍性，增益不能'的地方。古人的言论，都是自己的亲身经历，所以说得亲切，留传到后世，经过变通仍能适用于人情事变。如果不是自己经历过，怎能体会得他的那么多良苦用心呢？"

注释

❶ "烝（zhēng）烝乂（yì），不格奸"：语出《尚书·尧典》："瞽子、父顽、母嚚（yín）、象傲，克谐以孝，烝烝乂，不格奸。"大意是说，（舜）他是瞽瞍的儿子，父亲心术不正，母亲愚蠢而顽固，弟弟象傲慢而不友好，但他能和谐地与他们相处，用孝行感化他们。烝烝：渐渐。乂：自治；治理；安定。格：至；到。 ❷ 本注说象已进进于乂，不至大为奸恶：汉代孔安国《尚书正义

传》："谐，和。烝，进也。言能以至孝和谐顽、嚚、昏、傲，使进进以善自治，不至于奸恶。"一说"本注"，指蔡沈《书集传》。   ❸征庸：语出《尚书·舜典》："舜生三十征庸，三十在位。"大意是说，舜三十岁被征召来用事，在其职位上干了三十年。   ❹克谐：能够成功，语出《尚书·尧典》："（舜）克谐以孝。"   ❺"动心忍性，增益不能"：语出《孟子·告子下》："故天将降大任于是人也，必先苦其心志，劳其筋骨，饿其体肤，空乏其身，行拂乱其所为。所以动心忍性，曾益其所不能。"   ❻曲当：委曲得当。

说 明

　　舜的做法是激活象内心本来就有的良知，让他发自内心地主动去认识事理、体认良知。与此同时，舜也是在自己用功修身，不去苛责别人，从而取得与象和谐相处的效果。故而王阳明在《象祠记》中有"吾于是盖有以信人性之善，天下无不可化之人也"的说法。

【原 文】

　　先生曰："古乐不作久矣。今之戏子，尚与古乐意思相近。"

　　未达，请问。

　　先生曰："《韶》①之九成②，便是舜的一本戏子；《武》③之九变，便是武王的一本戏子。圣人一生实事，俱播在乐中，所以有德者闻之，便知他尽善尽美与尽美未尽善处④。若后世作乐，只

【译 文】

　　先生说："古乐已很长时间没有演奏了。如今的唱戏，与古乐的韵味还比较相似。"

　　钱德洪不理解，于是向先生请教。

　　先生说："《韶乐》的九章，是虞舜时的乐曲；《武乐》的九章，是武王时的乐曲。圣人一生的事迹都蕴含在乐曲中，所以，品德高尚的人听了乐曲，就能了解其中尽善尽美和尽美而不尽善的地方。而后世作乐，只是谱写一些词调，与民风

是做些词调，于民俗风化绝无关涉，何以化民善俗？今要民俗反朴还淳，取今之戏子，将妖淫词调俱去了，只取忠臣、孝子故事，使愚俗百姓人人易晓，无意中感激他良知起来，却于风化有益。然后，古乐渐次可复矣。"

曰："洪⑤要求元声⑥不可得，恐于古乐亦难复。"

先生曰："你说元声在何处求？"

对曰："古人制管候气⑦，恐是求元声之法。"

先生曰："若要去葭灰、黍粒中求元声，却如水底捞月，如何可得？元声只在你心上求。"

曰："心如何求？"

先生曰："古人为治，先养得人心和平，然后作乐。比如在此歌诗，你的心气和平，听者自然悦怿兴起，只此便是元声之始。《书》云'诗言志'，志便是乐的本；'歌咏⑧言'，歌便是作乐的本；'声依永，律和声'⑨，律只要和声，和声便是制律的本，何尝求之于外？"

教化毫无关系，怎么可以用来教化民俗向善呢？如今要想让民风返璞归真，就得将当今戏曲拿来，删掉乐曲中所有的淫词滥调，只保留忠臣、孝子的故事，使平民百姓都能容易理解，在不知不觉中激发他们的良知，这对移风易俗大有益处。这样，古乐也就可以逐渐恢复了。"

钱德洪说："我连元声都找不到，古乐恐怕更难恢复。"

先生说："你认为应该到哪里去找元声？"

钱德洪答道："古人制作律管来确定节气，这也许是寻求元声的办法。"

先生说："如果你要从草灰、稻谷中寻找元声，就好像在水底捞月，怎能找到呢？元声只能在你的心中找。"

钱德洪问："如何在心中寻找？"

先生说："古人治理天下，首先把人培养得心平气和，而后才作乐。比如在这里吟诗，如果你心平气和，听的人自然能感受到愉悦兴奋，这便是元声的起始处。《尚书》说：'诗言志'，志就是乐的根本；'歌咏言'，歌就是作乐的根本；'声依永，律和声'，音律只要与声音和谐一致，声音和谐就是制定音律的根本。所以，怎能到心外去寻找呢？"

钱德洪又问："古人制作律管来确定节气的办法，又是根据什么呢？"

曰："古人制候气法，是意何取？"

先生曰："古人具中和之体以作乐，我的中和，原与天地之气相应。候天地之气，协凤凰之音，不过去验我的气果和否。此是成律已后事，非必待此以成律也。今要候灰管，先须定至日，然至日子时恐又不准，又何处取得准来？"

先生说："古人是在具备中正平和的心体后，才制作乐曲，我的中正平和的心体，原本与天地之气相对应。测定天地之气，与凤凰的鸣叫相谐合，只不过是为了验证我的气是否真的中正平和。这是制成音律之后的事，并不是要以此为根据才能制成音律。如今要静候灰管，必须确定在冬至这一天，但到了冬至的子时，又恐怕时间不准确，这又要到哪里去寻找标准呢？"

注 释

❶《韶》：是虞舜所作古乐。　❷九成：与下文"九变"其义相通，语出《尚书·益稷》："箫《韶》九成，凤凰来仪。"孔颖达疏："成，谓乐曲成也。郑（玄）云：'成，犹终也。'每曲一终，必变更奏。故《经》言'九成'，《传》言'九奏'，《周礼》谓之'九变'，其实一也。"　❸《武》：是赞颂周武王的古乐。　❹尽善尽美与尽美未尽善处：语出《论语·八佾》："子谓《韶》：'尽美矣，又尽善也。'谓《武》：'尽美矣，未尽善也。'"　❺洪：即本条语录记录者钱德洪。　❻元声：古乐以五音十二律为基础，五音（宫、商、角、徵、羽）通过十二律（阴、阳律各六）来确定音高。"宫"音为五音之主、五音之君，统帅众音，所以称为"元声"。　❼制管候气：制管，是十二律管，亦称"律琯（guǎn）"。见《后汉书·律历志》。另外，沈括《梦溪笔谈·象数一》引司马彪《续汉书》中"候气之法"："于密室中以木为案，置十二律琯，各如其方。实以葭灰，覆以缇縠，气至则一律飞灰。"葭灰：芦苇茎中的薄膜所制成的灰，质极轻。缇縠（tíhú）：轻纱。飞灰：就是放置在律琯内极轻的葭灰会飞出来。飞灰日，即中气实际到日。　❽咏：《王文成公全书》本《传习录》作"永"，兹据《尚书》改。　❾"诗言志""歌咏言""声依永，律和声"：语

出《尚书·舜典》，大意是说，诗用来表达人的思想抱负，歌用来舒缓咏唱的语言，五声要根据唱的歌词来选定，六律要与五声相和谐。

说　明

这几段文字是用古乐来论述良知的本体，而中正平和的心体则与天地之气相对应。

【原　文】

先生曰："学问也要点化①，但不如自家解化②者，自一了百当。不然，亦点化许多不得。"

【译　文】

先生说："学问也需要师友的开导点化，但不如自己所省悟理解的那样，能一通全通。如果自己不能领悟，只依靠师友开导点化，也没有多大用处。"

注　释

❶点化：师友的开导点化。　❷解化：省悟；理解。

说　明

学问、修行，关键要靠自己用心体会，这也是"良知自知"的道理。师友的开导点化，只是外在的助缘。

【原文】

"孔子气魄极大，凡帝王事业，无不一一理会，也只从那心上来。譬如大树，有多少枝叶，也只是根本上用得培养功夫，故自然能如此，非是从枝叶上用功做得根本也。学者学孔子，不在心上用功，汲汲然去学那气魄，却倒做了。"

【译文】

（先生说：）"孔子的气魄十分宏伟，凡是帝王的事业，他都一一学过，只不过这些也能从他的心上加以体会。比如一棵大树，无论有多少枝叶，只要在树根上去用足培养的功夫，就自然能够枝繁叶茂，而不是在枝叶上用功去培养树根。为学之人向孔子学习，如果不在自己的心上用功，却时刻想着去学孔子的气魄，这是把功夫做颠倒了。"

说 明

圣人之学，是为己之学，是培根之学，要主动涵养心体，从自己心地上用功。

【原文】

"人有过，多于过上用功，就是补甑①，其流必归于文过。"

【译文】

（先生说：）"当人犯错的时候，如果多在过错上用功夫，就好像修补打碎的瓦罐，时日一长必然有文过饰非的毛病。"

注 释

❶ 补甑（zèng）：甑，瓦罐。补甑，补已破的瓦罐。

说　明

改过之功，根本上是要依赖良知的发用。

【原文】

"今人于吃饭时，虽无一事在前，其心常役役①不宁。只缘此心忙惯了，所以收摄不住。"

【译文】

（先生说：）"现在有些人吃饭时，即使没有什么事，他的心仍然忙乱而不得安宁。只因此心忙惯了，所以收敛不住。"

注　释

❶ 役役（yìyì）：劳苦不息的样子，出自《庄子·齐物论》："终身役役，而不见其成功。"

说　明

《孟子》曰："学问之道无他，求其放心而已矣。"心学，就是谨守其心，把注意力从外在的逐求中转而向内，专注于自己内心的平和、良知的护持。

【原文】

"琴瑟、简编，学者不可无。盖有业以居之①，心就不放。"

【译文】

（先生说：）"为学之人不能没有琴瑟与书籍。因为时常有事可做，心就不会放纵了。"

注 释

❶ 业以居之：语见《周易·乾卦·文言传》："修辞立其诚，所以居业也。"

说 明

张载《论语说》："古人欲得朋友与琴瑟简编，常使心在于此。"在阳明这里，琴瑟、简编，是学者涵养心体的两大重要载体。

【原文】

先生叹曰："世间知学的人，只有这些病痛打不破，就不是'善与人同'①。"

崇一②曰："这病痛，只是个好高不能忘己尔。"

【译文】

先生感叹地说："人世间懂得学问的人，只要不能纠正这些毛病，就不是'善与人同'了。"

欧阳崇一接着说："这些毛病也是因为好高骛远、不能忘掉自己的私欲罢了。"

注 释

❶ "善与人同"：自己有优点，愿意别人同自己一样；别人有长处，就向别人学习。语出《孟子·公孙丑上》："大舜有大焉，善与人同，舍己从人，乐取于人以为善。自耕稼、陶、渔以至为帝，无非取于人者。取诸人以为善，是与人为善者也。故君子莫大乎与人为善。"　❷ 崇一：王阳明的弟子欧阳德，字崇一，号南野，江西泰和人。嘉靖二年（1523）中进士，出守六安州。嘉靖五年（1526）春，有书函与时在越地讲学的王阳明，王阳明复函而有《答欧阳崇一》（《传习录·中》）。

说 明

欧阳德在嘉靖二年（1523）任六安州知州，嘉靖六年（1527）迁刑部员外郎。可以推断，嘉靖五年（1526）左右，欧阳德曾至越地与王阳明会面，进而与阳明有学者"好高不能忘己"的毛病的讨论。自己为善，并和他人一起为善，是学者进德修业的关键一招。

【原 文】	【译 文】
问："良知原是中和^①的，如何却有过、不及？" 先生曰："知得过、不及处，就是中和。"	问："良知原本是中正平和的，为什么会有过与不及的情况呢？" 先生说："明白了自己在哪里有过与不及，就是中正平和的良知。"

注 释

❶ 中和：语出《中庸》："喜怒哀乐之未发，谓之中；发而皆中节，谓之和。中也者，天下之大本也；和也者，天下之达道也。致中和，天地位焉，万物育焉。"

说 明

良知的存在样态就是"中和"，致良知就是"致中和"。

【原 文】	【译 文】
"'所恶于上'，是良知；	（先生说:）"《大学》的'所恶于上'，

'毋以使下'①，即是致知。" ｜ 就是良知；'毋以使下'，就是致良知。"

注 释

❶"所恶于上""毋以使下"：语出《大学》："所恶于上，毋以使下；所恶于下，毋以事上。"大意是说，若在上位者将不合理之事加之于我，为我所恶，我即不可如此指使我的下级；而我的下级对我阳奉阴违，不尽职责，为我所恶，我即不可如此侍奉我的上级。

说 明

良知就是懂得换位思考、移位感受，因为良知就是同理心。致良知，就是"己欲立而立人，己欲达而达人""己所不欲，勿施于人"。

【原文】

先生曰："苏秦、张仪之智，也是圣人之资。后世事业文章，许多豪杰名家，只是学得仪、秦故智①。仪、秦学术，善揣摸人情，无一些不中人肯綮②，故其说不能穷。仪、秦亦是窥见得良知妙用处，但用之于不善尔。"

【译文】

先生说："苏秦、张仪的谋略，也具备了圣人的资质。后代的许多事业文章、许多的豪杰名家，只是学到了张仪、苏秦曾经用过的一些方法。张仪、苏秦的学问，擅长揣摩人情，没有哪一点不是切中要害的，所以他们的学说不能穷尽。张仪、苏秦已窥见了良知妙用的地方，只是没有把它用在正道上。"

注 释

❶ 故智：以前用过的计谋，语出《史记·韩世家》："秦王必祖张仪之故智。"　❷ 肯綮（qìng）：王夫之《庄子解》："肯，著骨肉。綮，筋结处。"后遂以"肯綮"指筋骨结合的地方，比喻要害或关键之处。

说 明

这是王阳明对战国中期两大智谋家苏秦、张仪的评议，意在告诫当时学者及后人，要把"良知妙用"用在正事正道上。

【原 文】

或问"未发、已发"①。

先生曰："只缘后儒将未发、已发分说了，只得劈头说个无未发、已发，使人自思得之。若说有个已发、未发，听者依旧落在后儒见解。若真见得无未发、已发，说个有未发、已发，原不妨，原有个未发、已发在。"

问曰："未发未尝不和，已发未尝不中。譬如钟声，未扣不可谓无，既扣不可谓有。毕竟有个扣与不扣，何如？"

先生曰："未扣时原是惊天动地，既扣时也只是寂天

【译 文】

有人向先生请教《中庸》"未发、已发"的问题。

先生说："只因后世儒者将未发、已发分开来讲，所以我只能劈头盖脸地直接说一个没有未发、已发，让世人自己思考而有所收获。如果说有个已发、未发，听讲的人仍然摆脱不了后世儒者的见解。如果能真正懂得没有未发、已发，即使讲有未发、已发，也无妨，因为原本就存在未发、已发。"

问："未发并非不和，已发也并非不中。比如钟声，没敲时不能说没有声音，敲了也不能说就有声音。但毕竟还有敲与不敲的区别，是这样的吗？"

先生说："没敲时原本就是惊天

奠地。"

动地，敲了之后也只是寂静无声。"

注 释

❶ 未发、已发：语出《中庸》："喜怒哀乐之未发，谓之中；发而皆中节，谓之和。"

说 明

鉴于后世儒者分开来讲"未发、已发"，王阳明则直接说没有"未发、已发"，让世人自己思考而有所得，就是"未发、已发"不能截然分开来说。因为良知就是"中和"，而"中、和"不便分开说。

【原 文】

问："古人论性，各有异同，何者乃为定论？"

先生曰："性无定体，论亦无定体。有自本体上说者，有自发用上说者；有自源头上说者，有自流弊处说者。总而言之，只是这个性，但所见有浅深尔。若执定一边，便不是了。性之本体，原是无善无恶的；发用上也原是可以为善，可以为不善的；其流弊也原是一定善，一定恶的。譬

【译 文】

问："古人谈论人性的说法各有异同，谁的说法可作为定论呢？"

先生说："人的本性没有一定不变之体，因此关于人性的讨论也没有一定不变之论。有的人从本体上说，有的人从发用上说；有的人从源头上说，有的人从流弊上说。总之，说的都是这个性，只有见解的深浅不一而已。如果执着于一家之言，那就错了。性的本体，原本是无善无恶的；而从发用上看，既可以为善，也可以为不善；从流弊上看，原本就是有的一定为善，有

如眼，有喜时的眼，有怒时的眼；直视就是看的眼，微视就是觑①的眼。总而言之，只是这个眼。若见得怒时眼，就说未尝有喜的眼，见得看时眼，就说未尝有觑的眼；皆是执定，就知是错。孟子说性②，直从源头上说来，亦是说个大概如此；荀子性恶之说③，是从流弊上说来，也未可尽说他不是，只是见得未精耳。众人则失了心之本体。"

问："孟子从源头上说性，要人用功在源头上明彻；荀子从流弊说性，功夫只在末流上救正，便费力了。"

先生曰："然。"

的一定为恶。比如人的眼睛，有喜悦时的眼睛，有愤怒时的眼睛；直视时就是正面看的眼睛，偷看时就是窥视的眼睛。总之，只是同一个眼睛。如果看到愤怒时的眼睛，就说没有喜悦时的眼睛；看到正面看时的眼睛，就说没有窥视的眼睛，这都是犯了固执一方的错误。孟子谈性，是直接从源头上讲的，也只说了个大概；荀子主张性恶，是从流弊上说的，也不能认为他说的就完全错误，只是认识得不够精密。然而，平常人则是丧失了心的本体。"

问："孟子从源头上说性，要求人在源头上用功，使性明净清澈；荀子从流弊上说性，只在舍本逐末上用功夫加以救补，就白费了许多精力。"

先生说："正是这样。"

注 释

❶ 觑（qù）：伺视；窥视。　❷ 孟子说性：孟子指出"人性之善也，犹水之就下也"，认为每个人天生就具备了仁、义、礼、智的萌芽，这些美德需要通过不断学习和修养来培养和发扬。　❸ 荀子性恶之说：荀子认为"人之性恶，其善者伪也"，人的道德观念和礼仪制度是后天学习的结果；通过教育和自我约束，人才能由恶变善。

说 明

这是王阳明对孔孟荀儒家人性论的具体辨析，先是指出"性无定体，论亦无定体"，进而认为，心体原本就是无善无恶，"性"的发用，可以为善，可以为不善，所以一切意念的发生，皆应以"良知"为主宰，因为"知善知恶是良知"。同时，涵养心性，要从本源上用功。

【原 文】

先生曰："用功到精处，愈着不得言语，说理愈难。若着意在精微上，全体功夫反蔽泥了。"

【译 文】

先生说："用功到了精微的地方，就越难用言语来表达，说理也就越难。如果执意在微妙的地方探究，全体功夫反而会受到蒙蔽、妨碍。"

说 明

致良知的功夫如果达到类似神秘主义的虚寂、虚灵不昧之境，是难以用语言来表述的；但是"下学而上达"，在关注虚灵明觉的本体良知之时，也不要忽略"格物"一类的下学功夫。因为"致良知"是"全体功夫"的呈现与展示。

【原 文】

"杨慈湖①不为无见，又着在无声无臭②上见了。"

【译 文】

（先生说:）"杨慈湖并不是没有见识，只是执着在无声无息方面上去理解认识问题。"

注 释

❶ 杨慈湖：杨简（1141—1226），字敬仲，号慈湖，世称慈湖先生，浙江慈溪人。师事陆九渊，为学主张"毋意""无念""无思无虑是谓道心"等。著有《慈湖诗传》《杨氏易传》《慈湖遗书》，今有学者标点本《杨简全集》。　❷ 无声无臭：没有声音，没有气味，比喻没有名声，默默无闻，或不产生影响。语出《诗经·大雅·文王》："上天之载，无声无臭。"

说 明

由于杨简治学主张"不起意""毋意""无念"，即不让意念启动而去做功夫。王阳明对此予以质疑，毕竟"意者心之发"，而"诚意"的功夫也是需要的。

【原 文】

"人一日间，古今世界都经过一番，只是人不见耳。夜气清明时，无视无听，无思无作，淡然平怀，就是羲皇世界①；平旦时，神清气朗，雍雍穆穆②，就是尧舜世界；日中以前，礼仪交会，气象秩然，就是三代世界；日中以后，神气渐昏，往来杂扰，就是春秋、战国世界；渐渐昏夜，万物寝息，景象寂寥，就是人消物尽世界。学者信得良知过，不为气所乱，

【译 文】

（先生说:）"人在一天的时间内，从古到今的世界都能重新经历一遍，只是人自己没有感觉到罢了。夜气清爽明朗时，人们没有视觉与听觉、没有思想与作为，心中淡泊恬静，这就是羲皇的时代；清晨之时，人们神清气爽，庄穆安宁，这就是尧舜的时代；中午之前，人们礼貌交往，气象井然，这就是三代的世界；中午之后，人们神气渐昏，往来杂扰，这就是春秋战国的时代；逐渐天黑，万物安息，景象寂寥，这就是人与物都消失殆尽的时代。为学之人如果能够坚信良知，不被习气所扰乱，

便常做个羲皇已上人。"

便能一直做羲皇时代的人。"

注 释

❶ 羲皇世界：传说中的伏羲时代。　❷ 雍雍穆穆：和谐融洽的样子。

说 明

这段话的中心在最后一句，学者要"信得良知"，即要自信良知，信得过良知，千万不要被习气所扰乱。

【原 文】

　　薛尚谦①、邹谦之②、马子莘③、王汝止④侍坐，因叹先生自征宁藩⑤已来，天下谤议益众。请各言其故。有言先生功业势位日隆，天下忌之者日众；有言先生之学日明，故为宋儒争是非者亦日博；有言先生自南都以后，同志信从者日众，而四方排阻者日益力。

　　先生曰："诸君之言，信皆有之。但吾一段自知处，诸君俱未道及耳。"

　　诸友请问。

【译 文】

　　薛侃、邹守益、马明衡、王艮陪先生坐着，相互感叹自平定宁王之乱以来，天下诽谤议论先生的声音越来越多。先生就让大家谈谈其中的原因。有的说是先生的功业权势日益显赫，所以天下嫉妒的人越来越多；有的说是先生的良知学说日益昌明，所以替宋儒争辩的人越来越多；有的说是自正德九年南京讲学之后，尊崇先生的同道日益增多，所以天下排挤阻挠的人越来越卖力。

　　先生说："你们所说的原因，也许都可能存在。但我自己的一些感受，你们还是没有谈及。"

先生曰："我在南都⑥已前，尚有些子乡愿⑦的意思在。我今信得这良知真是真非，信手行去，更不着些覆藏。我今才做得个'狂者'⑧的胸次，使天下之人都说我'行不掩言'⑨也罢。"

尚谦出曰："信得此过，方是圣人的真血脉。"

大家向先生请教。

先生说："我在南京做官讲学之前，还有一些乡愿的表现。如今，我确信良知能够知道真是真非，便放手去做，再也不用遮掩。我现在终于有了一个'狂者'的胸襟，即便全天下的人都认为我'行不掩言'，也没关系。"

薛侃站起来说："能信得过这良知，才是真正的圣人血脉。"

注 释

❶ 薛尚谦：即薛侃，《传习录·上》"薛侃录"中已有文字介绍。　❷ 邹谦之：邹守益（1491—1562），字谦之，号东廓，江西安福人。　❸ 马子莘：马明衡（1491—1557），字子莘，福建莆田人。　❹ 王汝止：王艮（1483—1541），原名银，字汝止，号心斋，泰州安丰场（今江苏东台）人。正德十五年（1520）冬，往南昌拜访阳明而师从之。王阳明取《周易·艮卦》之义为他更名"艮"，字以"汝止"，并说："吾党今乃得一狂者！"王艮从学阳明八年之久，直到阳明殁后，才开门授徒，逐渐形成并发展起"泰州学派"。《明儒学案·师说》称："王门有心斋、龙溪，学皆尊悟，世称'二王'。心斋言悟虽超旷，不离师门宗旨。"《明儒学案·泰州学案》说："阳明先生之学，有泰州、龙溪而风行天下，亦因泰州、龙溪而渐失其传。"今有学者整理的《王艮全集》。　❺ 征宁藩：正德十四年（1519）六月，宁王朱宸濠在南昌起兵造反，而后王阳明组建义军平乱。　❻ 南都：正德九年（1514）四月至正德十一年（1516）九月，王阳明在南都任太仆寺卿。　❼ 乡愿：语出《论语·阳货》："子曰：'乡原，德之贼也。'"　❽ "狂者"：语出《论语》《孟子》。《论语·子路》："不得中行而与之，必也狂狷乎。狂者进取，狷者有所不为也。"《孟子·尽心下》："孔子在陈，何思鲁之狂士？"　❾ "行不掩言"：言与行不相符，这并不是说这个人言行不一致，说一套，做一套，而是行为不能达到言语表达要达到的程度。

说 明

　　嘉靖二年（1523）春，薛侃、邹守益、马明衡、王艮等来自各地的阳明弟子相聚于绍兴。众弟子对阳明先生自征宁藩以来，天下谤议益众的事由发表意见，有人说是功业势位日隆、天下忌之者众，有人说是阳明为学日明、为宋儒争是非者越来越多，有人说自南京以后、信从者日众而四方排阻者日益力。如此等等，阳明表示认可，同时也向众弟子袒露了自己自征战南赣、平定宁藩，进而经历"百死千难"体悟出"良知"本体之后的"狂者胸次"。在阳明这里，"真是真非"的良知就是行事的法则，依循发自"心体"的"良知"行事，就是孔子所说的"从心所欲不逾矩"。所以说，"信得良知过"，就是对儒家圣人真血脉的延续。

【原 文】

　　先生锻炼人处，一言之下，感人最深。一日，王汝止①出游归，先生问曰："游何见?"

　　对曰："见满街人都是圣人。"

　　先生曰："你看满街人是圣人，满街人到看你是圣人在。"

　　又一日，董萝石②出游而归，见先生曰："今日见一异事。"

　　先生曰："何异?"

　　对曰："见满街人都是圣人"。

　　先生曰："此亦常事耳，何足为异。"

【译 文】

　　阳明先生教育指点人时，一句话就能让人感切至深。有一天，王艮外出回来，先生问他："在外面看到了什么?"

　　王艮回答："我看到满街的人都是圣人。"

　　先生说："你看满街的人都是圣人，他们倒看你是圣人。"

　　又一天，董沄外出回来，对先生说："今天看到了一件怪事。"

　　先生说："什么怪事?"

　　董沄回答："我看到满街的人都是圣人。"

　　先生说："这不过是平常事，没什么好奇怪的。"

　　因为王艮锋芒毕露，董沄则只

盖汝止圭角③未融，萝石恍见有悟，故问同答异，皆反其言而进之。

洪④与黄正之⑤、张叔谦⑥、汝中⑦丙戌会试⑧归，为先生道："途中讲学，有信有不信。"

先生曰："你们拿一个圣人去与人讲学，人见圣人来，都怕走了，如何讲得行？须做得个愚夫愚妇，方可与人讲学。"

洪又言："今日要见人品高下最易。"

先生曰："何以见之？"

对曰："先生譬如泰山在前，有不知仰者，须是无目人。"

先生曰："泰山不如平地大，平地有何可见？"

先生一言翦⑨裁，剖破终年为外好高之病，在座者莫不悚惧。

是恍然有所领悟，所以问题相同而答案不一，先生都是针对他们的话去启发开导他们。

钱德洪、黄正之、张叔谦、王汝中于嘉靖五年丙戌（1526）从京师参加会试回来，对阳明先生说："途中讲学，有人相信有人不相信。"

先生说："你们扛着一个圣人去给别人讲学，人们看见圣人来了，都给吓跑了，怎么能讲得好呢？只有扮成一个愚夫笨妇，才能给别人讲学。"

钱德洪又说："如今很容易看出人品的高低。"

先生说："何以见得？"

钱德洪回答："先生您如同泰山在面前，如果不知道敬仰，就是没有眼珠的人。"

先生说："泰山没有平地广阔，平地又有什么值得仰望的？"

经过先生的一言点化，便破除了大家多年来好高骛远的弊病，在座的人无不悚然有惧。

注 释

❶ 王汝止：王艮。　❷ 董萝石：董沄（1457—1534），字复宗，号萝石，亦号从吾道人，又号白塔山人，明代浙江海盐人。一生学凡三变：初学为诗，独好吟咏；晚闻王阳明于越中讲良知心学，趋听数日，遂幡然就子弟列，时年六十八；阳明去世后，董沄究心释老。嘉靖三年（1524），董沄拜王阳明为师，因岁数大于己，阳明先是婉拒，董沄坚持侍从，阳明则许之以师友之间。同年十

月二十一日，王阳明登秦望山，下山之时董沄前来，遂同宿云门寺，并赋诗《嘉靖甲申冬二十一日再登秦望自弘治戊午登后二十七年矣将下适董萝石与二三子来复坐久之暮归同宿云门僧舍》。嘉靖四年（1525）秋，王阳明还与董沄偕登绍兴香炉峰，赋诗《登香炉峰次萝石韵》《观从吾登炉峰绝顶戏赠》。同时，还有广孝寺（云门寺）之游，董沄《题王著作先生语录后》云："余自嘉靖乙酉秋随侍先师游广孝寺，舟中闻先师云'以道自乐不知不愠者，其王蘋乎！'"暮秋，董沄离去，王阳明赋诗《书扇赠从吾》。是年，应董沄之请，王阳明还为其作文《从吾道人记》，落款"阳明山人王守仁书于第十一洞天之碧霞池上"。王阳明又为董沄《日省录》作批注，并有书函《答董沄萝石》。嘉靖五年（1526）三月，董沄从海宁又来绍兴侍从王阳明踏春赏景，王阳明赋诗《和董萝石菜花韵》。王阳明又有诗作《天泉楼夜坐和萝石韵》。四月一日，王阳明为董沄诗集《湖海集》作"序"，落款"时在丙戌孟夏朔日，阳明王守仁序"。十二月三十日，除夕夜，王阳明与董沄于风雪中守岁。董沄赋诗《丙戌除夕》，阳明次韵成《守岁诗（并序）》。董沄卒，阳明弟子许相卿撰《董先生墓志铭》，黄绾作《萝石翁传》。董沄著有《从吾道人语录》《从吾道人诗稿》《湖海集》等，今人编校为《董沄集》。　❸圭角：圭的棱角，喻为棱角分明，锋芒显露。　❹洪：本条语录记录者钱德洪。　❺黄正之：黄弘纲（1492—1561），字正之，号洛村，江西雩都人。正德十二年（1517）在赣州师从阳明，嘉靖初年又来绍兴侍从阳明，阳明病卒后又居守其家三年。《明儒学案·江右王门学案四》有传。　❻张叔谦：张元冲（1502—1563），字叔谦，号浮峰，浙江山阴（今绍兴）人。嘉靖二年（1523）左右于绍兴师从阳明，曾读书于浮峰，阳明为题"浮峰书室"。为学以真切纯笃著称，强调戒惧慎独，注重践履，王阳明也曾说："吾门不乏慧辨之士，至于真切纯笃，无如叔谦。"嘉靖十七年（1538）中进士。　❼汝中：王畿（1498—1583），字汝中，号龙溪，浙江山阴（今绍兴）人。年轻时豪迈不羁，嘉靖二年（1523）因会试不第，返乡受业于王阳明。嘉靖五年（1526）会试后未参加廷试而归乡，与钱德洪一同协助阳明指导后学，有"王门教授师"之称。为王阳明晚年最赏识的弟子之一。嘉靖八年（1529）赴京廷试途中闻阳明卒，与钱德洪奔广信料理丧事，服心丧三年。王畿也是本条语录记录者之一。　❽丙戌会试：嘉靖五年丙戌（1526）春在北京举行的礼部会试。　❾翦：同"剪"。

说明

这几段文字所言事件发生的时间在嘉靖五年（1526）。

王阳明教育学生，均是因势利导、因材成就，狂者就从狂处成就他，狷者就从狷处成就他。需要剪裁，就予以反言棒喝。

【原文】

癸未春①，邹谦之②来越问学，居数日，先生送别于浮峰③。

是夕，与希渊④诸友移舟宿延寿寺⑤，秉烛夜坐。先生慨怅不已，曰："江涛烟柳，故人倏在百里外矣。"

一友问曰："先生何念谦之之深也？"

先生曰："曾子所谓'以能问于不能，以多问于寡，有若无，实若虚，犯而不较'⑥，若谦之者，良近之矣。"

【译文】

嘉靖二年春，邹谦之转道来绍兴向阳明先生问学。住了几天后辞别，先生送行到浮峰。

当天晚上，先生与蔡希渊等人乘船到延寿寺留宿，大家秉烛夜坐。先生无限感慨，说道："江水奔腾，烟柳飘飞，谦之顷刻之间就在百里之外了。"

有位学友问："先生为什么这样牵挂谦之？"

先生说："曾子所说的'以能问于不能，以多问于寡，有若无，实若虚，犯而不校'，像谦之这样的人，就非常接近了。"

注释

❶ 癸未春：嘉靖二年（1523）春。　❷ 邹谦之：即邹守益。　❸ 浮峰：也叫牛头山、牛峰，山上产浮石，入水则浮，王阳明为其改名"浮峰"，在今浙江省绍兴市柯桥区的杨汛桥，是越中胜景之一。山上有寺，曰"牛峰寺"，这是王阳明告病归越和晚年居越期间与弟子、友人结社赋诗的重要场所，曰"浮峰诗

社"。嘉靖二年（1523）春，邹守益赴京途中转道绍兴拜会阳明，离去之时，王阳明、蔡宗兖等送别于浮峰；同年十一月，王阳明至萧山西兴渡口，迎致仕刑部尚书林俊来访，夜宿浮峰寺。　❹ 希渊：蔡宗兖，字希渊，浙江山阴人。王阳明早年弟子，正德二年（1507）秋浙江乡试中举后，师从阳明；正德十二年（1517）中进士，官至四川提学佥事。　❺ 延寿寺：位于绍兴杨汛桥仁里王村，距离浮峰不远。一种观点认为延寿寺始建于辽代，而另一种观点则认为建于元末明初。　❻ "以能问于不能，以多问于寡，有若无，实若虚，犯而不较"：语出《论语·泰伯》。

说 明

　　嘉靖二年（1523）正月，邹守益从江西安福出发至京师复职翰林院编修途中，转道绍兴拜会王阳明，停留月余；二月，邹守益离去，王阳明、蔡宗兖、王世瑞（王琥）等送别于浮峰，邹守益赋诗《侍阳明先生及蔡希渊王世瑞登浮峰书别》等。阳明则和诗《夜宿浮峰次谦之韵》《再游浮峰次韵》等。邹守益是王阳明"致良知"说在赣州提出时的在场者与见证人，故而王阳明对邹守益期望颇高。

【原 文】

　　丁亥年九月①，先生起复征思、田②。将命行时，德洪与汝中论学，汝中举先生教言曰："无善无恶是心之体，有善有恶是意之动，知善知恶是良知，为善去恶是格物。"

　　德洪曰："此意如何？"

　　汝中曰："此恐未是究竟话

【译 文】

　　嘉靖六年九月，阳明先生再次被朝廷起用，奉命讨伐广西思恩、田州的乱贼。出征启程的时候，钱德洪与王汝中探讨学问，汝中引用先生的话说："无善无恶是心之体，有善有恶是意之动，知善知恶是良知，为善去恶是格物。"

　　德洪说："你怎样理解？"

　　汝中说："这句话恐怕还没说完

头。若说心体是无善无恶，意亦是无善无恶的意，知亦是无善无恶的知，物是无善无恶的物矣。若说意有善恶，毕竟心体还有善恶在。"

德洪曰："心体是天命之性，原是无善无恶的，但人有习心，意念上见有善恶在。格致诚正修，此正是复那性体功夫。若原无善恶，功夫亦不消说矣。"

是夕，侍坐天泉桥③，各举请正。

先生曰："我今将行，正要你们来讲破此意。二君之见，正好相资为用，不可各执一边。我这里接人，原有此二种。利根之人，直从本源上悟入。人心本体，原是明莹无滞的，原是个未发之中。利根之人，一悟本体，即是功夫，人己内外，一齐俱透了。其次不免有习心在，本体受蔽，故且教在意念上实落为善去恶，功夫熟后，渣滓去得尽时，本体亦明尽了。汝中之见，是我这里接利根人的；德洪之见，是我这里为其

全透彻。如果说心的本体是无善无恶的，那么，意也应该是无善无恶的意，知也应该是无善无恶的知，物也应该是无善无恶的物。如果认为意有善有恶，那么心的本体便还有善恶存在。"

德洪说："心的本体是天所赋予的本性，原本是无善无恶的，但人有受到沾染习气的心，在意念上就有善恶。格物、致知、诚心、正意、修身，其正是要恢复那天性本体的功夫。如果意原本是无善无恶，那就不需要说功夫了。"

当天夜晚，两人陪同先生坐在天泉桥上，各自谈了自己的见解并向先生请教。

先生说："如今我将要远征，正想要给你们阐明这一点。你们两人的见解，正好可以相互补充，切不可各执一方。我这里开导人的方法，原本就有两种。资质特高的人，让他直接从本源上体悟。人心的本体，原本就是晶莹无滞的，是一个未发之中。资质特高的人，只要稍悟本体，也就是功夫了，他人与自我、内与外一切都贯通透彻了。资质较差的人，心难免受到习气的沾染，心的本体遭受蒙蔽，所以就教导他们从意念上实实在在为善除恶，待功夫纯熟后，心中的杂念彻底去除干净，心的本体也就明净了。汝中的见解，是我用来接引资

次立法的。二君相取为用，则中人上下，皆可引入于道。若各执一边，眼前便有失人，便于道体各有未尽。"

既而曰："已后与朋友讲学，切不可失了我的宗旨：'无善无恶是心之体，有善有恶是意之动，知善知恶的是良知，为善去恶是格物。'只依我这话头，随人指点，自没病痛。此原是彻上彻下功夫。利根之人，世亦难遇。本体功夫，一悟尽透，此颜子、明道④所不敢承当，岂可轻易望人？人有习心，不教他在良知上实用为善去恶功夫，只去悬空想个本体，一切事为俱不着实，不过养成一个虚寂。此个病痛，不是小小，不可不早说破。"

是日，德洪、汝中俱有省。

质特高的人；德洪的见解，是我用来接引资质较差的人。你们两人的观点互为补充借用，无论资质高、资质低的人，都可以引导入道。如果两位各执一词，在你们面前就会有许多人不能入道，就不能穷尽道体了。"

先生接着说："今后跟朋友们讲学，千万不可抛弃我的宗旨：'无善无恶是心之体，有善有恶是意之动，知善知恶的是良知，为善去恶是格物。'只要按照我的话，因人施教，便不会出现偏差。这原本是上下贯通的功夫。资质特高的人，世上很难发现。对本体功夫，一悟全透，就是颜回、程颢这样的人也不敢妄自尊大，怎能轻易期望他人呢？人有受到污染的心，如果不教导他们在良知上切实用为善除恶的功夫，只凭空思索心体，所有事都不切实地应对，只会养成一个虚空静寂的坏毛病。不可小看这个坏毛病，所以不能不提前向你们讲清楚。"

这一天，钱德洪与王汝中都有所得。

注 释

❶丁亥年九月：嘉靖六年（1527）九月。　❷征思、田：嘉靖六年五月，朝廷命王阳明兼都察院左都御史，总制两广、江西、湖广军务，至广西思恩、田州，征抚土司岑猛旧部卢苏、王受的叛乱。六月，阳明上疏请辞，不允。九

月初八白天，钱德洪、王畿访张元冲于舟中，因论阳明先生为学宗旨。当晚，钱德洪、王畿侍坐天泉桥，再与阳明辩论"四句教"宗旨。史称"天泉证道"。❸ 天泉桥：位于绍兴城内王阳明晚年居住的新建伯府外，今遗址尚存。　❹ 颜子、明道：孔子弟子颜回、北宋大儒程颢。

说　明

　　嘉靖六年（1527）九月八日，也就是56岁的王阳明出征两广前一天，其晚年最有名的两大弟子钱德洪、王畿访张元冲于舟中，因论阳明先生为学宗旨，围绕如何理解王门四句教"无善无恶是心之体，有善有恶是意之动，知善知恶是良知，为善去恶是格物"，产生了不同的看法。当时在如何理解"四句教"上，钱德洪基本上是恪守师说，认为"四句教"也就是"四有说"，实际上是"一无三有说"，是阳明先生教人的定本。王畿则认为，阳明所说只是权宜之法，并非"究竟话头"，若"心"是无善无恶的心，根据阳明心学"心意知物，只是一事"的说法，那么"意""知""物"也皆是无善无恶的了，是为"四无说"。"四句教"一般被后世学者认为是王阳明晚年"定论"，即阳明良知心学思想的高度概括和凝练总结，大意是说，人心之本体，晶莹纯洁、无善无恶；但意念一经产生，善恶也随之而来；能区分何为善、何为恶的这种能力，这就是"良知"的发用；而格物、正心的功夫，就是"为善去恶"。

　　当天（九月初八日）晚上，两人在王阳明绍兴居所也就是新建伯府外的天泉桥上，再次就"四句教"的教法与本义求证于阳明。阳明解释说，他的教法，本来有两种："四无说"一悟本体，即是功夫，是为上根人立教，但世间上根人不易得，若轻易用此教法，恐只养成一个虚寂；"四有说"则为中根以下人立教，因这类人有习心在，故要求在意念上用为善去恶的功夫，如果都用"四有说"，则上根人兼修中下，自无流弊。这天晚上阳明师徒之间在天泉桥上的这次谈话，被后人称为"天泉证道"。应该指出，根据阳明的说法，"四有说"（"一无三有说"）、"四无说"并行不悖，相资为用，不可"各执一边"。因为这两说只是针对教化不同的对象而已，前者是为中根以下人立教，后者为像王畿这般的上根人立教，但是"利根之人，世亦难遇"，这种教法也有落入禅佛式的"空想"与"虚寂"的弊端，理应提防。总之，在阳明这里，"四句教"就是他本人晚年的"定论"，"已后与朋友讲学，切不可失了我的宗旨"。

以上所述是钱德洪在自己最终编订的《传习录》确切说是《传习续录》中关于"天泉证道"的记载，《阳明先生年谱》"嘉靖六年九月条"中也有记录。王畿在《天泉证道记》一文中也有记载，但与钱德洪的记载略有差异。没有直接参与这次谈话的邹守益在《青原赠处》中也有类似的记载，但其中"无善无恶心之体"一句却记为"至善无恶者心"。而钱德洪在《复杨斛山》的一封书信中，又用"无善无恶"与"至善至恶"来描述"人之心体"。今人束景南根据朱得之的《稽山承语》考证出，嘉靖五年（1526）春，王阳明在与门人杨文澄的师生答问中首揭"王门四句教"（束景南：《王阳明："心"的救赎之路》，复旦大学出版社2020年版，第467~468页），朱得之《稽山承语》中予以记录："杨文澄问：'意有善恶，诚之将何稽？'师曰：'无善无恶者心也，有善有恶者意也，知善知恶者良知也，为善去恶者格物也。'曰：'意固有善恶乎？'曰：'意者心之发，本自有善而无恶，惟动于私欲而后有恶也。惟良知自知之，故学问之要曰致良知。'"[束景南、查明昊辑编：《王阳明全集补编》（增补本：简体版），上海古籍出版社2024年版，第408页]

实则，无论阳明在世时，还是阳明去世后，"四句教"一直是聚讼不已的"学术公案"。万历年间，周汝登、许孚远在南京有《九谛》《九解》之辩。明末东林学者顾宪成反对王阳明的"无善无恶心之体"说，刘宗周、黄宗羲师徒更是认定"四句教"非阳明所说，而是钱德洪、王畿的记载，还指出"四句教"文本本身即存在矛盾。王夫之则批评王阳明"天泉付法，止依北秀（神秀）、南能（惠能）一转语作葫芦样"，阳明的教法是模仿禅宗。清初学者颜元、张烈也是批评"四句教"的。

［钱德洪附记］①

【原文】

先生初归越时，朋友踪迹尚寥落，既后四方来游者日进。

【译文】

先生初回绍兴时，前来拜访的朋友还不多，后来，四方来问学的人与癸未年②已后，环先生而居者比屋，如天妃③、光相④诸刹，每当一室，常合食者数十人，夜无卧处，更相就席，歌声彻昏旦。南镇、禹穴、阳明洞⑤诸山，远近寺刹，徙足所到，无非同志游寓所在。先生每临讲座，前后左右环坐而听者，常不下数百人。送往迎来，月无虚日，至有在侍更岁，不能遍记其姓名者。每临别，先生常叹曰："君等虽别，不出在天地间。苟同此志，吾亦可以忘形似矣。"诸生每听讲出门，未尝不跳跃称快。尝闻之同门先辈曰："南都以前，朋友从游者虽众，未有如在越之盛者。"此虽讲学日久，孚信渐博，要亦先生之学日进，感召之机，申变无方⑥，亦自有不同也。

此后黄以方录

日俱增。嘉靖二年（1523）以后，在先生周围居住的来访者更多，如在天妃、光相等寺庙中，每间屋里经常是几十人在一起吃饭，晚上没有睡觉的地方，就轮流睡觉，歌声通宵达旦。在南镇、禹穴、阳明洞等会稽山中的寺庙里，不管远近，只要人能到达的地方，都有求学的人在居住。先生每次讲学，前后左右四周的听众，常常不下数百人。一个月中没有一天不迎来送往的，甚至有人听讲了一年多，先生还不能完全记住他的姓名。每当告别时，先生常感叹说："你们虽然告别了，但还在天地之间。只要我们有着共同的志向，我不记得你们的容貌又有什么关系。"学生每次听完先生讲学，出门时无不欢呼雀跃。我曾听同门师兄说："在南京讲学以前，问学的朋友虽不少，但比不上在绍兴的那么多。"这固然因为先生讲学的时间长了，获得的信任也就多，但关键还是先生的学问日益精进，感召学生的机会和开导学生的方法，也各有不同。

以下由黄以方记录

注　释

❶［钱德洪附记］五字不见于《王文成公全书》本《传习录》，系本书编者添加。　❷癸未年：嘉靖二年（1523）。　❸天妃：绍兴府山阴县的天妃宫、天

妃庙，距离王阳明新建伯府不远，据《康熙山阴县志》记载，天妃庙在光相桥西。　❹ 光相：光相桥、光相坊位于绍兴府山阴县西北隅，系王华在绍兴居住所在地。正德二年（1507）冬，王华致仕后，即迁居绍兴。《姚江王氏宗谱·赠吏部尚书龙山先生传》载："逆瑾窃柄，士大夫争奔走其门，（王华）先生独不往，瑾衔之，出为南京吏部尚书，推寻礼部旧事，勒令致仕，即归，卜居山阴光相桥。"光相坊附近有其"光相寺"，为阳明晚年在越地讲学期间，容纳门人的场所之一。钱德洪《刻文录叙说》记载有其"觅光相僧房，闭门凝神净虑"的静坐入道场景。嘉靖十一年（1532），光相寺改建为越王祠。　❺ 南镇、禹穴、阳明洞：均位于绍兴城东南二十里的宛委山、会稽山一带，南镇庙、大禹陵、阳明洞，三地相距不远。　❻ 申变无方：水西精舍本、胡宗宪本《传习录》无此四字。

说明

　　这是钱德洪记录下来的王阳明晚年在越地讲学的生动场景。阳明学的传播能力，一方面依赖于王阳明独特的人格魅力与契理契机的"传道受业解惑"方式，另一方面是阳明心学自身的理论自洽性与思想体系的完整性。

黄以方录

解题

　　黄以方，即是上文的"黄直"，系江西金溪人。《王文成公全书》本《传习录·下》"黄直录""黄以方录"，明显为一人所录，理应合并在一起。或许是《续传习录》以及署名"门人金溪黄直纂辑、门人泰和曾才汉校辑""门人余姚钱德洪纂辑、门人泰和曾才汉校辑"的两卷本《阳明先生遗言录》，成书于众人之手，再加上《传习录》汇编、成书过程漫长且繁琐，造成了《王文成公全书》本《传习录·下》"黄直录""黄以方录"分离，且"黄以方录"中还夹杂有"钱德洪录"的阳明语录。最新研究表明，《王文成公全书》本《传习录·下》中，署名"黄以方录"的27条阳明语录中，仅有10条语录为"黄以方录"，另有2条为"黄省曾录"；另外15条皆是"钱德洪录"。

为保持《王文成公全书》本《传习录·下》原貌，本书对"黄直录""黄以方录"不予合并，对"黄以方录""钱德洪录""黄省曾录"亦不作剥离，但以［钱德洪录］［黄省曾录］形式予以编目，以示区分。

【原文】

黄以方问："'博学于文'①，为随事学存此天理②，然则谓'行有余力，则以学文'③，其说似不相合？"

先生曰："《诗》《书》六艺，皆是天理之发见，文字都包在其中。考之《诗》、《书》、六艺，皆所以学存此天理也，不特发见于事为者方为文耳。'余力学文'，亦只'博学于文'中事。"

或问"学而不思"二句④。

曰："此亦有为而言，其实，'思'即'学'也。学有所疑，便须思之。'思而不学'者，盖有此等人，只悬空去思，要想出一个道理，却不在身心上实用其力，以学存此天理，

【译文】

黄以方（黄直）问："先生主张'博学于文'，是要人在遇到的事情上学习存养天理，然而，孔子讲的'行有余力，则以学文'，与先生的见解好像不一致？"

先生说："《诗》《书》等六经，都是天理的显现，文字都包含在其中了。考究《诗》《书》等六经，都是为了学会存养天理，并不是说显现在事情上的才称之为文。'余力学文'，也就是'博学于文'之中的事。"

有人向先生请教《论语》中"学而不思则罔，思而不学则殆"两句话。

先生说："孔子说这两句话是有针对性而言的，实际上，'思'就是'学'。学习有了疑问，就要去思考。'思而不学'的人，只是漫无边际地思考，想要思索出一个道理来，却不在自己的身心上切实用功，学习存养天理，把'思'与'学'分成两件

'思'与'学'作两事做，故有'罔'与'殆'之病。其实，思只是思其所学，原非两事也。"

事来做，所以才会有'罔'和'殆'的弊端。说穿了，思也只是思其所学的，本来就不是两回事。"

注 释

❶"博学于文"：语出《论语·雍也》："子曰：'君子博学于文，约之以礼，亦可以弗畔矣夫。'"　❷"博学于文"，为随事学存此天理：见《传习录·上》"徐爱录"。　❸"行有余力，则以学文"：语出《论语·学而》："子曰：'弟子入则孝，出则弟，谨而信，泛爱众，而亲仁。行有余力，则以学文。'"　❹"学而不思"二句：语出《论语·为政》："学而不思则罔，思而不学则殆。"

说 明

正德十五、十六年间（1520—1521），黄以方至南昌侍从王阳明，其间拜读了正德十三年（1518）赣州刻本《传习录》"徐爱录""'博学于文'，为随事学存此天理"云云，进而向阳明请教《论语》中的"博学于文"与"行有余力，则以学文"及"学"与"思"之间的关系问题。

【原 文】

先生曰："先儒解'格物'为'格天下之物'①，天下之物如何格得？且谓'一草一木亦皆有理'②，今如何去格？纵格得草木来，如何反来'诚'得自家

【译 文】

先生说："程、朱认为'格物'就是'格天下之物'，天下那么多的事物如何去格尽呢？比如'一草一木亦皆有理'，如今要怎么去格呢？草木即便能格，又怎样让它反过来'诚'得自家的'意'

‘意’？我解‘格’作‘正’字义，‘物’作‘事’字义。《大学》之所谓‘身’，即耳、目、口、鼻、四肢是也。欲修身，便是要目‘非礼勿视’，耳‘非礼勿听’，口‘非礼勿言’，四肢‘非礼勿动’③。要修这个身，身上如何用得功夫？心者，身之主宰。目虽视，而所以视者，心也；耳虽听，而所以听者，心也；口与四肢虽言动，而所以言动者，心也。故欲修身，在于体当自家心体，常令廓然大公④，无有些子不正处。主宰一正，则发窍于目，自无非礼之视；发窍于耳，自无非礼之听；发窍于口与四肢，自无非礼之言动，此便是‘修身在正其心’⑤。然至善者，心之本体也，心之本体，那有不善？如今要正心，本体上何处用得工？必就心之发动处才可着力也。心之发动不能无不善，故须就此处着力，便是‘在诚意’。如一念发在好善上，便实实落落去好善；一念发在恶恶上，便实实落落去恶恶。意之所发，既无不诚，则其

呢？我认为‘格’就是‘正’，‘物’就是‘事’。《大学》所说的‘身’，就是指人的耳、目、口、鼻以及四肢。如果想要修身，就要做到，眼睛‘非礼勿视’，耳朵‘非礼勿听’，嘴巴‘非礼勿言’，四肢‘非礼勿动’。要修养这个身，怎么在身上下功夫呢？心是身的主宰。眼睛虽然能看，但让眼睛能看到的是心；耳朵虽然能听，但让耳朵能听到的是心；嘴巴与四肢虽然能言能动，但让嘴巴与四肢能言能动的是心。所以，想要修身，就应该到自己心体上去领悟体会，时常保持心体的廓然大公，没有丝毫不中正的地方。身的主宰中正了，表现在眼睛上，自然不合于礼的不看；表现在耳朵上，自然不合于礼的不听；表现在嘴巴和四肢上，自然不合于礼的不言不行。这就是《大学》的‘修身在正其心’。但是，至善是心的本体，心的本体怎么会有不善？现在要正心，怎么在本体上用功呢？所以必须在心的发动之处用功方可。心的发动，不可能没有不善的，所以必须在此处用功，这就是‘在诚意’。如果一念发动在好善上，就切实地去好善；一念发动在憎恶上，就切实地去憎恶。意念所产生的地方既然没有不诚的，那么本体

本体如何有不正的，故‘欲正其心在诚意’⑥。工夫到诚意，始有着落处；然诚意之本，又在于‘致知’也。所谓‘人虽不知而己所独知’⑦者，此正是吾心良知处。然知得善，却不依这个良知便做去；知得不善，却不依这个良知便不去做，则这个良知便遮蔽了，是不能‘致知’也。吾心良知既不能扩充到底，则善虽知好，不能着实好了；恶虽知恶，不能着实恶了，如何得意诚？故‘致知’者，意诚之本也。然亦不是悬空的‘致知’，‘致知’在实事上格。如意在于为善，便就这件事上去为；意在于去恶，便就这件事上去不为。去恶固是格不正以归于正；为善则不善正了，亦是格不正以归于正也。如此，则吾心良知无私欲蔽了，得以致其极，而意之所发，好善去恶，无有不诚矣。诚意工夫实下手处，在‘格物’也。若如此‘格物’，人人便做得。‘人皆可以为尧舜’⑧，正在此也。”

怎么会有不正的？所以‘欲正其心在诚意’。工夫用到诚意上，才有了着落的地方；但诚意的根本，表现在‘致知’上。所谓‘人虽不知而己所独知’，正是我们心中良知的所在。然而知道善，却不遵循这个良知去做；知道不善，却不遵循这个良知不去做，这个良知便被蒙蔽了，就不能‘致知’。我们心中的良知既然不能完全扩充到底，即便知道好善，也不能切实去喜欢；即便知道憎恶，也不能切实地憎恨，怎能使得意念真诚呢？所以，‘致知’是诚意的根本所在。然而，并不是凭空去‘致知’，‘致知’要在实事上格。比如意在行善上，就从这件事上做；意在去恶上，就从这件事上不去做。去恶固然是格去不正的念头，使其归于正；从善则是不善的得到纠正，也是格去不正的念头，使其归于正。这样，我们心中的良知就不被私欲蒙蔽，可以扩充到极限，好善去恶意念的产生，便没有不诚的了。‘格物’就是诚意功夫的切实下手之处。如果这样‘格物’，人人都能做到。《孟子》所谓的‘人皆可以为尧舜’，正是这个意思。”

注 释

❶ 先儒解"格物"为"格天下之物"：语本朱熹《大学章句》"格物补传"："是以《大学》始教，必使学者即凡天下之物，莫不因其已知之理而益穷之，以求至乎其极。"　❷ "一草一木亦皆有理"：语本《二程遗书》卷十八："求之性情，固是切于身，然一草一木皆有理，须是察。"《朱子语类》卷十五："问：'格物须合内外始得？'曰：'他内外未尝不合。自家知得物之理如此，则因其理之自然而应之，便见合内外之理。目前事事物物，皆有至理。如一草一木，一禽一兽，皆有理。'"　❸ "非礼勿视""非礼勿听""非礼勿言""非礼勿动"：语出《论语·颜渊》。　❹ 廓然大公：语出程颢《定性书》，指人们彻底清除私欲，虚怀若谷，只有纯然的天理、良知为之主宰的一种最高的道。　❺ "修身在正其心"：语出《大学》。　❻ "欲正其心在诚意"：语出《大学》："欲正其心者，先诚其意。"　❼ "人虽不知而己所独知"：语出朱熹《大学章句》《中庸章句》。　❽ "人皆可以为尧舜"：语出《孟子·告子下》。

说 明

这是王阳明有别于程朱，对《大学》"格物""致知""诚意""正心"及其相互关系的解读，从而构成了阳明心学的修身功夫论系统。要特别注意的是，正德十五年秋王阳明提出"致良知"说后，"致知"的地位优于"诚意"。因为在此之前，王阳明以为"《大学》之要，诚意而已矣"。在正德十六年"黄以方录"的这条语录中，王阳明故而有"'致知'者，意诚之本也"的提法。

【原文】

先生曰："众人只说'格物'要依晦翁①，何曾把他的说去用？我着实曾用来。初年②，

【译文】

先生说："世人都认为'格物'要遵循朱子的教诲，但他们又何尝切实把朱子的学说付诸实践？我却实实

与钱友③同论做圣贤要格天下之物，如今安得这等大的力量？因指亭前竹子，令去格看。钱子早夜去穷格竹子的道理，竭其心思，至于三日，便致劳神成疾。当初说他这是精力不足，某因自去穷格，早夜不得其理，到七日，亦以劳思致疾，遂相与叹圣贤是做不得的，无他大力量去格物了。及在夷中三年④，颇见得此意思，乃知天下之物，本无可格者。其格物之功，只在身心上做。决然以圣人为人人可到，便自有担当了。这等意思，却要说与诸公知道。"

在在地践履过。早年，我跟一位姓钱的朋友探讨做圣贤要格天下之物，但哪能有那么大的力量呢？我就指着亭前的竹子，让他去格。他从早到晚去穷格竹子的道理，费神伤力，到了第三天，便因过度劳累而生病。当时我认为他精力不足，就自己去格竹，从早到晚地格，也不能明白竹子的理，到了第七天，也因劳神过度而病倒了，于是我们互相感慨地说，圣贤是做不成的，因为没有圣贤那么大的力量去格物。后来，我在贵州龙场待了三年，对格物的道理深有体会，才明白天下的事物本来就没有什么可格的。格物的功夫，只需要在自己的身心上做。我坚信人人都可做到圣人，于是就有了一种责任感。这个道理，应该让各位知道。"

注释

❶ 晦翁：朱熹（1130—1200），字元晦，又字仲晦，号晦庵，晚称晦翁，谥文，世称朱文公。　❷ 初年：明成化二十二、二十三年（1486、1487），王阳明十五六岁时，详见曾才汉纂《阳明先生遗言录》。　❸ 钱友：指一位钱姓友人。❹ 夷中三年：指正德二年至正德四年王阳明在贵州龙场驿任驿丞的三个年头。

说　明

　　早年的王阳明也是朱子学的忠实信徒，以"即物穷理"为依据进行着"格物致知"的实验。把"物"当作具体的事物，对着亭前竹子，去"格"竹中之"理"。无论是钱姓友人的三天格竹，还是王阳明本人的七天格竹，均以劳神成疾、劳思致疾的下场而结束。根据阳明弟子曾才汉纂《阳明先生遗言录》的记载，王阳明"格竹事件"发生在十五六岁时："（阳明）先生云：'某十五六岁时，便有志圣人之道，但于先儒格致之说若无所入，一向姑放下了。一日寓书斋，对数茎竹，要去格他理之所以然，茫然无可得。遂深思数日，卒遇危疾，几至不起。乃疑圣人之道恐非吾分所及，且随时去学科举之业。'"尽管有人说，这是少年阳明对朱子"格物穷理"说的"误解"；但是王阳明坚信自己对古本《大学》的看法，在经历夷中三年尤其"龙场悟道"的经历之后，得出与朱子相反的"成圣"路数：一是"天下之物，本无可格者"；二是"格物之功，只在身心上做"；三是"圣人为人人可到，便自有担当了"。这就是阳明心学的理论特质，也是"龙场悟道"所"悟"之"道"的核心要义。

【原文】

　　门人有言邵端峰^①论童子不能格物，只教以洒扫应对之说。

　　先生曰："洒扫应对，就是一件'物'。童子良知只到此，便教去洒扫应对，就是致他这一点良知了。又如童子知畏先生长者，此亦是他良知处。故虽嬉戏中，见了先生长者，便去作揖恭敬，是他能格物以致敬师长之良知了。童子自有童子的格物致知。"

【译文】

　　弟子中有人说，邵端峰认为儿童不能格物，只需要教给他们洒水扫地、酬答宾客的道理就可以。

　　先生说："洒水扫地、酬答宾客，本身就是一'物'。由于儿童的良知只到这个程度，所以教他洒水扫地、酬答宾客，就是致他的那点良知了。又比如儿童懂得敬畏师长，也是他的良知所在。所以即便儿童在嬉闹时看到了师长，依然会作揖以表恭敬，这就是他能格物以致尊敬师长的良知。儿童自然有儿又曰："我这里言格物，自童子以至圣人，皆是此等工夫。但圣人格物，便更熟得些子，不消费力。如此格物，虽卖柴人亦是做得，虽公卿大夫以至天子，皆是如此做。"

童的格物致知。"

先生接着说："我这里所说的格物，从儿童到圣人，都是这样的工夫。只是圣人格物的功夫更纯熟一些，不用费力。这样的格物，即使是卖柴的人也能做到，乃至公卿大夫甚至是皇上，也都能这样做。"

注　释

❶邵端峰：邵锐（1480—?），字思仰，号端峰，别号半溪，浙江仁和（今杭州市余杭区）人。正德三年（1508）会元、进士，授翰林，又改任翰林院庶吉士。后上疏请辞，以父丧归里。复出后历任宁国府推官、南京吏部主事、礼部员外郎。正德十五年（1520）为江西督学佥事，后历任福建提学副使、湖广参政、河南按察使，广东、山东布政使及太仆寺卿等职。嘉靖二十五年（1546）十二月，因病请归。卒时，"橐仅数金，田不及百亩"，还谆谆告诫其子，"切勿向他人求"。朝论以为清廉，诏赠右副都御史，谥康僖。著有《端峰存稿》。

说　明

正德十六年（1521），浙江仁和人邵锐任江西督学佥事；时王阳明在平定宁藩叛乱后，在南昌宣讲致良知心学。有别于学宗程朱理学的邵锐的"童子不能格物"论，在阳明这里，无论童子、卖柴人，还是圣人、公卿大夫、天子，都可在"格物"即"诚意""正心"过程中，"致"得各自心中的"良知"。

【原文】

或疑知行不合一，以"知之匪艰"二句①为问。

先生曰："良知自知，原是容易的。只是不能致那良知，便是'知之匪艰，行之惟艰'。"

【译文】

有位弟子认为知行不能合一，向先生请教"知之匪艰，行之惟艰"。

先生说："良知自然能知，本来很简单。只是因为不能致这个良知，所以就有了'知之匪艰，行之惟艰'的说法。"

注 释

❶"知之匪艰"二句：语本《尚书·说命中》："非知之艰，行之惟艰。"匪，通"非"。

说 明

"良知"是"知"，是知道自己拥有的一种道德直觉与判断力，原本是简易直接的，问题在于人们不肯也不能去"致良知"，这就是《尚书》中所说的"非知之艰，行之惟艰"。所以，王阳明的"致良知"也就是"知行合一"。

【原文】

门人问曰："知行如何得合一？且如《中庸》言'博学之'，又说个'笃行之'①，分明知行是两件？"

【译文】

有弟子问："知行如何能合一？比如《中庸》讲'博学之'，又讲'笃行之'，分明是把知行当成两件事看。"

先生曰:"'博学',只是事事学存此天理;'笃行',只是学之不已之意。"

又问:"《易》'学以聚之',又言'仁以行之'②,此是如何?"

先生曰:"也是如此。事事去学存此天理,则此心更无放失时,故曰'学以聚之';然常常学存此天理,更无私欲间断,此即是此心不息处,故曰'仁以行之'。"

又问:"孔子言'知及之,仁不能守之'③,知行却是两个了。"

先生曰:"说'及之',已是行了;但不能常常行,已为私欲间断,便是'仁不能守'。"

又问:"'心即理'之说,程子云'在物为理'④,如何谓'心即理'?"

先生曰:"'在物为理','在'字上当添一'心'字,此心在物则为理。如此心在事父则为孝,在事君则为忠之类。"

先生因谓之曰:"诸君要识得我立言宗旨。我如今说个'心

先生说:"'博学'只是在每件事上都学会存养天理;'笃行',也只是指学而不辍的意思。"

弟子又问:"《易传》不仅说'学以聚之',又说'仁以行之',这是为什么?"

先生说:"也是这样。如果在每件事上都去学会存养天理,那么这个心就没有放纵的时候,所以说'学以聚之';然而,经常存养天理,又没有任何私欲可以把它间断,这就是心体生生不息的地方,所以说'仁以行之'。"

弟子又问:"孔子在《论语》中说:'知及之,仁不能守之',知与行就成了两件事。"

先生说:"谈到'及之',就已经是行了;但是不能一直常行不停,已被私欲阻隔了,也就是'仁不能守'。"

弟子又问:"先生您认为'心即理',而程颐认为'在物为理',怎么说'心即理'呢?"

先生说:"'在物为理'的'在'字前面应当添加一个'心'字,这心在物上就是理。比如这个心在事父上就是孝,在事君上就是忠,等等。"

先生因此又说:"各位要知道我立论的宗旨。我现在为什么说'心即理'呢?只是因为世人将心

即理'是如何？只为世人分心与理为二，故便有许多病痛。如五伯攘夷狄、尊周室，都是一团私心，便不当理。人却说他做得当理，只心有未纯，往往悦慕其所为，要来外面做得好看，却与心全不相干。分心与理为二，其流至于伯道之伪而不自知。故我说个'心即理'，要使知心、理是一个，便来心上做工夫，不去袭义于外，便是王道之真。此我立言宗旨。"

又问："圣贤言语许多，如何却要打做一个？"

曰："我不是要打做一个。如曰'夫道，一而已矣'⑤，又曰'其为物不二，则其生物不测'⑥。天地圣人皆是一个，如何二得？"

与理分而为二，就会有许多弊端。比如春秋五霸攻击夷狄，尊崇周王室，都是为了一己私心，就不合乎天理。但人们却说他们做得合乎天理，这只是世人的心不够明净，对他们的行为往往羡慕，只求外表上的荣耀，实则与自己的内心毫无关系。把心和理分开为二，结局就是陷入虚伪的霸道而自己却还不明白。所以我说个'心即理'。要让人们明白心和理只是一个，只要在心上用工夫，而不到心外去寻求义理，这才是王道的真谛。这就是我立论的宗旨。"

弟子又问："圣人的言论不计其数，为什么要概括成一个道理呢？"

先生说："并不是我坚决把它概括成一个道理。比如《孟子》说'夫道，一而已矣'，《中庸》也说'其为物不二，则其生物不测。'天地圣人都是一个，如何能分开为二呢？"

注 释

❶"博学之""笃行之"：语本《中庸》："博学之，审问之，慎思之，明辨之，笃行之。有弗学，学之弗能，弗措也；有弗问，问之弗知，弗措也；有弗思，思之弗得，弗措也；有弗辨，辨之弗明，弗措也；有弗行，行之弗笃，弗措也。人一能之，己百；人十能之，己千之。果能此道矣，虽愚必明，虽柔必强。"　❷"学以聚之""仁以行之"：语出《周易·乾卦·文言传》："君子学以聚之，问以辨之，宽以居之，仁以行之。"　❸"知及之，仁不能守之"：语出

《论语·卫灵公》："子曰：'知及之，仁不能守之，虽得之，必失之。知及之，仁能守之，不庄以莅之，则民不敬。知及之，仁能守之，庄以莅之，动之不以礼，未善也。'""知及之，仁能守之"，也是王阳明的名字"守仁"的经典出处。 ❹ 程子云"在物为理"：语出《二程粹言》："或问：'理义何以异？'子曰：'在物为理，处物为义。'" ❺ "夫道，一而已矣"：语出《孟子·滕文公上》。 ❻ "其为物不二，则其生物不测"：语出《中庸》："如此者，不见而章，不动而变，无为而成。天地之道，可一言而尽也：其为物不二，则其生物不测。"

说 明

王阳明通过对《中庸》《周易》《论语》中的"学""行"关系的解读，来讲述"知行合一"的由来。同时，通过对二程"在物为理"的批判，揭示出自己"心即理"的"立言宗旨"。

【原文】

"心不是一块血肉，凡知觉处便是心。如耳目之知视听，手足之知痛痒，此知觉便是心也。"

【译文】

（先生说：）"心并不是指那一团血肉器官，只要是有知觉的地方就是心。比如耳朵、眼睛知道去听、去看，手脚知道痛痒，这个知觉就是心。"

说 明

在中国哲学范畴中，"心"有三种含义，一是物质的肉体之心，二是具有意识或思维功能的能思之心，三是道德义理之心或曰道德本心。在阳明心学中，"心"当然属于具有道德直觉、道德判断力的知善知恶、为善去恶的"心体"或"良知"，也就是道德本心。

【原文】

以方问曰："先生之说'格物'，凡《中庸》之'慎独'①，及'集义'②'博约'③等说，皆为'格物'之事。"

先生曰："非也。'格物'，即'慎独'，即'戒惧'④。至于'集义''博约'，工夫只一般，不是以那数件都做'格物'底事。"

【译文】

黄以方问："先生您的'格物'观点，是不是将《中庸》所说的'慎独'、《孟子》所说的'集义'、《论语》所说的'博约'等观点，都看成'格物'之事？"

先生说："不是的。'格物'就是'慎独'，就是'戒慎恐惧'。至于'集义''博约'，只是一般的工夫，并不能说它是'格物'的事情。"

注 释

❶"慎独"：语见《中庸》："故君子慎其独也。"也见《大学》："所谓诚其意者：毋自欺也，如恶恶臭，如好好色，此之谓自谦，故君子必慎其独也！小人闲居为不善，无所不至，见君子而后厌然，掩其不善，而著其善。人之视己，如见其肺肝然，则何益矣。此谓诚于中，形于外，故君子必慎其独也。"　❷"集义"：意思是积善，谓行事合乎道义，语出《孟子·公孙丑上》："其为气也……是集义所生者，非义袭而取之也。"　❸"博约"："博文约礼"的简称，意思是广求学问，恪守礼法，语出《论语·雍也》："子曰：'君子博学于文，约之以礼，亦可以弗畔矣夫。'"　❹"戒惧"："戒慎恐惧"的简称，语出《中庸》："道也者，不可须臾离也，可离非道也。是故君子戒慎乎其所不睹，恐惧乎其所不闻。莫见乎隐，莫显乎微，故君子慎其独也。"

说 明

在阳明学这里，《大学》中的"格物"与《中庸》中的"慎独""戒慎恐惧"是同一序列的功夫，而《孟子》所说的"集义"、《论语》所说的"博约"则是一般意义上的工夫。

【原　文】

以方问"尊德性"一条①。

先生曰："'道问学'，即所以'尊德性'也。晦翁言'子静以尊德性诲人，某教人，岂不是道问学处多了些子'②，是分'尊德性''道问学'作两件。且如今讲习讨论，下许多工夫，无非只是存此心，不失其德性而已。岂有'尊德性'只空空去'尊'，更不去'问学'？'问学'只是空空去'问学'，更与'德性'无关涉？如此，则不知今之所以讲习讨论者，更学何事？"

问"致广大"二句③。

曰："'尽精微'，即所以'致广大'也；'道中庸'，即所以'极高明'也。盖心之本体，自是广大底，人不能'尽精微'，

【译　文】

黄以方向先生请教《中庸》的"尊德性而道问学"。

先生说："'道问学'就是为了'尊德性'。朱子认为，'子静（陆九渊）以尊德性诲人，某教人，岂不是道问学处多了些子'，他的看法就是把'尊德性'与'道问学'看成两件事。现在我们讲习讨论，下了不少工夫，只不过是要存养此心，使自己不丧失德性而已。'尊德性'，怎么能只是空洞地'尊'，而不再去'问学'了呢？'问学'，又怎么能只是空洞地去'问学'，而与'德性'再无任何关系呢？果真如此，就不知道我们今天的讲习讨论，究竟学的是什么东西？"

黄以方又向先生请教"致广大而尽精微，极高明而道中庸"。

先生说："'尽精微'，就是为了'致广大'；'道中庸'，就是为了'极高明'。因为心的本体原本是广大的，人如果不能'尽精微'，就会

则便为私欲所蔽，有不胜其小者
矣。故能细微曲折，无所不尽，
则私意不足以蔽之，自无许多障
碍遮隔处，如何广大不致？"

又问："精微还是念虑之精
微，是事理之精微？"

曰："念虑之精微，即事理
之精微也。"

受私欲蒙蔽，在细微之处战胜不了
私欲。所以能在细微曲折的地方穷
尽精微，私欲就不能蒙蔽心的本体，
自然没有那么多的障碍与阻隔，心
体又怎能不致达广大呢？"

又问："精微究竟是指意念思虑
的精微，还是指事物道理的精微？"

先生说："意念思虑的精微，就
是事物道理的精微。"

注 释

❶ "尊德性" 一条：语出《中庸》："君子尊德性而道问学。"　❷ 晦翁言
"子静以尊德性诲人，某教人，岂不是道问学处多了些子"：语出《象山语录》：
"朱元晦曾作书与学者云：'陆子静专以尊德性诲人，故游其门者多践履之士，
然于道问学处欠了。某教人，岂不是道问学处多了些子？故游某之门者践履多
不及之。' 观此，则是元晦欲去两短、合两长，然吾以为不可，既不知尊德性，
焉有所谓道问学？"　❸ "致广大" 二句：语出《中庸》："致广大而尽精微，极
高明而道中庸。"

说 明

这是王阳明对《中庸》"君子尊德性而道问学，致广大而尽精微，极高明而
道中庸" 句的疏解。在阳明心学这里，"尊德性" "道问学" 是一事，"尽精微"
即所以 "致广大"，"道中庸" 即所以 "极高明"，念虑之 "精微" 即事理之
"精微"。这集中体现了以 "良知" 为主导的阳明心学功夫论的简易性、一贯性
和合一性。

【原　文】

先生曰："今之论性者，纷纷异同，皆是说性，非见性①也。见性者，无异同之可言矣。"

【译　文】

先生说："现在探讨人性的人，都在激烈争论着异同，他们全在说性，却没有真正洞见性体。真正洞见性体的人，就根本不会去争辩什么异同的。"

注　释

❶ 见性：原为佛教术语，指悟见清净的佛性。王阳明这里的"见性"借用佛教的用法，"见"并非闻见，而是经由心上体认而获得的一种洞见、彻见，即洞见、彻见自家原本所具有的"良知"。

说　明

这是王阳明的人性论，他反对争论人性善恶是非的"说性"之举，主张通过"致良知"这一本体功夫的践履来"见性"，即洞见自家的"性体"，这个"性体"就是"心体"、就是"良知"、就是"天理"。人人皆可洞见到"良知"，"良知"只是一个，人性也就没有什么异同可以去争论了。

［钱德洪录］①

【原　文】

问："声色货利，恐良知亦不能无？"

先生曰："固然。但初学

【译　文】

问："恐怕良知里也不能没有声、色、货、利吧？"

先生说："当然啦！但就初学用工的

用工，却须扫除荡涤，勿使留积，则适然②来遇，始不为累，自然顺而应之。良知只在声色货利上用工，能致得良知精精明明，毫发无蔽，则声色货利之交，无非天则③流行矣。"

时候而言，一定要将其荡涤去除干净，不可让一丝一毫的声、色、货、利留存在心中，这样，偶尔碰到声、色、货、利，才不会成为负担，自然会去遵循良知去应对。致良知只在声、色、货、利上着实用工，如果能将良知致得精细明白，没有一丝一毫蒙蔽，即便与声、色、货、利打交道，也无非是天理的作用而已。"

注 释

❶[钱德洪录] 四字不见于《王文成公全书》本《传习录》，系本书编者添加。　❷适然：偶然。　❸天则：天道、天理；自然的法则。语出《周易·乾卦·文言传》："乾元用九，乃见天则。"

说 明

此条"问：'声色货利，恐良知亦不能无'"云云语录，下至"又曰：'此道至简至易的，亦至精至微的'"云云之前的语录，均系嘉靖初"钱德洪录"，而非正德十六年"黄以方录"。这条语录涉及良知心学在"初学用工""致得良知"两个不同阶段，学者如何对待"声色货利"的两种处理方式。

【原 文】

先生曰："吾与诸公讲'致知''格物'，日日是此，讲一二十年，俱是如此。诸君听吾

【译 文】

先生说："我向各位讲习'致知''格物'，每天如此，再讲十年、二十年，也都是如此。各位听讲以

言，实去用工，见吾讲一番，自觉长进一番。否则，只作一场话说，虽听之，亦何用？"

后，实实在在地去用工，听我再讲一遍，自己会感觉到有一定的长进。不然，将我讲的话当成一场闲谈，即便听了，又有什么用处呢？"

说　明

阳明心学或者说"致良知"之教，是一种道德实践之学、知行合一之说，无论是切实"格物"致"良知"，还是在"致"得"良知"后，都要去落实到工夫实践、落实到行动中去。空谈说教，毫无意义，这就是阳明心学的"实学"特质。

【原文】

先生曰："人之本体，常常是'寂然不动'的，常常是'感而遂通'①的。'未应不是先，已应不是后'②。"

【译文】

先生说："人的本体时常是'寂然不动'的，又常常是'感而遂通'的。正如程子所说的'未应不是先，已应不是后'。"

注　释

❶"寂然不动""感而遂通"：意味着在宁静无为的状态下，能够敏锐地感知并顺应事物的变化和发展。语出《周易·系辞上》："《易》无思也，无为也，寂然不动，感而遂通天下之故。"　❷"未应不是先，已应不是后"：程颢语，出自《二程遗书》："冲漠无朕，万象森然已具，未应不是先，已应不是后。"大意是说，在河流中，水何时向上冲，何时向下淌，找不到任何踪迹（规律），其实

所有的事情早就安排好了，没有产生反应不是说先前就在那里，有了反应也不能说是随之产生的。这说明世间的万物都是自然界的一个环节，环节之间相互发生作用，须息不可分离，也就不能说谁先、谁后了。

说　明

这里的"人之本体"是指人的心性本体，也就是道德良知本体。这句话是对良知的存在样态、发用流行的阐释。

【原　文】

一友举"佛家以手指显出，问曰：'众曾见否？'众曰：'见之。'复以手指入袖，问曰：'众还见否？'众曰：'不见。'佛说'还未见性'①。此义未明。"

先生曰："手指有见、有不见，尔之见性常在。人之心神，只在有睹有闻上驰骛②，不在不睹不闻上着实用功。盖不睹不闻，是良知本体；戒慎恐惧③，是致良知的工夫。学者时时刻刻，常睹其所不睹，常闻其所不闻，工夫方有个实落处。久久成熟后，则不须着力、不待

【译　文】

有一位学友举个例子说："一位禅师伸出手指问：'你们看见了没有？'大家都说：'看见了。'禅师将手指藏入袖子里，又问：'你们还能看见吗？'大家都说：'看不见。'禅师于是说众人'还未见性'。这当中的意思不能明白。"

先生说："手指有看得见与看不见的时候，而你能看见的性则是永远存在的。人的心神，往往只在看得见、摸得着的地方驰骋，却不在看不见、摸不着的地方切实用功。然而看不见、摸不着的才是良知的本体；戒慎恐惧，才是致良知的工夫。为学之人只有时时刻刻去看那些眼睛看不到、去听那些耳朵听不到的本体，工夫才有一个着落的地方。久而久之，工夫纯熟后，就不用费力了，不用提防检

防检，而真性自不息矣。岂以
在外者之闻见为累哉?"

点，人的真性也就自然生生不息。又
怎么会被外在的见闻所牵累呢?"

注 释

❶ "还未见性"：是说还未洞彻佛性。"见性"二字，"见"并不是指眼睛看
见之意，而是自然显现；"性"指的是佛性、本心、本性、根本或最初的本来，
而这些也正是佛教修行的最终目的。　❷ 驰骛：疾驰；奔腾。　❸ 不睹不闻、
戒慎恐惧：语出《中庸》："是故君子戒慎乎其所不睹，恐惧乎其所不闻。"

说 明

《明儒学案》卷十二《浙中王门学案二·知府季彭山先生本》中有季本记录
的一段文字："予尝载酒从阳明先师游于鉴湖之滨，时黄石龙（绾）亦与焉。因
论戒慎不睹、恐惧不闻之义，先师举手中箸示予曰：'见否?'对曰：'见。'既
而隐箸桌下，又问曰：'见否?'对曰：'不见。'先师微哂，予私问之石龙，石
龙曰：'此谓常睹常闻也。'终不解。其后思而得之。盖不睹中有常睹，故能戒
慎不睹，不闻中有常闻，故能恐惧不闻，此天命之於穆不已也。故当应而应，
不因声色而后起念；不当应而不应，虽遇声色而能忘情，此心体之所以为得正
而不为闻见所牵也。"钱德洪于嘉靖三年（1524）左右在绍兴记录下来的这段文
字，很可能取材于王阳明与季本在绍兴鉴湖之滨的这场对话。

【原文】

问："先儒谓'鸢飞鱼跃'①
与'必有事焉'②同一活泼泼
地。"③

【译文】

问："为什么程颢认为'鸢飞
鱼跃'和'必有事焉'，都是充满
生机的?"

先生说："程颢的话也有道理。

先生曰：“亦是。天地间活泼泼地，无非此理，便是吾良知的流行不息。致良知，便是‘必有事’的工夫。此理非惟不可离，实亦不得而离也。无往而非道，无往而非工夫。”

在天地之间，充满生机的都是这个理，也就是我们的良知流行不止。致良知就是‘必有事’的工夫。这个理不仅不能离，实际上也不可能离开。世间所有的事物都符合大道，世间所有的事物都是这个工夫。”

注 释

❶“鸢飞鱼跃”：语出《诗经·大雅·旱麓》：“鸢飞戾天，鱼跃于渊。岂弟君子，遐不作人。”　❷“必有事焉”：语出《孟子·公孙丑上》：“必有事焉而勿正，心勿忘，勿助长也。”孟子所讲的“必有事焉”是指在人的生命中必然会遇到各种各样的事情，这些事情可能有些是我们所期望的，有些则不是。但是，我们不能把精力都放在预料事情上，而应该修身养性，培养自己的浩然之气，这样才能具备解决事情的根本条件。　❸先儒谓“鸢飞鱼跃”与“必有事焉”同一活泼泼地：语出《二程遗书》：“‘鸢飞戾天，鱼跃于渊，言其上下察也’，此一段子思吃紧为人处，与‘必有事焉而勿正心’之意同活泼泼地。”《中庸》：“君子之道费而隐。夫妇之愚，可以与知焉，及其至也，虽圣人亦有所不知焉；夫妇之不肖，可以能行焉，及其至也，虽圣人亦有所不能焉。天地之大也，人犹有所憾。故君子语大，天下莫能载焉；语小，天下莫能破焉。《诗》云：‘鸢鸟戾天，鱼跃于渊’，言其上下察也。君子之道，造端乎夫妇，及其至也，察乎天地。”

说 明

天理、良知，都是以一种“活泼泼地”样态存在于天地之间，并且“流行不息”；“必有事”以存天理、致良知的道德实践工夫，也应勇往直前。

【原文】

先生曰:"诸公在此,务要立个必为圣人之心。时时刻刻,须是'一棒一条痕,一掴一掌血'①,方能听吾说话,句句得力。若茫茫荡荡度日,譬如一块死肉,打也不知得痛痒,恐终不济事。回家只寻得旧时伎俩而已,岂不惜哉?"

【译文】

先生说:"各位在这里一定要确立一个必做圣人的心。每时每刻都要有'一棒一条痕,一掴一掌血'的觉悟,才能在听我讲学时,感到句句铿锵有力。如果浑浑噩噩地度日,就像一块死肉,被打了也不知道痛痒,恐怕最终也是于事无补。回家后还是以前的老套路而已,怎能不令人惋惜呢?"

注 释

❶ 一棒一条痕,一掴一掌血:为佛教禅宗用语。又见《朱子语类》:"大概圣人做事,如所谓'一棒一条痕,一掴一掌血',直是恁地。"意指打一棒子留下一条痕迹,打一巴掌留下血迹,比喻做事扎实,效果明显。

说 明

"知而不行,只是未知。"王阳明晚年在越地讲良知学期间,听众虽多,也伴随着只听不做、敷衍行事的不良学风。为此,王阳明要求他们首先"立个必为圣人之心",然后遵循"致良知"之"致"的法则,诸如省察克治、知行合一、戒慎恐惧等,确实去用功践行,涵养心性,体悟"良知"。

【原文】

问:"近来妄念也觉少,亦

【译文】

问:"最近觉得妄念减少,也

觉不曾着想定要如何用功，不知此是工夫否？"

先生曰："汝且去着实用工，便多这些着想也不妨，久久自会妥帖。若才下得些功，便说效验，何足为恃？"

不去想一定要怎样用功，不知这是不是工夫？"

先生说："你只管去实实在在用工，就是有这些想法也无关紧要，久而久之，自然会妥当的。刚开始用了一点功夫就要说效果，怎能靠得住？"

说　明

去除"妄念"是修身工夫之一种，着实用工才是第一位的；"水到渠成"，急功近利以求"效验"的做法不可取。

【原　文】

一友自叹："私意萌时，分明自心知得，只是不能使他即去。"

先生曰："你萌时，这一知处，便是你的命根。当下即去消磨，便是立命功夫。"

【译　文】

有位学友自叹："私欲萌生的时候，自己的心里是明白清楚的，却不能立刻将其去除。"

先生说："你能感觉到私欲的萌生之时，这是你的性命之根本。当即能够将其去除，就是你的立命之功夫。"

说　明

良知自觉、良知自知，感知到私欲念头的萌生，当即就应以良知为指导，去除私欲。这也可谓是"狠斗私字一闪念"。

【原 文】

　　"夫子说'性相近'①，即孟子说'性善'②，不可专在气质上说。若说气质，如刚与柔对，如何相近得？惟性善则同耳。人生初时，善原是同的，但刚的习于善则为刚善，习于恶则为刚恶；柔的习于善则为柔善，习于恶则为柔恶③，便日相远了。"

【译 文】

　　先生说："孔子说的'性相近'，就是孟子说的'性善'，不能只在气质上说性。如果只从气质上说，如刚与柔相对，怎么能相近呢？惟有性善是相同的。人刚出生的时候，善原本是相同的，只是气质刚强的人受到善性的熏染就表现为刚善，受到性恶的熏染就表现为刚恶；同样的道理，气质柔弱的人受到善性的熏染就表现为柔善，到性恶的熏染就表现为柔恶，这样，性就分离得越来越远了。"

注 释

　　❶ 夫子说"性相近"：语出《论语·阳货》："子曰：'性相近也，习相远也。'"　　❷ 孟子说"性善"：孟子认为，每个人天生就具有向善的能力和倾向，这种善的本性是人的本质特征。语出《孟子·告子上》："人性之善也，犹水之就下也，人无有不善，水无有不下。"《孟子·滕文公上》："孟子道性善，言必称尧舜。"　　❸ 刚善、刚恶、柔善、柔恶：语出周敦颐《通书·师第七》。

说 明

　　这是王阳明对孔子"性相近"与孟子"性善"关联的解读。在阳明这里，"人性"应从本原之"善"的角度，也就是从"良知"上来说，"性善""良知"是相同的；刚善、刚恶、柔善、柔恶，是刚、柔之人在后天与善性、恶性的熏染所致。"为善去恶是格物"，也就显得十分必要。

【原　文】

先生尝语学者曰："心体上着不得一念留滞，就如眼着不得些子[1]尘沙。些子能得几多？满眼便昏天黑地了。"

又曰："这一念不但是私念，便好的念头，亦着不得些子。如眼中放些金玉屑，眼亦开不得了[2]。"

【译　文】

先生曾经对求学者说："心体上不能存留一个念头，好比眼里不能有一丁点灰尘沙子。一丁点沙子能有多少呢？却能使人满眼天昏地暗。"

先生又说："这个念头不单单指私念，即便是好的念头（善念）也不能有。比如眼里放入一些金玉屑，眼睛也同样睁不开。"

注　释

❶些子（xiēzǐ）：少许，一点儿。　❷眼中放些金玉屑，眼亦开不得了：佛教用典，见普济《五灯会元》。

说　明

这是对"心体"的存在样态的描述，也即是对"四句教"之首句"无善无恶心之体"的解读。

【原　文】

问："人心与物同体，如吾身原是血气流通的，所以谓之同体。若于人便异体了，禽兽草木

【译　文】

问："人心与万物同为一体，比如我的身体原本血气畅通，因而可以称为同体。如果我跟别人就是

益远矣，而何谓之同体？"

先生曰："你只在感应之几①上看，岂但禽兽草木，虽天地也与我同体的，鬼神也与我同体的。"

请问。

先生曰："你看这个天地中间，甚么是天地的心？"

对曰："尝闻人是天地的心②。"

曰："人又甚么教做心？"

对曰："只是一个灵明③。"

"可知充天塞地，中间只有这个灵明，人只为形体自间隔了。我的灵明，便是天地鬼神的主宰。天没有我的灵明，谁去仰他高？地没有我的灵明，谁去俯他深？鬼神没有我的灵明，谁去辩他吉凶灾祥？天地、鬼神、万物，离却我的灵明，便没有天地、鬼神、万物了。我的灵明离却天地、鬼神、万物，亦没有我的灵明。如此，便是一气流通的，如何与他间隔得？"

又问："天地、鬼神、万物，千古见在，何没了我的灵明，便俱无了？"

异体了，跟禽兽草木就差得更远了，但为什么还称为同体呢？"

先生说："你只要在事物感应的征兆上看，何止禽兽草木，即便天地也是跟我同体的，鬼神也是跟我同体的。"

请先生解释。

先生说："你看这个天地中间，什么是天地的心？"

回答："曾听说人是天地的心。"

先生说："人又凭什么称为天地之心呢？"

回答："只因人是有灵明的。"

先生说："可见充盈在天地之间的只有这个灵明，人与天地万物之间，只是被自己的形体间隔而分开。我的灵明，就是天地鬼神的主宰。天如果没有我的灵明，谁去仰它的高大？地如果没有我的灵明，谁去俯视它的深厚？鬼神如果没有我的灵明，谁去辨别它的吉凶福祸？天地、鬼神、万物，离开了我的灵明，也就没有天地、鬼神、万物了。我的灵明离开了天地、鬼神、万物，也就不存在我的灵明了。所以人与天地鬼神万物都是一气贯通的，怎么能分隔开来呢？"

又问："天地、鬼神、万物是亘古永恒的，为什么说没有我的灵明，就都不存在了呢？"

曰："今看死的人，他这些精灵游散了，他的天地、万物尚在何处？"

先生说："你现在去看那些死去的人，他们的灵魂都游散了，他们的天地、万物还在什么地方呢？"

注释

❶ 感应之幾：某物的状态对某人发生作用是"感"，某人由之产生了不忍之心是"应"，二者的此种联系，即是王阳明所说的"感应之幾"。这也说明，王阳明是用这种"感应之幾"来证明仁心良知与万物一体的。（详见陈来：《王阳明晚年思想的感应论》，载《深圳社会科学》2020 年第 2 期）　❷ 人是天地的心：语出《礼记·礼运》："人者，天地之心也，五行之端也。"　❸ 灵明：虚灵明觉，王阳明有"心之虚灵明觉，即所谓本然之良知""何谓心？身之灵明，主宰之谓也"的提法。在阳明这里，灵明就是心体、良知，明洁无杂念的思想境界。

说明

这里，王阳明是在论述基于"良知本体"的"万物同体"论。一方面，我的灵明（心体、良知）就是天地万物鬼神等一切存在的主宰，为天地万物赋予存在的意义与价值；另一方面，基于一气贯通的原理，人与天地鬼神万物不可分离，是谓"万物同体"。

【原文】

先生起行征思、田，德洪与汝中追送严滩①，汝中举佛家实相、幻相②之说。

【译文】

先生启程去征讨广西的思恩、田州，钱德洪和王汝中送先生一程，来到严滩，王汝中向先生请教佛教的实先生曰："有心俱是实，无心俱是幻；无心俱是实，有心俱是幻。"

汝中曰："'有心俱是实，无心俱是幻'，是本体上说功夫；'无心俱是实，有心俱是幻'，是功夫上说本体。"

先生然其言。洪于是时尚未了达，数年用功，始信本体功夫合一。但先生是时因问偶谈，若吾儒指点人处，不必借此立言耳。

相与幻相的问题。

先生说："有心俱是实，无心俱是幻；无心俱是实，有心俱是幻。"

王汝中说："'有心俱是实，无心俱是幻'，是从本体上来理解功夫；'无心俱是实，有心俱是幻'，是从功夫上来通达本体。"

先生肯定了王汝中的见解。钱德洪当时还不明白，经过数年用功，才相信本体与功夫是一体的。然而，这种观点是先生当时根据王汝中的问题偶然论及的，如果我们儒者要去开导别人，并不一定非要用这种说法来立论。

注　释

❶ 严滩：即严陵濑，位于今杭州市桐庐县，相传为东汉高士严光隐居垂钓处。郦道元《水经注·渐江水》："自（桐庐）县至于潜，凡十有六濑，第二是严陵濑，濑带山，山下有一石室，汉光武帝时严子陵之所居也。故山及濑，皆即人姓名之。"　❷ 实相：指事物之真实不虚的、常住不变的本性，语出《妙法莲华经》"佛所成就第一希有难解之法，唯佛与佛乃能究尽诸法实相"。幻相：指虚幻不真的、没有实体的相状，语出《大般涅槃经》"一切诸法，皆如幻相"。

说　明

这条材料是阳明学史上著名的"严滩问答"，它与"天泉证道"一起，构成了王阳明心学的"晚年定论"。嘉靖六年（1527）九月九日，阳明从绍兴城出发征思、田，钱德洪、王畿送行，十日，过钱塘江至杭州，同游杭州天真山、吴山、月岩，俱有诗。二十日左右，过桐庐富春江，阳明一行在桐庐知县沈元材陪同下抵达严滩（钓台），建德知县杨思臣亦来。在严滩，阳明与王畿之间有借用佛教实相、幻相说申论"有无合一""本体功夫合一"的"严滩问答"。事后，王畿、钱德洪与阳明拜别。

"严滩问答"也是"天泉证道"的继续，二者的相同之处在于都是借"有无之辨"来谈论"致良知"之教中的"本体功夫合一"问题。"严滩问答"与"天泉证道"相仿，也就四句话，可称之为"严滩四句教"。实则，"严滩问答""天泉证道"的主角都是王畿，钱德洪更多是见证者。在这场师生的答问中，王畿与王阳明之间也保持了一定程度的默契，这从钱德洪记载的"先生然其言"可以看出。依据"有无之辨"的哲学要义，在王畿看来，"有心俱是实，无心俱是幻"，坚持了"有"的立场，"有心"就是肯定了本心、习心之别和善、恶之实存，从"有心"也就是"良知心体"出发，就要做"为善去恶"的格物、正心功夫，这"是本体上说功夫"。作为"功夫上说本体"的"无心俱是实，有心俱是幻"，坚持了"无"的立场，"无心"即是从无善无恶的本心（前文"四句教"第一句的"无善无恶心之体"）出发，处处皆善，本体、功夫合二为一，至善之心是一个本真的存在。因此，这里的"有心俱是幻"，是说儒家道德判断上善恶之别即如佛家之幻相，不是究竟之存在。总之，在阳明这里，良知作为心之本体，是一种"有无相即""虚实一体"的存在，基于"本体功夫合一"的理路，"即本体"便是功夫、"即功夫"便是本体，而基于"良知"与"致良知"更是"知行合一"。这也是阳明心学之"有无合一"的圆融圆满意蕴。

【原文】

尝见先生送二三耆宿①出门，退坐于中轩，若有忧色。德洪趋进请问。

先生曰："顷与诸老论及此学，真员凿方枘②。此道坦如大路，世儒往往自加荒塞，终身陷

【译文】

有一次，曾见先生送两三位老人出门，回来后坐在走廊上，似乎面带愁容。钱德洪前去询问情况。

先生说："刚才与几位老人谈到我的良知学说，彼此之间就好像圆孔与方榫一样，格格不入。良知之道如同大路一样平坦，世上儒者

荆棘之场而不悔，吾不知其何说也。"

德洪退，谓朋友曰："先生诲人，不择衰朽，仁人悯物之心也。"

经常是自己将道路给荒芜、阻塞了，终身陷入荆棘之中也不知悔悟，我真不知道该讲些什么。"

钱德洪过后对朋友们说："先生教诲他人，无论对方是否年迈衰老，真是仁人悯物的心啊！"

注释

❶耆宿（qísù）：指年高有德望者。　❷员凿方枘（ruì）：员，同"圆"；凿，榫眼；枘，榫子。是说圆形的榫眼容纳不了方形的榫子，比喻双方格格不入。语出《楚辞·九辩》》："圆凿而方枘兮，吾固知其鉏铻（jǔyǔ）而难入。"

说明

由于程朱理学为明代中后期的官方学说，这也导致良知心学在传播发展过程中遇到不少障碍。"士不可以不弘毅，任重而道远。"王阳明和他的弟子们坚信"圣人之学，心学也"，"致良知"为圣门正法眼藏，以"共明良知之学于天下，使天下之人皆知自致其良知"为弘道使命，鞠躬尽瘁，死而后已。

【原文】

先生曰："人生大病，只是一'傲'字。为子而傲必不孝，为臣而傲必不忠，为父而傲必不慈，为友而傲必不信。故象与丹朱①俱不肖，亦只一

【译文】

先生说："人生最大的毛病，就是一个'傲'字。身为子女的傲慢，必定不会孝顺父母；身为臣子的傲慢，必定不会忠诚国君；身为父母的傲慢，必定不会慈爱子女；身为朋友的傲慢，必定不会守信情义。所以象与丹朱都

'傲'字，便结果了此生。诸君常要体此。人心本是天然之理，精精明明，无纤介②染着，只是一无我而已。胸中切不可有，有即傲也。古先圣人许多好处，也只是无我而已。无我自能谦。谦者，众善之基；傲者，众恶之魁。"

没有出息，也只是因为一个'傲'字而断送了自己的一生。各位要经常体会这一点。人心原本就具备天然的理，精确明白，没有纤毫污染，只是一个无我而已。心中千万不可有我，有我就是傲慢。古代圣贤的许多优点，也只是无我而已。无我自然能够谦虚。谦虚，是一切善德的基础；傲慢，是一切恶行的根源。"

注　释

❶ 象与丹朱：舜异母弟象、尧子丹朱，皆为传说中的不肖子弟。　❷ 纤介：细微。

说　明

"谦者，众善之基；傲者，众恶之魁。"无论是日常的为人处世，还是格物致良知的修身功夫，摒弃傲慢、谦虚行事，是最起码的要求。

［黄省曾录］①

【原文】

又曰："此道至简至易的，亦至精至微的。孔子曰'其如示诸掌乎'②，且人于掌，何日不

【译文】

先生又说："大道是极其简单易行的，也是十分精细微妙的。孔子说'其如示诸掌乎'，人哪一天

见，及至问他掌中多少文理，却便不知。即如我'良知'二字，一讲便明，谁不知得？若欲的见③良知，却谁能见得？"

问曰："此知恐是无方体的，最难捉摸。"

先生曰："良知即是易④，'其为道也屡迁，变动不居，周流六虚⑤，上下无常，刚柔相易，不可为典要，惟变所适'⑥。此知如何捉摸得？见得透时，便是圣人。"

没有看到自己的手掌，但当被问及手掌上有多少条纹理，他却不知道了。就好比我说的'良知'二字，一讲就能明白，有谁不知道呢？但要真的让他去体认到良知，却又有谁能做得到呢？"

问："这恐怕是良知无方位、无形体，令人难以捉摸。"

先生说："良知就是变易，'其为道也屡迁，变动不居，周流六虚，上下无常，刚柔相易，不可为典要，惟变所适'。可见，这个良知又怎么能捉摸得到呢？只要把良知理解透彻了，也就是圣人了。"

注 释

❶［黄省曾录］四字不见于《王文成公全书》本《传习录》，系本书编者添加。　❷"其如示诸掌乎"：语出《论语·八佾》："或问禘之说。子曰：'不知也。知其说者之于天下也，其如示诸斯乎！'指其掌。"又见《中庸》："子曰：'……郊社之礼，所以事上帝也。宗庙之礼，所以祀乎其先也。明乎郊社之礼、禘尝之义，治国其如示诸掌乎！'"　❸的见：确切把握；真实领悟。　❹易：这是指"变易"。　❺六虚：六爻。　❻"其为道也屡迁，变动不居，周流六虚，上下无常，刚柔相易，不可为典要，惟变所适"：语出《周易·系辞下》，大意是说，《易》的法则时常变动，没有固定的形式，在六个爻位之间游移，或上或下，没有成规，刚与柔经常转换，不能墨守成规，必须根据具体的变化采取相对应的适应方法。

说明

这条及下一条语录系嘉靖三年（1524）左右"黄省曾录"，非"钱德洪录"，亦非"黄以方录"。这是王阳明对"良知"本体、"致良知"功夫的概述。

【原文】

问："孔子曰'回也，非助我者也'①，是圣人果以相助望门弟子否？"

先生曰："亦是实话。此道本无穷尽，问难愈多，则精微愈显。圣人之言，本自周遍，但有问难的人，胸中窒碍，圣人被他一难，发挥得愈加精神。若颜子闻一知十②，胸中了然，如何得问难？故圣人亦'寂然不动'，无所发挥，故曰'非助'。"

【译文】

问："孔子说：'回也，非助我者也。'圣人是真的希望门人弟子帮助他吗？"

先生说："这也是实话。圣人之道原本就无穷无尽，问得越多，精微之处就越能显现。圣人的言论，原本已很周密完备，然而发问的人心中有所疑虑，圣人被他一问，也就将道理发挥得更加精妙。但如果像颜回那样的学生，听闻一件事就可推知十件事，心中什么都清楚明白，又怎么会发问呢？所以圣人的心体就只好'寂然不动'，没什么可发挥的，因此孔子才说'非助'。"

注释

❶ 孔子曰："回也，非助我者也"：语出《论语·先进》："子曰：'回也，非助我者也，于吾言无所不说。'"　❷ 颜子闻一知十：语出《论语·公冶长》："子谓子贡曰：'女与回也孰愈？'对曰：'赐也何敢望回？回也闻一以知十，赐也闻一以知二。'子曰：'弗如也。吾与女弗如也。'"

同上，这条语录系"黄省曾录"，非"钱德洪录"，亦非"黄以方录"。这是嘉靖三年（1524）左右，黄省曾至越地向王阳明请教《论语》文本的阐释，可与《传习录·下》"黄省曾录"结合起来理解。《礼记·学记》："是故学然后知不足，教然后知困。知不足然后能自反也，知困然后能自强也。故曰教学相长也。""黄省曾录"的这条解读《论语·先进》"回也，非助我者也"的语录，也是王畿、钱德洪、邹守益、陆澄、黄省曾等弟子问难，王阳明予以解答的越地讲学场景的体现。

［钱德洪录］①

【原　文】

邹谦之②尝语德洪曰："舒国裳③曾持一张纸，请先生写'拱把之桐梓'一章④。先生悬笔为书，到'至于身而不知所以养之者'，顾而笑曰：'国裳读书中过状元来，岂诚不知身之所以当养？还须诵此以求警？'一时在侍诸友皆惕然。"

【译　文】

邹谦之曾经对钱德洪说："舒国裳曾经拿一张纸，请先生书写《孟子》中'拱把之桐梓'那一章。先生提笔写到'至于身而不知所以养之者'这一句时，回头笑着说：'国裳读书中过状元，他难道真的不知道该如何养身吗？还要背诵这一章来警醒自己？'当时，在座的诸位学友都惕然警醒。"

注　释

❶［钱德洪录］四字不见于《王文成公全书》本《传习录》，由本书编者添加。　❷ 邹谦之：即江右王门学者邹守益。　❸ 舒国裳：舒芬（1484—1527），字国裳，号梓溪，江西进贤人。正德十二年（1517）状元，授翰林院修撰。正

德十四年（1519），因谏阻武宗南巡，被贬为福建市舶副提举。正德十五、十六年间（1520—1521），王阳明在南昌讲良知学，舒芬遂问学于阳明。世宗即位后复官，又因"大礼议"廷杖下狱。母丧归乡后不久，哀毁过度而卒，世人称之为"忠孝状元"。万历三十六年（1608），明神宗追谥"文节"。传世文集有《舒文节公全集》，又名《梓溪文钞》。　❹"拱把之桐梓"一章：即《孟子·告子上》："拱把之桐梓，人苟欲生之，皆知所以养之者。至于身而不知所以养之者，岂爱身不若桐梓哉？弗思甚也。"

说　明

这条语录所言场景发生地是江西南昌。正德十五、十六年间（1520—1521），王阳明平定宁藩叛乱后，在江西宣讲"致良知"之教，邹守益、舒国裳即舒芬等侍从阳明。舒芬是状元出身，自然熟读儒家经典，但犹然还需要靠《孟子》所说的"拱把之桐梓，人苟欲生之，皆知所以养之者。至于身而不知所以养之者，岂爱身不若桐梓哉？弗思甚也"，来勉励自己从事"致良知"的修身之学。

［钱德洪跋］①

【原文】

嘉靖戊子②冬，德洪与王汝中奔师丧至广信③，讣告同门，约三年收录遗言。继后同门各以所记见遗，洪择其切于问正者，合所私录，得若干条。居吴④时，将与《文录》⑤并刻矣，适以

【译文】

嘉靖七年冬天，我钱德洪和王汝中前往广信处理阳明先生的丧事，在给同门师友的讣告中，约定三年内收录先生的遗言。之后，学友们陆续寄来各自所记的语录，我从中挑选了较为切合先生思想的，加上我自己记录的，共有若干条。在苏州任府学教授时，我打算将这些语录与《阳明先生文录》一起刊刻付

忧去未遂。当是时也，四方讲学日众，师门宗旨既明，若无事于赘刻者，故不复营念。

去年⑥，同门曾子才汉⑦得洪手抄，复傍为采辑，名曰《遗言》，以刻行于荆。洪读之，觉当时采录未精，乃为删其重复，削去芜蔓，存其三之一，名曰《传习续录》⑧，复刻于宁国⑨之水西精舍⑩。

今年夏，洪来游蕲⑪，沈君思畏⑫曰："师门之教，久行于四方，而独未及于蕲。蕲之士得读《遗言》，若亲炙夫子之教；指见良知，若重睹日月之光。惟恐传习之不博，而未以重复之为繁也。请哀其所逸者增刻之，若何？"洪曰："然。师门'致知格物'之旨，开示来学，学者躬修默悟，不敢以知解承，而惟以实体得。故吾师终日言是而不惮其烦，学者终日听是而不厌其

印，当时，刚好赶上我因守丧离职，未能如愿。当时，天下讲授先生学说的人越来越多，先生的学说既然已经昌明于天下，好像没必要再刊刻付印，因此我也就不再牵挂这件事了。

去年，学友曾才汉得到了我当年的手抄本，又四处收集了一些先生的语录，取名《阳明先生遗言录》，在荆州刊刻。读了《阳明先生遗言录》之后，我感觉当时采录得不够精确，于是删去了其中重复、繁杂的内容，只保留了《阳明先生遗言录》的三分之一，并取名《传习续录》，在安徽宁国府泾县的水西精舍刊刻。

今年夏天，我来到湖北蕲州，沈思畏对我说："阳明先生的学说早已天下流传，但蕲州这里还很少有传播。蕲州的学子读到《阳明先生遗言录》，就像在亲自聆听先生的教诲；明白良知的作用，有如重见日月的光辉。他们唯恐传习不够广博，却不因其中的重复而感到繁杂。请您能否将散失的部分收集起来增刻出版？"我答道："当然可以。阳明先生'致知格物'的主张，开导启发了不少学人，为学之人亲自修习，默默领悟，不敢单单从知识见解来继承先生的学说，只求通过切实体悟理解而有所心得。所以，先生整天不厌其烦地讲说'致知格物'，弟子们也整日不厌其烦地听讲。正因为先生的教诲专一，学生的体悟才日益精进，这样，先生还未说时，弟子便

数。盖指示专一，则体悟日精，几迎于言前，神发于言外，感遇之诚也。今吾师之没，未及三纪⑬，而格言微旨，渐觉沦晦，岂非吾党身践之不力、多言有以病之耶？学者之趋不一，师门之教不宣也。"乃复取逸稿，采其语之不背者，得一卷；其余影响不真，与《文录》既载者皆削之；并易中卷为问答语，以付黄梅尹张君⑭增刻之。庶几读者不以知解承，而惟以实体得，则无疑于是录矣。

嘉靖丙辰⑮夏四月，门人钱德洪拜书于蕲之崇正书院。

已知要讲什么了，言外之意，早已心领神会，这都是师生间真诚相交的缘故。但先生逝世至今还不到三纪，可他所讲的格言和宗旨已日渐黯淡了，难道这不是我们这些弟子身体力行不够、空谈太多，造成的后果吗？弟子的目标趋向不一致，先生的学说就得不到发扬光大。"于是，我又将没有收录的语录拿来，采用其中不违背先生主张的文稿，编成一卷。其余真伪难辨的、在《阳明先生文录》上已刊刻的内容，全都删掉；我还将中卷改成问答形式，交给黄梅县令张九一增刻发行。希望读者朋友不要从文句字义的解释上来学习先生的学问，而是要通过切身体悟来理解，才能有所受益，这样就不会怀疑我辑录《传习续录》的本意了。

明嘉靖三十五年（1556）夏四月，弟子钱德洪谨跋于湖北蕲州崇正书院。

注 释

❶［钱德洪跋］四字不见于《王文成公全书》本《传习录》，系本书编者添加。　❷ 嘉靖戊子：嘉靖七年（1528）。嘉靖七年十一月二十九日午时（1529年1月9日12时许），王阳明病逝于江西南安府章水小溪驿，一说王阳明病逝地系大余县青龙铺码头官船中。钱德洪《讣告同门》云："十一月二十九日午时终于江西之南安。"　❸ 广信：明代广信府，治所上饶县（今江西上饶市广信区）。❹ 吴：苏州。嘉靖十一年（1532），钱德洪任苏州府学教授；嘉靖十四年

(1535) 冬，丁内艰，离开苏州，返乡余姚。　❺《文录》：嘉靖十四年（1535）
二月，在提调南直隶学校闻人诠支持下，《阳明先生文录》二十四卷（含《阳明
先生文录》五卷、《外集》九卷、《别录》十卷）在苏州刊刻，钱德洪撰《刻
〈文录〉叙说》。　❻ 去年：根据钱德洪该文落款年份"嘉靖丙辰"即嘉靖三十
五年（1556），则"去年"为嘉靖三十四年（1555）。　❼ 曾子才汉：曾才汉，
字明卿，号双溪，江西泰和人，王阳明弟子。嘉靖七年（1528）举人，先任浙
江台州太平县（今温岭市）知县，后升任湖广茶陵州知州。嘉靖二十三年
（1544），在茶陵州洣江书院编刊《诸儒理学语要》，其中收录《阳明王先生语
要》。嘉靖三十四年（1555），在钱德洪辑《阳明语录》手抄本基础上，再加校
辑，编成上下两卷本的《阳明先生遗言录》，上卷署名"门人金溪黄直篡辑，门
人泰和曾才汉校辑"，下卷署名"门人余姚钱德洪篡辑，门人泰和曾才汉校辑"，
并刊刻于湖广荆州（今湖北荆州市）。　❽《传习续录》：今人考证，由钱德洪、
王畿编辑的《传习续录》，嘉靖三十三年（1554）由刘起宗于水西精舍刊刻。共
六卷，卷首有南大吉序，无徐爱序。该书将嘉靖三年南大吉刊本《传习录》中
的王阳明书信以及《示弟立志说》《训蒙大意示教读刘伯颂等》《教约》一并
删去，增加了陈九川、钱德洪、王畿记录的阳明语录。今中国国家图书馆、
台湾"中研院"傅斯年图书馆藏有万历年间重刻本。［见王学伟：《王阳明〈传
习录〉明朝嘉靖年间刊刻考述》，《贵阳学院学报》（社会科学版）2024 年第 5
期］　❾ 宁国：明代南直隶宁国府，今安徽省宣城市。　❿ 水西精舍：位于今
宣城市泾县，系嘉靖三十三年（1554）由泾县地方官员和学者在泾县水西寺旁
建成；嘉靖四十四年（1565），水西精舍扩建为"水西书院"，是阳明后学王畿、
钱德洪、邹守益、罗汝芳等宣讲阳明学的重要场地。今有学者编著的《水西书
院志》。　⓫ 蕲：湖广蕲州。　⓬ 沈君思畏：沈宠，号古林，字思畏，安徽宣城
人。嘉靖十六年（1537）中举，先后师从欧阳德、王畿、钱德洪等阳明学者。
嘉靖三十五年（1556），出任湖广兵备佥事，与谷钟秀共同创建蕲州崇正书院。
⓭ 三纪：一纪为 12 年，三纪为 36 年。　⓮ 黄梅尹张君：张九一（1533—
1598），字助甫，号周田，河南新蔡人。嘉靖三十二年（1553）中进士后，授湖
广黄梅知县。　⓯ 嘉靖丙辰：嘉靖三十五年（1556）。

说　明

这是钱德洪对《王文成公全书》本《传习录·下》（《传习续录》）前期编刊过程的详细介绍。（1）先是王阳明去世后，钱德洪、王畿讣告同门，收集阳明先生"遗言"以待汇编；收集完毕后，钱德洪原本打算把这些"阳明先生遗言"同嘉靖十四年（1535）在苏州刊刻的《阳明先生文录》一同刊刻，因母亲病故返乡余姚丁忧而未遂。（2）根据钱德洪的描述，嘉靖三十四年（1555），同为阳明弟子的曾才汉得到钱德洪汇编的《阳明先生遗言》手抄本后再加校辑，编成《阳明先生遗言录》，在湖广荆州（今湖北荆州）刊刻。（3）钱德洪读《阳明先生遗言录》后，觉得当时采录未精，乃为删其重复，削去芜蔓，存其三之一，易名为《传习续录》，刊刻于宁国府的水西精舍。钱德洪还为水西精舍本《传习录》撰《续刻传习录叙》，落款为"时嘉靖甲寅夏六月，门人钱德洪序"。（4）嘉靖三十五年（1556）夏，钱德洪又到蕲州崇正书院讲学，由时任湖广兵备佥事沈宠提议，钱德洪再取阳明先生逸稿，采其语之不背者，得一卷；其余影响不真，与《阳明先生文录》既载者皆削之；并易中卷为问答语，由黄梅知县张九一刊刻于崇正书院。这就是蕲州崇正书院本《传习续录》。

另外，嘉靖三十七年（1558），钱德洪、王畿再次汇编的十一卷本《传习录》，由胡宗宪刊刻于杭州天真书院，其中也收录有《传习续录》。隆庆六年（1572），《王文成公全书》在杭州刊刻，《传习续录》也就是《王文成公全书》本的《传习录·下》，再由钱德洪、王畿编校后收入《传习录》。

参考文献

〔明〕王守仁撰，吴光、钱明、董平、姚延福编校：《王阳明全集》（简体版），上海古籍出版社 2015 年版。

〔明〕王守仁著，王强、彭启彬汇校：《王文成公全书汇校》，广陵书社 2022 年版。

〔明〕王守仁撰，黎业明点校：《王文成公全书》，上海古籍出版社 2025 年版。

束景南、查明昊辑编：《王阳明全集补编》（增补本：简体版），上海古籍出版社 2024 年版。

〔明〕钱德洪编述，王畿补辑，罗洪先删正；向辉、彭启彬点校：《阳明先生年谱》（天真书院本），北京燕山出版社 2022 年版。

沈善洪主编、吴光执行主编：《黄宗羲全集》，浙江古籍出版社 2005 年版。

〔明〕王阳明撰，邓艾民注：《传习录注疏》，上海古籍出版社 2015 年版。

陈荣捷：《王阳明〈传习录〉详注集评》，重庆出版社 2017 年版。

吴震解读：《传习录》，国家图书馆出版社 2018 年版。

〔明〕王守仁撰，王晓昕译注：《传习录》，中华书局 2018 年版。

〔明〕王阳明撰，黎业明译注：《传习录译注》，上海古籍出版社 2021 年版。

吴光、张宏敏、金伟东：《王阳明的人生智慧》，中国方正出版社 2016 年版。

张宏敏：《阳明学研究综合报告》，浙江人民出版社 2020 年版。

束景南：《王阳明："心"的救赎之路》，复旦大学出版社 2021 年版。

杨德俊主编：《王阳明行踪遗迹》，贵州大学出版社 2021 年版。

计文渊主编：《王阳明法书文献集》，浙江人民美术出版社 2023 年版。

张宏敏：《开卷有益·王阳明著作选读》，浙江人民出版社 2024 年版。

张宏敏：《阳明文化》，浙江人民出版社 2025 年版。

邹建锋：《〈传习录〉形成过程再研究》，《贵阳学院学报（社会科学版）》2023 年第 2 期。

王学伟：《王阳明〈传习录〉明朝嘉靖年间刊刻考述》，《贵阳学院学报（社会科学版）》2024 年第 5 期。